Reinhold Esterbauer

Verlorene Zeit – wider eine Einheitswissenschaft von Natur und Gott

Verlag W. Kohlhammer
Stuttgart Berlin Köln

Die Deutsche Bibliothek – CIP-Einheitsaufnahme

Esterbauer, Reinhold:
Verlorene Zeit – wider eine Einheitswissenschaft von Natur und Gott / Reinhold Esterbauer. - Suttgart ; Berlin ; Köln : Kohlhammer, 1996
ISBN 3-17-014419-7

Verlagsort: Stuttgart
Umschlag: Data Images
audiovisuelle Kommunikation GmbH
Gesamtherstellung:
W. Kohlhammer Druckerei GmbH + Co. Stuttgart
Printed in Germany

Inhalt

Vorwort

Die Zeit als Verknüpfung zwischen den Naturwissenschaften und der Theologie zu sehen ist sowohl vielen schöpfungstheologischen Ansätzen, die die Naturwissenschaften ernst nehmen, als auch naturwissenschaftlichen Entwürfen eigen, die sich der Gottesfrage stellen. Wenn man Zeit als Verbindungsstück zwischen diesen Wissenschaftsbereichen ansetzt, so ist freilich noch nicht gesagt, auf welche Art und Weise diesem Begriff die Funktion einer Klammer zugewiesen wird. Es ist erst näher zu fragen, welches Verständnis von Zeit die Vorstellung leitet, Zeit könne das gesuchte Glied zwischen theologischem und naturwissenschaftlichem Bemühen sein und eine Einheitswissenschaft begründen helfen.

Auf welcher Grundlage eine derartige Zusammenführung der Naturzeit sowie der Zeit Gottes und seiner Ewigkeit steht, ist mit den Versuchen ihrer Vereinheitlichung allein noch nicht geklärt. Man ist vielmehr auf die Frage zurückverwiesen, wie die Naturwissenschaften und die Theologie Wirklichkeit verstehen und ob sie dasselbe meinen, wenn sie gleiche Termini verwenden. Wie aber Wirklichkeit begriffen wird, hängt wesentlich von den methodischen Vorentscheidungen ab, auf denen die einzelnen Wissenschaften basieren. Zeit als Verbindungsstück zwischen Natur und Gott anzusetzen führt zu einer Erörterung der Methoden der angesprochenen Wissenschaften und ihrer Relationen zueinander. Damit ist der Weg dieser Arbeit vorgezeichnet, die sich der Frage nach der Zeit als dem Bindeglied zwischen Naturwissenschaften und Theologie in methodologischer Sicht stellt.

Der Weg dieser Arbeit ist freilich nicht nur der Gedankengang, der in ihr beschritten wird, sondern auch der Weg ihres Zustandekommens. Allen, die mir durch ihre Offenheit für Diskussionen, ihre Kritik oder ihre Ermutigung behilflich waren, diese Arbeit zu schreiben, danke ich herzlich. Besonderen Dank sage ich O. Univ.-Prof. Dr. Anton Kolb und O. Univ.-Prof. Dr. Gerhard Larcher, die die Betreuung dieser Arbeit übernahmen, die von der Katholisch-Theologischen Fakultät der Karl-Franzens-Universität Graz 1995 als Dissertation angenommen wurde. Für die Hilfe bei den Korrekturen danke ich besonders meiner Frau, die mir nicht nur dabei zur Seite stand.

Ohne die freundliche und großzügige finanzielle Unterstützung durch den Styria-Fonds der Katholisch-Theologischen Fakultät der Karl-Franzens-Universität Graz sowie durch das Bundesministerium für Wissenschaft, Verkehr und Kunst der Republik Österreich hätte diese Arbeit nicht gedruckt werden können. Auch dafür herzlichen Dank!

Danken möchte ich schließlich Frau Wiltrud Henningsen. Sie hat 1995 ein Buch unter dem Titel „Verlorene Zeit – gebrochenes Leben“ im Verlag W. Henningsen veröffentlicht und ist damit einverstanden, daß mein Buch trotz der Titelähnlichkeit „Verlorene Zeit – wider eine Einheitswissenschaft von Natur und Gott“ heißt.

Graz, im Mai 1996 — Reinhold Esterbauer

Einleitung

Das Problem des Verhältnisses zwischen Naturwissenschaften und Theologie hat durch die ökologischen Fragestellungen wieder an Aktualität gewonnen. Nachdem die Auseinandersetzungen im Gefolge der Darwinschen Evolutionstheorie an Heftigkeit abgenommen und einem bloßen Nebeneinander Platz gemacht hatten, ist eine Verhältnisbestimmung nunmehr wieder gefragt. Denn einerseits haben die Vertreter der theologischen Disziplinen die Bedeutung der Ökologie für die eigenen Belange erkannt, und andererseits bemühen sich nicht wenige Naturwissenschaftler um ein Weltbild, das die Gottesfrage mit einschließt. So sind sowohl der Gottes- als auch der Naturbegriff zu Berührungspunkten zwischen beiden Wissenschaftsbereichen geworden.

Die Frage nach dem Verhältnis von Naturwissenschaften, Philosophie und Theologie hat die vorliegende Arbeit zu ihrem Thema. Naturgemäß kann sie nicht alle Aspekte dieser komplexen Fragestellung abhandeln, sondern ist auf das methodische Problem beschränkt, ob und – wenn ja – wie methodisch verschiedenartig ansetzende Wissenschaften, deren Vertreter behaupten, sich auf dasselbe zu beziehen, verbunden werden können. An Hand theologischer Aussagen über das Vorgehen der Naturwissenschaften einerseits und mit Hilfe der Thesen von einigen namhaften Naturwissenschaftlern über Welt- und Gottesbilder andererseits erhebe ich den heutigen Diskussionsstand. Im Anschluß daran unterziehe ich die jeweiligen Vorstellungen, wie die Relation zwischen Naturwissenschaften und Theologie zu denken sei, einer Kritik. Da von beiden Seiten immer wieder philosophische Argumente herangezogen werden, kommen auch naturphilosophische Methodenprobleme zur Sprache.

Im Rahmen der angesprochenen Themenstellung, die im ersten Abschnitt erörtert wird, gehe ich so vor, daß ich im zweiten Abschnitt untersuche, wie das Verhältnis von Naturwissenschaften und Theologie in zeitgenössischen schöpfungstheologischen Entwürfen beschrieben wird. Dabei lassen sich einzelne Modelle unterscheiden, die vorgestellt werden. Die einzelnen Skizzen werden dazu dienen zu sehen, inwieweit und in welcher Weise die Annäherung an die Naturwissenschaften konkret vollzogen wird. Es wird sich zeigen, daß der Zeitbegriff maßgebliche Bedeutung hat und von theologischer Seite als Bindeglied zwischen den Wissenschaften angesetzt wird.

Zur Illustration der einzelnen Modelle stelle ich konkrete Entwürfe vor. Es werden exemplarisch einige Autoren und ihre Positionen ausgewählt, da eine möglichst vollständige Zusammenschau wegen der Fülle des Materials nicht geboten werden kann. Mit dem Aufweis der Schwierigkeiten der einzelnen Modelle möchte ich den jeweiligen Vorschlag einer Verhältnisbestimmung von Schöpfungstheologie und Naturwissenschaft konturieren und auf kritisch zu hinterfragende Punkte hinweisen. Durch eine solche Vorgehensweise soll erreicht werden, daß die noch offenen Fragen klarer vor Augen treten und neu, wenn nötig auch anders, gestellt werden können.

Im dritten Abschnitt soll es darum gehen, philosophische Weltbilder und Gottesbegriffe zu hinterfragen, die Naturwissenschaftler entwickelt haben. Es wird die

Frage zu stellen sein, ob der Anspruch, in naturwissenschaftlicher Weise hinreichend von Gott reden zu können, aufrechterhalten werden kann. Zu untersuchen werden auch die Analogien sein, die in naturwissenschaftlichen Weltbildern mit theologischen Aussagen gezogen werden. Um auf eventuelle Schwierigkeiten aufmerksam zu machen, möchte ich die vorgestellten Weltbilder auf mögliche Kategorienverwechslungen hin prüfen. Mit einer solchen Untersuchung soll der methodische Rahmen freigelegt werden, dem Naturwissenschaftler als Naturwissenschaftler unterliegen, wenn sie darangehen, weltanschauliche Konzepte zu entwerfen.

Ich lasse mich – wie im zweiten Abschnitt – auch hier von dem Vorhaben leiten, einige naturwissenschaftliche Modelle exemplarisch zu präsentieren und durch Aussagen jüngerer Weltbildentwürfe zu belegen. Besonderes Augenmerk lege ich in diesem Teil auf den verwendeten Gottesbegriff sowie auf die Zeitvorstellung, die von theologischer Seite als Schlüsselbegriff einer möglichen Verbindung angesehen wird. Neben der Untersuchung und Kritik des Zeit- und des Gottesbegriffs frage ich jeweils auf die Methode der naturwissenschaftlichen Ansätze zurück, um dadurch einen Vergleich mit den methodologischen Aussagen, die in den einzelnen theologischen Modellen vertreten werden, anstellen zu können. Dabei läßt sich feststellen, daß die behandelten naturwissenschaftlichen Entwürfe weitgehend dem Identitätsmodell verpflichtet sind und zudem reduktionistisch vorgehen.

Auf der Grundlage der Ergebnisse des zweiten und dritten Abschnittes wird im vierten Abschnitt eine Verhältnisbestimmung zwischen naturwissenschaftlichem, philosophischem und theologischem Denken versucht. Im Zentrum der dortigen Überlegungen stehen die Wirklichkeitsbegriffe und das jeweilige methodische Vorgehen der angesprochenen Wissenschaften. Dabei wird die Eigenbedeutung der jeweiligen Methode aufgezeigt, aber es wird auch auf die Methodendifferenz abgehoben, die zwischen Naturwissenschaften, Philosophie und Theologie herrscht. Ich versuche, einen Konnex zwischen Methode und Wirklichkeit aufzuzeigen, und prüfe mit Hilfe dieser Relation, durch welche Methode Verkürzungen des Wirklichkeitsverständnisses auftreten. An Hand der verschiedenartigen Wirklichkeitsbegriffe, die den unterschiedlichen Methoden zugrunde liegen, läßt sich ein Fundierungsverhältnis zwischen den erwähnten Wissenschaften aufweisen, das zur Beantwortung der Frage nach den Methodenrelationen unverzichtbar ist. Zuletzt unternehme ich den Versuch, unter Wahrung der Methodendifferenz eine Verbindung zwischen Naturwissenschaften und Offenbarungstheologie aufzuzeigen, und zwar über den Begriff der Lebenswelt.

Im fünften Abschnitt greife ich das Zeitproblem wieder auf, sofern Zeit sowohl von theologischer als auch von naturwissenschaftlicher Seite eine Schlüsselstelle im Konnex dieser Wissenschaften zugeschrieben wird. Schon ein skizzenhafter Vergleich von naturwissenschaftlichem mit philosophischem und mit theologischem Zeitverstehen zeigt die jeweils unterschiedliche Verwendung des Zeitbegriffs auf und läßt seine Verwendung als fachübergreifendes Verbindungsglied problematisch erscheinen. Die Methode des Vergleichs scheint deshalb geboten, weil sowohl Naturwissenschaftler als auch eine Vielzahl von

Theologen in einem adäquaten Verständnis von Zeit den Schlüssel für die Klärung der Relation beider Wissensgebiete zueinander sehen. Daher wird es darauf ankommen, zu analysieren, wie die Relation der Zeitkonzepte zueinander zu bestimmen ist, und zu sehen, inwieweit überhaupt von einem einheitlichen Zeitbegriff gesprochen werden kann.

1. Problemstellung

Der Begriff „Natur“ und der Begriff „Schöpfung“ haben ihre jeweils eigene Geschichte. Die Ausdrücke wandeln sich jedoch nicht nur jeder für sich, vielmehr ist auch ihr Bezug zueinander steter Veränderung unterworfen. Um diese Relation nachvollziehen und das heutige Problem des Bezugs zwischen (Schöpfungs-)Theologie und Naturwissenschaften auch nur einigermaßen orten zu können, scheint es deshalb geboten, den jeweiligen Entwicklungen kurz das Augenmerk zu schenken. Die mannigfachen Bedeutungen, die der Naturbegriff im Laufe der Denkgeschichte angenommen hat, können hier nicht nachvollzogen,[1] wohl aber grundlegende Weichenstellungen aufgezeigt werden.

Der griechische Naturbegriff war – wie Casper und Picht mit Bezug auf Heidegger betonen –[2] vom φύσις-Denken bestimmt. Verwendet wurde dieser Ausdruck als „eine *Weise der Erfassung der Wirklichkeit im ganzen*“[3]. „φύσις“ bezog sich also nicht bloß auf einen Ausschnitt aus der Realität, sondern auf die Gesamtheit des Seienden. Vom Begriffsumfang her gesehen, meint das Wort also dasjenige, was im Deutschen mit den Ausdrücken „All“ beziehungsweise „Universum“ angesprochen wird.

Neben dieser Bezugnahme des φύσις-Begriffs auf die Wirklichkeit als ganze zeigt sich in der Vorsokratik auch eine inhaltliche Bestimmung des Wortes, die anders ist, als sie heute üblich geworden ist. „φύσις“ wird von „φύεσθαι“ her verstanden, also vom Wachsen, wie es in der „Natur“ (im heutigen Wortsinn als Gegenbegriff zu Kultur verstanden) begegnet. Das Hervorgehen des Wachsenden aus dem Verborgenen in die Offenheit bestimmt den Sinn dieses Begriffs. Der Aufgang des Seienden, also dasjenige Moment, das die Griechen als „γένεσις“ bezeichneten, wurde jedoch – anders als später im Lateinischen – immer zusammengedacht mit der „φθορά“, dem Vergehen. Neben dem Hervorgang in die „Unverborgenheit“ – um mit Heidegger zu sprechen – wurden auch das Verborgene und Abgründige des Seienden mitgesehen. Nicht nur das Werden im Sinne des In-Erscheinung-Tretens, sondern auch das Sich-Verbergen des Seienden wurden mitbedacht.[4] Bei Platon hat sich über das Perfekt „πεφυκέναι“ in der Folge ein vergleichsweise eher statisches Verständnis von φύσις durchgesetzt, das es ermöglichte, φύσις mit εἶδος zu identifizieren. Das Wesen und mit ihm die Natur erwiesen sich sogar als berechenbar. Aristoteles seinerseits faßte die Natur als Prinzip der Bewegung, das mittels Gesetzen in den Griff zu bekommen sei. Als

---

[1] Siehe dazu: Hager F. P./ Gregory T./ Maieru A./ Stabile G./ Kaulbach F., Art. Natur, in: HWP 6 (1984) 421–478.

[2] Casper B., Zur Bedeutung und zum Gebrauch des Wortes Natur im abendländischen Denken, in: Böckle F. (Hg.), Der umstrittene Naturbegriff. Person – Natur – Sexualität in der kirchlichen Morallehre, Düsseldorf 1987 (= SKAB 124), 31–44, 32; Picht G., Der Begriff der Natur und seine Geschichte, Stuttgart ²1990 (= Georg Picht. Vorlesungen und Schriften).

[3] Casper, Bedeutung, 32.

[4] Vgl. den Ausspruch Heraklits: φύσις δὲ καθ’ Ἡράκλειτον κρύπτεσθαι φιλεῖ (Diels H./ Kranz W., Die Fragmente der Vorsokratiker. 1., Berlin ¹⁰1961, 178, B 123).

Folge des Erfassens der Natur mit Hilfe von Gesetzen wird es möglich, sie als eine beherrschbare zu begreifen.[5]

Eine entscheidende Weichenstellung im Hinblick auf die Beherrschbarkeit der Natur wurde mit der Übersetzung des φύσις-Begriffs in das Lateinische vollzogen.[6] Der Begriff „natura" übernimmt nämlich nur mehr das eine der beiden Bedeutungsmomente des griechischen Naturbegriffs. Der Ausdruck „natura", der sich von „nasci", also dem Geborenwerden, herleitet, blendet das Vergehen und die dem Seienden im Griechischen noch eigene Abgründigkeit aus. Den somit inhaltsärmer gewordenen Ausdruck verstehen die Lateiner zudem von der Bedeutung des Wortes „res" her. Diese meint das Vorhandene, das aus dem Kontext des Rechts heraus verstanden werden muß.[7] Es geht dabei um das Verfügen über eine Sache. Das bedeutet, daß Natur nicht nur zum Vordergründigen ohne die Bedeutungsvariante des Abgründigen, sondern auch zum Verfügbaren wird. „Die ‚Natur' als Inbegriff der Objekte ist die Natur als Summe alles dessen, worüber im Denken oder im Handeln verfügt werden kann."[8]
Mit der cartesianischen Trennung der Wirklichkeit in res cogitans und in res extensa und durch die Zuordnung der Natur zu letzterer wird neben dem Moment der Verfügbarkeit eine weitere Bestimmung eingeführt. War natura, die von der res her verstanden worden war, in den Bereich der Verfügbarkeit gerückt, so konnte nach der Descartesschen Trennung die Wahrheit der Natur nur in bezug auf das Bewußtsein ausgesagt werden. Die zum Objekt gewordene Natur erhält im Bewußtsein ihren Maßstab. Ein gemeinsames Maß für den Menschen und die Natur, das sich weder aus dem einen noch aus der anderen ableitet, sondern seine Verbindlichkeit auf einen anderen Ursprung (Gott) zurückführt, ist verlorengegangen.[9] Die Natur hat ihre Wahrheit nur im Spiegel des menschlichen Bewußtseins.

Mit der Trennung von denkendem Subjekt und ausgedehntem Objekt durch Descartes verliert nicht nur der Mensch seine Zugehörigkeit zur Natur, sondern es verlieren in späterer Folge auch Mensch und Natur den gemeinsamen Gottesbezug. Die Relation des Menschen *und* der Natur zu Gott wird dann dadurch aufgewiesen, daß die Natur in die gesuchte Einheit denkerisch rückgebunden wird. Das Mittel der Wahl dafür ist der ontologische Gottesbeweis. Seit dieser aber durch Kant obsolet geworden ist, ist die Natur, die sich zur „Außenwelt" verwandelt hat, - was ihren Gottesbezug betrifft - selbst problematisch und endgültig in Selbständigkeit entlassen. Die Relation des Subjekts zur Natur besteht nun darin, diese entweder durch das Wahrgenommenwerden zu definieren (Berkeleys „esse est percipi") oder sie als Ansammlung ausgedehnter Objekte zu verstehen. Beide

---

5 Casper, Bedeutung, 34–36; vgl. die entsprechenden Abschnitte des Art. Natur im HWP.

6 Wichtig für diese Übertragung ist bekanntlich das Lehrgedicht „De rerum natura" von Lukrez.

7 Picht, Begriff der Natur, 89f.

8 Picht, Begriff der Natur, 90.

9 Link C., Schöpfung. 2. Schöpfungstheologie angesichts der Herausforderungen des 20. Jahrhunderts, Gütersloh 1991 (= HST 7/2), 405.

Male jedoch erweist sich der Mensch als derjenige, der der Natur gegenübersteht und sie beherrschen kann.[10]

Für die Entfaltung der modernen Naturwissenschaften mit ihrer seit Galilei ausgemacht quantifizierenden Methode war die eben skizzierte Entwicklung eine wesentliche Voraussetzung. Denn erst mit der Isolierung der Natur und mit ihrer Objektivierung hat die Naturwissenschaft einen vornehmlich ihr vorbehaltenen Gegenstandsbereich erhalten; der Zugang zu so verstandener Natur wurde eine fast ausschließlich den modernen Wissenschaften vorbehaltene Domäne. Weder der Mensch noch Gott kamen in dieser Natur vor, und Laplace sprach mit seinem berühmten Diktum nur aus, was methodisch von den Naturwissenschaften bereits vollzogen war: Gott *konnte* in einer vorweg nur messendem Zugriff offenen Natur als Hypothese *nicht* vorkommen.

Die großen technischen Errungenschaften, die sich im Gefolge der quantifizierenden Methoden einstellten, gaben dem veränderten Naturbezug vorderhand recht. Weiterhin wurde das große Vertrauen in die neuen Wissenschaften auch dadurch verstärkt, daß ein fast utopisch zu nennender Zukunftsglaube Platz griff. Hugo von St. Viktor verknüpfte als erster die technischen Neuerungen mit der Hoffnung auf die Wiederherstellung des dominium terrae, und Francis Bacon glaubte, daß der Mensch darangehen müsse, das Paradies wiederherzustellen, und daß er sich selbst wieder zum ungetrübten Ebenbild Gottes machen könne.[11]

Erst die ökologischen Probleme dieses Jahrhunderts führen die Grenzen eines solchen Herangehens an die Natur deutlich vor Augen. Nicht nur die „Grenzen des Wachstums“ werden diskutiert, sondern die naturwissenschaftlichen und technischen Methoden als solche stehen in Frage. Disziplinen, die mittels ihrer spezifischen Art, an Natur heranzugehen, diesen ihren Forschungsgegenstand zerstören oder wenigstens durch technische Nutzung ihrer Ergebnisse die Zerstörung ermöglichen, sind selbst auf dem Prüfstand. Naturwissenschaften stecken - wie das folgende Zitat zeigt - selbst in einer Legitimationskrise: „Die Menschheit ist heute in Gefahr, durch ihre Wissenschaft von der Natur den Bereich der Natur, in dem sie lebt und der ihrem Zugriff ausgesetzt ist, zu zerstören. Eine Erkenntnis, die sich dadurch bezeugt, daß sie das, was erkannt werden soll, vernichtet, kann nicht wahr sein. Deswegen sind wir heute gezwungen, die Wahrheit unserer Naturerkenntnis in Frage zu stellen.“[12] Die ökologische Krise hat mit der Relativierung des Wissenschaftsbegriffes auch den Naturbegriff und all seine Problematik wieder neu in den Blickpunkt philosophischer Reflexion gerückt.

---

10 Liedke G., Im Bauch des Fisches. Ökologische Theologie, Berlin 1979, 55f.

11 Vgl. zum Beispiel Bacon F., Valerius Terminus. Von der Interpretation der Natur mit den Anmerkungen von Hermes Stella. Englisch-deutsch, Würzburg 1984 (= Elementa-Texte 2), 42: „... but it is a restitution and reinvesting (in great part) of man to the sovereignty and power (for whensoever he shall be able to call the creatures by their true names he shall again command them) which he had in his first state of creation.“ Zum Ganzen siehe: Liedke, Im Bauch des Fisches, 66f.

12 Picht, Begriff der Natur, 80 und 298.

Anders als der philosophische, aber teilweise in Fortentwicklung oder Absetzung von diesem wird der *theologische* Naturbegriff gebraucht.[13] Im Laufe theologischen Nachdenkens wurde und wird der Ausdruck „Natur“ in verschiedenen Kontexten verwendet. Einmal begegnet er als Gegenbegriff zu Gnade, wird aber nicht als eigenständiger Naturtraktat (etwa in Parallele zum Gnadentraktat) ausformuliert. Weiterhin wird mit dem Naturbegriff in der Gotteslehre, und zwar in der Trinitätstheologie, operiert: Der dreieinige Gott ist eines Wesens (einer Natur) in drei Personen. Auch in der Christologie findet der Ausdruck Verwendung, wenn mit Bezug auf Jesus Christus formuliert wird, daß er die hypostatische Union der göttlichen und der menschlichen Natur sei, wobei man betont, daß der göttliche Logos die von der Sünde verunstaltete Natur des Menschen angenommen habe. Andernorts wird gesagt, daß der zur Vollendung gekommene Mensch der göttlichen Natur teilhaftig werde. Diese Beispiele zeigen: „Der Ausdruck ‚Natur‘ ... erscheint seit alters in der Hauptsache in anthropologischem, christologischem und theo-logischem Kontext; dort hat er seine spezifisch christlich-theologische, wissenschaftlich reflektierte Ausbildung erfahren ...“[14]

In der heutigen theologischen Diskussion ist der Naturbegriff auch in der Moraltheologie, im besonderen in der Sexualmoral, von großer Relevanz. Darüber hinaus haben die ökologischen Fragestellungen auch das theologische Interesse wieder auf den Ausdruck „Natur“ gelenkt, insofern er im Zusammenhang mit dem Schöpfungsbegriff gebraucht wird. „Natur“ wird heute oftmals mit „Schöpfung“ synonym verwendet. Damit gemeint ist nicht die negative biblische Bedeutung von „Natur“ in Anlehnung an „Sarx“ oder „Welt“, sondern meist das Universum oder die von Gott geschaffene Gesamtwirklichkeit, aus der oftmals der Mensch herausgenommen und der „Natur“ gegenübergestellt wird.

Wenn der Ausdruck „Natur“ als Wirklichkeit verstanden und in christlich-theologischem Kontext gebraucht wird, so wird Natur meist als *von Gott geschaffene* Wirklichkeit begriffen. „‚Natur‘ ist auf jeden Fall Geschaffenes und aus diesem Geschaffen-Sein zuerst zu begreifen.“[15] Diesen vom philosophischen und auch vom naturwissenschaftlichen Gebrauch differierenden Sinn von „Natur“ faltet heute vornehmlich die Schöpfungstheologie aus.

Der Ausdruck „Natur“, wie er von der Schöpfungstheologie verstanden wird, hat sich im Laufe der Denkgeschichte nicht nur selbst gewandelt, sondern hat auch in der Berührung mit oder durch die Abgrenzung von den jeweiligen Naturbegriffen anderer Disziplinen andere Konturen gewonnen. Wird im Alten Testament das

---

[13] Zum Folgenden siehe die Zusammenschau bei Schulte und die dort zitierten Lexikonartikel: Schulte R., Natur als (Auf-)Gabe. Natur in der Perspektive der Theologie, in: Honnefelder L. (Hg.), Natur als Gegenstand der Wissenschaften, Freiburg/ Br. 1992 (= Grenzfragen 19), 191–227, bes. 191–194. Vgl. auch Schulte R., „Schöpfung“ und „Natur“. Theologische Erwägungen zum Verständnis und zur akuten Frag-Würdigkeit des christlich-theologischen Gehaltes zweier Schlüsselbegriffe für Wissenschaft, Theologie und ökologisch-ethische Besinnung, in: Haering S. (Hg.), In Unum Congregati. Festgabe f. Augustinus Kard. Mayer OSB zur Vollendung des 80. Lebensjahres, Metten 1991, 361–387, bes. 363–365.

[14] Schulte, Natur als (Auf-)Gabe, 193.

[15] Schulte, Natur als (Auf-)Gabe, 201.

Schöpferhandeln mit Hilfe des Verbs „ברא“ exklusiv und allein Jahwe zugeordnet[16] und der später näherhin als „creatio ex nihilo“ bestimmte Schöpfungsakt als Schöpfung „aus“ Gott verstanden[17], so wird in der Folge das platonische Modell eines Demiurgen aus dem „Timaios“ rezipiert und erlangt Bedeutung, obwohl mit dem biblischen Schöpfungsbegriff solche Vorstellungen gerade hintangehalten werden wollten. Ein solches Schöpfungskonzept, das den Schöpfer die Welt aus schon vorgefundenem Stoff formen läßt, kann gut mit Versuchen in Einklang gebracht werden, denen es um die Berechenbarkeit der Natur geht. Denn der Schöpfer wird nicht als einer verstanden, der der Welt gegenübersteht, sondern als einer, der an bereits Vorhandenem schafft.[18] Dadurch verliert er seine Unbegreiflichkeit und läßt den Versuch des Menschen, sich selbst an die Stelle des Schöpfers zu setzen, als einen weniger gewagten Schritt erscheinen, wenn der Mensch, der sich selbst in der geschaffenen Welt aufhält, die Stelle eines vergleichbaren, nicht aber unbegreiflichen Wesens einzunehmen trachtet.

Von der Schöpfungstheologie wurde neben dem Begriff der „creatio ex nihilo“ auch der Begriff der „creatio continua“ ausgearbeitet, um das dauernde Schöpfungshandeln Gottes zu betonen, der die Dinge nicht nur ins Sein ruft, sondern auch im Sein hält. Mit dem Aufkommen des Trägheitsgedankens in der Physik kam die Vorstellung der creatio continua allerdings in eine Krise. Bislang war man davon ausgegangen, daß der *Fortbestand* eines Zustandes – auch des Existierens – einer Erklärung bedürftig war. Hier hatte man mit der Lehre von der „creatio continua“ eine Erklärung gefunden. War aber mit einem Mal das träge Verharren zum Normalzustand geworden, so war nicht mehr dieses fragwürdig, sondern die *Zustandsänderung*. „Der Trägheitsgedanke bedeutete ja, daß nicht der Fortbestand eines gegebenen Zustandes erklärungsbedürftig ist, sondern nur die Zustandsänderung. Dadurch wird zwar noch nicht die Schöpfung am Anfang in Frage gestellt, wohl aber die Notwendigkeit einer fortgesetzten Erhaltung des einmal Geschaffenen.“[19] Dies gilt freilich nur so lange, wie der Ausdruck „creatio continua“ als naturwissenschaftliche Aussage mißverstanden wird.

Der Rückzug der Theologie aus dem Bereich der Natur, der diese den Naturwissenschaften überlassen hatte, bestand vornehmlich darin, den Schöpfungsgedanken an den Anfang der Welt zu verlagern und sich damit zufriedenzugeben, die Natur – quasi deistisch – zwar als von Gott geschaffen, dann aber als für sich

---

[16] Angerstorfer A., Der Schöpfergott des Alten Testaments. Herkunft und Bedeutungsentwicklung des hebr. Terminus <bara> „schaffen“, Frankfurt/ M. 1979 (= RSTh 30).

[17] May G., Schöpfung aus dem Nichts. Die Entstehung der Lehre von der creatio ex nihilo, Berlin 1978 (= AKG 48). May zeigt, daß der Begriff „creatio ex nihilo“ ein Grenzbegriff ist, der verhindern soll, daß in bezug auf die Schöpfung ein Etwas außer Gott angenommen wird. In diesem Sinn schafft Gott aus sich selbst.

[18] Ludger Honnefelder in: Diskussion zum Vortrag von Raphael Schulte (Zusammenfassung), in: Honnefelder L. (Hg.), Natur als Gegenstand der Wissenschaften, Freiburg/ Br. 1992 (= Grenzfragen 19), 228–236, 228f.

[19] Pannenberg W., Schöpfungstheologie und moderne Naturwissenschaft, in: Deuser H./ Martin G. M./ Stock K./ Welker M. (Hg.), Gottes Zukunft. Zukunft der Welt. Fs. f. J. Moltmann zum 60. Geb., München 1986, 276-291, 280.

selbst überlassen zu betrachten. Dabei blieb der Anfang der Schöpfung nicht das jedes Folgegeschehen Durchherrschende (principium, Anfang), sondern wurde bloß als das zeitlich erste (initium, Beginn) verstanden.[20] Damit einher läuft eine weitere entscheidende Entwicklung im theologischen Schöpfungsverständnis: Schöpfung wurde, indem sie als erster Moment in einer zeitlichen Aufeinanderfolge bestimmt wurde, historisiert. Den Beginn der Entwicklung ihrer selbständigen Entfaltung bildete zwar der Schöpfungsakt, in der Folge aber sollte sich die Natur als das Vorhandene selbständig erhalten können.

Um weiterhin sinnvoll und nicht in bloßer Wiederholung der Einzelwissenschaften von Schöpfung reden zu können, wurde der Schöpfungsbegriff also in den Bereich der Geschichte gezogen. Die dahinterliegende Trennung von Natur und Geschichte fußte umgekehrt auf einer Entgeschichtlichung der Natur. Die Natur mittels Gesetzen zu beschreiben besagte nämlich, den individuellen Einzelfall in zeitliche Wiederholbarkeit zu integrieren und vom geschichtlich signifikanten Einzeldatum zu abstrahieren. Losgelöst von derartiger Naturbeschreibung suchte sich Schöpfungstheologie eine Überlebensnische und fand in der Vergeschichtlichung ein weites Erklärungsfeld für das, was Schöpfung besagen sollte. Theologisch abgehandelt wurde und wird dieses Thema unter dem Titel der Verhältnisbestimmung von Schöpfung und Bund. In der Folge von Karl Barths „Kirchlicher Dogmatik", in der dieser die Schöpfung als äußeren Grund des Bundes und diesen als inneren Grund der Schöpfung bestimmte, [21] hat etwa auch Schoonenberg versucht, eine Verklammerung zwischen „Bund und Schöpfung" herzustellen.[22] Für ihn schließt Gottes Bundeshandeln seine Schöpfertätigkeit ein und umgekehrt.

Mittlerweile hat die Exegese die theologische Engführung, die die Schöpfung nur als Setzung des Beginns zu sehen bereit war, aufgebrochen. Den Grund dafür bildete neuerlich die ökologische Krise. „Man muß ... festhalten, daß der Preis für diesen Befreiungsschlag in Sachen Schöpfung [gemeint ist die Loslösung der Schöpfungstheologie von naturwissenschaftlichen Fragen; R. E.] die totale Distanzierung von der Natur der modernen Naturwissenschaften war und ist. Und das ist ökologisch betrachtet das Problem."[23] Von den Problemen der Umweltkrise aufgerüttelt, lasen Exegeten die Anfangspartien der Bibel neu und fanden auch in der Weisheitsliteratur Schöpfungsaussagen, die zeigten, daß Schöpfung nicht bloß als Setzung des Beginns begriffen werden darf.[24] Westermann wies

---

[20] Zur Unterscheidung von Anfang und Beginn siehe: Wucherer-Huldenfeld A., Der Anfang des menschlichen Daseins. Eine religionsphilosophische Besinnung, in: WuW 28 (1973) 313–321 und Pöltner G., Der Anfang unseres Daseins. Überlegungen zu einer angemessenen Fragestellung, in: ZKTh 104 (1982) 310–321.

[21] Vgl. zu Barth: Liedke, Im Bauch des Fisches, 74, und Link, Schöpfungstheologie. 2., 257ff. (dort auch die Stellen bei Barth).

[22] Schoonenberg P., Bund und Schöpfung, Zürich 1970, bes. 144–150.

[23] Liedke, Im Bauch des Fisches, 74.

[24] Z. B. Steck O. H., Der Schöpfungsbericht der Priesterschrift. Studien zur literarkritischen und überlieferungsgeschichtlichen Problematik von Genesis 1,1 – 2,4a, Göttingen 1975; Steck O. H., Zwanzig Thesen als alttestamentlicher Beitrag zum Thema: „Die jüdisch-christliche Lehre

darauf hin, daß Gen 1–3 nicht isoliert zu interpretieren ist, und arbeitete heraus, daß die Schöpfungserzählungen nicht als historische Berichte zu lesen sind: „Wo die Schöpfungsgeschichten am Anfang der Bibel im Sinn historischer Dokumente aufgefaßt wurden, sind sie mißverstanden. Sie sind auch nicht als Offenbarungen über den Weltanfang gemeint;“[25] vielmehr seien Schöpfungsaussagen die Darstellung eines Grundgeschehens. Das „Urgeschehen“[26] der Schöpfung sagt primär etwas über Mensch und Welt in ihrer Beziehung zueinander und zu Gott aus, ohne daß diese Erzählungen und diese Lyrik – im Gegensatz zu Berichten – mit dem Fortgang der Geschichte unaktuell werden und daher nur noch historisches Interesse beanspruchen könnten.[27] Wenn das Buch Genesis nicht mehr als historischer Bericht gelesen wird, schließen sich theologische Aussagen und Theorien, die dem Alten Testament in naturwissenschaftlicher Hinsicht widersprechen, nicht mehr aus. Eine historisch-kritische Exegese, die die Texte in ihrer literarischen Gattung zu bestimmen weiß, ermöglicht folglich eine unvoreingenommene Bezugnahme etwa zu Darwins Evolutionstheorie.

Die Gegenbewegung ist auf dem Gebiet der Naturwissenschaften zu beobachten. Dort geht das Bemühen dahin, die statischen Weltbilder des Mechanismus aufzubrechen und sie zu dynamisieren. Da in der Folge die Zeitkomponente mit in die Betrachtung einbezogen wird und die lineare Zeit sich in einigen Bereichen als unumkehrbar erwiesen hat, sind manche Naturwissenschaftler bestrebt, einer Vergeschichtlichung der Natur das Wort zu reden.

Nicht mehr bloß in Darwins Evolutionstheorie oder in anderen biologischen Theorien, sondern auch in der Physik und in der Chemie begegnet nunmehr das Moment der Irreversibilität. Clausius’ zweiter Hauptsatz der Thermodynamik und Boltzmanns Einführung der Statistik in die Wärmelehre bilden dazu die ersten Schritte, während die Theorie der offenen Systeme, wie sie I. Prigogine ausgearbeitet hat, als vorläufig letzter Entwurf gelten kann, der eine naturwissenschaftliche „Geschichte der Natur“[28] sein will. Darüber hinaus hat die von Planck, Bohr, Heisenberg und anderen ausgearbeitete Quantentheorie unbegrenzter Quantifizierbarkeit ein Ende gesetzt, also das Newtonsche und das Einsteinsche Weltbild, in Frage gestellt.

---

von der Schöpfung in Beziehung zu Wissenschaft und Technik“, in: KuD 23 (1977) 277–299, und Jeremias J., Schöpfung in Poesie und Prosa des Alten Testaments. Gen 1–3 im Vergleich mit anderen Schöpfungstexten des Alten Testaments, in: JBTh 5 (1990) 11–36.

[25] Westermann C., Schöpfung. Wie Naturwissenschaft fragt – was die Bibel antwortet, Freiburg/Br. 1989 (= Herder TB 1630), 191.

[26] Westermann, Schöpfung, 33ff.

[27] Es soll hier noch nicht über Mutschlers Kritik an Westermann geurteilt werden, der diesem vorwirft, mit seiner Aussage, daß wir über denkendes Erschließen keinen Zugang zum Schöpfungsglauben der Bibel gewinnen könnten, wieder jedes wissenschaftliche Denken zu verdrängen (Mutschler H.-D., Physik – Religion – New Age, Würzburg ²1992, 228 zu Westermann, Schöpfung, 185).

[28] Vgl. von Weizsäcker C. F., Die Geschichte der Natur. Zwölf Vorlesungen, Göttingen ⁶1964 (¹1948).

Schon diese kurze und stark vereinfachende Skizze zeigt, daß sich das Verhältnis von Theologie und Naturwissenschaften heute als Frage neu stellt. Einerseits versucht die von der ökologischen Krise aus der Isolation gedrängte Theologie einen neuen Zugang zur alten Domäne der Naturwissenschaften zu finden. Andererseits gehen viele Naturwissenschaftler daran, einzelwissenschaftliche Daten als geschichtliche Phänomene zu sehen, um eine naturwissenschaftlich fundierte Universaltheorie zu entwickeln. Während Theologen von Natur sprechen, ohne sie sofort an das Bundesgeschehen zurückzubinden, sprechen Naturwissenschaftler neuerdings als Naturwissenschaftler wieder von Gott und Geschichte.

So manche Theologen wie auch Naturwissenschaftler sehen sich angesichts der vorgestellten Vergeschichtlichung der Natur und der Dynamisierung des Weltbildes auf beiden Seiten vor dieselbe Realität gestellt und praktizieren einen fraglosen Austausch ihrer Forschungsergebnisse über methodische Grenzen hinweg. Daß das gemeinsame Gespräch nicht früher in Gang kommen konnte, mag zum großen Teil bei der Theologie und den Kirchen liegen, wie Georg Picht meint: „Der Glaube ist unglaubwürdig geworden, weil die Theologie vor der Aufgabe kapituliert hat, die Natur der Physik mit der Schöpfung der Bibel in Einklang zu bringen. Das ist nicht die Schuld der Physiker sondern das Versagen von Theologie und Kirche.“[29] Das durch neuere exegetische Ergebnisse ermöglichte Abrücken von kreationistischen Positionen und die Aufgabe einer rein ästhetischen Natursicht beziehungsweise die Wiederbesinnung auf die Immanenz Gottes[30] haben trotz aller Versäumnisse mittlerweile in der christlichen Theologie großteils Eingang gefunden. Theologen glauben meist nicht mehr, für biologische Fragestellungen kompetent zu sein und zum Beispiel die Konstanztheorie in ihrer naturwissenschaftlichen Variante vertreten zu müssen. Auch sind die Theologen eher protestantischer Provenienz von den Positionen der dialektischen Theologie, die eine strikte Trennung beider Bereiche anstrebte, mehr oder weniger abgerückt. Sieht man vom angelsächsischen Sprachraum ab, wo mit einer prozeßtheologischen Spielart sehr früh eine Rezeption der Darwinschen Gedanken einsetzte (H. Drummond, M. Savage), so hat am Umschwung der Positionen der Theologie P. Teilhard de Chardin wesentlichen Anteil.[31] Sein Versuch, Schöpfungstheologie und Evolutionstheorie zu verbinden, hat fortgewirkt, sodaß für die katholische Kirche mit dem 2. Vatikanischen Konzil (1962–1965) folgender Weltbildwechsel konstatiert werden kann: „An die Stelle des statisch organisierten Kosmos des Mittelalters tritt das evolutionär auf den Zielpunkt Omega zustrebende, sich in der Menschheit, sofern sie sich an den Liebeskräften Jesu Christi orientiert, vergeisti-

---

[29] Picht, Begriff der Natur, 88.

[30] Dies war nach T. Koch die Antwort der Theologie auf die naturwissenschaftliche Herausforderung (Koch T., Das göttliche Gesetz der Natur. Zur Geschichte des neuzeitlichen Naturverständnisses und zu einer gegenwärtigen theologischen Lehre von der Schöpfung, Zürich 1991 [= Theologische Studien 136], 41).

[31] Altner G., Die Überlebenskrise in der Gegenwart. Ansätze zum Dialog mit der Natur in Naturwissenschaft und Theologie, Darmstadt 1987, 93–96.

gende Universum.“[32] Wenn auch – wie J. Ratzinger in seinem Kommentar zu Nr. 13 von „Gaudium et spes“ (= GS) erwähnt –Teilhards Begriffe nicht direkt in die Texte des 2. Vatikanischen Konzils eingeflossen sind, so ist sein Einfluß dennoch nicht zu leugnen.[33] Sein Entwurf der Höherentwicklung der Natur auf Christus als den Punkt Omega hin und die optimistische Weltsicht klingen in einigen Formulierungen an.[34]

Auch innerhalb der Theologie bestehen kaum noch Bedenken, die Position eines bloßen Nebeneinanders aufzugeben, geschweige denn kontrovers zu argumentieren. Wie W. Pannenberg sind die meisten Theologen zumindest der Überzeugung, daß sich Glaube und moderne Naturwissenschaft nicht ausschließen: „Daß moderne Naturerkenntnis mit dem Glauben an Gott unvereinbar sei, ist unrichtig.“[35] Darüber hinaus geht es heute aber vor allem darum, Anknüpfungspunkte für ein Gespräch zu finden, das über die bloße wechselseitige Akzeptanz hinausgeht. Westermann z. B. schlägt vor, wieder neu nach der Bedeutung des Schöpfungsbegriffes zu fragen, ohne die von ihm für falsch gehaltene Konfrontation weiterzuführen.[36] Link geht noch einen Schritt weiter, wenn er nicht nur fordert, daß eine Neuinterpretation des biblischen Schöpfungsbegriffes im Kontext heutigen Weltverständnisses vonnöten sei, sondern auch eine Auseinandersetzung mit den aktuellsten Ergebnissen einzelwissenschaftlicher Forschung verlangt, die von seiten der Theologie zu leisten sei. „Zu unseren avanciertesten *naturwissenschaftlichen* Erkenntnissen müßten wir ... auch *theologisch* auf einem gleichsam fortgeschrittenen Erkenntnisstand Stellung nehmen können.“[37] Heutige Theologen wollen meist aus der Situation bloßer Widerspruchsfreiheit herausgelangen und zu einem offenen Gespräch mit Naturwissenschaftlern kommen, das vor Konfrontationen nicht zurückschreckt. Eine Bereitschaft dazu bringen der Theologie gegenüber auch Naturwissenschaftler entgegen, die ebenso eine Gesprächsbasis suchen, die sich nicht bloß in gegenseitiger Toleranz erschöpft. H. Pietschmann beispielsweise sieht die Möglichkeit eines Zusammenwirkens jenseits der Widerspruchsfreiheit: „Wenn wir Naturwissenschaft und Glaube nicht als statische Inhalte, sondern als dynamische Tendenzen betrachten, dann ist es gar nicht mehr sinnvoll,

---

[32] Hübner J., Schöpfung, Weltbild und Weltverantwortung, in: JBTh 5 (1990) 218–237, 232f.

[33] Constitutio pastoralis de Ecclesia in mundo huius temporis „Gaudium et spes“/ Pastorale Konstitution über die Kirche in der Welt von heute, in: LThK^2 14 (1968) 241–592, 319f.

[34] Beispiele wären etwa folgende (zit. nach der Ausgabe im Rahmen des LThK^2): „A Christo enim redemptus et in Spiritu Sancto nova creatura effectus, homo ipsas res a Deo creatas amare potest et debet“ (GS 37); „Ipse [= Jesus Christus als perfectus homo; R. E.] nobis revelat, <quoniam Deus caritas est> (1 Io. 4,8), simulque nos docet legem fundamentalem ... perfectionis humanae, ac proinde transformationis mundi, novum dilectionis esse mandatum“ (GS 38); „... ipse [= homo; R. E.] exsequitur consilium Dei, initio temporum patefactum, terrae subiiciendae creationisque perficiendae, atque seipsum excolit“ (GS 57). Vgl. auch den Zukunftsoptimismus am Ende von GS 82 und die Einschätzung der Sünde in GS 13f.

[35] Pannenberg W., Kontingenz und Naturgesetz, in: Müller A. M. K./ Pannenberg W., Erwägungen zu einer Theologie der Natur, Gütersloh 1970, 33–80, 72.

[36] Westermann, Schöpfung, 26f.

[37] Link, Schöpfung. 2., 421.

ihre Widerspruchsfreiheit zu fordern. Denn Naturwissenschaft ist dann jene Tendenz, die Wahrheiten aus dem Bereich der Freiheit in den Bereich der Naturnotwendigkeit führt ..., während Glaube jene Tendenz ist, die gerade umgekehrt aus dem formalen Rahmen, also aus dem Bereich der Heteronomie in den Bereich der Freiheit führt."[38]

Auf der Seite der Theologie wird allerdings auch auf andere Weise versucht, den Anforderungen wechselweiser Öffnung von Naturwissenschaft und Theologie gerecht zu werden. Es wird vorgeschlagen, an die Stelle der früheren „natürlichen Theologie" eine Theologie der Natur zu stellen. Das heißt, daß der Versuch, aus der Natur auf Gott zurückzuschließen, als gescheitert erachtet wird, während man eine streng theologische Disziplin im Hinblick auf die Natur zu etablieren sucht. H. Dembowski z. B. bindet im Rückgriff auf K. Barth seine Theologie der Schöpfung an die Soteriologie zurück und bestimmt als das eigentliche Thema einer Theologie der Natur nicht den Prozeß der Evolution, sondern die rechte Wahrnehmung der Natur in der Kultur des Menschen.[39] Es geht ihm also darum, eine methodisch eigenständige theologische Sicht der Natur zu gewinnen, ohne naturwissenschaftliche Ergebnisse zu leugnen, aber auch ohne direkte Auseinandersetzung mit diesen.

Sowohl dem Konzept einer Theologie der Natur als auch den Versuchen, direkte Verbindungen mit den Naturwissenschaften herzustellen, ist gemeinsam, daß der Zeitbegriff in den Betrachtungen eine wesentliche Rolle spielt.[40] Die Vergeschichtlichung der Natur auf seiten der Naturwissenschaften einerseits und die Historisierung des Schöpfungsaktes in der Theologie andererseits lassen das Zeitthema zu einem wichtigen Problem wechselseitiger Annäherung werden. C. Link hält „die Einsicht in die fundamentale Bedeutung des Zeitproblems" überhaupt für einen „Markstein im naturwissenschaftlich-theologischen Gespräch"[41]. Auf theologischer Seite konzentriert sich das Interesse, was das naturwissenschaftliche Zeitproblem anlangt, vornehmlich auf die Theorie der offenen Systeme. Prigogines Theorie wird für eine vorrangige Anknüpfungsmöglichkeit gehalten, da dissipative Strukturen vermeintlich eine natürliche Keimzeile für Geschichte abgeben können. „Der alte Gegensatz zwischen Evolution und Schöpfung ist durch die Theorie der offenen Systeme auf eine neue Gesprächsebene gehoben. Die Frage nach den Bedingungen der Möglichkeit der Offenheit ist die Grundfrage im Gespräch zwischen Wissenschaft und Theologie über den Ursprung der

---

[38] Pietschmann H., Naturwissenschaft und Glaube, in: Kolb A. (Hg.), Glaube – Wissen – Zukunft. Festakt und Symposion zum 400-Jahr-Jubiläum der Katholisch-Theologischen Fakultät der Karl-Franzens-Universität Graz im Jahre 1985, Graz 1987, 135–145, 144.

[39] Dembowski H., Natürliche Theologie – Theologie der Natur, in: Altner G. (Hg.), Ökologische Theologie. Perspektiven zur Orientierung, Stuttgart 1989, 30–58.

[40] Vgl. dazu beispielsweise einerseits Dembowski, Natürliche Theologie – Theologie der Natur, 55, und andererseits die Entwürfe von Link oder Moltmann.

[41] Link, Schöpfung. 2., 414.

Welt.“[42] In der Auseinandersetzung mit Prigogine und anderen modernen Naturwissenschaftlern wird der Anfang einer fortschreitenden Annäherung gesehen.[43]

So begrüßenswert eine Annäherung der Positionen auch sein mag, es bleibt dennoch die Frage bestehen, auf welcher Grundlage das Gespräch zwischen Naturwissenschaftlern und Theologen heute geführt werden kann. Zum einen ist zu hinterfragen, wie Naturwissenschaftler qua Naturwissenschaftler nunmehr Fragen der Weltanschauung abhandeln und präsentieren können. Der Anspruch, philosophische und theologische Themen mit den Mitteln naturwissenschaftlicher Forschung in den Blick zu nehmen, ist nicht schon dadurch gerechtfertigt, daß er erhoben wird. Vielmehr ist er auf seine Tragfähigkeit hin zu hinterfragen und ist seine wissenschaftstheoretische Rechtmäßigkeit auszuweisen. Zum anderen kann es nicht von vornherein als ausgemacht gelten, daß Schöpfungstheologen die Ergebnisse einzelwissenschaftlicher Forschung ohne Zögern zu Argumentationshilfen oder Absicherungen ihrer eigenen theologischen Entwürfe machen. Es ist zu prüfen, ob Naturwissenschaftler und Theologen dasselbe meinen, wenn sie Begriffe wie „Geschichte“, „Natur“, „Zeit“, „Dialog“, „Gott“, „Geist“, „Materie“ u. a. gebrauchen. Denn es besteht immerhin die Möglichkeit, daß trotz vollzogener wechselseitiger Rezeption das Gespräch fehlläuft, da Theologen und Naturwissenschaftler nicht dasselbe meinen, wenn sie das Gleiche sagen. Sollte sich herausstellen, daß zwar mit gleichlautenden, in Wirklichkeit aber mit semantisch differenten Begriffen operiert wird, so wäre eine Neubesinnung auf das grundsätzliche Verhältnis zwischen beiden Disziplinen schon deshalb angesagt, da ansonsten leicht der Vorwurf von Kategorienverwechslungen, Mißverständnissen und nicht zu haltenden, da vordergründigen Vermittlungsversuchen erhoben werden könnte.

Vornehmlich wird es darum gehen müssen, die von den Autoren als naturwissenschaftlich fundiert vorgestellten Natur- und Gottesbilder zu untersuchen. Dabei sollte sich zeigen, inwieweit ihre Rezeption durch Schöpfungstheologen verantwortet werden kann. In diesem Zusammenhang wird der Fage, was es heißt, naturwissenschaftlich von der „Geschichte der Natur“ zu sprechen, ein zentraler Ort zukommen müssen. Denn diesen Ausdruck sehen viele Naturwissenschaftler und Theologen als das eigentliche Bindeglied zwischen ihren Wissensgebieten. Vornehmlich das Problem der Zeit hat – wie bereits erwähnt – in diesem Problem-

---

[42] Altner G., Wer ist’s, der alles dies zusammenhält? Das Gespräch zwischen Theologie und Naturwissenschaften im Lichte von Prigogines »Dialog mit der Natur«, in: Altner G. (Hg.), Die Welt als offenes System. Eine Kontroverse um das Werk von Ilya Prigogine, Frankfurt/ M. 1986 (= Fischer TB 4168), 161–171, 170.

[43] Link sieht den heutigen Aufbruch in Parallele zu den ersten Versuchen in der frühen Patristik und betrachtet die reformatorische Theologie als Symmetrieachse zwischen diesen und heutigen Bemühungen: „Blickt man von diesem vorläufigen Endpunkt auf die reformatorischen Entwürfe zurück, so erscheinen sie in der Geschichte der Schöpfungstheologie (wenn man diesen Ehrenplatz nicht bereits der Thomanischen *Summe* einräumen will) als eine Art Symmetrieachse, das heißt ungeachtet der allenthalben vollzogenen Neugestaltung als Zentren maximaler Orientierungskraft, in der Gewißheit ihrer Aussagen gleich weit entfernt von dem tastenden Aufbruch der frühen Patristik wie von dem ebenso tastenden Suchen unserer eigenen Gegenwart“ (Link C., Schöpfung. 1. Schöpfungstheologie in reformatorischer Tradition, Güterloh 1991 [= HST 7/1], 19).

komplex eine ausgezeichnete Rolle inne, da beide Bereiche immer wieder auf den Zeitbegriff rekurrieren. Zu fragen bleibt, ob der theologische Zeitbegriff mit dem Zeitbegriff der Naturwissenschaften zur Deckung gebracht werden kann oder ob sich Differenzen aufweisen lassen, die darauf hinweisen, daß ein undifferenzierter Gebrauch der Begriffe unzulässig ist.

2. Zum Bezug zwischen Theologie und Naturwissenschaften aus theologischer Sicht

In einem ersten Schritt werde ich im folgenden theologische Konzepte vorstellen, die ihr wissenschaftliches Bestreben mit naturwissenschaftlichen Versuchen in Bezug setzen. Diese Relation kann verschieden bestimmt werden. Deshalb lassen sich auch unterschiedliche Modelle der Beziehung zwischen Schöpfungstheologien beziehungsweise Theologien der Natur und biologischen, chemischen und physikalischen Bestrebungen unterscheiden. Während die einen Konzeptionen beide Bereiche auf kategorische Art und Weise trennen (Differenzmodell), setzen sie andere ident (Identitätsmodell). Wieder andere Entwürfe versuchen, auf verschiedene Art und Weise eine Vermittlung (Mediationsmodelle) herzustellen, oder wollen Naturgesetze theologisch fundieren (Rekapitulations- und Fundierungsmodelle). Meist begegnen allerdings Mischformen, die eine eindeutige Zuordnung nicht möglich machen. So sind die Entwürfe einiger Theologen teilweise nicht nur unter *ein* Modell zu subsumieren, sondern beinhalten Momente von mehreren Modellen. Dennoch soll im folgenden eine Bestandsaufnahme vorgelegt werden, die die einzelnen Entwürfe möglichst getreu einzuordnen versucht. So ist es mitunter notwendig, ein und denselben Autor zwei verschiedenen Modellen zuzuzählen. Die Namen für die Modelle habe ich selbst nach den Begriffen gewählt, die mir für sie kennzeichnend zu sein scheinen und die die diversen Ansätze, die ich unter dem jeweiligen Modell zusammenfasse, charakterisieren. Die Kritik, der die jeweiligen Modelle in der Folge zu unterziehen sein werden, wird auf Probleme hinweisen, die sich aus den Konzeptionen ergeben.

2.1 Zum Differenzmodell

Bedingt durch ihre Erfolge haben die neuzeitlichen Naturwissenschaften ihre Methode als vermeintlich allein maßgebliche Zugangsweise zur Natur etablieren können. Theologische und philosophische Fragestellungen wurden dadurch in den Hintergrund gedrängt und erschienen wenig bedeutsam. Angesichts dieser Gegenüberstellung von Einzelwissenschaften und universalwissenschaftlichen Ansprüchen und angesichts der Veränderungen im Gefolge von technischen Anwendungen naturwissenschaftlicher Ergebnisse zogen sich Philosophie und besonders Theologie immer weiter aus dem aktuellen Diskurs über Natur zurück. Die Zuständigkeit für den Bereich der Natur war im allgemeinen Bewußtsein von der Theologie zu den Einzelwissenschaften mit quantifizierender Methode übergegangen.

Im Gefolge solcher Entwicklung beschränkte Theologie ihren Anspruch auf Zuständigkeit immer mehr auf die Lücken, die Naturwissenschaften noch nicht zu füllen imstande waren. Theologie sollte dort Erklärungen präsentieren, wo (noch) keine Nachweise auf der Basis von Messung und Experiment gefunden werden konnten. Da dadurch Theologie immer mehr ins Hintertreffen geriet und parallel zum raschen Fortschritt stetig an Terrain verlor, ging man theologischerseits dazu über, naturwissenschaftliches und theologisches Reden von der einen und gemeinsamen Sprachebene abzuziehen und ihre Unvergleichlichkeit zu betonen.[1] Mit dieser Maßnahme konnte sich Theologie gegen naturwissenschaftliche Angriffe immunisieren und zugleich auf eine streng theologische Sicht der Natur konzentrieren. Freilich blieb dadurch das gemeinsame Gespräch zwischen beiden Disziplinen in weiten Bereichen und – wie erwähnt – besonders in deutschsprachigen Ländern auf der Strecke. Denn wie es schien, redeten Theologen und Naturwissenschaftler nicht mehr über dasselbe, wenn sie von Natur sprachen.

In der dialektischen Theologie wurde eine strikte Trennlinie zwischen dem Bereich der Geschichte und dem Bereich der Natur gezogen. Eine natürliche Theologie, die sich zur Aufgabe gestellt hatte, aus dem „Buch der Natur" auf Gott zurückzuschließen, wurde von einer Offenbarungstheologie verdrängt, die streng theo-logisch argumentierte und allein das Geoffenbarte der Schrift als erkenntnistheoretische Leitlinie anerkannte. Für die Thematik theologischer Wissenschaft bedeutete diese methodische Neubesinnung, daß die Verhältnisbestimmung der beiden Zentralbegriffe Natur und Geschichte, die theologisch gewendet eine Abklärung der Relation von Schöpfung und Bund bedeutete, Geschichte zum Basisbegriff machte.

Im Gefolge von Karl Barths Bestimmung des Bundes als inneren Grundes der Schöpfung, die ihrerseits äußerer Grund des Bundes sei,[2] behauptet etwa Schoonenberg, daß Schöpfung auf den Bund ausgerichtet, daß das Ziel der Schöpfung der Bund sei,[3] ja daß Schöpfung das Bundeshandeln voraussetze.[4] Die sachliche Einordnung des Bundes vor die Schöpfung und die Grundlegung letzterer durch ersteren schreibt Geschichte den Vorrang zu. Auch Jorissen behandelt Schöpfung als nachrangige Größe, wenn er schreibt: „Schöpfung (Welt) ist *nur*, weil Gott sich selbst von Ewigkeit her in absoluter und souveräner Freiheit in Jesus Christus und im Geiste der Liebe zur Gemeinschaft (zur communio, zum Bund) mit Welt und Mensch bestimmt hat."[5] Mit der Unterordnung der Natur unter Geschichte verlieren Schöpfung und Natur ihre Eigenständigkeit als selbständige Bereiche theologischer Reflexion. Natur wird den Naturwissenschaften überlassen, die per definitionem die theologischen Fragen in bezug auf die Natur nicht zu stellen in der Lage sind.

Auf der einen Seite haben methodische Überlegungen eine theologische Lehre der Natur beinahe ausschließlich an die Offenbarung in der Schrift gebunden, andererseits hat eine mehr oder weniger an der dialektischen Theologie orientierte Reflexion den Bund der Schöpfung vorgeordnet. Dadurch gerieten theologisches und einzelwissenschaftliches Reden von Natur immer mehr in Differenz, zumal theologischerseits nicht nur eine andere Methode angewendet, sondern auch Natur

---

[1] Pannenberg, Schöpfungstheologie und moderne Naturwissenschaft, 278.

[2] Barth K., Kirchliche Dogmatik. 3/ 1., Zollikon ²1947, 106f.

[3] Schoonenberg, Bund und Schöpfung, 149.

[4] Schoonenberg, Bund und Schöpfung, 145.

[5] Jorissen H., Die Welt als Schöpfung, in: JBTh 5 (1990) 205–218, 207.

in ihrer Eigenständigkeit in Frage gestellt wurden. Natur als solche schien nur mehr in den Naturwissenschaften untersucht zu werden, freilich bloß mit einzelwissenschaftlicher Methode, wie Theologen zu betonen nicht müde wurden. Mit dem Verlust der klassischen theologia naturalis war umgekehrt Natur als ein der Schriftoffenbarung vorgelagerter, aber dennoch nicht einzelwissenschaftlicher Fragehorizont verlorengegangen.

Aber auch Theologien, die sich nicht an Barth orientieren, sprechen oftmals einer strengen Trennung von Naturwissenschaft und Theologie das Wort. Auer hat beispielsweise in seiner Schöpfungstheologie eine klare Trennung beider Bereiche betont. Er behauptet, daß Theologie und Naturwissenschaft methodisch sauber zu trennen sind. „Bei einer Zusammenschau von Schöpfung und Evolution ist von Anfang an festzuhalten, daß Schöpfung eine >transzendentale< Glaubensaussage über die Welt bedeutet, während Evolution eine weltimmanente Erfahrungstatsache ausspricht.“[6] Obwohl Auer für die Zukunft eine gemeinsame Basis erhofft, lehnt er etwa den Syntheseversuch durch Teilhard de Chardin vollkommen ab und tut ihn als für beide Bereiche belanglos ab. „Die sachliche Zusammenschau von Materie, Leben und Geist, wie sie Teilhard versucht, ist bloß idealistische Spekulation, die weder naturwissenschaftlich noch theologisch verständlich gemacht und begründet werden kann.“ [7]

Ähnlich – allerdings aus bibeltheologischer Sicht – argumentiert Westermann. Auch er erklärt, daß die Naturwissenschaft keinen Zugang zum Ganzen finden könne, das der Theologie vorbehalten bleibe.[8] Darüber hinaus behauptet er allerdings auch, daß es unmöglich sei, einen Zugang zum Schöpferglauben der Bibel zu erreichen, wenn man sich dabei auf „denkendes Erschließen“ stützt, solches gelinge nur „aus der einfachen, dankbaren Freude des Geschöpfseins“[9]. Schöpferglaube auf der einen und erschließende Rationalität auf der anderen Seite werden einander gegenübergestellt. Eine wechselseitige Begegnung scheint unmöglich zu sein.

Schöpfungstheologen, die auf die Trennung von Theologie und Naturwissenschaft besonders achten, legen der Schöpfungstheologie oftmals soteriologische Konzepte zugrunde und behaupten, daß nur eine soteriologisch bestimmte Schöpfungslehre zu Recht Theologie heißen könne. Mit der Anbindung des Schöpfungstraktates an die Soteriologie wird Natur der Geschichte untergeordnet, sodaß - ähnlich wie in der dialektischen Theologie - Natur als geschichtliche Größe in das Blickfeld tritt. „Die Schöpfungslehre ist in Abhängigkeit von der Soteriologie zu entwickeln. Die Soteriologie aber ist nicht ontologisch, sondern ethisch zu konzipieren, kann also nicht unabhängig von geschichtlich-gesellschaftlichem Handeln begriffen werden. Damit ist auch gesagt, daß Evolutionstheorie, Theorien offener Systeme, Kosmologien mit anthropischem Prinzip – so interessant sie

---

6 Auer J., Die Welt – Gottes Schöpfung, Regensburg ^{2}1983 (= KKD 3), 130.

7 Auer, Die Welt – Gottes Schöpfung, 131.

8 Westermann, Schöpfung, 59.

9 Westermann, Schöpfung, 185. Vgl. dazu Mutschler, Physik – Religion – New Age, 228.

auch für sich genommen sind – nicht der geeignete Begriffsrahmen für die Explikation der Schöpfungslehre sein können."[10] Da die Ergebnisse der Naturwissenschaften mit skeptischen oder Glaubenspositionen gleichermaßen in Einklang zu bringen sind,[11] so suggeriert Schupp, sind beide Bereiche voneinander getrennt und beeinflussen sich wechselseitig nicht.

Einen ebenfalls soteriologischen Ausgangspunkt wählen die Vertreter einer „Theologie der Natur". H. Dembowski zum Beispiel tritt für eine „Kosmologie als Soteriologie" ein. „Theologie der Natur nimmt die Natur in uns und um uns im Prozeß menschlicher Kultur als Friedensfeld wahr und widerspricht damit dem Krieg aller gegen alle. Das ist das Grundwort der Kosmologie als Soteriologie."[12] Dembowski bekennt sich zu einer Offenbarungstheologie, die sich auf das „Buch der Schrift" gründet und von dorther eine Theologie der Natur verlangt, wobei die gegenwärtige ökologische Krise diese implizite Forderung seiner Meinung nach noch verstärkt hat.[13] Mit ausdrücklicher Bezugnahme auf Barth wird betont, daß Schöpfung soteriologisch zu bestimmen sei.[14] Denn wenn man Natur bloß in den Prozeß menschlicher Kultur integriere, sei ihre Ausbeutung gerechtfertigt; verstehe man sie jedoch eingeordnet in einen Prozeß zunehmender Vergeistigung (wie Hegel und Teilhard), so gehe der Mensch als Person verloren.[15] Eine ähnliche Alternative, die zwei abzulehnende Extrempositionen gegenüberstellt, gibt O. Bayer zu bedenken, der jedoch nicht wie Dembowski den Personbegriff gefährdet sieht, sondern gerade den Personalismus als Gefahr erkennen will. Werde eine personalistische Schöpfungstheologie vertreten, so komme die Gegenwart des Schöpfers im Geschöpf zu kurz. Systemtheoretische oder prozeßtheologische Ansätze hingegen seien spinozistisch und handelten über eine Schöpfung ohne Schöpfer.[16] Bayer und Dembowski fürchten eine Vergottung der Welt, wenn Theologie naturwissenschaftlichen Ergebnissen zu großen Raum gibt. Nur eine streng aus dem Buch der Schrift argumentierende Offenbarungstheologie sei in der Lage, ein vom Menschen unabhängiges Korrektiv vorzustellen, das die Anthropozentrik herkömmlicher Naturbetrachtung ablösen könne. Weder dürfe der Kulturauftrag Gottes an den Menschen durch eine bloß auf die Natur konzentrierte Denkweise in Vergessenheit geraten, noch seien theologische Ansätze zu akzeptieren, die Gott und Welt nicht genügend zu unterscheiden wüßten.

Im Gegensatz zu Versuchen, die Zukunftsoffenheit sowohl von Natur als auch von Geschichte in den Vordergrund zu rücken, um eine gemeinsame Zeitstruktur von naturwissenschaftlichen Ergebnissen und theologischen Reflexionen zu ge-

---

[10] Schupp F., Schöpfung und Sünde. Von der Verheißung einer wahren und gerechten Welt, vom Versagen der Menschen und vom Widerstand gegen die Zerstörung, Düsseldorf 1990, 559.

[11] Schupp, Schöpfung und Sünde, 544.

[12] Dembowski, Natürliche Theologie – Theologie der Natur, 52.

[13] Dembowski, Natürliche Theologie – Theologie der Natur, 45.

[14] Dembowski, Natürliche Theologie – Theologie der Natur, 56.

[15] Dazu und zum Folgenden siehe Dembowski, Natürliche Theologie – Theologie der Natur, 47ff.

[16] Bayer O., Schöpfung als Anrede. Zu einer Hermeneutik der Schöpfung, Tübingen ²1990, 84.

winnen, betonen Bayer und Dembowski die Bedeutung der Gegenwart für die Schöpfungstheologie. Dembowski vertritt die Auffassung, daß es „grundlegend nicht um die Zukunft eines evolutiven Prozesses, der zu immer reicherer Entfaltung und letztlich zur Einheit in Gott führt“ [17], sondern um die Frage gehe, ob es überhaupt noch eine Zukunft gebe. Nicht die Zukunft der Natur, die von vielen Theologen (etwa Moltmann oder Pannenberg) betont wird, sieht Dembowski als das eigentliche Problem, sondern die Zukunft Gottes selbst. Auch Bayer hält die in der Schöpfungstheologie moderne Zeitdimension der Zukunft für weniger wichtig. Diese sei von einem Existential (bei Heidegger) zu einer Eigenschaft Gottes gemacht worden. Die wichtigste Dimension sei vielmehr die Gegenwart.[18]

Begründet ist diese Abwehr der Zukunft als wesentlicher Zeitdimension in dem Bedenken, man könne glauben, Natur bedürfe der steten Zeitzusage von seiten Gottes nicht, sondern sei selbständige Trägerin von Zeit. Offenbar deshalb betont Dembowski, daß es einzig um die Zukunft Gottes selbst gehe, der durch Jesus Christus der Welt Zukunft eröffne. Bayer hingegen fürchtet – wie es scheint – nicht so sehr die Zukünftigkeit der Welt als eigenständige Dimension als vielmehr die Zukünftigkeit Gottes selbst, wenn sie als bloße Eigenschaft begriffen werde. Denn dann wäre Zukünftigkeit zum einen als Eigenschaft Gottes und zum anderen als Eigenschaft einer evolutiv verstandenen Natur die Grundlage für die Nivellierung der geforderten Differenz.

Ähnlich wie Bayer betont auch der Befreiungstheologe P. Trigo das gegenwärtige Jetzt. Die gemeinsame Geschichte zwischen Gott und Mensch im Hier und Jetzt lasse eine Vertröstungsstrategie nicht zu.[19] Dennoch bekennt sich Trigo zur prinzipiellen Offenheit der Geschichte: „Somit verkündet das Christentum, daß die Geschichte trotz, ja gerade wegen ihrer Materialität offen ist. Und die geistliche Tat in ihr legt sie nicht etwa fest und schließt sie zu, sondern gewährleistet ihre Offenheit.“[20]Die Offenheit der Geschichte macht es möglich, daß die bestehende Ordnung, die von Unterdrückung geprägt ist, nicht die endgültige Realität ist. Die präsentische Eschatologie bestimmt sich nicht durch ein „sowohl – als auch“, sondern durch ein „nein – wenn auch“ und macht dadurch die Geschichte zum Ort der Veränderung, also zum Ort, an dem Positives geschieht.[21] Die Motivation dazu erhält der Mensch aus dem Schöpfungsglauben. Denn dieser manifestiert sich in der Überzeugung, daß der Zustand der gegenwärtigen Welt nicht der von Gott geschaffene ist. Die Infragestellung der bestehenden Zustände und die sich daraus ergebende Möglichkeit einer Perspektive der Verbesserung ergeben sich aus dem Kontrast, den der Schöpfungsglaube zur gegenwärtigen Weltsituation bildet. Der Schöpfungsglaube, der als Sieg über die Welt zu verste-

[17] Dembowski, Natürliche Theologie – Theologie der Natur, 55.

[18] Bayer, Schöpfung als Anrede, 129f.

[19] Trigo P., Schöpfung und Geschichte, Düsseldorf 1989 (= Bibliothek der Befreiung: Die Befreiung in der Geschichte), 41.

[20] Trigo, Schöpfung und Geschichte, 246.

[21] Trigo, Schöpfung und Geschichte, 36.

hen ist,[22] bekommt die Funktion zugeordnet, als Utopie das Handeln hier und jetzt zu motivieren. Dadurch verliert Schöpfungstheolgie ihre Eigenständigkeit, zumal sie einer Theologie der Geschichte in der Form inkorporiert wird, daß sie als Motivationshorizont und Grundlage der Überzeugung dient, daß die Welt nicht so sein müsse, wie sie ist. Die bisherige Schöpfungstheologie, die als Metaphysik der Schöpfung betrieben worden sei, könne dieser Aufgabe allerdings nicht entsprechen, da sie im Begriffspaar Emanation und Produktion verfangen und dem Panoramabegriff „Sein“ und dessen Totalität verpflichtet geblieben sei.[23] Trigo fordert also einen Schöpfungsbegriff, der in seine Theologie der Geschichte in obigem Sinne seinen Platz finden kann. Freilich bleibt jener in einem solchen Entwurf abgehoben von den Ergebnissen naturwissenschaftlicher Forschung und berührt diese kaum.

Fast all den vorgestellten Konzeptionen ist ein explizit theozentrisches Schöpfungsverständnis eigen, das sich von einem einzelwissenschaftlichen Verständnis der Natur bewußt absetzt. Eine solche Schöpfungstheologie will S. Daecke „als Alternative sowohl zur Anthropozentrik als auch zur Kosmo-/ Physiozentrik, sowohl zum Primat des Menschen als auch zum Primat der Natur“ verstanden wissen. [24] Mit der Absetzung von der Anthropozentrik sollten die Nachordnung der Natur hinter die menschlichen Bedürfnisse und die daraus folgende Ausbeutung der Natur angemahnt werden. Sich gegen eine Kosmozentrik zu stellen bedeute hingegen eine Absage an eine Natursicht, die Gott in Natur aufzulösen droht. Beide Pole – sowohl Mensch als auch Natur – sollten ihre Bestimmung von einer konsequent offenbarungstheologischen Sicht erhalten.

Was das Verhältnis zwischen Theologie und Naturwissenschaften betrifft, so liegt die Stärke solcher Ansätze in der strengen methodischen Trennung zwischen Einzelwissenschaft und theologischer Reflexion. Da Natur von vornherein ausschließlich offenbarungstheologisch konzipiert wird, hat eine solche Theologie der Natur keinen Anlaß, Ergebnisse von Naturwissenschaften zur Kenntnis zu nehmen. Unter den Prämissen von Meßbarkeit und Experiment gewonnene Ergebnisse berühren die theologischen Entwürfe insofern nicht, als eine theozentrische Schöpfungstheologie Natur allein aus offenbarungstheologischer Perspektive betrachtet. Das heißt, daß für einen derartigen Ansatz Einzelwissenschaften immer zu kurz greifen, wenn sie Natur erforschen, da die Gottesdimension prinzipiell nicht in den Blick kommen kann, zumal es bloß darum geht, meßbare Naturgesetze zu eruieren. Eine Theologie, die sich selbst in Differenz zu den Naturwissenschaften sieht, läuft nicht Gefahr, einzelwissenschaftliche Ergebnisse als Beweis eigener Gedankenfolgen zu verwenden und dabei Ergebnisse, die mit verschiedenen Methoden gewonnen wurden, zu vermischen, was oftmals zu falschen Schlüssen Anlaß gibt. Vielmehr bleiben beide Bereiche methodisch sauber getrennt.

---

[22] Trigo, Schöpfung und Geschichte, 18f.

[23] Trigo, Schöpfung und Geschichte, 194.

[24] Daecke S., Anthropozentrik oder Eigenwert der Natur?, in: Altner G., Ökologische Theologie. Perspektiven zur Orientierung, Stuttgart 1989, 277–299, 295.

Eine derartige Ausklammerung naturwissenschaftlicher Entwicklungen bringt jedoch auch eine Immunisierung gegenüber Einwürfen von seiten der Naturwissenschaften mit sich und isoliert theologisches Denken. Mit der Ausklammerung naturwissenschaftlicher Methodik aus der Theologie geht in derartigen Differenzmodellen nämlich auch eine Abschottung gegenüber einzelwissenschaftlichen Neuerungen einher. Was auch immer Naturwissenschaften als Ergebnisse ihrer Forschungen präsentieren – theologisches Denken ist davon nicht betroffen. So berechtigt eine saubere methodische Trennung ist und gefordert werden muß, so bleibt eine Ignoranz naturwissenschaftlichen Entwicklungen gegenüber dennoch problematisch. Denn diese prägen das alltägliche Bewußtsein und bestimmen weitgehend alltägliche Lebensvollzüge. Selbst eine Hermeneutik theologischen Herangehens an das Offenbarungswort der Bibel kann über dieses Faktum nicht hinweggehen, da das menschliche Selbstverständnis, das in die jeweilige exegetische Situation eingeht, von naturwissenschaftlichen und technischen Implikationen nicht freigehalten werden kann.

Des weiteren kann auch eine theozentrische Schöpfungstheologie nicht umhin, das Selbst- und Naturverständnis derer zur Kenntnis zu nehmen, für die sie das Wort Gottes zur Sprache bringen will. Denn heutiges Weltverständnis ist in nicht unerheblichem Maße von naturwissenschaftlichen und technischen Neuerungen bestimmt. Das bedeutet, daß Theologie mit den Naturwissenschaften zu rechnen hat, will sie nicht immer unverständlicher und in der Folge belangloser werden.

Wenn in den meisten Differenz-Entwürfen die Kosmozentrik als wesentlicher Hinderungsgrund für eine Auseinandersetzung mit Naturwissenschaften angeführt wird, so kann dennoch nicht geleugnet werden, daß auch eine soteriologische Natursicht nicht unabhängig ist von einer Metaphysik der Natur. Denn ohne zu fragen, wie Natur von Menschen, die nicht schon glauben, erfahren wird, trifft eine Schöpfungstheologie weder die Probleme religiös gebundener Menschen, die in einer großteils säkularisierten Welt leben, noch die Anfragen derer, die mit einer Offenbarungstheologie keine Berührungspunkte haben wollen. Profane Naturauffassung aber ist wiederum nicht unabhängig von einzelwissenschaftlichen Einflüssen denkbar. Gerade die ökologischen Herausforderungen der Gegenwart, auf die sich auch Theologien der Natur berufen, fordern eine ernsthafte Auseinandersetzung mit dem Naturverständnis der von Theologie getrennten Natursichten, die Fortschritt und technische Entwicklungen begünstigen oder vorantreiben. Dies kann aber nur dann annähernd gelingen, wenn von einer *ausschließlich* theologischen Sicht Abstand genommen und auch von einer *einseitig* naturwissenschaftlichen Perspektive abgesehen wird. Die Ausarbeitung einer Naturphilosophie, die Fakten naturwissenschaftlicher Forschung als in die Welt der Kenntnis integrierte Erfahrung einzubeziehen weiß, wird für eine Theologie der Natur notwendige Voraussetzung eigener Reflexionen sein müssen.

2.2 Zum Identitätsmodell

Während Vertreter eines Differenzmodells darauf Bedacht nehmen, eine möglichst klare Trennung zwischen Naturwissenschaften und Theologie zu bewahren, versuchen Theologen, denen eine Kontaktnahme mit Naturwissenschaften wichtig erscheint, eine Integration beider Bereiche herbeizuführen. Besondere Bedeutung kommt bei diesen Versuchen wiederum dem Zeitbegriff zu. Natur als statische Größe wird verabschiedet und in der Folge als evolutives Ganzes verstanden, das selbst Geschichte hat. Eine geschichtlich konzipierte Offenbarungstheologie findet also eine Naturauffassung vor, die vermeintlich ohne Schwierigkeiten in die eigenen Konzepte eingebettet werden kann. So vorzugehen ist für viele Theologen heute nicht nur notwendig, sondern erscheint sogar als unumgänglich. R. B. Brun etwa meint: „Eine zeitgemäße, christliche Schöpfungslehre kommt also nicht umhin, Evolution als echten, geschichtlichen Entwicklungsprozeß in die Aussagen der Offenbarung zu integrieren."[1] Auf naturwisssenschaftlicher Seite wird hingegen nicht Natur in eine Offenbarungstheologie integriert, sondern Gott in eine naturwissenschaftlich bestimmte Weltauffassung. In einer Theorie der offenen Systeme, die mit Selbsttranszendenz argumentiert, wird des öfteren Gott zu einem Teil dieses Systems selbst gemacht. Er ist Teil des Systems und daher auch Wirklichkeit innerhalb der Evolution.[2]

Eine Einheit zwischen Naturwissenschaften und Theologie als anzustrebendes Ziel vertritt neben anderen S. N. Bosshard. Er wehrt sich gegen eine Immunisierung der Theologie naturwissenschaftlichen Weltbildern gegenüber und äußert die Überzeugung, „daß das Schöpfungs- und das Heilstun in dem einen Geheimnis Gottes ihren Ursprung haben und daß zwischen ‚Naturoffenbarung' und Wortoffenbarung *kein eigentlicher Widerspruch* bestehen [könne]"[3]. Daraus folgert er seine These, *„daß die christliche Schöpfungslehre und das Konzept der Selbstorganisation grundsätzlich kompatibel* [seien]"[4]. Diese beiden Zitate, die unmittelbar aufeinander folgen, zeigen deutlich, wie Bosshard die von ihm konstatierte Widerspruchsfreiheit versteht. Die Wortoffenbarung wird mit der christlichen Schöpfungslehre parallel gesehen, während Naturoffenbarung dem Konzept der Selbstorganisation entsprechen sollte. Mit einer derartigen Aussage wird suggeriert, daß die *naturwissenschaftliche* Theorie der Selbtorganisation das erfassen könne, was *theologisch* Naturoffenbarung heißen könnte. Wiewohl Bosshard an dieser Stelle diesen Begriff noch unter Anführungszeichen setzt, geht er in der Folge davon aus, daß sich beide Bereiche auf derselben Argumentationsebene befinden und daher zusammenzuschauen sind. Folgerichtig möchte Bosshard, daß

---

[1] Brun R. B., Schöpfungslehre und Herrlichkeit, in: IKaZ 21 (1992) 349–360, 357.

[2] So etwa bei Jantsch. Siehe dazu weiter unten. Vgl. auch: Link, Schöpfung. 2., 442f.

[3] Bosshard S. N., Erschafft die Welt sich selbst? Die Selbstorganisation von Natur und Mensch aus naturwissenschaftlicher, philosophischer und theologischer Sicht, Freiburg/ Br. ²1987 (= QD 103), 15.

[4] Ebenda.

„Selbstorganisation als Schöpfungswirken Gottes begriffen wird"[5]. Diese sei theologisch als unter dem Begriff „aktiver Selbstorganisation" zu fassen, die Gott gleichsam als causa prima verursacht, sodaß er sich unmittelbarer Interventionen entschlagen könne.[6]

Um eine Gesprächsebene von gleichem Rang zu erreichen, spannt Bosshard offenbarungstheologische und einzelwissenschaftliche Aussagen zusammen. Dadurch führt er die Auffassung bloßer Kompatibilität beider Bereiche zu seiner These „der *positiven Komplementarität*"[7] fort. Das bedeutet jedoch, daß nicht mehr zwei gleichberechtigte Wissenschaften nebeneinander bestehen und sich zwei verschiedene, sich aber nicht widersprechende Entwürfe entwickeln, sondern daß die methodisch grundgelegte Trennung zwischen Universal- und Einzelwissenschaft nivelliert wird. Es wird davon ausgegangen, daß mit naturwissenschaftlichen Methoden gewonnene Theorien zugleich schon theologische Aussagen sind. Die Theorie der Selbstorganisation ist nach Bosshard ipso facto schon reflektierte Naturoffenbarung.

Die Annäherungsschritte, die – vor allem im Hinblick auf die Biologie – bereits geleistet worden sind, möchte Bosshard noch ausgeweitet wissen. Er meint, daß solche Anstrengungen auch auf andere und schließlich „auf alle Bereiche der Forschung ausgedehnt werden" müßten, „damit katholisches Denken wirklich das Ganze umgreifendes Denken wird"[8]. Mit Berufung auf die eigene Katholizität möchte Bosshard offenbar eine einheitliche Wissenschaft erreichen, die die prinzipiellen Unterschiede zwischen Theologie und einzelwissenschaftlicher Forschung auflöst und eine Einheit bildet.

Der Grundstein für eine derartige Einheitswissenschaft wird im Aufweis eines gemeinsamen Horizontes von Theologie und Evolutionsbiologie gelegt. Denn dieser verhilft nach Bosshard zu einer *„Vernetzung der zeitgenössischen Schöpfungstheologie mit dem Evolutionsparadigma"* [9]. Die Aufgabe der Vermittlung solle die Philosophie übernehmen: Ihr kommt zu, einerseits hinter die naturwissenschaftlichen Sachverhalte zurückzufragen und andererseits theologische Extrapolationen der Naturwissenschaften und naturwissenschaftliche Beweisführungen für theologische Thesen zu verhindern.[10] Diesen Forderungen kommt Bosshard allerdings selbst nicht nach. Die von ihm geforderte Naturphilosophie ist nämlich nur eine Wissenschaftstheorie der Naturwissenschaften. Sie hat in seinem Ansatz keine vermittelnde Kraft.[11] Denn wie die oben angeführten Zitate zeigen, schließt

---

[5] Bosshard, Erschafft die Welt sich selbst?, 16.

[6] Ebenda.

[7] Ebenda. Zum Begriff der Kompatibilität siehe auch: Bosshard, Erschafft die Welt sich selbst?, 144f.

[8] Bosshard S. N., Das Verhältnis des katholischen Denkens zur modernen Naturwissenschaft, in: Coreth E./ Neidl W. M./ Pfligersdorfer G. (Hg.), Christliche Philosophie im katholischen Denken des 19. und 20. Jahrhunderts. 3., Graz 1990, 862–876, 875.

[9] Bosshard, Erschafft die Welt sich selbst?, 144.

[10] Bosshard, Erschafft die Welt sich selbst?, 14.

[11] Vgl. die Kritik Mutschlers: Mutschler, Physik – Religion – New Age, 217–225.

sein Ansatz methodische Vermischung von Theologie und Naturwissenschaft nicht aus, sondern ein. Bosshard betont zwar, daß die Evolutionstheorie nicht imstande sei, eine Heilslehre wissenschaftlich zu stützen, behauptet aber zugleich, daß „[t]rotz der methodologischen Unterschiede ... Plausibilitäten, Berührungspunkte und Entsprechungen aufweisbar sein [müßten], die der Offenbarung *Wirklichkeitsnähe* und den Naturwissenschaften *dauerhafte Sinnziele* vermitteln“[12]. Offenbarung und Naturwissenschaften können unmittelbar aufeinander Bezug nehmen und sich wechselseitig stützen. Theologie habe Sinnzusammenhänge aufzuweisen, die sich ihrerseits an einzelwissenschaftlichen Ergebnissen zumindest falsifizieren lassen müßten. Denn: „Die kritische Rezeption der Erkenntnis eines evolvierenden Universums, der Selbstorganisation des Mikro- und Makrokosmos, mag ihr [= der Theologie; R. E.] dabei zumindest ein *negatives Feedback* geben.“[13]

Daß Bosshard seine Naturphilosophie unmittelbar von naturwissenschaftlichen Einzelergebnissen ableitet, aber keinen methodisch selbständigen und daher von der allein quantifizierenden Methode losgelösten Ansatz bietet, zeigt sein Vorhaben, „biologische Kernprobleme auf einen größeren Horizont“ hin zu öffnen.[14] So versucht er beispielsweise, den Freiheitsbegriff bereits in protobiologischen Einheiten zu orten und spricht von einer „‚Selbstbefreiung‘ der Natur“ bis hin zum Menschen.[15] Wiewohl – wie er selbst sagt – menschliches Verhalten und menschliche Verfehlung nicht auf bloß biologische Eigentümlichkeiten zurückgeführt werden dürften, so betont er dennoch das „vielschichtige *biologische Erbe der freien sittlichen Tat*“[16]. Während er die Selb- und Eigenständigkeit menschlichen Handelns in Freiheit, die sich auch gegen stammesgeschichtliche Vorgaben wenden kann, übergeht, stellt Bosshard theologische Reflexion als bloße Radikalisierung oder Sinngebung eines naturgeschichtlichen Vorgangs vor Augen, wenn er meint: „Denn eingeordnet in die stammesgeschichtliche Menschwerdung erweisen sich die Verfehlung des Menschen und der Verlust der Unmittelbarkeit zu Gott als theologische Sinngebung und Radikalisierung eines spezifischen naturgeschichtlichen Vorgangs. Es wird ein bildhafter Einblick in den Ursprung der Zerrissenheit des menschlichen Seins gewährt, der im Zusichkommen des Menschen in Bewußtsein und Freiheit liegt.“[17] Hier zeigt sich deutlich, daß Theologie und Naturwissenschaften als Einheit konzipiert werden, wobei theologischer Reflexion offenbar bloß die Aufgabe zukommt, mittels Sinnunterlegung, die als Radikalisierung eines Naturvorgangs bestimmt wird, und mittels bildhafter Veranschaulichung stammesgeschichtliche Gegebenheiten näherzubringen. Das Sein des Menschen, von dem gesprochen wird, reduziert sich auf biologisch feststellbare Daten

---

[12] Bosshard, Erschafft die Welt sich selbst?, 149f.

[13] Bosshard, Erschafft die Welt sich selbst?, 159.

[14] Bosshard, Erschafft die Welt sich selbst?, 144.

[15] Bosshard, Erschafft die Welt sich selbst?, 151f.

[16] Bosshard, Erschafft die Welt sich selbst?, 185.

[17] Bosshard, Erschafft die Welt sich selbst?, 189.

innerhalb der Stammesgeschichte. Dadurch werden ontologische Bestimmungen implizit als biologisch erklärbar vorgestellt, die Theologie nur noch zu radikalisieren und verdeutlichen habe, während eine Philosophie der Natur offenbar nicht mehr nötig erscheint.

Eine weitere Komponente des Bestrebens, Theologie und Naturwissenschaften zu einer Einheitswissenschaft umzuformen, liegt in dem Konzept einer Vergeschichtlichung der Natur vor. Bosshard behauptet, daß die Evolutionstheorie „echte geschichtliche Komponenten" in sich aufgenommen habe: „Denn eine Lehre, die die Generationenfolge in der Natur in einen zufallsabhängigen Entwicklungsprozeß mit Kausalverknüpfung stellt, macht von der Vorstellung Gebrauch, daß Freiheit – in welchen Graden auch immer – und Verfügtheit den Ablauf der Ereignisse bestimmen und nimmt damit echte geschichtliche Komponenten in das Naturverständnis auf. Das ist nun aber von größter theologischer Bedeutung."[18] Ausgehend von Freiheit in der Natur, die höchstens dem Grade nach von der menschlichen Freiheit zu unterscheiden ist, wird die Natur gleichsam zu einem Freiheitssubjekt stilisiert, das – wie oben erwähnt – durch aktive Selbsttranszendenz ausgezeichnet ist. Die Offenheit der Entwicklung wird folglich als Vorliegen von Freiheit bestimmt. Aus der Tatsache, daß Freiheit herkömmlicherweise als Bedingung für Geschichte gilt und daß Evolution nur in einem zeitlichen Nacheinander verstanden werden kann, liest Bosshard offenbar die Berechtigung ab, von „echter" Geschichte der Natur reden zu können. Daher bezeichnet er die Evolutionsforschung auch als „„historische Disziplin""[19]. Der vorliegende Geschichtsbegriff gründet sich allerdings auf einen Freiheitsbegriff, der sich bloß über Offenheit definiert, und auf eine Zeitvorstellung, die sich auf Sukzession beschränkt.

Nichtsdestoweniger sieht Bosshard gerade in einem solchen *„Moment der Geschichtlichkeit"* das Bindeglied, das Natur und Rationalität eine letzte Einheit bilden läßt.[20] Natur gebe nämlich „biologisch-ethologische Antwort" auf ökologische Herausforderungen, auf die die Rationalität Einfluß ausübe. Rationalität ihrerseits sei geschichtlich strukturiert, weil sie sich über morphologische, physiologische und kulturelle Bedingungen nicht hinwegsetzen könne. Das bedeute, daß sich Natur und Vernunft wechselseitig bedingen und gemeinsam in einem Werdeprozeß stehen.[21] Diese von der Evolutionären Erkenntnistheorie übernommene Konzeption übersieht freilich, daß Vernunft, insofern sie ihre eigene Geschichtlichkeit erfassen möchte, selbst immer schon jenseits einer Geschichte, die als Jetztfolge definiert wird, angesiedelt ist.[22] Vernunft kann nicht einfach als Größe in einem Werdeprozeß beschrieben werden, dessen Konzeption entscheidende

[18] Bosshard, Erschafft die Welt sich selbst?, 147.

[19] Bosshard, Erschafft die Welt sich selbst?, 79.

[20] Bosshard, Erschafft die Welt sich selbst?, 212f.

[21] Ebenda.

[22] Vgl. Pöltner G., Evolutionäre Vernunft. Eine Auseinandersetzung mit der Evolutionären Erkenntnistheorie, Stuttgart 1993 (= Urban TB 449), 172.

Differenzierungen zwischen der Vernunft und der Geschichte, die vom Freiheitsvollzug des Menschen bestimmt ist, beziehungsweise der Offenheit naturaler Prozesse vermissen läßt. Weder verkörpert Natur ein Freiheitssubjekt, noch ist der Mensch als Mensch bloß evolutionsbiologisch zu bestimmen. Daher greift eine Einheitswissenschaft, die Naturwissenschaften und universalwissenschaftliche Entwürfe, wie sie in Philosophie und in Theologie vorliegen, differenzfrei verknüpfen möchte, prinzipiell zu kurz.

G. Altner weist in seiner Kritik Bosshards auf dessen Wiederaufnahme der klassischen Unterscheidung von Gott als causa prima und den Geschöpfen als causae secundae hin. Bosshard erreiche damit, daß Gott nicht ganz im Weltgeschehen aufgehe, wiewohl diesem aktive Selbsttranszendenz zugesprochen werde. Altner befürchtet, daß gerade dadurch Gott zuwenig in das Weltgeschehen eingebunden werde und daher als nicht aktuell verabschiedet werden könne. Er möchte offenbar eine noch größere Identität von Gott und Naturgeschehen erreichen.[23] Bosshard ist ihm zu klassisch ontologisch.[24] Die Ablehnung der von K. Rahner übernommenen Theorie der aktiven Selbsttranszendenz, die helfen sollte, Gott und Natur zusammenzubinden, scheint für Altner darin begründet zu sein, daß mit ihr noch zu große Differenz aufgerichtet werde.[25] Gott nur als causa prima der Natur zu bestimmen und ihn von jedem unmittelbaren Wirken zu dispensieren scheint Altner eine Gottesvorstellung zu sein, die Gott als der Welt zu „äußerlich" sieht.[26] Anders als R. Schulte, der zwar eine derartige Theorie des Eingreifens Gottes ebenfalls ablehnt, jedoch nicht um die Differenz zwischen Theologie und Naturwissenschaften aufzuheben, möchte Altner naturale Selbstorganisation als Wirklichkeit Gottes selbst verstehen.[27] So fragt er: „Wäre es nicht sinnvoll, die klassische Rede von der Ewigkeit Gottes und von seinem von ‚außen' erfolgenden Hineinwirken heute dergestalt zu übersetzen, daß man die längs des Zeitpfeils er-

---

23 Vgl. Altner, Die Überlebenskrise in der Gegenwart, 137.

24 Altner, Die Überlebenskrise in der Gegenwart, 141.

25 Zur Problematik der Theorie der aktiven Selbsttranszendenz siehe besonders Pöltner G., Zum Gedanken der aktiven Selbsttranszendenz, in: Figl J./ Waldschütz E. (Hg.), Ganzheitliches Denken. Fs. f. A. K. Wucherer-Huldenfeld zum 60. Geb., Wien 1989, 103–117, und Pöltner G., Werden als aktive Selbsttranszendenz. Überlegungen zu einem Schlüsselbegriff, in: PhJ 97 (1990) 297–321.

26 Zur Konzeption des Wirkens Gottes in der Welt, die mit der Unterscheidung von causa prima und causa secunda operiert, siehe: Weissmahr B., Gottes Wirken in der Welt. Ein Diskussionsbeitrag zur Frage der Evolution und des Wunders, Frankfurt/ M. 1973 (= FTS 15) und Weissmahr B., Philosophische Gotteslehre, Stuttgart 1983 (= Grundkurs Philosophie 5; Urban TB 349), bes. 138–148.

27 Schulte kritisiert vor allem den immanenten Deismus und zeigt, daß der Begriff „innerweltlich" wenig Sinn macht. Weiterhin weist er u. a. die Problematik der Weissmahrschen Position auf. Siehe: Schulte R., Gottes Wirken in Welt und Geschichte. Offene Fragen – Erwartungen an ihre Lösung, in: Waldenfels H. (Hg.), Theologie und ihre Grenzen. Fs. f. H. Dolch zum 70. Geb., Paderborn 1982, 161–76; Schulte R., Über Gottes Wirken in Welt und Geschichte, in: Baier W./ Horn S. O./ Pfnür V. u. a. (Hg.), Weisheit Gottes – Weisheit der Welt. Fs. f. Joseph Kard. Ratzinger zum 60. Geb. 1., St. Ottilien 1987, 137–156; Schulte R., Wie ist Gottes Wirken in Welt und Geschichte theologisch zu verstehen?, in: Schneider T./ Ullrich L. (Hg.), Vorsehung und Handeln Gottes, Freiburg/ Br. 1988 (= QD 115), 116–167.

folgende Öffnung und dimensionale Ausfaltung – gerade auch in der durch keinerlei Generalgesetz faßbaren Diskontinuität – als die Wirklichkeit Gottes beschreibt?"[28] Altner möchte mit Hilfe der Theorie der offenen Systeme – wie er sagt – über „den klassischen Antagonismus zwischen Endlichem und Unendlichem" hinweghelfen.[29] Welt sei radikal als prozessuales Geschehen verstanden, „jenseits dessen Wirklichkeiten und Entitäten nicht mehr denkbar sind"[30]. Mit einem solchen Entwurf wird Gott zur Wirklichkeit der Evolution gemacht. Gottes Handeln beschränkt sich darauf, die „Ausfaltung längs des Zeitpfeils" der Selbstorganisation der Natur voranzutreiben.[31] Naturwissenschaft und theologische Reflexion werden von der Einheit ihres Gegenstandes zu einer Einheit ihrer Methoden geführt und Gott als Naturprinzip angesetzt.

J. Moltmann strebt ebenfalls eine Konvergenz von Schöpfungsglauben und Naturwissenschaft an, die allerdings sowohl eine Änderung des bisherigen Schöpfungsbegriffes als auch eine Revision des Naturbegriffs der klassischen Naturwissenschaften voraussetze.[32] So hat nach Moltmann die Theologie die Zeitlosigkeit ihres Schöpfungsbegriffes aufzugeben und ihn dem geschichtlichen Heilsglauben zu unterstellen. Ähnlich wie Theologen, die ein Differenzmodell vertreten, interpretiert Moltmann Schöpfung in einem soteriologischen Horizont. Das Ziel, das er damit verfolgt, ist die Dynamisierung des klassischen Schöpfungsbegriffes, der Geschichte und Veränderung ausgeschlossen hatte. Allerdings bedeutet ein solches Unterfangen für Moltmann im Gegensatz zu Vertretern des Differenzmodells keineswegs die Absetzung der Schöpfungstheologie von den Naturwissenschaften, sondern gerade deren Zusammenführung. Denn mit der zeitlichen Dynamisierung sowohl in der Schöpfungstheologie als auch in den modernen naturwissenschaftlichen Entwürfen sieht Moltmann eine gemeinsame Basis gekommen, die sowohl der „Schöpfung der Evolution" als auch der „Evolution der Schöpfung" gerecht wird.[33]

Der Weg der Vergeschichtlichung des Schöpfungsbegriffes wird von Moltmann so vollzogen, daß er nicht mehr die Eschatologie von der Protologie, sondern diese von jener bestimmt sein läßt. Nicht eine als Protologie verstandene Schöpfungstheologie gibt die Maßstäbe für das Eschaton an, vielmehr bemüht sich Moltmann um ein *„eschatologische[s] Verständnis der Schöpfung"*[34]. Das bedeutet, daß Schöpfung noch nicht abgeschlossen sein kann, sondern ihre endgültige Bestimmung erst im Eschaton erhält. Schöpfung muß als offene verstanden und darf nicht länger statisch konzipiert werden. „Sie ist offen für eine Zu-

[28] Altner, Die Überlebenskrise in der Gegenwart, 121.

[29] Altner, Die Überlebenskrise in der Gegenwart, 122.

[30] Ebenda.

[31] Vgl. die Kritik Links: Link, Schöpfung. 2., 445.

[32] Moltmann J., Schöpfung als offenes System, in: Moltmann J., Zukunft der Schöpfung. Gesammelte Aufsätze, München 1977, 123–139, 123.

[33] Moltmann J., Gott in der Schöpfung. Ökologische Schöpfungslehre, München ³1987, 32.

[34] Moltmann, Schöpfung als offenes System, 124.

kunft, die nicht die Wiederkehr des Anfangs als restitutio in integrum sein muß."[35] Da Schöpfung ihre Bestimmung nicht von einem zeitlichen Anfang, sondern vom Ende als Vollendung erhält, kann nach Moltmann nur eine soteriologisch und eschatologisch ausgerichtete Theologie Schöpfung adäquat erfassen.

Moltmann unterscheidet in der Folge drei Momente des Schöpfungsbegriffs: die creatio originalis, die creatio continua und die creatio nova.[36] Creatio originalis meint das Erschaffen der Welt mit der Zeit, wie Moltmann im Anschluß an Augustinus' „Confessiones" (11. Buch) feststellt. Dieses Moment der Schöpfung, dem Moltmann das regnum naturae sowie die theologia naturalis zuordnet, bezeichnet die nicht mehr gute Schöpfung, die in der Zeit steht. Die creatio originalis ist zeitlich bestimmt und der Veränderung unterworfen. Die theologia naturalis, von der Moltmann in diesem Zusammenhang spricht, meint nicht mehr eine Theologie, die ohne Offenbarung von der Natur auf Gott schließen kann, sondern ist bereits von der Offenbarung so unterfangen, daß nicht mehr zu fragen ist, was Natur zur Gotteserkenntnis beiträgt, sondern was der Gottesbegriff zur Naturerkenntnis beitragen kann. So hat die theologia naturalis nunmehr die Aufgabe, pädagogisch auf die Offenbarung hinzuweisen, hermeneutisch die Glaubenswahrheit verstehen zu helfen und eschatologisch die Gotteserkenntnis vorwegzunehmen.[37]

Mit dem Terminus „creatio continua" bezeichnet Moltmann das Wirken Gottes im regnum gratiae, das von der theologia revelata reflektiert wird. Creatio continua meint das geschichtliche Schaffen Gottes. Er schafft nicht nur am Anfang, sondern auch am bereits Geschaffenen.[38] Moltmann erweitert den Begriff der creatio continua, die oftmals nur als conservatio des bereits Geschaffenen gesehen wird. Nicht bloß das Bewahren, sondern auch die Vorbereitung auf die Vollendung der Schöpfung soll dieser Begriff umfassen. Gott schafft in der Geschichte am bereits Geschaffenen fort, um dadurch die Schöpfung der Vollendung näherzubringen. Gott antizipert mit seinem Schaffen in der Geschichte die Vollendung, da Natur nicht nur solcher Antizipation fähig ist, sondern ihrer sogar bedarf.[39]

Erst im regnum gloriae, das durch die creatio nova errichtet wird, ist die vorwegnehmende und vorausgreifende creatio continua vollendet. Die creatio nova, die zu reflektieren die Aufgabe einer theologia gloriae ist, prägt das geschichtliche Schaffen, insofern sie antizipiert wird. Sie selbst wird die Schöpfung zuletzt vollenden.

---

[35] Moltmann, Schöpfung als offenes System, 126.

[36] Zu diesem Verständnis des Schöpfungsbegriffes siehe: Moltmann J., Menschenbild zwischen Evolution und Schöpfung, in: Altner G. (Hg.), Ökologische Theologie. Perspektiven zur Orientierung, Stuttgart 1989, 196–212, 207f.; Moltmann, Schöpfung als offenes System, 126f., sowie Moltmann, Gott in der Schöpfung, 72f.

[37] Moltmann, Gott in der Schöpfung, 66–71.

[38] Moltmann, Menschenbild zwischen Evolution und Schöpfung, 208.

[39] Moltmann, Gott in der Schöpfung, 76.

Die mit der creatio originalis erschaffene Zeit bestimmt das Geschaffene so, daß es ohne stete Veränderung nicht denkbar ist. Den steten Wandel der Schöpfung bringt Moltmann mit Evolution in Verbindung. Evolution habe es mit der creatio continua zu tun, da gerade diese die Veränderung der Schöpfung bewirkt.[40] Hier ist der Ort, wo Moltmann versucht, Theologie und Naturwissenschaften zusammenzuspannen. So betont er, daß das geschichtliche Wirken Gottes in der creatio continua, das durch die Antizipation der creatio nova eschatologisch ausgerichtet ist, auch Folgen für Natur und Kosmos mit sich bringe. „Das *geschichtliche Schaffen* Gottes ist ... *eschatologisch orientiert*: Es bewahrt die anfängliche Schöpfung, indem es die Vollendung antizipiert und ihr den Weg bereitet. Das *geschichtliche Schaffen* Gottes hat *kosmische Dimensionen*: Es bringt den ganzen Kosmos in einen neuen Zustand.“[41] Auf der anderen Seite bemüht sich Moltmann zu zeigen, daß Natur und Schöpfung ihrerseits geschichtlich strukturiert sind. Die Einordnung der Natur in eine Zeitstruktur, die vom Eschaton ihre Prägung erfährt und die von der creatio continua ihre Bestimmung erhält, weist die Natur als evolutive aus. Die Evolution der Natur zeigt für Moltmann, daß Natur geschichtlich strukturiert ist. Daher spricht er von der Evolution und weiterhin von der Geschichte des Kosmos. Die Identifikation von Evolution und Geschichte bedient sich eines Geschichtsbegriffes, der vom Handeln Gottes gewonnen, aber auf Naturvorgänge, wie sie von den Naturwissenschaften vorgestellt werden, angewendet wird. Moltmann setzt sich mit einem solchen Vorgehen – wie auch Bosshard – über die methodischen Schranken beider Wissenschaften einfach hinweg, indem er ihre Einheit unterstellt. Er unternimmt den Versuch, Natur quasi als Freiheitssubjekt vorzustellen und die Naturgesetze ihrer Regelmäßigkeit zu entkleiden, um eine Geschichte der Natur konstatieren zu können.[42]

Als Grundlage für den Aufweis, daß Natur eine Geschichte habe, dient Moltmann die Theorie der Selbstorganisation von Prigogine, der versucht, allein mit naturwissenschaftlichen Mitteln zu zeigen, daß Natur eine unsymmetrische Zeitstruktur aufweist. Das bedeutet, daß er die Irreversibilität sowohl mikro- als auch makrophysikalischer Prozesse mathematisch zu beweisen sucht. Dissipative Strukturen zeigen, daß es eine qualitative Differenz zwischen den verschiedenen Zeitmodi auch unter rein naturwissenschaftlicher Betrachtung geben muß. Die daraus abgeleitete Vorstellung, daß die Natur als offenes System anzusehen sei, greift Moltmann auf und überträgt sie in seine Theologie der Schöpfung. Er versucht, „den *Evolutionskosmos* selbst als ein *irreversibles, kommunizierendes* und *zukunftsoffenes System* zu begreifen: Die Geschichte der Natur und der Aufbau der Evolution zeigen eine Zielrichtung, die Zukunft und Vergangenheit unterscheidet.“[43] Die Theorie der offenen Systeme dient Moltmann also offenbar als Hilfe,

---

[40] Moltmann, Menschenbild zwischen Evolution und Schöpfung, 198.

[41] Moltmann, Gott in der Schöpfung, 217.

[42] So schreibt Moltmann beispielsweise: „Die Erkenntnis der Geschichte der Natur relativiert die Naturgesetze, weil sie den Eindruck der Regelmäßigkeit des Geschehens aufhebt, der ihnen zugrunde liegt“ (Moltmann, Gott in der Schöpfung, 207).

[43] Moltmann, Gott in der Schöpfung, 212.

creatio continua und Evolution ineinanderzuführen. Dabei hat sich aber folgende Änderung des Schöpfungs- und Naturbegriffes ergeben: Schöpfung wird als System bestimmt, eine Auffassung, deren Grundlagen rein physikalisch-biologisch zu gewinnen sind. Umgekehrt wird auch Gott in die Nähe eines offenen Systems gerückt, wenn Moltmann schreibt: „Die Welt ist in ihren Einzelheiten und im Ganzen ein gottoffenes System. [...] Gott seinerseits ist dann als ein weltoffenes Wesen zu verstehen. [...] Durch die Energien seines Geistes ist er in der Welt präsent und jedem einzelnen System immanent."[44] Gott und die Natur sind aufeinander bezogene System-Größen, die von der Vorstellung zusammengehalten werden, daß naturwissenschaftlich konstatierbare Irreversibilität und geschichtliches Handeln in eins gesehen werden könnten.

Einen weiteren Hinweis auf diese methodische Engführung gibt Moltmanns Rede von der Kommunikation zwischen Mensch und Natur. Da Moltmann Schöpfung als offenes System bestimmt,[45] zudem aber ihre Geschichtlichkeit aufweisen will, reduziert er nicht nur geschichtliches Handeln auf naturwissenschaftlich feststellbare Naturveränderung, sondern unterschiebt der evolutiven Natur zugleich Quasi-Subjektivität, die Handlungsfreiheit besitzen soll. Natur wird definiert als „ein Zusammenhang von offenen Lebenssystemen mit eigener Subjektivität"[46]. Moltmann meint, die Naturerkenntnis verlange nach einem kommunikationstheoretischen Modell, denn: „Es treten zwei Subjekte mit freilich unterschiedlicher Subjektivität in ein Wechselverhältnis zueinander. Wo immer wir in natürlichen Systemen auf unbestimmtes Verhalten treffen, können wir von einer gewissen Subjektivität oder ‚Wahlfreiheit' sprechen."[47] So werden einerseits die Unterschiede zwischen Freiheitsgeschichte und bloß zeitlicher Aufeinanderfolge nivelliert und andererseits die Differenz zwischen Subjektivität und statistisch offener Naturgröße eingeebnet, indem Subjetivität und Freiheitsgeschichte naturalistisch reduziert und Natur subjektivistisch überbestimmt werden.

Moltmann versucht, diesen seinen Ansatz mit Hilfe einer Theologie des Geistes nochmals theologisch einzuholen. Er betont, daß der Kosmos „durch Gott, den Geist, *gewirkt* ist und in Gott, dem Geist, *existiert*" und sich deshalb bewege und in den „Energien und Kräften des göttlichen Geistes" entwickle.[48] Diese theologische Aussage unterlegt Moltmann allerdings neuerlich mit naturwissenschaftlicher Begrifflichkeit, indem er dem theologischen Geistbegriff naturwissenschaftlichen Sinn verleiht. So bringt er das alte Schema von forma und materia mit Begriffen der Informationswissenschaften zusammen und setzt Geist mit Information gleich, wenn er schreibt: „Es gibt in der Schöpfung weder geistlose Materie noch immateriellen Geist, denn es gibt nur informierte Materie. Die In-

[44] Moltmann, Menschenbild zwischen Evolution und Schöpfung, 205; siehe auch: Moltmann, Gott in der Schöpfung, 213.

[45] Moltmann, Schöpfung als offenes System, 126.

[46] Moltmann, Schöpfung als offenes System, 135.

[47] Moltmann, Schöpfung als offenes System, 135f.

[48] Moltmann, Gott in der Schöpfung, 219.

formationen aber, die alle Materie- und Lebenssysteme bestimmen, sind Geist zu nennen."[49] Der Negation geistloser Materie entspricht die Rede von informierter Materie. Das heißt, daß Geist mit Informierung parallel gesetzt wird. Weder wird Informierung nach klassisch scholastischer Manier als Zusammenwirken zweier Seinsprinzipien verstanden, das mit der dritten göttlichen Person unmittelbar nichts zu tun hat. Noch verbleibt Moltmann in theologischer Rede, wenn er so vom göttlichen Geist spricht. Vielmehr möchte er den Heiligen Geist offenbar dergestalt in der Natur plazieren, daß er naturwissenschaftlich geortet werden kann. Dadurch aber bekommt der Terminus „Information" eine gänzlich neue Bedeutung: Er wird semantisch den Begriffen einer Kommunikationstheorie angeglichen, die ihrerseits auf Naturphänomene übertragen wird. Denn Moltmann definiert den Geist folgendermaßen: „*Geist* nennen wir in Hinsicht auf die Natur die Organisationsformen und Kommunikationsweisen *offener Systeme* ..."[50] Der von ihm als Naturwissenschaften und Theologie umgreifend vorgestellte Geistbegriff sollte, was die Naturwissenschaften anbelangt, systemtheoretisch interpretiert werden, also biologisch-chemische Organisationsweisen und sogar Kommunikationsformen beschreiben. Abgesehen von der Problematik, bei chemischen Vorgängen und menschlicher Sprache im gleichen Wortsinn von Kommunikation zu reden, übersieht Moltmann offensichtlich die Schwierigkeit, diesen Geistbegriff undifferenziert auch für die dritte göttliche Person verwenden zu können. Erst mit dieser wegen der Heterogenität der beiden Ausdrücke höchst fraglichen Begriffsklammer erreicht Moltmann die einheitliche Betrachtungsweise herkömmlich getrennter Sichtweisen von Einzelwissenschaften und Theologie. Moltmanns Geist-Theologie versucht, eine Einheit zwischen Naturwissenschaften und Theologie herzustellen, setzt sich aber über die methodischen Differenzen beider Wissenschaften hinweg und macht die dritte göttliche Person zu einer systemtheoretischen Größe.

Während Altner im Ansatz Moltmanns nur die Schwierigkeit sieht, daß eine solche Rede, die verschiedene Begriffsebenen zusammenzieht, nur innerhalb der Theologie, nicht aber für die säkularisierte Vernunft verständlich gemacht werden kann,[51] muß auch betont werden, daß eine Theologie, die sich als eigenständige Wissenschaft begreift, nicht in der Lage ist, mit solchen Begriffen zu operieren. C. Link befürchtet vorschnelle Vereinnahmungen und Identifikationen, die Gott zum „Schlüssel des Rätsels der Evolution" machen.[52] Denn ansonsten könne eine Theorie offener Systeme als Pneumatologie fungieren und umgekehrt. Das Problem Moltmanns bestehe darin, dogmatische Interpretamente für biologische Sachverhalte heranzuziehen,[53] um dadurch eine einheitliche Begriffsebene zu

---

[49] Ebenda.

[50] Moltmann, Gott in der Schöpfung, 31.

[51] Altner, Die Überlebenskrise in der Gegenwart, 146f.

[52] Link, Schöpfung. 2., 428.

[53] Link C., Die Transparenz der Natur für das Geheimnis der Schöpfung, in: Altner G. (Hg.), Ökologische Theologie, Perspektiven zur Orientierung, Stuttgart 1989, 166–195, 184f.

schaffen, derer sich sowohl Naturwissenschaften als auch Offenbarungstheologie bedienen könnten. Moltmann müßte zeigen können, daß es sich trotz verschiedener methodischer Zugänge um dieselbe Natur handelt,[54] also nicht nur um zwei verschiedene Perspektiven der Naturbetrachtung, die sich wegen der unterschiedlichen Formalobjekte beider Wissenschaften ergeben. Moltmanns Ansatz setzt voraus, daß die durch die verschiedenen Hinsichten gewonnenen wissenschaftlichen Einsichten ein und dieselben sind. Diese Annahme, die er nicht beweisen kann, bildet für Moltmann den Ausgangspunkt seiner Schöpfungstheologie.

Einen weiteren Versuch, Theologie und Naturwissenschaften zu einer Einheit zu führen, bildet Pannenbergs theologischer Feldbegriff. Pannenberg sieht in Newtons Theorie von nichtmateriellen Kräften, die Ursachen materieller Veränderungen sein können (etwa der Gravitation), theologische Implikationen, die besonders anläßlich ihrer Bestreitung durch Ernst Mach und Heinrich Hertz manifest geworden seien.[55] Nur die Aufrechterhaltung der Vorstellung, daß es nichtmaterielle Kräfte gebe, die Materie beeinflussen können, gewährleistet nämlich nach Pannenberg die Möglichkeit, daß Gott auf das Weltgeschehen Einfluß nimmt.[56] Kann Kraft nur von einem Körper ausgehen, so wird die Vorstellung von einem Gott, der Geist ist und als solcher eine Relation zur materialen Welt hat, unterlaufen. Deshalb habe Faradays Konzept, wonach Körper selbst Manifestationen eines Kraftfeldes seien, theologische Relevanz. Da Kräfte nicht mehr als Eigenschaften, sondern als den Körpern vorgegebene und eigenständige Realitäten zu begreifen seien, sei eine Wirkung des Geistes auf materiale Körper auch aus theologischer Sicht denkbar. Faradays Konzept kommt Pannenberg ebenso darin entgegen, daß es die Felder als raumfüllend vorstellt, „um die Schwierigkeiten des Gedankens einer über Distanzen hinweg wirkenden Kraft zu vermeiden", und darin, daß Faraday hoffte, „daß sich alle Kraftfelder auf letztlich ein einziges, umfassendes Kraftfeld zurückführen lassen".[57] Da Pannenberg weiterhin meint, daß mit einem derartigen Feldbegriff Gott als „wirksam in jeder endlichen Erscheinung gedacht werden" könne,[58] ist ihm der Vorwurf nicht zu ersparen, daß er einen naturwissenschaftlichen Begriff unmittelbar zu einem Theologumenon macht. Pannenberg ist sich zwar der „prinzipiellen Differenzen zwischen physikalischer und theologischer Betrachtungsweise bei der Beschreibung der Weltwirklichkeit" bewußt,[59]

[54] Vgl. die Kritik Links: Link, Schöpfung. 2., 445.

[55] Pannenberg W., Systematische Theologie. 2., Göttingen 1991, 100.

[56] Pannenberg, Schöpfungstheologie und moderne Naturwissenschaft, 283.

[57] Pannenberg, Systematische Theologie. 2., 100.

[58] Pannenberg, Schöpfungstheologie und moderne Naturwissenschaft, 283; ähnlich auch in Pannenberg, Systematische Theologie. 2., 102: „Dagegen haben die Erneuerung des Gedankens vom Primat der Kraft bei Leibniz, die aber auch schon bei Newton angebahnt war, und die Entwicklung der physikalischen Feldtheorien seit Faraday es ermöglicht, die Funktion des göttlichen Geistes bei der Schöpfung der Welt wieder auf die Naturbeschreibung der Physik zu beziehen."

[59] Pannenberg, Systematische Theologie. 2., 103. Vgl. auch Pannenberg, Schöpfungstheologie und moderne Naturwissenschaft, 285.

ebnet sie jedoch – wie obiges Beispiel zeigt – selbst ein. Pannenberg versucht zu zeigen, daß es sich sowohl bei physikalischer als auch bei theologischer Rede über Kraftfelder um dieselbe Wirklichkeit handelt. Einerseits beruhe diese Tatsache darauf, daß theologische Aussagen über das Wirken des Geistes Gottes auf dieselbe philosophische Wurzel zurückgingen, die auch für physikalische Feldtheorien Ausgangspunkt gewesen sei. Des weiteren müsse theologische Reflexion in der Lage sein, naturwissenschaftliche Konzepte so zu integrieren, daß dadurch die „Kohärenz der eigenen Aussagen über die Weltwirklichkeit" „bewährt" werden könne.[60] Die Problematik eines solchen Ansinnens besteht vor allem darin, in der Aufnahme einer mit einem eingeschränkten Gegenstandsentwurf operierenden physikalischen Größe den Beweis für die Richtigkeit theologischer Entwürfe zu erblicken. Denn die angesprochene Bewährung könnte wohl höchstens zwischen Theorien erfolgen, die in ihrem vorweg definierten Wirklichkeitsbezug von denselben Voraussetzungen ausgehen. Vereinbarkeit oder Unvereinbarkeit zwischen Naturwissenschaften und Theologie bewährt sich jedoch nicht in der naturwissenschaftlichen Theoriefähigkeit der Theologie, sondern in der beiden zugrundeliegenden Erfahrung, die in jeder Disziplin je anders zur Sprache gebracht wird.

Was die Rückführung beider Feldbegriffe auf die gemeinsame Wurzel betrifft, so sieht Pannenberg eine begriffsgeschichtliche Linie von dem Begriff „ἀήρ", der in Anaximenes' Philosophie die ἀρχή der Wirklichkeit ist, bis zu Faraday. Durch die Verdichtung der Luft – so dachte Anaximenes – seien die einzelnen Gegenstände zustande gekommen, eine Vorstellung, die Pannenberg an die Kräftekonzentrationen bei Faraday erinnert, die die Gegenstände ausmachen. Der Terminus „πνεῦμα", den Anaximenes mit „ἀήρ" synonym verwendet, wird in der Stoa zum göttlichen Pneuma weiterentwickelt und als solcher in der Patrologie in die christliche Pneumatologie aufgenommen. Darauf wieder nehme der physikalische Feldbegriff Bezug, der von Faraday und seinen Vorgängern entwickelt wurde. Da heute die Ätherlehre nicht mehr vertreten werde, die ähnlich wie die Stoa ein materielles Pneuma angenommen hat, was von der späten Patristik, namentlich von Origenes, kritisiert worden ist, könne der gegenwärtige Feldbegriff umso leichter theologisch fruchtbar gemacht werden.[61] Daraus folgert Pannenberg: „Insofern aber der Feldbegriff den alten Pneumalehren entspricht, ist es gar nicht abwegig, sondern liegt sogar von der Begriffs- und Geistesgeschichte her recht nahe, die Feldtheorien der modernen Physik zur christlichen Lehre von der dynamischen Wirksamkeit des göttlichen Pneuma in der Schöpfung in Beziehung zu setzen."[62] Das göttliche Pneuma spezifiziert Pannenberg näherhin als die dritte göttliche Person, deren Wirken in der Schöpfung den „Charakter dynamischer Feldwirkungen" aufweise.[63] Nach Pannenberg bildet der Heilige Geist offenbar

---

[60] Pannenberg, Systematische Theologie. 2., 103.

[61] Pannenberg, Schöpfungstheologie und moderne Naturwissenschaft, 284, und Pannenberg, Schöpfungstheologie. 2., 101f.

[62] Pannenberg, Systematische Theologie. 2., 102. Vgl. auch Pannenberg, Schöpfungstheologie und moderne Naturwissenschaft, 284.

[63] Pannenberg, Systematische Theologie. 2., 104.

das eine, die Wirklichkeit umfassende Kraftfeld, durch das Gott mit den Geschöpfen und diese untereinander in Verbindung bleiben.[64]

Freilich ist sich Pannenberg auch des Unterschiedes zwischen physikalischem und theologischem Feldbegriff bewußt. Er gibt zu bedenken, daß in bezug auf den Raum- und den Zeitbegriff beziehungsweise, was das Verhältnis von relativ eigenständigen Teilen des Feldes zu dessen Gesamtheit betrifft, charakteristische Verschiedenheiten auftreten.[65] Dennoch verknüpft er beide Begriffe so, daß eine methodische Unterscheidung zwischen Naturwissenschaften und Theologie nivelliert wird. Ein physikalischer Begriff wird für fähig erklärt, theologische Grundüberzeugungen neu und gültig zu interpretieren. Der Feldbegriff wird theologisch vereinnahmt, um das Verhältnis zwischen Gott und seiner Schöpfung zu beschreiben. Dieses stellt sich folglich als Kräfteverhältnis dar, das physikalischen Kategorien Genüge tut, spezifische Charakteristika theologischen Denkens – wie zum Beispiel eine nicht allein quantifizierende Sichtweise – jedoch ausblendet. Pannenberg erkauft sich die vermeintliche Einheit zwischen Theologie und Naturwissenschaften mit einem Vereinheitlichungsstreben, das beiden Disziplinen nicht gerecht werden kann. Theologie wird physikalisch interpretiert und Physik theologisch überfordert.

Während die Entwürfe des Differenzmodells naturwissenschaftliches Herangehen an die Wirklichkeit als Reduktionsmethode aus der Theologie ausscheiden und von ihr trennen, versuchen die Konzeptionen des Identitätsmodells gerade eine einheitliche Wissenschaft zu konstituieren, die über die Grenzen der unterschiedlichen Methoden hinweg Naturwissenschaft und Theologie in einer Einheitsform verknüpft. Selbst der Versuch, die Einheitswissenschaft – etwa in der Form einer Pneumatologie bei Moltmann und bei Pannenberg – nochmals theologisch rückzubinden, verbleibt ein Unterfangen, das nicht streng theologisch, sondern wiederum einheitswissenschaftlich in Angriff genommen wird. Folglich bleiben methodische Trennung und inhaltliche Differenzierung auch auf dieser zunächst integrativ scheinenden theologischen Ebene der Pneumatologie ausgespart.

2.3 Mediationsmodelle

Im Gegensatz zum Differenz- beziehungsweise Identitätsmodell fordern Vertreter eines Mediationsmodells weder eine strikte Trennung noch fordern sie eine Einheitswissenschaft, sondern gestehen den Naturwissenschaften und der Theologie eine je eigene wissenschaftstheoretisch benennbare Methodik zu und vermitteln

---

[64] Ebenda.

[65] Pannenberg, Systematische Theologie. 2., 105ff., und Pannenberg, Schöpfungstheologie und moderne Naturwissenschaft, 285ff.

zwischen beiden Disziplinen theoretisch. Der Unterschied zwischen den beiden verschiedenartigen Wissenschaftstypen wird problematisiert und ist Ausgangspunkt für Reflexionen über deren Verhältnis zueinander. Freilich liegen unterschiedliche Ansätze vor, denen zwar gemeinsam ist, daß sie beide Wissenschaftsarten in ein Verhältnis setzen, die aber selbst differierende Konzepte über die Art dieser Relation vertreten. Ich werde im folgenden vier Spielarten des Mediationsmodells vorstellen und problematisieren.

2.3.1 Zum Analogiemodell

Eine Möglichkeit, zwischen Naturwissenschaften und Theologie zu vermitteln, besteht darin, im Bewußtsein der Unähnlichkeit beider Disziplinen dennoch eine Ähnlichkeit zu konstatieren. Mit Rückgriff auf die Tradition der Analogielehre in der christlichen Philosophie und auf die Definition der Analogie des 4. Lateranense (1215), wonach dem Verglichenen bei noch so großer Ähnlichkeit immer je größere Unähnlichkeit zukomme,[1] werden beide Arten des Denkens unterschieden, aus ihrer Konfrontation jedoch Einsichten gefolgert, die wiederum beiden Lehrgebäuden zugute kommen sollen. Zu beachten ist bei diesem Unterfangen freilich, daß der Analogiebegriff nicht mehr als innertheologischer Terminus verwendet wird, der die Rede über Gott und die Aussagen über die sinnlich zugängliche Welt vermittelt (analogia entis). Vielmehr soll er nunmehr theologische und einzelwissenschaftliche Terminologie in ein Verhältnis setzen. An die Stelle des einen Analogats, das in der klassischen Lehre wie sein Pendant aus methodisch theologischer Sicht angeschaut wurde, treten jetzt die wegen methodischer Reduktion mittels Quantifizierung und Experiment gewonnenen Forschungsergebnisse einzelwissenschaftlicher Prägung.

A. Ganoczy geht in seiner Konzeption von einer grundsätzlichen Verträglichkeit zwischen Naturwissenschaften und Theologie aus. Für ihn lassen sich Schöpfungstheologie und naturwissenschaftliche Aussagen in ein „*synthetisches* Naturverständnis“[2] integrieren. Das bedeutet etwa für die Relation zwischen biologischen Evolutionskonzeptionen und einer Theologie der Schöpfung, daß „die evolvierende Natur in ihrer vollen materiellen und geistigen Beschaffenheit“ zu würdigen sei.[3] Da aber die Frage nach dem Anfang und nach dem Ende der evolvierenden Natur naturwissenschaftlich nicht zu beantworten sei,[4] müsse diese in das Spannungsfeld zwischen dem „absoluten Anfang“ und dem „vollendenden

---

1 DH 806: „... quia inter creatorem et creaturam non potest tauta similitudo notari, quin inter eos maior sit dissimilitudo notanda.“

2 Ganoczy A., Suche nach Gott auf den Wegen der Natur. Theologie, Mystik, Naturwissenschaften – ein kritischer Versuch, Düsseldorf 1992, 16.

3 Ganoczy A., Schöpfungslehre, Düsseldorf ²1987 (= LeTh 10), 215.

4 Ganoczy, Schöpfungslehre, 210.

Ende“ eingeordet werden.[5] Ganoczy bemüht sich zu zeigen, daß die Naturwissenschaften, die er in ihrer Eigenständigkeit anerkennt, eine Grenze haben, die nur mehr theologisch erfaßt werden könne. Im Gegensatz zu einem Identitätsmodell bedeutet eine solche Auffassung, daß es zwischen beiden Wissenschaftsbereichen klare Grenzen gibt, die sich allerdings verschieben können.

Die Trennung zwischen Naturwissenschaften und Theologie konzipiert Ganoczy so, daß er die Betrachtung der Natur, insofern sie in der Zeit abläuft, ganz den Naturwissenschaften überläßt und der Theologie die Rolle zuschreibt, Gott als Initiator dieser Evolution zum Gegenstand zu haben. Gott trägt zwar die *„naturimmanente[n] Werdekräfte“*[6], die die Evolution ermöglichen, greift aber nicht in den Weltablauf ein. Gott läßt die Selbstorganisation sich entfalten, d. h. er läßt werden, setzt jedoch keine punktuellen Wundertaten.[7] Denn für Ganoczy sind schon „der absolute Anfang des Weltalls und seine nachträglich aufleuchtende Sinnhaftigkeit, die dann ihr Licht auch auf den Prozeßverlauf wirft“, Wunder genug.[8] Der alte Terminus der creatio continua wird von Ganoczy bloß als conservatio interpretiert, mittels deren Gott das geschöpfliche Werden ermöglicht. Mit einer solchen Haltung fällt Ganoczy allerdings teilweise hinter die zum Beispiel von Westermann vorgebrachten Ergebnisse moderner Exegese zurück, da er den Schöpfungsakt in erster Linie protologisch interpretiert und Gottes Wirken in der von ihm geschaffenen Welt auf die Ermöglichung ihrer Entwicklung einschränkt. Hand in Hand mit einer derartigen Konzeption geht ein Semideismus, der Gott fast nur die Aufgabe zuspricht, die Welt anfänglich geschaffen zu haben, ohne daß er sich – mit Ausnahme der eingeschränkt verstandenen conservatio – weiter um sie kümmert. In der Zeit zwischen „absolutem Anfang“ und „vollendendem Ende“ fällt das Naturgeschehen, was seine wissenschaftliche Erforschung betrifft, in den Zuständigkeitsbereich naturwissenschaftlicher Methode, in dem Gott infolge ihres vorgängigen Gegenstandsentwurfes prinzipiell nicht vorkommen kann. Laut Ganoczy gelangen Naturwissenschaftler höchstens an die Grenze der eigenen Disziplin, an der sie die Möglichkeit eines „höheren Wesens“ einräumen. Ein solches werde meist als „‚höheres‘ und ‚umfassendes‘ *Organisationsprinzip“*[9] bezeichnet. Dieses zur Sprache zu bringen ist Aufgabe der Theologie. Naturwissenschaften verweisen von sich aus auf eine *„höhere Erklärungsebene“*, auf der Gott als solcher benannt werden kann und die theologische Reflexionen über die Naturwissenschaften hinaus zuläßt.

Ganoczy schließt offenbar die Möglichkeit aus, ein und dieselbe Wirklichkeit unter verschiedener Perspektive zu betrachten. Bei ihm begegnet zum Beispiel keine theologische Betrachtung derjenigen Natur, die heutige Naturwissenschaft mit Hilfe ihrer eigenen Methode zu erforschen sucht. Theologie hat, wie es

---

5 Ganoczy, Schöpfungslehre, 215.

6 Ganoczy, Schöpfungslehre, 172.

7 Ganoczy, Schöpfungslehre, 168.

8 Ebenda.

9 Ganoczy, Suche nach Gott, 17.

scheint, nur protologische und eschatologische Relevanz. Das bedeutet, daß bei Ganoczy neben der methodischen Trennung auch noch eine Trennung des Materialobjektes vorliegt. Theologie befaßt sich nicht mit der Natur, die unter naturwissenschaftlicher Perspektive als evolutive Größe zum Vorschein kommt, sondern nur damit, daß Gott diese in Gang gesetzt hat, beziehungsweise mit ihrem eschatologischen Ende. Umgekehrt befassen sich die Naturwissenschaften gerade mit dem von der Theologie ausgesparten Gegenstandsbereich.

Diese Scheidung gilt bei Ganoczy nicht nur für die Offenbarungstheologie, sondern ebenso in bezug auf die sogenannte natürliche Theologie, die wie die Offenbarungstheologie diejenige Natur reflektiert, die auch für die Naturwissenschaften den Ausgangspunkt bildet. Denn Ganoczy sieht die natürliche Vernunft heute vornehmlich naturwissenschaftlich am Werk.[10] Das bedeutet, daß seiner Meinung nach die natürliche Theologie das Feld der Naturbetrachtung zum Großteil den Naturwissenschaften überlassen hat. Mit der Ablösung der theologia naturalis durch Einzelwissenschaften zieht sich Theologie – sei es Offenbarungstheologie oder sei es Theologie, die sich nur des lumen naturale bedient – aus der Betrachtung der Natur zurück und überläßt Natur den Naturwissenschaften.

Angesichts solcher Aussagen erstaunt es, daß Ganoczy an anderer Stelle dennoch auf ein einheitliches Denken von Theologie und Naturwissenschaften abstellt. In der Zeitfrage nämlich kämen beide überein, da ein „zutiefst geschichtliches Denken" beiderseits konstitutiv geworden sei.[11] Ganoczy schreibt den Naturwissenschaften offenbar denselben Geschichtsbegriff zu, den er in der Theologie vorfindet, und sieht darin eine wichtige Gemeinsamkeit gegeben. Eine ähnliche Einstellung scheint ihn zu leiten, wenn er sagt, daß er eine Theologie der Natur auf der Basis von Äußerungen bedeutender Physiker entwerfen wolle.[12] Freilich wird er mit solchen Bemerkungen seinem eigenen Ansatz untreu, der eine Trennung beider Disziplinen vorsieht.

Die methodische Verbindung der beiden getrennten Bereiche möchte Ganoczy mit Hilfe der von ihm so genannten „responsorischen Methode" herstellen.[13] Er will von den Fragen ausgehen, die sich außerhalb der Theologie stellen, die aber für die Theologie von Bedeutung sind. In einem zweiten Schritt kommt es Ganoczy darauf an, auf diese Fragen Antworten zu finden, die auf einer biblisch fundierten und mystisch dimensionierten theologischen Systematik basieren. Und zuletzt möchte er eine systematische Zusammenfassung bieten, die den Ertrag dieser Konfrontation darstellt und dadurch hilft, die Spaltung zwischen Glauben und Wissen zu überwinden. Die Aufhebung der Spannung zwischen beiden Bereichen, von der Ganoczy spricht, gelingt seiner Meinung nach also nicht durch methodische Vereinheitlichung, sondern auf einer Metaebene, die Aussagen beider

[10] Ganoczy, Suche nach Gott, 20.

[11] Ganoczy, Suche nach Gott, 17f.

[12] Ganoczy, Suche nach Gott, 23.

[13] Ganoczy, Suche nach Gott, 23–25.

Disziplinen in ein Verhältnis setzt. Ganoczy ist sich dessen bewußt, daß sein Unternehmen scheitern muß, wo diese Spannung „harmonisierenden Tendenzen nachgibt“[14]. Deshalb bestimmt er das Verhältnis beider Bereiche als *komplementäre* Relation, die es erlaubt, einen *„Fundamentalunterschied“* zwischen ihnen aufrechtzuerhalten. Aspekte des einen Bereichs dürfen nicht im anderen aufgehen, da sonst die Spannungseinheit beider zueinander komplementären Disziplinen aufgehoben würde.[15]

Ganoczy bleibt allerdings nicht beim Relationsbegriff der Komplementarität stehen, sondern spezifiziert ihn weiter, indem er das Verhältnis der beiden Denkmethoden als Analogie bestimmt. Es handelt sich dabei um eine Analogie der Denkmethoden, die zwischen theologischem Symbol und naturwissenschaftlichem Modell vermitteln soll, wie Ganoczy im Anschluß an Dänzer klarstellt.[16] Die in der Analogie auftretende Ähnlichkeit und die zugleich begegnende Unähnlichkeit betreffen also primär die Methodik. Die Ergebnisse der jeweiligen Wissenschaft sind folglich insofern zueinander analog, als sie mit verschiedenen Methoden gewonnen worden sind, obwohl sie möglicherweise mit den gleichen Begriffen bezeichnet werden. Ganoczy spricht von einer Analogie *„formaler Denkinstrumente“*[17]. Eine solche Terminologie ist allerdings mißverständlich. Denn nicht die Gegenüberstellung der Methoden zeigt sowohl Ähnlichkeit als auch Unähnlichkeit, sondern erst der Vergleich der mit diesen Methoden gewonnenen Ergebnisse. Da Ganoczy gerade den „Fundamentalunterschied“ zwischen den Methoden betont, schränkt er den Methodenvergleich auf das Moment der Unähnlichkeit ein. Die Ähnlichkeit hat ihre Bedeutung offenbar darin, daß die differenten Methoden auf dieselbe Wirklichkeit Bezug nehmen. Erst die gewonnene Begrifflichkeit zeigt im Vergleich beide Momente; die Termini lauten oft gleich, bringen in den beiden Wissenschaften aber verschiedene Aspekte derselben Wirklichkeit zur Sprache.

Ganoczy sieht die Bedeutung einer solchen Verhältnisbestimmung darin, daß die Ergebnisse beider Disziplinen verglichen werden. Es „... werden physikalische und biologische Erkenntnisse mit geistesgeschichtlichen, philosophischen und theologischen *‚verglichen‘*, um einen je umfassenderen, vielseitigeren Erkenntnisstand zu erreichen“[18]. Fraglich bleibt allerdings, wie der Erkenntnisstand einer Wissenschaft mit eigener Methode von Ergebnissen einer anderen Wissenschaft mit anderer Methode unmittelbar erweitert werden kann. Ganoczy versucht, dies an einem Beispiel zu verdeutlichen. Die Verbindung der Selbstorganisation der Materie mit der Geschichtlichkeit alles Seienden und mit heilsgeschichtlichen Aussagen in der Bibel ermögliche die Rückübertragung des Analogiebegriffs „Geschichte“ auf die physikalisch verstandene Geschichte. „So wird uneigentlich,

[14] Ganoczy, Suche nach Gott, 25.

[15] Ebenda.

[16] Ganoczy, Suche nach Gott, 28.

[17] Ganoczy, Suche nach Gott, 27.

[18] Ebenda.

analog, aber mit Anspruch auf Wahrheit etwa von der ‚Geschichte der Natur' gesprochen."[19] Umgekehrt könne die Systemtheorie Aspekte religiös bestimmten Zusammenlebens verdeutlichen.[20] Ganoczy ist sich allerdings offenbar nicht bewußt, daß die zweifelsohne analoge Rede von der Geschichte der Natur in den Naturwissenschaften per definitionem nicht geführt werden kann. Denn Physik und Biologie schließen auf Grund ihrer Methode der Quantifizierung analoges Sprechen aus. Darin liegt der Grund, wieso oftmals in naturwissenschaftlichem Rahmen von der Geschichte der Natur gesprochen wird, wobei das Bewußtsein der Analogie allerdings abhanden gekommen ist. Dadurch wird suggeriert, mit naturwissenschaftlicher Methode theologische Aussagen machen zu können. Wird dann noch ein Wahrheitsanspruch erhoben, wie Ganoczy sagt, so geschieht dies zu Unrecht. Für den zweiten angeführten Fall, daß sich z. B. Systemtheorie theologischer Themen annimmt, muß klar vor Augen bleiben, daß solche Betrachtungsweise theologische Reflexion nicht beerben kann, sondern methodisch different und daher nicht Theologie ist.

Die ihrer Tendenz nach monistische Nivellierung methodischer Unterschiede lehnt Ganoczy im Hinblick auf die Geist-Theorien strikt ab und bleibt in diesem Bereich seiner Position treu. Anders als Moltmann betont er, daß das Göttliche „wesentlich *anders*" Geist sei als ein Organisationsprinzip in der Natur, und hebt er davon nochmals die dritte göttliche Person ab.[21] Weniger klar grenzt Ganoczy allerdings Gott vom Chaos ab. Er meint, man könne sagen, „daß Gott in der ‚Selbstähnlichkeit der fraktalen Strukturen', von der moderne Chaos-Forschung spricht, ein Spiegelbild seiner selbst laufen sieht"[22]. Denn die gebrochenen chaotischen Gestalten erinnerten an die „innere Dynamik und die äußere Handlungsweise des Schöpfers", die ebenfalls nicht linear, sondern dreieinig ablaufe. Mit dem Bild des Spiegels gibt Ganoczy vor, daß Chaostheorie die innere Wirklichkeit Gottes abbilden und zugleich sein Wirken ad extra darstellen könne. Mit der Hilfe einer bloßen Abbildtheorie, die die vorgängige Erschlossenheit des „Abzubildenden" verschweigt, ordnet Ganoczy der Chaostheorie zu, Gott selbst bildlich darstellen zu können. Es wird vorgegeben, daß göttliche Freiheit ihr Spiegelbild in der Indeterminiertheit chaotischer Vorgänge findet, ohne daß auf die Differenz zwischen personalem Freiheitsgeschehen und einem indeterminierten Naturablauf hingewiesen wird.

Ein weiteres Beispiel dafür, daß Analogievergleiche bei Ganoczy einen oft eher geringen heuristischen Wert aufweisen, zeigt sein Versuch, den Zukunftsbegriff sowohl in einer Theologie der Prophetie als auch in einer Naturtheorie, die mit Wahrscheinlichkeiten operiert, zu orten. Da für beide die Zukunft offen sei – Ganoczy spricht von fehlendem Infallibilitätsanspruch –, befänden sie sich auf der Suche nach dem Wahren. „Aus diesem Grunde hindert mich der Ewigkeitsge-

[19] Ebenda.

[20] Ebenda.

[21] Ganoczy, Suche nach Gott, 182.

[22] Ganoczy, Suche nach Gott, 196.

danke keineswegs daran, der modernen Physik in gewisser Hinsicht und analog prophetische Bedeutung zuzuerkennen. Es liegt *heute* geradezu ein Imperativ der Komplementarität zwischen beiden Zukunftsdiskursen vor."[23] Ganoczy betont zwar die Komplementarität zwischen beiden Bereichen, kann aber nicht überzeugend zeigen, woraus er den von ihm konstatierten Imperativ ableitet. Darüber hinaus bleibt fraglich, ob das Spezifische der Prophetie sich darin erschöpft, vor einer offenen Zukunft zu stehen. Und umgekehrt ist nicht klar, wieso gerade in dem Faktum, daß Wahrscheinlichkeitstheorie sich mit nichtlinearen Prozessen beschäftigt, grundgelegt sein soll, daß sie das Wahre erst suche. Wahrscheinlichkeitstheorie sucht das Wahre im Gegensatz zum Beispiel zur Mechanik nicht erst deswegen, weil sie sich mit nicht determinierten Vorgängen auseinandersetzt, sondern weil sie verschiedene Theorien entwickelt, die sie gemäß ihren methodischen Vorgaben an der Wirklichkeit überprüft. Dies zeichnet sie jedoch nicht vor anderen Naturwissenschaften aus. Offenbar sucht Ganoczy Analogien, die den Bezug beider Disziplinen zeigen sollen. Daß dabei die beiden Analogate unterbestimmt werden und den Kern ihrer Aussage oft preisgeben, nur um ein wenn auch kleines tertium comparationis zu ergeben, scheint Ganoczy nicht zu stören.

Die Stärke des Analogiemodells liegt darin, daß es dem Anspruch nach die methodischen Differenzen zu beachten versucht, dabei aber nicht in ein Differenzmodell umkippt. Denn bei aller methodischen Unähnlichkeit sollen doch Ähnlichkeiten zwischen naturwissenschaftlicher und theologischer Rede aufgezeigt werden. Schwierigkeiten ergeben sich allerdings dann, wenn den Analogien nicht als solchen Bestand garantiert ist, das heißt, wenn versucht wird, als analog erkannte Begriffe in den naturwissenschaftlichen Diskurs zu integrieren. Denn die quantifizierende Methode schließt analoges Reden definitorisch gerade aus. Derartige Versuche haben zur Folge, daß theologische Begriffe einer Sinnreduktion unterworfen werden. Dies geschieht jedoch meist, ohne daß darüber Rechenschaft abgelegt wird, sodaß derartige naturwissenschaftliche Rede scheinbar theologische Probleme abzuhandeln in der Lage ist. Übersehen wird jedoch, daß solche Begriffe nicht mehr das benennen, was theologisch unter ihnen verstanden wird.

2.3.2 Zum Komplementaritätsmodell

Den Ausgangspunkt für Ganoczys Analogiemodell bildet der Begriff der Komplementarität. Ganoczy ist der Überzeugung, daß die Wirklichkeit mehrdimensional ist und daher nicht mit nur einer Beschreibungsart ausgelotet werden kann. Wie zur vollständigen Beschreibung eines physikalischen Phänomens mehrere Beschreibungsarten notwendig sein können (etwa im Welle-Teilchen-Dualismus des Lichtes), so sei auch fächerübergreifend jede Disziplin in ihrem Eigenrecht zu bewahren, was eine Rückführung auf nur eine einzige Wissenschaft unmöglich macht. Ganoczy greift zur Darstellung dieser seiner methodischen Überzeugung auf den Begriff der Komplementarität zurück, der ursprünglich in der Physik Be-

[23] Ganoczy, Suche nach Gott, 242.

deutung erlangt hat. Ganoczy spricht von einer Komplementarität der verschiedenen Auslegungsweisen der Wirklichkeit[24] und meint damit das Nebeneinander verschiedener Wissenschaften – in seinem Fall von Theologie und Naturwissenschaften –, die nicht nur als gleichwertige Interpretationsmöglichkeiten akzeptiert werden, sondern sich darüber hinaus ergänzen und miteinander ein differenzierteres Bild der Wirklichkeit ergeben.

Der Komplementaritätsbegriff wurde in der Bedeutung, wie er heute in Schöpfungstheologien und naturwissenschaftlichen Weltbildern meist verwendet wird, in der Quantentheorie – und hier vornehmlich von N. Bohr – entwickelt. Bohr meint damit das Verhältnis der „[u]nter bestimmten einander ausschließenden Versuchsbedingungen gewonnene[n] Aufschlüsse über das Verhalten eines und desselben Objektes" und bestimmt diese Relation folgendermaßen: Die Aufschlüsse drücken , „obgleich ihre Beschreibung mit Hilfe alltäglicher Begriffe nicht zu einem einheitlichen Bilde zusammengefaßt werden kann, doch jeder für sich gleich wesentliche Seiten der Gesamtheit aller Erfahrungen über das Objekt aus ..., die überhaupt in jenem Gebiet möglich sind"[25]. Übertragen auf das Verhältnis zwischen Naturwissenschaften und Theologie bedeutet der Komplementaritätsbegriff, daß es kein einheitliches Bild geben kann, das sowohl Einzelwissenschaften als auch Theologie integriert, daß beide Bereiche jedoch als eigenständige angesehen werden müssen, die jeder für sich einen Aspekt der Wirklichkeit beleuchten, der nicht auf den je anderen reduziert werden kann. Im Unterschied zum quantenmechanischen Kontext soll der Komplementaritätsbegriff in diesem Zusammenhang nicht zwei verschiedene Beschreibungen ein und derselben Wissenschaft oder ein und desselben Wissenschaftstyps zusammenbringen, sondern verschiedene Arten von Wissenschaft in einen Bezug setzen. Dadurch bleibt er nicht mehr auf den rein physikalischen oder naturwissenschaftlichen Bereich beschränkt, vielmehr dient er dazu, das Verhältnis von unterschiedlichen Wissenschaftsarten auszudrücken.

Viele Schöpfungstheologen gehen vom Komplementaritätsbegriff aus, wenn sie das Verhältnis zwischen Theologie und Naturwissenschaften beschreiben wollen. Meist wird jedoch dabei nicht stehengeblieben, sondern eine weitere Integration der beiden Bereiche gefordert. So meint beispielsweise G. Altner: „Natur unter dem Blickwinkel naturwissenschaftlicher Erkenntnis und Natur in der Perspektive christlicher Schöpfungstheologie sind komplementäre Sichtweisen, die einer integrierenden Verbindung bedürfen."[26] Über die Art einer solchen Integration gehen freilich die Meinungen auseinander. Während zum Beispiel Altner von der rein theoretischen Ebene abgehen und praktische Probleme in Ökologie und

---

[24] Ganoczy, Schöpfungslehre, 154.

[25] Bohr N., Atomphysik und menschliche Erkenntnis. 1., zit. nach: Aichelin H./ Liedke G. (Hg.), Naturwissenschaft und Theologie. Texte und Kommentare, Neukirchen-Vluyn ³1975 (= Grenzgespräche 6), 42.

[26] Altner, Die Überlebenskrise in der Gegenwart, IX.

Gesellschaft zur Grundlage solcher Integration machen möchte,[27] entwirft Link ein Modell der Repräsentation. Gerade Link ist es aber auch, der den Begriff der Komplementarität soweit ausarbeitet, daß von einem eigenen Modell der Komplementarität gesprochen werden kann.

Das Verhältnis zwischen Natur und Geschichte ist für Link wesentlich. Er strebt an zu zeigen, daß eine Einheit von Natur und Geschichte an die Stelle ihrer strikten Trennung treten müsse. „Die Natur hat nicht nur ein Subjekt, sie hat Geschichte bekommen, sie wird sozusagen in der ihr eigenen Geschichtlichkeit ans Licht gebracht."[28] Offenbar verwendet Link hier einen Begriff der Geschichtlichkeit, der zu differenzieren ist, nämlich im Hinblick auf die Natur und in bezug auf Freiheit. Wenn in diesem Sinne von einer Geschichtlichkeit der Natur gesprochen wird, so ist wohl das Ende einer Anschauung der Natur gemeint, die diese als statische Größe bestimmt hat. Eine sich in der Zeit wandelnde Natur wird von Link als das neue Naturbild vorgestellt, das eine Verbindung mit theologischer Geschichtskonzeption erlaubt. Daß beide Geschichtsbegriffe nicht identisch sind, ist Link bewußt, sonst könnte er nicht behaupten, daß Natur Geschichte erst ermögliche.[29] Barth aufnehmend, sieht Link nicht nur Natur als äußeren Grund der Geschichte an, sondern weist der Geschichte auch auf der Ebene der Erkenntnis sogar den Vorrang vor der Natur zu. Diese Meinung zeigt sich auch in Links Tendenz, die theologia naturalis zu leugnen. Link meint, daß die Erkenntnis Gottes zwar Auswirkungen auf das Verstehen der Natur, aber nicht die Erkenntnis der Natur Bedeutung für die Erkenntnis Gottes habe. Denn die besondere Gotteserfahrung Israels habe die allgemeine Erfahrung der Welt als Schöpfung geprägt und sie in einen heilsgeschichtlichen Zusammenhang eingeordnet.[30] Das bedeutet, daß die theologische Norm die Geschichte Gottes mit Israel sei, zu der im Neuen Testament das Kreuz Jesu Christi sowie der Heilige Geist kämen, sodaß eine trinitarische Sicht auch der Natur nötig sei.[31] Weiterhin ordnet Link die Natur als Schöpfung in die Heilsgeschichte Gottes mit den Menschen ein. Was durch die Auferstehung Jesu Christi bereits Wirklichkeit geworden ist, gilt in abgewandelter Form auch für die Natur: Sie geht in der Geschichte auf ihre Vollendung zu. Ohne daß das Ende der Welt selbst noch historisch faßbar wäre, ist der Weg dorthin heilsgeschichtlich bestimmt. Die Auferstehung des Leibes und die Neuschöpfung der Natur, die jetzt im Seufzen liegt, bilden die Vollendung, die das erst Kommende trotz der neuen Zeitgestalt im Eschaton dennoch mit dem ident sein läßt, was aus dem Anfang hervorgegangen ist.[32]

---

[27] Altner, Die Überlebenskrise in der Gegenwart, 4. Vgl. auch sein Buch: Altner G., Naturvergessenheit. Grundlagen einer umfassenden Bioethik, Darmstadt 1991.

[28] Link, Schöpfung. 2., 466. Vgl. auch: Link C., Der Mensch als Geschöpf und als Schöpfer, in: Moltmann J. (Hg.), Versöhnung mit der Natur?, München 1986 (= Kaiser Traktate 92), 15–47, 37.

[29] Link, Schöpfung. 2., 412.

[30] Link, Schöpfung. 2., 502.

[31] Link, Schöpfung. 2., 503–505.

[32] Link, Schöpfung. 2., 597.

Link zieht die Linie der Heilsgeschichte über der Geschichte der Natur aus, die als offenes Großsystem gerade keine teleologische Zukunftsgestalt vorweg zu erkennen geben kann. Die theologische Norm der soteriologisch ausgerichteten Geschichtsgestalt des Zusammenlebens von Gott und Mensch in der Schöpfung läßt sich nach Link nicht naturwissenschaftlich auflösen, sodaß beide Bereiche in jeweiliger Eigenständigkeit verharren, wiewohl sie einander nicht ausschließen, sondern zwei verschiedene Sichtweisen der Wirklichkeit ausmachen. Solches Nebeneinander von Aspekten entspricht jedoch der Definition von Komplementarität. Deshalb sagt Link auch: „[Es] bleibt ... einstweilen bei der Komplementarität zweier unvertretbarer Sichtweisen – es sei denn, diese Komplementarität selbst würde in jedem Akt des Erkennens sozusagen durchlaufen."[33] Das komplementäre Nebeneinander hat nach Link nur dann die Chance, Auflösung zu finden, wenn der Erkenntnisakt selbst beide Bereiche in eins zusammenschließt, sei es der Erkenntnisvollzug eines Naturwissenschaftlers als eines solchen oder der eines Theologen. Deutlich ist hier zu erkennen, daß es Link darum geht, nicht bei der bloßen Komplementarität stehenzubleiben, daß er aber den erhofften Integrationsprozeß noch nicht anzeigen kann. Denn sein Vorschlag, die Vereinheitlichung über den Erkenntnisprozeß zu vollziehen, würde die methodische Einschränkung und somit die Gestalt von Naturwissenschaft, wie sie sich heute zeigt, auflösen. Da Komplementarität zwischen den Wissenschaften noch nicht deren Annäherung zur Folge haben muß, sondern genauso ein Modell der Differenz begründen kann, sind Theologen, die für eine Annäherung von Naturwissenschaften und Theologie eintreten, gezwungen, – wie Altner in obigem Zitat meint – Komplementarität *weiter*zuführen. Die Schwierigkeit dabei liegt in der Tatsache, daß sich bei stärkerer Integration Komplementarität nicht mehr aufrechterhalten läßt, da die Vereinheitlichung der beiden verschiedenen Sichtweisen dem Begriff von Komplementarität gerade widerspricht.

Vor diesem Dilemma steht auch Link, wenn er sieht, daß die einfache Ineinssetzung von kosmischem Geist und dritter göttlicher Person methodisch sauber nicht gelingen kann, er aber eine solche Vereinheitlichung dennoch wünscht.[34] Einerseits betont Link den Graben zwischen einer eigenständig betrachteten Natur und dem göttlichen Bereich. Andererseits sucht er deren Verbindung.

Um den Graben zwischen Natur und Gott zu betonen, der sich auch in der Differenz der zugehörigen Wissenschaften niederschlägt, führt Link die Unterscheidung zwischen Natur und Schöpfung ein. Natur sei eine „bestimmte, historisch regelhafte *Ausprägung* der Schöpfung", die nur kontingent auftritt.[35] Solche Bestimmungen machen die Natur zur bloßen Momentaufnahme der Schöpfung und schließen sie aus einer heilsgeschichtlichen Betrachtung, die der Schöpfungstheologie eigen ist, aus. Link begründet den Graben zwar theologisch, wenn er sagt, daß Gott sich wegen der Schuld des Menschen nicht mehr in der Natur melden

[33] Link, Schöpfung. 2., 454.

[34] Link, Schöpfung. 2., 446.

[35] Link, Schöpfung. 2., 525.

könne,[36] macht es mit dieser Bestimmung aber unmöglich, theologisch von Natur zu sprechen, zumal Gott ausgeschlossen bleibt. Als Konsequenz daraus ergibt sich eine klare Trennung zwischen Naturwissenschaften und Theologie.

Auf der anderen Seite sucht Link aber gerade in der Zeitstruktur naturwissenschaftlicher und theologischer Reflexionen eine beide Bereiche verbindende Gemeinsamkeit. Dabei setzt er im Gegensatz zu oben gerade auf die Geschichtlichkeit der Natur. Diese ist keineswegs nur mehr Momentaufnahme der Schöpfung, sondern hat selbst Geschichte. Die zunächst als Frage formulierte Vermutung, daß Zeit der „*gemeinsame* Horizont von Naturwissenschaft und Theologie" sein könnte,[37] wird für Link im Laufe seiner Schöpfungstheologie zur Gewißheit, da Gott einerseits die Quelle der Zeit sei, die Zukunft eröffnet. Diese Zukunft weise andererseits Zeitgestalten auf, die als Evolution erfahren werden. Daher schließt Link: „So gesehen gibt sich die Zeit tatsächlich als der *gemeinsame* Horizont zu erkennen, in dem Theologie und Naturwissenschaft sich bewegen."[38] Der Graben zwischen den beiden Disziplinen scheint überwunden, denn Link schließt die Bemerkung an, daß nur die Darstellungsebenen oft komplementär seien.[39] Seiner Meinung nach handelt es sich offenbar um dieselbe Wirklichkeit, die von der jeweiligen Wissenschaft nur auf je verschiedene Art und Weise dargestellt wird. Zu fragen bleibt, welche „Zeitgestalt" denn dieser gemeinsame Horizont aufweise, denn Link schreibt dem jeweiligen Verhalten der Zeitquelle Gott im Bezug zur Welt eine Zeit zu,[40] sieht in der Theorie der offenen Systeme gerichtete Zeit am Werk und spricht von Heilsgeschichte, der er ebenfalls eine Zeitgestalt unterlegt. Schuldig bleibt Link freilich eine Beschreibung der von ihm postulierten übergeordneten Zeitform, deren Momente die anderen Zeitgestalten darstellen müßten. Obwohl betont wird, daß methodische Unterschiede zwischen den verschiedenen Wissenschaftsformen anzusetzen seien, die offenbar nicht zulassen, univok von Zeit zu sprechen, geht Link von *der* Zeit aus, die den gemeinsamen Horizont für alle unterschiedlichen Zeit-Begriffe abzugeben in der Lage sein soll. Link geht über den bloßen Gleichlaut des Begriffes „Zeit" im jeweiligen Kontext nicht hinaus, sondern findet nur eine assoziativ zu nennende Einheit, deren Struktur er nicht aufweist. Er spricht bloß von der einen Zeit, deren verschiedene Gestalten in den verschiedenen Wissenschaften auftreten. Deren Differenz liegt für Link in der Unterschiedlichkeit ihrer Zeitkonzepte begründet. Eine Antwort auf die Frage allerdings, wie die Zeit zu denken sei, die diesen Zeitgestalten übergeordnet ist und daher als Einheitsgrund von Naturwissenschaften und Theologie geltend gemacht werden kann, bleibt Link schuldig.

Ein Komplementaritätsmodell ohne einheitlichen Zeithorizont zwischen Theologie und Naturwissenschaften vertritt L. Scheffczyk. Er betont, daß christli-

[36] Link, Schöpfung. 2., 524.

[37] Link, Schöpfung. 2., 415.

[38] Link, Schöpfung. 2., 451.

[39] Link, Schöpfung. 2., 452.

[40] Link, Schöpfung. 2., 450f.

che Schöpfungslehre und Evolutionstheorie vereinbar seien, da sich beide Disziplinen auf verschiedenen Begriffsebenen befinden. Deshalb sind nach Scheffczyk Theologie und Naturwissenschaften „ganz anders geartete Frage- und Aussageweise[n]“[41]. Während „Schöpfung“ als ein transzendentaler Begriff anzusehen sei, handle es sich bei „Evolution“ um einen kategorialen Ausdruck, sodaß Sinn und Bedeutung des Schöpfungsbegriffes über die empirisch faßbare Ordnung hinauswiesen. Scheffczyk sieht dies als Verdeutlichung, „daß beide Erkenntnisbemühungen“ – nämlich Schöpfungstheologie und Naturwissenschaften – „das Seiende unter einem verschiedenen Aspekt und in einer verschiedenen Dimension betrachten, sodaß eigentlich keine Widersprüche zwischen ihnen aufzutreten brauchen, wenn nur auf jeder Seite Grenzüberschreitungen vermieden werden.“[42]

Ein solcher schöpfungstheologischer Entwurf arbeitet mit der Komplementaritätsvorstellung, wonach beide Bereiche schiedlich und friedlich nebeneinanderleben können, wenn sich ihre Vertreter daran halten, die jeweiligen Grenzen zu beachten, die im vorhinein schon als zu Recht existent aufgewiesen worden sind. Dennoch heißt die wechselseitige Anerkennung nicht, daß man sich ausschließlich entweder der einen oder der anderen Auffassung zuwenden müsse. Scheffczyk kennt zwar nicht den etwa von Link in die Diskussion gebrachten gemeinsamen Zeithorizont, sondern tritt für eine wechselseitige Öffnung der Wissenschaftsarten ein, zumal der Naturwissenschaftler die Welt ja nicht bloß als Naturwissenschaftler anschaue, sondern auch als Mensch, der jenseits der reduktiven Methode seiner Wissenschaft im Alltag lebt. Aber nicht nur der Naturwissenschaftler, sondern überhaupt „der moderne, vom naturwissenschaftlichen Denken bestimmte Mensch“ könne *„als Mensch“* der Wahrheit der Schöpfung ansichtig werden.[43] Freilich kann die dabei gewonnene Naturbetrachtung nicht ihrerseits als logische Fortschreibung der Ergebnisse des Naturwissens betrachtet werden.

Scheffczyks Versuch, die Komplementarität der Naturbetrachtungen auf eine Einheit hin zu hinterfragen, führt ihn zu einer Einheit in der Person, die sowohl naturwissenschaftlich reduktiv vorgehen, aber zugleich auch Glaubender sein kann, der den Schöpfungsbegriff, der in den Naturwissenschaften methodisch ausgeklammert bleibt, nachvollzieht. Vor diesem Hintergrund siedelt Scheffczyk seine Ansicht des komplementären Verhältnisses beider Disziplinen an. Die Relation zwischen beiden Bereichen wird nicht wie im Differenzmodell durch eine Abwertung der Naturwissenschaften bestimmt, sondern durch beiderseitige Offenheit. Dies besagt, daß Naturwissenschaft sich an ihren Grenzen nicht abschließt, wodurch sie zu einer Weltanschauung beziehungsweise Ideologie mutierte, sondern ihre Vertreter Offenheit für weiterführende, theologische Fragen bewahren. Demgegenüber darf auch Theologie nicht in ideologischer Verengung Erkenntnisse der Naturwissenschaften ablehnen und etwa kraft theologischer Einsicht als irrelevant betrachten.[44]

---

[41] Scheffczyk L., Einführung in die Schöpfungslehre, Darmstadt ³1987 (= Die Theologie), 26.

[42] Ebenda.

[43] Scheffczyk, Einführung in die Schöpfungslehre, 28.

[44] Scheffczyk, Einführung in die Schöpfungslehre, 31.

Wieder anders gestaltet sich nach Scheffczyk das Verhältnis zwischen Schöpfungstheologie und Naturphilosophie. Zwischen Theologie und Philosophie bestünden zugleich Konvergenz und Divergenz. Denn Theologie tue gut anzuerkennen, daß Philosophie die „ontologische Analyse der bleibenden Seinsgestalt des Bedingten im Rückgang auf das Unbedingte" zu leisten imstande sei,[45] und habe diese Erkenntnisse auch in die Schöpfungslehre zu integrieren. Andererseits stelle Theologie die Ergebnisse philosophischer Reflexion „unter den Horizont des geschichtlich freien Handelns Gottes und der menschlichen Heilsverwirklichung", was der Philosophie aus methodischen Gründen unmöglich sei, da sie ja Offenbarung einklammere.[46]

Scheffczyk ist also bemüht, sowohl die Naturwissenschaften als auch Philosophie in ihrer jeweiligen Eigenbedeutsamkeit in bezug auf Theologie anzuerkennen, indem er eine klare methodische Trennung aller drei Bereiche für notwendig hält. Dennoch vertritt er keine Konzeption der Differenz, denn einerseits deutet er an, daß der personale Weltvollzug des Menschen – auch des Naturwissenschaftlers – qua Mensch eine Verbindung herstellen kann, da ein und derselbe Mensch verschiedene Denkformen vollziehen kann. Andererseits betont Scheffczyk im Gegensatz zu Differenzmodellen, daß nicht jede theologische Betrachtung der Natur immer schon vor dem Hintergrund der Erlösung zu erfolgen habe. Scheffczyk hebt mit Luther hervor, daß das Menschsein dem Christsein vorausgehe.[47] Das bedeutet für ihn, daß, noch bevor die Frage nach Rechtfertigung und Sünde und somit nach der Erlösung durch Jesus Christus zu stellen sei, über das „Menschliche" als solches theologisch zu reflektieren sei. Die Schöpfungswahrheit christlichen Glaubens ist von daher die erste Plattform, auf der von seiten christlichen Theologie mit nicht schon offenbarungstheologisch geprägten Partnern ein Gespräch begonnen werden könne. Für Scheffczyk liegt hier der Ort, wo „Offenbarungs- und Welterkennen" einander primär begegnen werden, also das Gespräch zwischen Naturwissenschaften und Theologie beginnen wird.[48] Erst in der Folge könnten die weiteren zentralen Überzeugungen christlichen Glaubens zur Sprache kommen.

Scheffczyks Entwurf sieht eine Verbindungsmöglichkeit mit Naturwissenschaften und mit Philosophie, Scheffczyk behält der Theologie, die er als Offenbarungstheologie versteht, jedoch methodische Eigenständigkeit vor. Innerhalb theologischer Reflexion, also des methodisch einheitlichen Bereiches seiner eigenen Wissenschaft, führt Scheffczyk noch einmal eine – diesmal inhaltliche – Trennung ein, und zwar zwischen Schöpfungstheologie und Soteriologie, die er nicht – wie meist in Entwürfen des Identitätsmodells – von vornherein identifiziert. Folglich bestimmt er etwa den Bund nicht schon als inneren Grund der Schöpfung. Dadurch möchte er trotz des komplementären Verhältnisses zwischen

[45] Scheffczyk, Einführung in die Schöpfungslehre, 35.

[46] Ebenda.

[47] Vgl. Scheffczyk, Einführung in die Schöpfungslehre, 14.

[48] Ebenda.

den methodisch verschiedenartigen Disziplinen eine Gesprächsebene finden, die trotz aller Unterschiede einen Dialog ihrer Vertreter ermöglicht.

2.3.3 Zum Repräsentationsmodell

Anders als L. Scheffczyk entwirft C. Link nicht nur ein Modell der Komplementarität,[49] sondern arbeitet auch eine Konzeption aus, die von der *Darstellung Gottes* durch Welt und Natur ausgeht. Der auch den Naturwissenschaften zugänglichen Natur wird zugeschrieben, Medium zu sein. Das bedeutet näherhin, daß Natur auf Gott verweisen kann und auf Gott hin transparent ist. Link geht bei diesem Versuch von der Schönheit der Welt aus, die seiner Meinung nach das Geheimnis der Schöpfung aufleuchten lasse.[50] Den Grund dafür findet er in der Verbindung des Naturschönen mit der Zeit, die in der Anschauung der Natur miteinander verbunden sind. Denn die Erfahrung der Schönheit der Natur geht nach Link mit der Erfahrung ihrer Vergänglichkeit einher. Im Gegensatz zum Kunstschönen, das den fortschreitenden Rhythmus der Zeit aus der Vergangenheit in die Zukunft aufleuchten lasse und auf die Tiefe der Zeit verweise, sieht Link mit der Vergänglichkeit einen Ausblick auf eine Zukunft gegeben.[51] Diese Zukunft bezeichnet er als den Ermöglichungsgrund für zeitliche Veränderung überhaupt, der „sich als Quelle der Zeit allem Vergänglichen zusagt“[52].

Obwohl Link eine natürliche Theologie ablehnt, geht er von einer Analyse der Welt aus und gelangt an deren Ende zu einem Gottesbegriff, den er mit dem Schöpfungsbegriff in Verbindung bringt. Dabei setzt er sich einerseits gegen eine Übertragung dogmatischer Interpretamente auf naturwissenschaftliche Ergebnisse zur Wehr, indem er von einer philosophischen Naturbetrachtung ausgeht. Andererseits lehnt er ebenso ab, Gott mit physikalischen Phänomenen zu identifizieren. Vielmehr hat Link das Anliegen, philosophischer Analyse des Naturschönen, die ihm Vergänglichkeit aufschließt, einen letzten theologischen Grund zu unterlegen, indem er der absoluten Zukunft zuschreibt, Quelle der Zeit und deshalb Schöpfungsgrund zu sein. Link nimmt auch auf den naturwissenschaftlichen Begriff der Selbsttranszendenz Bezug, interpretiert ihn allerdings um. Selbsttranszendenz ist kein Begriff der zeitlichen Fort- und Höherentwicklung mehr, sondern ein Ausdruck der Verweisung. Natur stellt etwas dar und verweist kraft ihrer Medialität auf etwas außer ihr. „Die Transparenz der Natur – so der hier gewählte Ausgangspunkt – setzt voraus, daß die Welt von sich aus Medium einer *Darstellung* sein kann und insofern über sich selbst hinausverweist.“[53] Darstellung zu sein bedeutet weiterhin, daß die Natur als solche gestaltet worden ist, und zwar willentlich. Das

---

[49] Vgl. oben.

[50] Link, Die Transparenz der Natur, 169.

[51] Link, Die Transparenz der Natur, 178ff.

[52] Link, Die Transparenz der Natur, 181.

[53] Link, Die Transparenz der Natur, 187.

Dargestellte verweist seinerseits auf den Gestalter zurück. Link sieht die Welt als „das Ergebnis frei gewollter, das heißt ‚bewußter', *Gestaltung*", das sich „als der ‚grammatische' Ausdruck einer Selbstaussage Gottes zu erkennen" gibt.[54] Gott drückt sich mittels der Natur aus und ist folglich als ihr Urheber in ihr gegenwärtig, insofern er sich in der Schöpfung selbst ausgesagt hat. Natur ist der „Raum seiner Selbstdarstellung und Selbstverherrlichung, und will dementsprechend *theologisch* als Ort der Realisation jener *besonderen* Gestalt begriffen werden, in welcher der Schöpfer als Geschöpf erscheinen kann."[55]

Wie schon den Ausgangspunkt des Naturschönen, das vergänglich ist, so versucht Link auch den Gestaltungsprozeß der Natur, der zugleich als Selbstdarstellungsvorgang Gottes gesehen wird, zeitlich rückzubinden. Der Sohn, der als gestaltende Ursache der Schöpfung verstanden wird,[56] beziehungsweise der trinitarisch verstandene Schöpfergott manifestieren sich in der Zukunft als Zeitquelle, sodaß ihr Ort in der Schöpfung als die unaufhebbare Zukunft zu bestimmen ist.[57] Anstelle der klassischen, von Link als statisch gesehenen Metaphysik übernimmt der Zukunftsbegriff die Begründungsfunktion für den Bestand einer werdenden Welt. Gott als unaufhebbare Zukunft kann in der Folge seinerseits nicht mehr als seiender, sondern muß als kommender Gott begriffen werden. Da sich Link allerdings im Gegensatz zur Prozeßtheologie scheut, Gott selbst als einen werdenden Gott anzusehen, bezeichnet er ihn als Quelle der Zeit, die selbst nicht der Zeit unterliege. Im selben Absatz betont Link dagegen, daß dieser Schöpfungsgrund nicht zeitlos der Zeit gegenübertrete, sondern daß diese Differenz ihrerseits wiederum zeitlich zu denken sei, das heißt, daß zwischen „phänomenaler Zeit" und „transzendentaler Zeit" – wie Link die Zeit der Natur und die Zeit der Differenz in Anlehnung an G. Picht nennt – eine zeitliche Relation anzusetzen sei. Dieser Bezug zwischen der Zukunft Gottes und der Zeit der Natur ist zeitliche Darstellung ersterer in zweiterer.[58] Die von Link propagierte Gestaltung der Natur durch Gott, durch die sich dieser in der Natur darstellt, hat selbst zeitliche Struktur.

Die von Link nicht mehr behandelte Problematik besteht nun darin, die Verhältnisbestimmung zwischen transzendentaler und phänomenaler Zeit nicht nur zu konstatieren, sondern auch auszuweisen. Link unterlegt diesem Verhältnis ja wiederum eine Zeitstruktur und meint, daß die Darstellung transzendentaler Zeit in der phänomenalen selbst wiederum geschichtliche Struktur aufweise. Wie er nun die Geschichtszeit eines zunächst als zeitlos vorgestellten Gottes versteht, der als Zeitquelle und als Möglichkeitsbedingung für phänomenale Zeit bestimmt wird,[59] bleibt ungeklärt. Prinzipiell wäre freilich zu fragen, ob die Bedingung der Möglichkeit von Zeit selbst wiederum zeitlich verstehbar gemacht werden kann und

---

[54] Link, Schöpfung. 2., 535.

[55] Ebenda.

[56] Link, Schöpfung. 2., 536.

[57] Link, Die Transparenz der Natur, 190.

[58] Link, Die Transparenz der Natur, 190f. Anm. 41.

[59] Ebenda.

wie der als absolute Zukunft bestimmte Gott sowohl als unzeitliche Quelle der Zeit als zugleich auch als einer Geschichte der Selbstdarstellung unterworfen gedacht werden müsse, wobei die Schwierigkeit hinzukommt, die Verhältnisrelation als einen Bezug der Darstellung zu denken. Link zeigt nicht, ob er die Zeit der Darstellung wiederum als transzendentale, als phänomenale oder als eine weitere, in den beiden genannten nicht auflösbare Zeit bestimmt wissen möchte. In den ersten beiden Fällen könnte die behauptete Darstellung der transzendentalen Zeit in der phänomenalen nicht mehr gedacht werden. Sollte nämlich die Darstellungszeit phänomenale Zeit sein, so müßte der Darstellungsvorgang bereits in ihr ablaufen, obwohl die Darstellung selbst phänomenale Zeit erst konstituiert. Wäre sie aber als transzendentale Zeit zu denken, wäre sie nicht erfaßbar, da diese transzendentale Zeit ja gerade nicht als phänomenale dargestellt wird. Die Zeitquelle wäre Quelle ihrer selbst. Eine dritte Zeit, die die beiden anderen Zeiten wiederum unter eine einheitliche Zeitstruktur brächte, wäre wiederum nur als Bedingung der Möglichkeit der transzendentalen Zeit zu denken, die sich in dieser darstellt. Eine solche Konstruktion aber verwiese auf die schlechte Unendlichkeit. Aber selbst wenn das Zeitverhältnis beider Zeiten von Link gelöst worden wäre, müßte er außerdem zeigen können, wieso die Frage der Darstellung und der Gestaltung hinreichend erfaßt wird, wenn sie als Problem einer Zeitrelation gestellt wird. Er kann Metaphysik nicht so verabschieden, wie er es getan hat, da in seinem Begriff der Zeitquelle auch ontologische Fragen – wie etwa die des Hervorganges der Geschöpfe aus dieser Zeitquelle – latent vorhanden bleiben.

Einem weiteren Einwurf stellt sich Link selbst. Er ist sich bewußt, daß er die These von der Selbstdarstellung Gottes zwar als theologisches Postulat aufstellen kann, daß er aber ebenso zeigen muß, vor welchem Erfahrungshorizont solche Gedanken überhaupt ausweisbar sind. Denn die Selbstdarstellung Gottes muß noch nicht heißen, daß der Mensch diese auch als solche erkennen kann.[60] Sein eher vorsichtig angedeuteter Lösungsvorschlag besteht darin, die Weise des Erkennens ebenso zeitlicher Veränderung zu unterstellen und eine Öffnung auf Zukunft hin zu fordern, die zu höherer Erkenntnis führen kann. Solche Erkenntnis vermöchte die Zeitstruktur der Natur erfahrbar zu machen und – gegen Äußerungen Links an anderer Stelle – somit einen Gottesbeweis zu liefern, der von der Transparenz der Natur auf Gott hin ausgeht, der sich in dieser darstellt, indem er sie gestaltet. Link handelt sich mit einem solchen Konzept wiederum das Problem des Verhältnisses der Zeiten ein und müßte sich darüber hinaus fragen lassen, wieso denn die vermeintliche Primärbestimmung menschlichen Erkennens durch die Zukunft eine Höherentwicklung impliziert.

Neben den eben diskutierten Problemen eines Repräsentationsmodelles steht ein solches außerdem vor der Schwierigkeit, erklären zu müssen, wie Darstellung näherhin zu denken sei. Mit der Weiterführung eines Komplementaritätsmodells in der Form, daß man die beiden komplementären Bereiche in eine Darstellungsrelation stellt, ohne zu klären, was dieser Bezug ontologisch bedeutet, wird man es schwer haben, den Anspruch einzulösen, eine hinreichende Erklärung für den

---

[60] Link, Die Transparenz der Natur, 193f.

Aufgang und das Bleiben des Seienden im Sein anzubieten. Ein Repräsentationsmodell müßte sich dem Begriff der Darstellung als qualifiziert ontologischem Problem stellen, da es nicht bloß um die Darstellung eines bereits Geschaffenen durch ein anderes geht, sondern um den Schöpfungsvorgang selbst.

Links Ausgangspunkt in seinem Repräsentationsmodell ist ein theologischer. Nicht mehr zwei komplementäre Bereiche stehen sich gegenüber; vielmehr wird mittels der theologischen Aussage von der Natur als Selbstdarstellung Gottes begonnen. Dadurch, daß Link die Darstellungsrelation zu einem Zeitproblem umformt, versucht er, auch den naturwissenschaftlichen Bereich in seinen Entwurf zu integrieren. Indem er nämlich die beiden Zeitformen von transzendentaler und phänomenaler Zeit in Relation setzt, die er wiederum zeitlich konstruiert, baut er seinen Komplementaritätsentwurf in die Darstellungskonzeption ein. Mit diesem Manöver handelt sich Link allerdings auch die bereits besprochenen Probleme ein, die auf mangelnder methodischer Differenzierung beruhen. Gleichsam unter theologischer Grundprämisse wird versucht, eine Verbindung zwischen Naturwissenschaften und Theologie herzustellen, wiewohl die Kategorie einer Selbstdarstellung Gottes in den Naturwissenschaften keinen Niederschlag finden kann und selbst die Theorie der Geschichte des Erkennens, die auf ein höheres Erkenntnisniveau hinauslaufen soll, nicht naturwissenschaftlich eingeholt werden kann.

2.3.4 Zum Symbolmodell

Ein weiteres Mediationsmodell hat G. Greshake vorgelegt. Die Vermittlung, die er sucht, ist allerdings nicht mehr eine Verbindung von Theologie und Naturwissenschaften, sondern diejenige von Gottes- und Welterfahrung, wobei letztere nicht mehr bloß naturwissenschaftlich reduziert, sondern philosophisch offen gedacht wird. Greshake geht von der Notwendigkeit neuerlicher Integration dieser beiden Bereiche aus, wenn nicht Theologie verarmen oder die Welterfahrung in Gottlosigkeit abdriften will.

Im Laufe der Theologiegeschichte hat es nach Greshake zwei Grundtypen solcher Vermittlung gegeben. Die eher platonisch ausgerichtete Partizipationslehre versuchte, den Konnex zwischen Gott und Welt mit Hilfe der Teilhabe der Einzelseienden am Sein Gottes herzustellen. Eine einseitige Partizipationslehre lehnt Greshake genauso ab wie eine eher aristotelisch gefärbte Kausalitätsontologie.[61] Gegen beide Konzeptionen propagiert er eine „Freiheits- und Symbolontologie“[62], die versucht, den trinitarischen Selbstausdruck Gottes als Vermittlung der Unmittelbarkeit Gottes in der Welt zu deuten. Grundlage dafür bildet die Überzeugung,

[61] Vgl. zu Greshakes Kritik an der Partizipationslehre auch A. Kolb: „So einfach dürfte es eben doch nicht gehen, daß die Endlichkeit an der Unendlichkeit partizipieren könnte. Die Partizipationslehre macht es sich manchmal zu leicht“ (Kolb A., Menschwerdung und Evolution. Entwurf einer geschichtsphilosophischen Christologie, Graz 1970, 28 Anm. 3).

[62] Greshake G., Gott in allen Dingen finden. Schöpfung und Gotteserfahrung, Freiburg/ Br. 1986, 26.

daß Freiheit nur sei, wenn sie sich ausdrückt, das heißt symbolisiert, und in diesem Ausdruck oder Symbolum für sich und für die anderen da ist.[63] Solche Freiheit verlangt von denjenigen, die ihr gegenübertreten, Anerkennung, die in der persönlichen Stellungnahme gewährt oder verweigert wird. Diese ist jedoch immer auch eine Auseinandersetzung mit der Person, die sich in Freiheit ausgedrückt hat, da diese Person im Ausgedrückten immer selbst präsent ist.

Ohne daß Greshake diese seine Ontologie näher auswiese und begründete, überträgt er die Konzeption in die Theologie der Schöpfung. Er möchte Schöpfung als Selbstausdruck des trinitarischen Gottes verstanden wissen. Mit Bezug auf den Logos bestimmt Greshake die Schöpfung folglich als verbum Verbi und die Dinge als verba in Verbo et de Verbo.[64] Mit einem solchen Entwurf wird die Gegenwart Gottes in der Schöpfung auf eine doppelte Weise zur Sprache gebracht. Einmal ist Gott in den Dingen, insofern sie Ausdruck des Logos sind. Zum anderen aber erschöpft sich Gott nicht in seiner Präsenz in den Dingen, sondern ist zu ihnen in unendlichem Abstand. Daß Gott sich in der Schöpfung ausdrückt, zeigt sich für Greshake schon in den alten, von Nicolaus Cusanus geprägten Bestimmungen Gottes als aliud und zugleich non-aliud,[65] da eine Person, die sich ausdrückt, insofern sie sich selbst ausdrückt, nicht in dem Medium ihres Ausdrucks aufgehen kann, aber sich zugleich im Ausgedrückten selbst öffnet und mitteilt. Da die Welt sowohl Zeichen als auch „wirkmächtiges Medium [der] Selbstoffenbarung und Selbstgabe“ Gottes ist, kann sie nach Greshake nicht bloß als Ausdruck Gottes, sondern auch als Sakrament bezeichnet werden.[66] Gott ist in seiner Schöpfung realsymbolisch gegenwärtig, ohne in ihr aufzugehen.

Greshake setzt sich bewußt von K. Rahner ab, für den die Welt Grammatik einer möglichen Selbstaussage Gottes sein kann, wenn er Schöpfung vor einer *möglicherweise* erfolgenden Selbstaussage als schon real vollzogene Selbstaussage Gottes definiert. Aber auch eine Konzeption wie die Links geht Greshake zuwenig weit.[67] Dort nämlich wird die Natur zwar auch als Selbstaussage Gottes definiert, bleibt aber im Range eines Gleichnisses, das zwar auf Gott verweist und ihn in diesem Sinne repräsentiert, ihn aber nicht in der Form eines Sakramentes präsent sein läßt. Greshake geht es um die unmittelbare Gegenwart Gottes, den er zwar nur vermittelt über die Schöpfung selbst wahrnehmen und erfahren zu können meint, der aber dennoch in diesem Ausdruck seiner selbst unmittelbar – wenn auch nicht unvermittelt – gegenwärtig ist. Da geschaffene Natur jedoch nicht bloß Selbstausdruck Gottes ist, sondern auch als Medium des Selbstausdrucks des Menschen fungieren kann und sich die Naturdinge außerdem auch selbst verwirk-

[63] Greshake, Gott in allen Dingen finden, 28.

[64] Greshake, Gott in allen Dingen finden, 34.

[65] Greshake, Gott in allen Dingen finden, 44.

[66] Greshake, Gott in allen Dingen finden, 40.

[67] Ebenda.

lichen,[68] kann es in diesem Zusammenspiel zu Konfrontationen und Gegensätzen kommen, die auf Kosten der Natur zwischen Mensch und Gott ausgefochten werden. Die so verstandene Schöpfung kann deshalb auch als Kommunikationsmedium zwischen Gott und Mensch in der Heilsgeschichte angesprochen werden, das auch in der Negativität immer noch Gott selbst offenbaren kann.[69] Im Gegensatz zu einem reinen Partizipationsdenken, das mit der Kategorie der Teilhabe ein solches Ausdrucksgeschehen nur schwer nachvollziehen kann, meint Greshake, auch eine Kreuzestheologie in eine „Symbol- und Sakramentstheologie"[70] integrieren zu können, die Schöpfung und Welt als endlichen Ausdruck göttlicher Freiheit zu verstehen sucht.
Für das Verhältnis zwischen Naturwissenschaften und Theologie bedeutet ein solches Symbolmodell trotz der Betonung der Selbstgegenwart Gottes in der als Schöpfung verstandenen Natur nun nicht, daß ähnlich wie in einem Identifikationsentwurf die Naturwissenschaften fähig wären, theologisch direkt Relevantes zu erforschen, sodaß gesagt werden könnte, daß Naturwissenschaften Theologie treiben. Denn die Kategorie des Symbols, die die Gegenwart Gottes in der Natur zur Sprache bringt, ist naturwissenschaftlich nicht erreichbar. Das heißt, daß Naturwissenschaften die Natur als Selbstoffenbarung Gottes nicht vor Gesicht bekommen können, da ihre Methodik nicht dazu befähigt. Greshake bestimmt zwar den Terminus „Welt" als Schöpfung im geschichtlichen Prozeß der Gestaltwerdung,[71] meint damit aber nicht, daß der solcher Bestimmung zugrundeliegende Zeitbegriff mit dem naturwissenschaftlichen Zeitverständnis in eins gesehen werden könnte. Greshake bleibt in seiner Naturbetrachtung – auch wenn er nicht explizit theologisch argumentiert – einer Natursicht verpflichtet, die Schöpfung nicht auf eine quantifizierbare und daher meßbare Größe reduziert. Vielmehr hält er die methodische Trennung zwsichen beiden Wissenschaftstypen aufrecht, indem er selbst primär universalwissenschaftlich-philosophisch argumentiert, wenn er außertheologisch redet. Das bedeutet umgekehrt aber, daß naturwissenschaftliche Erkenntnisse für Greshake kaum eine Rolle spielen.

2.4 Zu Rekapitulations- und Fundierungsmodellen

Vertreter von Fundierungsmodellen gehen über die Konzeptionen der verschiedenen Mediationsmodelle hinaus. In den diversen Vermittlungsversuchen zwischen Theologie und Naturwissenschaften wird meist die methodische Differenz zwischen beiden Wissenschaftsarten betont, wenn auch nicht immer eingehalten.

---

[68] Zur Medialität der geschaffenen Natur siehe auch: Schulte R., Die Einzelsakramente als Ausgliederung des Wurzelsakramentes, in: MySal 4/2 (1973) 46–152, bes. 113ff.

[69] Zum hier anknüpfenden Theodizeeproblem siehe Greshake, Gott in allen Dingen finden, 81ff.

[70] Greshake, Gott in allen Dingen finden, 58.

[71] Greshake, Gott in allen Dingen finden, 48.

Trotz des Unterschiedes in der Vorgehensweise dieser Wissenschaften versuchen Mediationsmodelle eine Vermittlung, sei es mit Hilfe des Analogie- oder Komplementaritätsbegriffes, sei es in Anlehnung an die Termini „Repräsentation" oder „Symbol".

Auch die Fundierungsmodelle gehen von methodischer Unterschiedlichkeit der Disziplinen aus und versuchen eine Annäherung, arbeiten allerdings meist mit einer eigenständig philosophischen Konzeption, die den Ergebnissen naturwissenschaflicher Untersuchungen gerecht zu werden versucht. Diese werden oft in einen Sinnhorizont integriert, der sie theologischer Betrachtung zugänglich machen soll, ohne daß Theologie Gefahr läuft, reduktionistisch vorzugehen. Dieses Moment der Vermittlung scheint den Mediationsmodellen ziemlich ähnlich zu sein, unterscheidet sich aber dennoch in zwei Punkten. Einmal wird in Fundierungsmodellen nicht versucht, von vornherein *theologisch* zu begründen, wie Natur in religiöser Naturauffassung auch einzelwissenschaftlicher Betrachtung zugänglich sein kann. Vielmehr steht zunächst eine Verhältnisbestimmung zwischen Naturwissenschaften und Philosophie beziehungsweise Mystik im Vordergrund, die neben Offenbarung für die Grundlegung einer Schöpfungstheologie notwendig sein soll. Nicht eine *Theologie* der Natur bestimmt, wie eine Verhältnisbestimmung zu konzipieren ist, sondern eine Natur*philosophie* oder eine Natur*mystik*. Zum anderen geht es darum, nicht mittels eines zwar philosophischen, aber außerphilosophisch angewandten Begriffes beide Bereiche zusammenzuspannen, wie es etwa das Analogiemodell tut. Vielmehr soll die methodische Trennung beider Bereiche – mehr oder weniger – aufrechterhalten werden. Oftmals werden dabei die Ergebnisse einzelwissenschaftlicher Forschung unter Wahrung der methodischen Differenz in einen Sinnhorizont gestellt, der nur philosophisch, nicht aber naturwissenschaftlich zur Sprache gebracht werden kann. Das bedeutet, daß die naturwissenschaftlichen Erkenntnisse philosophisch rekapituliert werden und in einem philosophischen Horizont ihre lebensweltliche Fundierung erfahren. Erst als solche – so die These – haben sie theologische Relevanz. Ähnlich wie in der klassischen theologia naturalis wird nicht von Offenbarung, sondern von einer philosophischen Naturbetrachtung ausgegangen, die allerdings nicht blind ist gegenüber naturwissenschaftlichen Erkenntnissen und nicht gegen diese konzipiert wird.

2.4.1 Die Sinnkategorie

Die Reinterpretation naturwissenschaftlicher Ergebnisse durch eine Naturphilosophie, die versucht, naturwissenschaftliche Erkenntnisse ontologisch zu fundieren, arbeitet oftmals mit der Kategorie des Sinnes. Wird im Zusammenhang von Naturwissenschaften von der Sinnkategorie Gebrauch gemacht, so bezieht sie sich nur auf das naturwissenschaftliche Gedankengebäude und die Adäquatheit einzelner Sätze mit der Konsistenz des gesamten Systems. Im Gegensatz dazu meint die hier intendierte Bedeutung des Sinnbegriffes das Angesprochensein des Menschen von der Natur als ganzer, die ihre Bedeutung für das Leben des Menschen zu erkennen gibt. Über die bloße Funktionalität naturwissenschaftlich eruierter Gesetze hinaus ist der Mensch von ihr angesprochen und gelangt zu einem Verständnis der Natur als ganzer, das ihn selbst miteinschließt.

Gemeint ist zunächst allerdings noch nicht eine theologische Sinnkategorie, die erst in der Folge im Rahmen einer Schöpfungstheologie geltend gemacht werden kann. Daher geht es zunächst noch nicht um die theologische Sinnhaftigkeit etwa des Weltanfangs, den A. Ganoczy in quasi-deistischer und rein protologischer Manier an die Stelle der Wundertaten Gottes im Laufe der Weltgeschichte stellt und dadurch den Prozeßverlauf der Selbstorganisation der Lebewesen in einen theologischen Interpretationsrahmen bringt.[1] Die vom absoluten Anfang auch auf die spätere Entfaltung des dort grundgelegten Naturprozesses ausgedehnte Sinnkategorie bezieht ihren Inhalt aus dem Schöpfungsglauben und soll rein naturwissenschaftliche Ergebnisse neu beleuchten helfen.

Ähnlich argumentiert auch G. Liedke, wenn er behauptet, daß das Grundgeschehen der Schöpfung in *jeder* Erfahrung miterfahren werde. Liedke betont zwar die Partikularität der Naturwissenschaften und ihre methodische Differenz zur Theologie, geht aber dennoch davon aus, daß das Grundgeschehen „in der objektivierenden naturwissenschaftlichen Erfahrung miterfahren" wird.[2] Er wendet also eine Sinnkategorie religiöser Erfahrung auf naturwissenschaftliche Erfahrung an. Die „Grunderfahrung" bleibt von der konzedierten Methodendifferenz nach Liedkes Meinung offenbar unberührt. Liedke sieht nicht, daß gerade die naturwissenschaftliche Methodik von vornherein so etwas wie die nach seinem Verständnis aufgefaßte Sinnkategorie ausschließt. Im Sinne von Quantifizierung und Wiederholbarkeit objektivierbare Erfahrungen der Naturwissenschaften, auf die Liedke abhebt, können Schöpfung und Gott gerade nicht erfassen und in der Folge zur Sprache bringen, da Gott und sein Tun (etwa in Form der Schöpfung) methodisch immer schon ausgeschlossen bleiben. Liedke müßte zeigen können, daß in naturwissenschaftlichen Theorien, die sich keiner μετάβασις εἰς ἄλλο γένος schuldig machen, sondern streng naturwissenschaftlich verfahren, die von ihm als „miterfahren" angesetzte Grunderfahrung ausdrücklich genannt werden kann. Hier wird die Sinnkategorie auf methodisch reduzierte Wirklichkeit erweitert, ohne daß die Rechtmäßigkeit eines solchen Vorgehens ausgewiesen wird und offenbar ohne daß sie aufgezeigt werden kann, zumal dies aus grundsätzlich methodischen Überlegungen unmöglich erscheint.

Theologisches Denken kann nicht davon ausgehen, daß der Naturbegriff, den Naturwissenschaften implizit zur Grundlage haben, schon theologische Relevanz besitzt. Vielmehr besteht die Gefahr, daß ein quantifizierendes Betrachten der Natur ihre eigenste Wirklichkeit gerade nicht zum Vorschein bringt und sie daher nicht mehr als Schöpfung erkennen läßt.[3] So betont auch W. Eckensperger die Eigenständigkeit der Natur, die aller methodischen Abstraktion vorausliegt, und

---

[1] Ganoczy, Schöpfungslehre, 168.

[2] Liedke, Im Bauch des Fisches, 100.

[3] Eckensperger W., Der Logos und die „Logizität" der Natur. Ein fundamentaltheologischer Beitrag zur Frage nach der Natur im Horizont der Umweltkrise, in: ZKTh 113 (1991) 385–400, 389.

meint, daß erst an der Wahrheit der so ausgelegten Natur der Schöpfungssinn zutagetreten könne.[4] Letzterer liege freilich – aus theologischer Perspektive gesehen – nicht in der Ordnung der Natur, sondern im Logos Jesus Christus begründet.[5]

Ähnlich wie Eckensperger geht auch T. Koch davon aus, daß nicht die naturwissenschaftliche Betrachtungsweise eine adäquate Grundlage für ein theologisches Reflektieren über Natur abgeben kann, sondern nur die methodisch unverkürzten Naturphänomene den Sinn aufweisen können, den Natur in sich trägt. Freilich beziehen sich sowohl die Naturwissenschaften als auch die Theologie nach Koch auf dieselbe Wirklichkeit, doch wählen die Naturwissenschaftler einen anderen methodischen Zugang.[6] Sie schränken das alltagsübliche Verständnis auf ein kausales Erklären ein und gewinnen dadurch die kausalen Relationen der Naturgesetze, während Theologie eine Natursicht voraussetzt, die „nichts anderes [ist] als ein reflektiertes, durchgeklärtes Verständnis dessen, was Natur in *dem* Verständnis ist, das wir im alltäglichen Umgang mit ihr schon haben“[7]. Für die Sicht der Natur bedeutet dies, daß sich Theologie nicht mit einer Evolutionslehre abfinden kann, die versucht, den Menschen ausschließlich mit Hilfe naturwissenschaftlicher Erklärungsmuster zu erschließen. Vielmehr ist es unumgänglich, Natur von einem am Menschen orientierten, methodisch nicht verkürzten Verstehen aus in den Blick zu nehmen.[8] Denn nur wenn der Sinn der Natur als ganzer erfaßt worden sei, könne auch ein Teil dieser uneingeschränkt in den Blick kommen. Der Sinn der Natur ist für Koch das „Gesetz der Lebendigkeit des Lebens“, das er philosophisch ausfaltet.[9] Dabei fällt Koch allerdings wieder in eine biologische Begrifflichkeit zurück, wenn er etwa Leben als „individuellen Selbstvermittlungsprozeß“ in „‚coevolutiven Gleichgewichten‘“ zu anderen bestimmt.[10] Das heißt, daß sein Fortschreiten vom „Gesetz der Lebendigkeit des Lebens“ zum „göttlichen Gesetz der Natur“[11] keine Fortführung eines philosophischen auf einen theologischen Horizont sein kann. Aber auch seine Theologie bedient sich noch immer naturwissenschaftlicher Begrifflichkeit. Denn wenn Koch versucht, das Selbst des Lebens, das seiner Meinung nach kreativ und in sich evolutionär ist, mit Gott zu identifizieren, benutzt er wider seine eigenen Forderungen einzelwissenschaftliche Bestimmungen. Gott, der als „die Lebendigkeit des Lebens *selbst*, also [als] die Lebendigkeit als Subjekt“ bestimmt wird,[12] unterliegt bei einzelwis-

[4] Eckensperger, Der Logos und die „Logizität“ der Natur, 399.

[5] Eckensperger, Der Logos und die „Logizität“ der Natur, 397.

[6] Koch, Das göttliche Gesetz der Natur, 44.

[7] Koch, Das göttliche Gesetz der Natur, 47.

[8] Koch, Das göttliche Gesetz der Natur, 71.

[9] Koch, Das göttliche Gesetz der Natur, 66; vgl. auch 56f.: Das „Gesetz der Lebendigkeit des Lebens“ besage, daß „[u]m der Lebendigkeit des Lebens willen ... auch Tod und Tödliches, Selbstzerstörung und genetische Defekte *notwendig* [sind]“.

[10] Koch, Das göttliche Gesetz der Natur, 60.

[11] Koch, Das göttliche Gesetz der Natur, 66.

[12] Koch, Das göttliche Gesetz der Natur, 87.

senschaftlicher Illustration dieses Selbst der Natur indirekt evolutions-biologischen Beschreibungskategorien.

Bei allen theologischen Schwierigkeiten und Problemen dieses Ansatzes geht Koch wenigstens seinem Anspruch nach von einer Sinnkategorie aus, die nicht von vornherein methodisch reduziert, sondern von der methodischen Offenheit des vorwissenschaftlichen Naturverstehens geprägt ist. Solches Naturverständnis ist jedoch noch nicht theologisch bestimmt, sondern bewegt sich im Bereich philosophischer Naturreflexion. Die sachlich später und theologisch als Schöpfung erschlossene Natur liegt der Erkenntnis zunächst auf dieser Reflexionsebene vor. Das heißt, daß die philosophische Frage nach dem Sinnhorizont von Natur von einer Schöpfungstheologie nicht umgangen werden kann, die nicht vorschnell naturwissenschaftliche Erkenntnisse und Offenbarungstheologie kurzschließen will. „Deswegen ist die Frage nach dem Begriff der Natur und seiner Geschichte, auch wenn sie streng und ausschließlich mit philosophischen Methoden durchgeführt wird, eine zentrale Frage der Theologie.“[13] Zu vermeiden ist dabei freilich, Philosophie und Naturwissenschaften methodisch gleichzusetzen. D. Steindl-Rast zum Beispiel setzt die Naturwissenschaften als die Basis für Metaphysik an, deren Begrifflichkeit wiederum die Sprache der Theologie bestimme. Wenn sich also im Bereich der Naturwissenschaften ein Paradigmenwechsel ergebe, „entsteh[e] eine neue Weltanschauung, innerhalb derer die Theologie sich auf neue Art definieren muß“[14]. Abgesehen von der Unterbestimmung der Theologie führt eine solche These dazu, Metaphysik auf ein sekundäres Vereinigungsorgan einzelwissenschaftlicher Ergebnisse zu reduzieren. Metaphysik kann naturwissenschaftliche Theorien sicher nicht übergehen oder ignorieren, wenn sie im wissenschaftlichen Diskurs Bedeutung haben will, findet ihre Aufgabe aber auch nicht bloß darin, Metatheorie der Naturwissenschaften zu sein. Daher kann nicht einfachhin behauptet werden, daß uns die Naturwissenschaft den Kosmos präsentiere, während die Religion sich mit dem „Sinn dahinter“ beschäftige.[15] Das wäre eine Metaphysik der Hinterwelt, die mit der von Picht gemeinten Form der Naturphilosophie, die er für die Schöpfungstheologie für bedeutsam hält, kaum etwas zu tun hat.

2.4.2 Zur Prozeßtheologie: Vermittlung mittels Whiteheadscher Philosophie

Ausdrücklich um eine philosophische Vermittlung gegenwärtiger Einzelwissenschaften, im besonderen der Naturwissenschaften, mit christlicher Theologie ist die Prozeßtheologie bemüht. Aus dem Bewußtsein heraus, daß ein statisches Gottesbild mit einem längst dynamisch gewordenen Weltbild der Naturwissenschaften nur schwer zusammengeschaut werden kann, wird versucht, eine Theologie zu

---

[13] Picht, Begriff der Natur, 88.

[14] Capra F./ Steindl-Rast D., Wendezeit im Christentum. Perspektiven für eine aufgeklärte Theologie, Bern 1991, 38.

[15] Steindl-Rast in: Capra/ Steindl-Rast, Wendezeit im Christentum, 225.

entwickeln, die den Ansprüchen moderner Naturwissenschaften, aber auch psychologischer und soziologischer Fragestellungen entspricht.

Der Philosophie wird die Fähigkeit zugesprochen, eine Zusammenschau der Probleme der angeführten Disziplinen geben zu können, sodaß die Neuerungen gegenwärtiger Wissenschaften in einer integrativen Metatheorie zur Sprache kommen. Wird solche Philosophie mit Theologie in Verbindung gebracht, so scheint die Diskrepanz zwischen herkömmlicher Theologie und den modernen Wissenschaften aufgehoben zu sein, weil Philosophie als Integrationsdisziplin und Theologie in eins gebracht worden sind. Da eine Philosophie auf der Höhe der jeweiligen Zeit nicht gegen die Ergebnisse der Naturwissenschaften entworfen werden kann, geht es für die Theologie nach Meinung der Prozeßtheologen in erster Linie darum, sich philosophischer Rechtfertigung nicht zu entziehen. „Zum Zweck, die Wahrheit des christlichen Glaubens im Kontext der heutigen Wirklichkeitserfahrung zu verstehen und relevant werden zu lassen, muß sich, so heißt es, christliche Theologie philosophisch verantworten."[16]

Da es jedoch in der Gegenwart eine Vielzahl verschiedener Philosophien gibt, kommt es laut Prozeßtheologen darauf an, die „richtige Philosophie" zu finden, wie D. R. Griffin sagt.[17] Das bedeutet, daß sich die Prozeßtheologen als Vertreter einer „philosophischen Theologie" verstehen,[18] die philosophisch gut ausgewiesen ist und den Naturwissenschaften nicht widerspricht. Als philosophisches Konzept der Wahl gilt A. N. Whiteheads Metaphysik, besonders deshalb, weil er dem Moment der Veränderung und der Dynamik in seinen Reflexionen breiten Raum gibt und daher den Evolutionsgedanken nicht ausschließt. Whitehead versteht seine Metaphysik als „nichts anderes als die Beschreibung der allgemeinen Prinzipien, die sich auf alle Einzelheiten der Praxis anwenden lassen"[19], und sieht diese Praxis wesentlich von den Ergebnissen der Einzelwissenschaften bestimmt. Seiner Meinung nach hat deshalb die Philosophie auch die Aufgabe, Religion und Wissenschaften zu verschränken,[20] eine These, die den Prozeßtheologen ihr eigenes Programm vorformuliert. Für die Metaphysik bedeutet dies, daß sie die Wirklichkeit als Nexus zwischen verschiedenen „actual entities bzw. occasions" zu beschreiben hat, die ähnlich den Leibnizschen Monaden als ontologische Einheiten zu betrachten sind. Im Unterschied zu den Monaden sind sie jedoch – wie ihr Name schon sagt – als in ständigem Fluß befindlich und – gegen Leibniz – fensterlos zu denken.[21] Die „actual entities" haben ihre formale Existenz nur im sie

---

[16] Schulte R., Prozeßtheologie. Eine neue Denkform im Glaubensverständnis?, in: Scheffczyk L. (Hg.), Rationalität. Ihre Entwicklung und ihre Grenzen, Freiburg/ Br. 1989 (= Grenzfragen 16), 315–366, 322.

[17] Cobb J. B./ Griffin D. R., Prozeß-Theologie. Eine einführende Darstellung, Göttingen 1979, 159.

[18] Ebenda.

[19] Whitehead A. N., Prozeß und Realität. Entwurf einer Kosmologie, Frankfurt/ M. 1979, 48.

[20] Whitehead, Prozeß und Realität, 53.

[21] Vgl. zum Folgenden besonders Fetz R. L., Whitehead: Prozeßdenken und Substanzmetaphysik, Freiburg/ Br. 1981, 112–206.

konstituierenden Prozeß. Das bedeutet, daß alle derartigen Wesenheiten miteinander in Beziehung und durch Prehension in Relation stehen, wodurch die Wirklichkeit ihren Realzusammenhang erhält. In der Fortentwicklung des Prozesses gehen die neuen „entities“ aus den jeweils älteren hervor und konstituieren sich durch begriffliche Fühlungen, das heißt, sie nehmen auf alle anderen Wesenheiten der Wirklichkeit Bezug und werden sie selbst in Abstimmung mit den anderen erfühlten Entitäten. Gegenüber den konkreten Einzelwesen gibt es auch die „eternal objects“, die Ideen darstellen, die im Konkreten vorfindbar sind und deren allgemeine Potentialität ausmachen.

Diese platonisch anmutende Konzeption wird in ihrer Konsequenz für den Gottesbegriff für die Prozeßtheologie besonders relevant. Whitehead widerspricht dem Platonismus, insofern dieser das Sein in den Ideen ansiedelt und umgekehrt das Werden der Welt vorbehält, die im Verhältnis zu den Ideen nur Schein ist. Whitehead schreibt Gott eine zweipolige Natur zu, die sich in „primordial nature“ und „consequent nature“ teilt. Erst in der aktualen Einheit von Urnatur, die als Reich ewiger Gegenstände zu denken ist, und Folgenatur, die in den physischen Fühlungen Gottes in der Realisierung des Weltprozesses Wirklichkeit wird, kann Gott verwirklicht werden. Erst im Ineinander des Weltprozesses und des werdenden Gottes kann Gott sich verwirklichen. „... Gott ist nicht bloß *vor,* sondern *mit* aller Schöpfung als der zeitlose Möglichkeitsgrund des zeitlichen Selbsterschaffungsprozesses der Kreaturen.“[22] Es ist jedoch nicht bloß so, daß die Welt von Gott begriffliche Möglichkeit ihres Selbstseins bekommt, die sie physisch realisiert, sondern es wächst auch umgekehrt Gott von der Welt die physische Verwirklichung des in ihm nur begrifflich Gefühlten zu. Dieses Ineinander von Gott und Welt will Whitehead und wollen mit ihm die Prozeßtheologen als Absage an die Tradition der Anschauung Gottes als unbewegten Beweger verstehen. Seiner Auffassung nach ist es in der Folge möglich, sowohl von der Immanenz oder Transzendenz Gottes der Welt gegenüber als auch von der Immanenz beziehungsweise Transzendenz der Welt Gott gegenüber zu sprechen. Weiterhin sei es „genauso wahr zu sagen, daß Gott die Welt erschafft, wie zu behaupten, daß die Welt Gott erschafft“, und auch genauso wahr zu meinen, „daß Gott beständig ist und die Welt fließend, wie zu behaupten, daß die Welt beständig ist und Gott fließend“.[23] Die Versöhnung von Dauer und Fluß werde erst dann erreicht, wenn die Schöpfung bei ihrem letzten Ziel angelangt ist, nämlich „bei der Vergottung der Welt“[24].

Solche Sätze Whiteheads, die in die Prozeßtheologie übernommen worden sind, haben verständlicherweise große Kritik bei anderen christlichen Theologen ausgelöst. Whiteheads Schlüsselerfahrungen, nach denen alles mit allem zusammenhängt, alles immer anders wird und wonach einzelnes Bleibendes auf Zeit

---

[22] Fetz, Whitehead, 202.

[23] Whitehead, Prozeß und Realität, 621.

[24] Whitehead, Prozeß und Realität, 622.

ist,[25] haben – theologisch gewendet – Konsequenzen, die biblisch orientierter Theologie oftmals widersprechen. So meint beispielsweise Schulte, daß „keineswegs erkennbar [sei], daß das volle, in bisheriger Theologie wie auch immer mehr oder weniger konsistent, befriedigend und geglückt theologisch durchreflektierte Glaubensgut als Maß für die gewählte Denkform zur Geltung komm[e]"[26]. Allein was die Schöpfungstheologie betrifft, werden Grundüberzeugungen bisheriger Theologie aufgegeben, wie etwa das souveräne Schöpfersein Gottes der Welt gegenüber. Der selbst vom Werden der Welt in seinem Selbstsein abhängige Schöpfergott wird nicht mehr notwendig als Person gesehen, sondern als erst zum Selbstsein kommender Gott.[27] Den Hervorgang der Welt könne man notwendigerweise nur zusammen mit dem Werden Gottes sehen, das heißt, Gott und Welt brächten sich nur gemeinsam in ihr Sein und ihr Werden. Dies aber widerspricht dem überlieferten christlichen Verständnis der creatio ex nihilo,[28] während Whiteheads Philosophie andererseits die Fragen nach der Relation zwischen Sein und Werden, nach dem Subjekt-Objekt-Verhältnis und nach dem Gottesbegriff wieder neu aufgeworfen hat.

Im Hinblick auf das Verhältnis von Naturwissenschaften und Theologie bringt der prozeßtheologische Ansatz einen Vermittlungsversuch mit Hilfe der Whiteheadschen Philosophie, die ihrerseits in Anspruch nimmt, eine philosophische Theorie zu sein, die sich die Dynamik, die heutiges naturwissenschaftliches Denken prägt, zu eigen macht. Das bedeutet, daß keine unmittelbare Ineinssetzung von einzelwissenschaftlicher Methode und theologischem Vorgehen verlangt wird, sondern Theologie auf eine Philosophie bezogen wird, der naturwissenschaftliche Ergebnisse nicht widersprechen. Daher kommt es auch zu keiner strikten Trennung zwischen beiden Bereichen. Was aber offen bleibt, ist die Verhältnisbestimmung zwischen Naturwissenschaften und Naturphilosophie. Es scheint bloß die Forderung zu gelten, daß die zugrundeliegende Metaphysik nicht mehr will als allgemeine Prinzipien beschreiben, die in der Praxis anwendbar sind.[29] Diese Anwendbarkeit heißt in bezug auf die Naturwissenschaften wohl nicht mehr, als daß die dort gefundenen Ergebnisse solcher Metaphysik nicht widersprechen dürfen. Whitehead arbeitet methodisch allerdings auch nicht rein deduktiv, sondern mittels Erschließung/ disclosure: Philosophie sollte eigentlich kein System sein, kommt aber nicht darum herum, eines zu sein, muß also erschließen *und* deduzieren. So stellt Whitehead den Versuch an, phantasievolle letzte Verallgemeinerungen zu finden, die er mittels Deduktion als kohärent er-

---

[25] Stegmaier W., Experimentelle Kosmologie. Zu Whiteheads Versuch, Sein als Zeit zu Denken [sic!], in: Baumanns P. (Hg.), Realität und Begriff. Fs. f. Jakob Barion, Würzburg 1993, 319–343, 324.

[26] Schulte, Prozeßtheologie, 328.

[27] Vgl. die Kritik Scheffczyks: Scheffczyk, Einführung in die Schöpfungslehre, 45.

[28] Vgl. Schulte, Prozeßtheologie, 339, und Scheffczyk, Einführung in die Schöpfungslehre, 44.

[29] Whitehead, Prozeß und Realität, 48.

weisen möchte.[30] Und hier hat alltägliche Naturerfahrung offenbar ihren Ort. Sie soll zeigen, ob rechtens von solcher Kohärenz im philosophischen System gesprochen werden kann oder nicht. Was Whitehead allerdings schuldig bleibt, ist eine explizite Verhältnisbestimmung von solcher Naturerfahrung und den Ergebnissen wissenschaftlicher Untersuchungen im Rahmen der Naturwissenschaften, die klar aufzeigte, wie die Relation zwischen Naturphilosophie und Einzelwissenschaften zu denken wäre.

Die Verhältnisbestimmung zwischen der Philosophie Whiteheads einerseits und christlicher Theologie andererseits, deren sich die Prozeßtheologie angenommen hat, steht vor dem Problem, Whiteheads Naturtheorie mit dem Gut christlicher Offenbarung in Einklang bringen zu müssen. Dies gelingt – wie obige Bemerkungen angedeutet haben – allerdings nicht durchgängig. Deshalb muß entweder der Philosophie Whiteheads oder biblisch-christlicher Überlieferung Gewalt angetan werden. Die Prozeßtheologen anglo-amerikanischer Provenienz scheinen eher auf den philosophischen Vorgaben beharren zu wollen, da ja gerade diese es waren, die ihnen als Mittel erschienen waren, eingefahrene statische Konzeptionen klassischer Theologie in Frage zu stellen.

2.4.3 Integration mittels Mystik

Weniger auf Philosophie als der reflexen Einholung alltäglicher Naturerfahrung als auf eine bewußt von der Philosophie abgesetzte „Hyperphysik" baut P. Teilhard de Chardin auf, wenn es darum geht, die von ihm vertretene Synthese von Naturwissenschaften und Glauben methodisch zu begründen. So schreibt er über sein Werk „Der Mensch im Kosmos", daß es weder eine metaphysische Schrift noch eine theologische Abhandlung sei, „sondern einzig und allein ... [eine] naturwissenschaftliche Arbeit", die nichts anderes wolle, als das ganze Phänomen darzustellen.[31] Daher könne nicht davon gesprochen werden, daß er selbst schon theologische oder philosophische Überlegungen anstelle. Da es ihm jedoch um das ganze Phänomen gehe, habe sein Versuch den „*Anschein* von Philosophie"[32]. Wenn es um das Ganze geht, so konvergieren nach Teilhard die einzelnen Disziplinen, ohne allerdings zu verschmelzen. Denn: „Wie die Meridiane in der Nähe des Pols, konvergieren Wissenschaft, Philosophie und Religion notwendigerweise in der Nachbarschaft des Alls."[33] Wenn nicht die Naturphilosophie der Weg ist, über Natur in ihrer Gesamtheit zu reflektieren, sondern wiederum eine Disziplin der Naturwissenschaft, so ist zu fragen, welche der einzelnen Wissenschaften diese Aufgabe zu übernehmen in der Lage ist. Teilhard nennt die

---

[30] Stegmeier, Experimentelle Kosmologie, 328.

[31] Teilhard de Chardin P., Der Mensch im Kosmos, München ^{4}1959, 1.

[32] Teilhard, Der Mensch im Kosmos, 2.

[33] Ebenda.

„Hyperphysik'", die er von der Metaphysik abgrenzt.[34] Diese Disziplin ist für ihn Physik, allerdings insofern sie sich der Betrachtung des gesamten Universums widmet. Unter der Hand bekommt diese „Hyperphysik" aber Züge, die über eine Naturwissenschaft im normalen Wortsinn hinausgehen. Wenn Teilhard der „wahren Physik" zuschreibt, sowohl die Innenseite als auch die Außenseite der Dinge beschreiben, also nach seinem Verständnis Geist und Materie zusammenschauen zu können, so macht er die fortentwickelte Physik zu einer Integrationswissenschaft, die mit unterschiedlicher Methode gewonnene Ergebnisse in eins setzt. Denn der Bereich des Geistes, von dem Teilhard spricht, beschränkt sich ja gerade nicht auf bloße Strukturen, sondern zielt auf das fortschreitende Bewußtwerden der Materie überhaupt. Teilhard geht sogar noch einen Schritt weiter, indem er seiner Physik zubilligt, philosophische Anthropologie zu treiben und weiterhin Weltbilder zu erfassen. Denn die „wahre Physik" sei jene, „der es eines Tages gelingen wird, den Menschen in seiner Ganzheit in ein zusammenhängendes Weltbild einzugliedern"[35].

Obwohl Teilhard anfänglich auf der Trennung seiner Methode von Philosophie und Theologie besteht, zeigen solche Sätze, daß er über die von ihm in Anspruch genommenen Grenzen einer Naturwissenschaft hinausgeht. Seine „Hyperphysik" ist längst keine Naturwissenschaft mehr, die sich den Vorgaben von Quantifizierbarkeit und Wiederholbarkeit im Experiment unterwirft. Physik ist nicht mehr eine Wissenschaft des Materiellen, sondern in gleichem Maße eine Lehre der geistigen Innenseite der Einzeldinge. Sie hat es nach seinen eigenen Angaben mit der „von innen her gesehene[n] individuelle[n] Spontaneität und progressive[n] Organisation der Elemente" zu tun.[36] Teilhard meint über diesen Bereich der Wirklichkeit: „Wenn dies sich auch den Messungen und den Berechnungen entzieht, ist es doch um nichts weniger physisch als jenes."[37] Physik und „Hyperphysik" sind also Physiken, die sich auf Physisches beziehen, das nicht meßbar ist und nicht durch Berechnungen erfaßt werden kann. Physik im herkömmlichen Sinn ist allerdings gerade dadurch definiert, daß sie Meßbares mißt und nicht Meßbares meßbar macht. Verbleibt man in der klassischen Terminologie, so treibt Teilhard nicht Physik, seine „Hyperphysik" ist wider seine eigenen Ansprüche keine Naturwissenschaft.

Teilhard behauptet von sich, er sei „Physizist"[38]. Dieser sein Physizismus hat, wie eben angedeutet, eine besondere Gestalt. Im Gegensatz zu Physikalisten, die die Welt nur insofern gelten lassen, als sie physikalischen Beschreibungsschemata zugänglich ist, traut Teilhard den Naturwissenschaften zu, über solche methodische Grenzen hinweg zu einer tieferen Sicht zu gelangen. Zwar gebe es im Inneren

[34] Ebenda.

[35] Teilhard, Der Mensch im Kosmos, 8.

[36] Teilhard de Chardin P., Das menschliche Phänomen, in: Teilhard de Chardin P., Wissenschaft und Christus, Olten 1970 (= Werke 9), 123–136, 136.

[37] Ebenda.

[38] Teilhard de Chardin P., Mein Universum, in: Teilhard de Chardin P., Wissenschaft und Christus, Olten 1970 (= Werke 9), 64–122, 86.

des Menschen verschiedene Erkenntnisebenen,[39] es komme aber darauf an, sie zu Phasen eines einzigen Erkenntnisaktes zu machen, der vollständig und zugleich fähig ist, die Weltentwicklung der Evolution „zu betrachten, zu messen und zu vollenden“[40]. Teilhard geht es offenbar darum, die methodische Differenz, die zwischen den Wissenschaften herrscht, zu überwinden, indem er eine Einheitserkenntnis postuliert, die alle anderen Arten als Momente ihrer selbst enthält. Es kommt nach Teilhard nunmehr darauf an, eine Theologie vorzulegen, die solchem Denken zu entsprechen vermag. Metaphysik sei auszuscheiden, da sie „eine Idee des abstrakten, physisch undeterminierten Seins mißbraucht“ habe.[41] Dagegen definierten Naturwissenschaften den physischen Stoff mittels genauer Parameter, die von nun an jede Theologie zu respektieren habe. Teilhard sucht den letzten Denkakt, der die Unterschiede der verschiedenen Disziplinen aufhebt, besonders aber naturwissenschaftliche Ergebnisse ernst nimmt, wie er es hier in bezug auf die Theologie ausführt. Er will nicht bei den definierten Parametern stehenbleiben, sondern im Fortschreiten über den methodischen Rahmen der jeweiligen Disziplin hinaus eine Einheitserkenntnis herbeiführen.

Ausführlicher beschreibt er solches Vorgehen im Hinblick auf die Biologie. Auf die Frage, ob „die bis zu Ende vorangetriebene Biologie uns dahin bringen [könne], in das Transzendente zu emergieren“[42], antwortet Teilhard mit einem sicheren Ja. Die einmal reflektierte evolutive Bewegung des gesamten Alls erweise sich als irreversibel, und das heiße als transzendent. „[D]enn die vollständige Irreversibilität einer physischen Größe ist [nach Teilhard; R. E.] in dem Maße, wie sie das Hinaustreten aus den Bedingungen der ‚Zerfallbarkeit‘ impliziert, die der Zeit und dem Raum eigentümlich sind, nur der biologische Ausdruck für die Transzendenz.“[43] Teilhard versteht Evolution als die „Hand Gottes, die uns zu ihm zurückholt“[44]. Biologisches Vorgehen weist nach Teilhard offenbar keinen Bruch auf, wenn es in den Bereich des Transzendenten extrapoliert. Das bedeutet jedoch, daß entweder die naturwissenschaftliche Methodik dazu in der Lage ist, über die Grenzen von Meßbarkeit und Berechenbarkeit hinauszuwachsen oder daß sie wider herkömmliche Bestimmungen neu zu definieren ist. Teilhard faßt zwei verschiedene Denkwege ineins zusammen, ohne jedoch die Rechtmäßigkeit eines solchen Vorgehens auszuweisen. Vielmehr erscheint die Vorstellung einer umfassenden Methode als ein bloßes Postulat.

Die Zusammenführung von Naturwissenschaften und der universalwissenschaftlichen Reflexion über Natur, von Teilhard als „Hyperphysik“ vorgestellt,

---

[39] Teilhard, Der Mensch im Kosmos, 288.

[40] Teilhard, Der Mensch im Kosmos, 280.

[41] Teilhard de Chardin P., Brief an Emmanuel Mounier, in: Teilhard de Chardin P., Wissenschaft und Christus, Olten 1970 (= Werke 9), 285–287, 287.

[42] Teilhard de Chardin P., Kann die bis zu Ende vorangetriebene Biologie uns dahin bringen, in das Transzendente zu emergieren?, in: Teilhard de Chardin P., Wissenschaft und Christus, Olten 1970 (= Werke 9), 275–276.

[43] Teilhard, Biologie, 276.

[44] Ebenda.

wird mit dem Anspruch noch gesteigert, daß die Erkenntnis der Natur ihrerseits zum evolutiven Fortschreiten der Natur hin auf den Punkt Omega beitrage. Die nur scheinbar objektiven Beobachtungen der Naturforscher werden nach Teilhard von Denkgewohnheiten geformt, die sich im Laufe der Tradition herausgebildet haben. In letzter Konsequenz wissen sie folglich nicht, ob die gewonnenen Ergebnissse die Materie selbst erfaßt haben oder nur das Spiegelbild des eigenen Denkens darstellen.[45] Umgekehrt beeinflusse dieses Faktum seinerseits den Fortgang der Evolution. Denn der Wissenschaftler manövriere sich mit der Unsicherheit, was er eigentlich erkenne – sich oder die Natur – in ein Beziehungsnetz, das dadurch zustande kommt, daß versucht werde, objektiv zu forschen. Die gewollte Objektivität sei nicht realisierbar, vielmehr vermischten sich in der Naturbetrachtung Subjekt und Objekt. „Deshalb findet der Mensch sich darin wieder und betrachtet sich selbst in allem, was er sieht, ob er will oder nicht."[46]

Teilhard möchte das naturwissenschaftliche Vorgehen als Teilmoment evolutiver Weiterentwicklung selbst darstellen. Der vermeintlich objektive Zugang entpuppt sich als Selbstverflechtung, die Objektivität ad absurdum führt. Hier begegnet wiederum der Übergang von naturwissenschaftlicher Methodik zur hyperphysikalischen Sichtweise, dieses Mal allerdings nicht von der einzelwissenschaftlichen Methode zur Erfassung von Transzendenz, sondern als Übergang zur Selbsterkenntnis. Das naturwissenschaftlich vorgehende Subjekt findet sich unversehens als Gegenstand seiner Naturbetrachtung vor und reflektiert sich folglich selbst. Teilhard versucht, mit dieser These zu zeigen, daß naturwissenschaftliche Methodik nicht auf sich beschränkt bleiben kann, sondern immer schon auf eine universelle Sicht von Natur und Selbst hin angelegt ist. Naturwissenschaften vermögen nach solcher Darstellung auch das nicht mehr in den Bereich der Meßbarkeit Fallende wissenschaftlich zu erfassen.

Teilhard zielt auf ein Einheitsdenken ab, das sich seiner Meinung nach im Laufe der Evolution immer stärker entwickelt. Mit dem Fortschritt in der Noosphäre wird auch das Denken immer umfassender und integraler, sodaß schließlich ein einheitlicher Denkakt fähig sein wird, alles zu denken. Die Menschheit kommt an ihr Ziel, wenn sie an das positive Ende des Erkennens gelangt ist. Das geschieht dann, wenn sie „ihre Glieder durch einen letzten, allumfassenden Denkakt zu einer gemeinsamen Idee und einer gemeinsamen Liebe bekehrt haben wird"[47]. Auf diesen Punkt hin ist die Weltentwicklung ausgerichtet, sie erhält ihre Triebkräfte vom Haupt der Evolution, das Christus selbst ist. Jesus Christus bildet als Punkt Omega den Platzhalter an der obersten Stelle der Konvergenzbewegung, er ist nach Teilhard „das synthetische Prinzip des Universums"[48]. Theologie darf keine Scheu haben, sich mit dem „wissenschaftliche[n]

---

45 Teilhard, Der Mensch im Kosmos, 4.

46 Ebenda.

47 Teilhard de Chardin P., Die Entstehung des Menschen, München 1982 (= dtv 1755), 121.

48 Teilhard de Chardin P., Wissenschaft und Christus oder Analyse und Synthese. Bemerkungen darüber, in welcher Weise das wissenschaftliche Studium der Materie dazu dienen kann und

Neoevangelium" der Evolutionstheorie zu vereinen und die eigenen Subdisziplinen – wie etwa die Christologie – zu dynamisieren.[49] Teilhard sieht auch im Verhältnis zwischen Theologie und Naturwissenschaften eine Einheitswissenschaft für notwendig an. Dennoch betont er, daß Christus als der Punkt Omega nicht aus den Elementen der Welt abgeleitet werden könne. Er sei zwar von ihnen her zu erwarten, aber nicht deduzierbar.[50] Das bedeutet, daß Wissenschaft allein Christus nicht entdecken kann, „doch erfüllt Christus die Wünsche, die in unseren Herzen in der Schule der Wissenschaft geboren werden"[51]. Wissenschaft ist also gleichsam das Propädeutikum für die Erfahrung Christi. Hier wird nicht mehr Physik als Wissenschaft, die fähig ist, alle Bereiche zu erforschen, sondern vielmehr ein Bereich angegeben, der nicht durch Wissenschaft allein erschlossen werden kann. Dennoch sieht sich Teilhard in der Lage, Christus als Punkt Omega in seiner „Hyperphysik" mitzudenken und als das Syntheseprinzip einzuführen. Hat er den Übergang von Einzelwissenschaften zu universalen Denkweisen dadurch vollzogen, daß er einen methodischen Unterschied für nicht existent erklärt hat, indem er der wahren Physik zuschreibt, auch nicht Meßbares erforschen zu können, so bemerkt er am Schnittpunkt von Naturwissenschaft und Theologie zwar eine Zäsur, glaubt diese aber durch eine neue Sichtweise entschärfen zu können. Er setzt sich auch hier über methodische Grenzen hinweg. Zwar sei der Einheitsdenkakt, von dem Teilhard spricht, endgültig noch nicht erreicht, wohl aber deute die evolutive Entwicklung darauf hin. Dies scheint Teilhard offensichtlich zu berechtigen, ihn selbst zu antizipieren und gegen methodische Differenzierungen vorzugehen.

Die wenigstens implizit erhobene Behauptung, daß es eine derartige Einheitsmethodik gebe, ändert jedoch nichts an der Tatsache, daß es eine logische und sachliche Differenz zwischen einzel- und universalwissenschaftlicher Sichtweise gibt. Will man Teilhard nicht methodische Naivität unterstellen, was schon deshalb ungehörig wäre, weil er als Paläontologe auch ein ausgewiesener Naturwissenschaftler gewesen ist, muß der Grund für solche zunächst als Postulate erscheinenden Forderungen andernorts zu finden sein. Im Zusammenhang mit seiner eigenwilligen These, daß wissenschaftliche Erforschung der evolutiven Natur für deren Evolution selbst von großer Bedeutung sei und eine ihrer Antriebskräfte darstelle, bringt Teilhard einen Begriff ins Spiel, der seine „Hyperphysik" besser beschreiben kann als die Bezeichnung „Naturwissenschaft". Teilhard spricht von „Schau".[52] Die Schau, die er für den in die Evolution involvierten Naturwissenschaftler konstatiert, ist auch die Art und Weise, wie er selbst zu den Ergebnissen seines Entwurfes einer Natursicht kommt. Die Möglichkeit, methodisch verschiedene Zugangsweisen zusammenzubinden, ist für ihn die Schau, die weder in na-

---

muß, bis zum göttlichen Zentrum emporzusteigen, in: Teilhard de Chardin P., Wissenschaft und Christus, Olten 1970 (= Werke 9), 44–63, 60.

[49] Teilhard de Chardin P., Katholizismus und Wissenschaft, in: Teilhard de Chardin P., Wissenschaft und Christus, Olten 1970 (= Werke 9), 244–249, 246f.

[50] Teilhard, Wissenschaft und Christus oder Analyse und Synthese, 60.

[51] Teilhard, Wissenschaft und Christus oder Analyse und Synthese, 63.

[52] Teilhard, Der Mensch im Kosmos, 3.

turwissenschaftliches Forschen noch in herkömmliche Metaphysik oder Theologie auflösbar ist, sondern eine selbständige andere Form darstellt, an Welt heranzugehen. Freilich meint Teilhard, daß sie eine übergeordnete Betrachtungsweise sei, die naturwissenschaftliches und theologisches Vorgehen zu integrieren in der Lage sei. Schau erfaßt nach Teilhard offenbar das Leben, das sowohl Naturwissenschaften als auch den Glauben beseelt.[53] Den Übergang von Wissenschaft zu Schau sieht Teilhard in einer Aufladung durch Glauben, die Wissenschaft zur Mystik färbe.[54] Die Schau erweist sich als Naturmystik, die dadurch zustande kommt, daß Wissenschaft sich durch Glauben auflädt. Dies kann nach Teilhard dadurch geschehen, daß der Wissenschaftler an seine Forschung glaubt und ihr dadurch mystische Dimensionen verleiht. Indem er seine Ordensbrüder anspricht, meint Teilhard: „‚Wir ... müssen ... an die Forschung *glauben,* weil die (‚mit Glauben' betriebene) Forschung eben der Boden ist, bei dem Aussicht besteht, daß auf ihm die einzige menschlich-christliche Mystik erarbeitet wird, die morgen eine menschliche Einmütigkeit zu wirken vermöchte'."[55] Teilhards Weg in der Naturbetrachtung besteht darin, einzelwissenschaftliche Methode mit der Sichtweise des Glaubenden zu integrieren, um damit in einer mystischen Gesamtschau die evolutive Natur in ihrem Zusammenhang mit Gott vorzustellen. Er sucht, auf mystischem Weg die Einheit zwischen Naturwissenschaften und Philosophie beziehungsweise Theologie herzustellen.

Die innere Struktur der mystischen Schau Teilhards läßt sich mit seinen eigenen Worten aufschlüsseln. Teilhard ist sich bewußt, daß er eine sachliche Methodendifferenz in eine Einheit bringt. Erstaunlicherweise bietet er keine Theorie über die Integration und die Passung der verschiedenen Methoden, sondern läßt sie als solche bestehen, stellt sie aber in eine zeitliche Aufeinanderfolge, die die beiden in einer Einheit zusammenhalten soll. Gegen den Pantheismusvorwurf betont er in seiner „Dialektik des Geistes" das „Gesetz der Alternanz"[56]. Teilhard bekennt sich dazu, im Laufe des Anerkennens der Evolutionstheorie den Glauben und die Gnade ins Spiel kommen zu lassen, also „eine von oben empfangene Aussage" zu bejahen, die nicht mehr rational erschlossen werden kann.[57] Dabei bleibt seine Dialektik des Geistes allerdings nicht stehen, sondern sie führt neuerlich zu evolutionsbiologischen Erkenntnissen zurück, um anschließend wieder in die Glaubenssphäre aufzusteigen. In einem steten Wechsel zwischen den beiden Bereichen werden die auf einer Ebene gewonnenen Einsichten auf der je anderen angewandt und berücksichtigt, sodaß sich allmählich ein Ganzes ergibt, das eine

---

[53] Teilhard, Der Mensch im Kosmos, 279.

[54] „Weder in ihrem Antrieb noch in ihren Theorien kann die Wissenschaft bis an ihre Grenzen gehen, ohne sich mit Mystik zu färben und mit Glauben aufzuladen" (Teilhard, Der Mensch im Kosmos, 279).

[55] Teilhard de Chardin P., Über den religiösen Wert der Forschung, in: Teilhard de Chardin P., Wissenschaft und Christus, Olten 1970 (= Werke 9), 259–267, 267.

[56] Teilhard de Chardin P., Entwurf einer Dialektik des Geistes, in: Teilhard de Chardin P., Die lebendige Macht der Evolution, Olten 1967 (= Werke 7), 26– 36, 26.

[57] Teilhard, Entwurf einer Dialektik des Geistes, 33.

Unterscheidung nicht mehr zuläßt. „Jeder in Richtung nach oben in der Durchdringung des weniger Bekannten verwirklichte Fortschritt erlaubt ... [es], (durch Wiederabstieg) das Bekanntere besser zu erkennen, um anschließend zu einer weiter vorangetriebenen Einsicht in das weniger Bekannte wieder emporzuschnellen; und so weiter in aufeinanderfolgenden Reflexionen."[58] Teilhard weiß um die Verschiedenartigkeit der Methoden, möchte sie aber dadurch verbinden, daß er den einzelnen Forscher dadurch zum Mystiker macht, daß dieser als Glaubender in einem steten Wechsel zwischen den Methoden zu einer Einheitsgestalt der Natur kommt, die die Elemente der einzelnen Bereiche integriert. Was allerdings nicht erklärt wird, ist die Art, wie die Erkenntnisse auf der einen methodischen Ebene auf der anderen angewandt werden sollen, ohne eine μετάβασις εἰς ἄλλο γένος zu vollziehen. Die Einheit wird dadurch erreicht, daß die unterschiedlichen Zugangsweisen hintereinander angewandt werden und daß die sich im Laufe der Zeit einstellende Ununterscheidbarkeit zu einer einheitlichen Sicht führen soll, ähnlich wie es Teilhard schon für den Naturwissenschaftler beschrieben hat, der nicht mehr weiß, ob er wirklich die Natur oder sich selbst in ihr anschaut.

H.-D. Mutschler, der im Anschluß an T. Broch und L. Boros ebenfalls davon ausgeht, daß das Denken Teilhards primär ein mystisches ist,[59] kritisiert an diesem Ansatz vor allem, daß Teilhard den Übergang zwischen natura naturata und natura naturans methodisch nicht ausgewiesen habe.[60] Die Einheitserfahrung beider Bereiche ist nicht in sich so differenziert, daß beide Bereiche in ihrer logischen und sachlichen Eigenständigkeit ausreichend zur Sprache kommen könnten. Weiter fehlt eine differenzierte Darlegung der Relation der beiden Naturen. Natur als wissenschaftliches Objekt fällt nicht einfach mit dem Inhalt mystischer Erfahrung zusammen, da empirische Begrenztheit nicht zugleich mystische Alleinheit abzudecken vermag.[61] Mit der Zurückweisung metaphysischen Denkens nimmt sich Teilhard auch die Möglichkeit, zwischen beiden methodischen Ansätzen begrifflich zu vermitteln. Es genügt nämlich nicht, die Wissenschaftlichkeit der Mystik zu beteuern, ohne jedoch zu zeigen, worin diese besteht. Ein Denken, das einen vorgängigen Gegenstandsentwurf zu seinem Ausgangspunkt hat, kann nicht dazu dienen, das mystisch Geschaute im nachhinein zu stützen. Und auch umgekehrt ist mystisch Geschautes nicht dazu geeignet, die Rechtmäßigkeit der Evolutionstheorie auszuweisen. Teilhard müßte das Oszillieren zwischen den Bereichen, das er als einheitsstiftend ins Treffen führt, aufschlüsseln und zeigen können, wie bei einem solchen Vorgehen die Einheit der Methoden auch sachlich zu rechtfertigen ist.

Trotz dieser Schwäche besteht die Bedeutung des Teilhardschen Ansatzes darin, das statische neuscholastische Denken in der Naturphilosophie in Frage ge-

---

[58] Teilhard, Entwurf einer Dialektik des Geistes, 26.

[59] Mutschler H.-D., Spekulative und empirische Physik. Aktualität und Grenzen der Naturphilosophie Schellings, Stuttgart 1990 (= MPhS N. F. 5), 188ff.

[60] Mutschler, Spekulative und empirische Physik, 203.

[61] Vgl. Mutschler, Spekulative und empirische Physik, 204.

stellt und eine Alternative aufgezeigt zu haben. Freilich fehlt eine saubere methodische Scheidung im einzelnen Vorgehen. Dies hat auch Denker, die den Ansatz Teilhards weiterzuverfolgen versuchten, vor einige Schwierigkeiten gestellt, da offenbar ein strikt theologisches oder philosophisches Weiterdenken seines Ansatzes mit der festgestellten Undifferenziertheit der Methode zu rechnen hat. Eine inhaltliche Auseinandersetzung mit Teilhard – unbeschadet der methodischen Anfragen – ist davon nochmals zu unterscheiden.[62]

2.4.4 Theologische Fundierung der Naturgesetze

Keine mystische Integration einheitsstiftender Schau, sondern die Fundierung naturwissenschaftlichen Vorgehens in einer theologischen Weltsicht versuchen einige Theologen, denen es einerseits darum geht, die methodische Differenz ihrer Wissenschaft den Naturwissenschaften gegenüber aufrechtzuerhalten, die jedoch andererseits eine Verhältnisbestimmung zu naturwissenschaftlichem Denken anstreben, die nicht mittels Identifikation kurzgeschlossen wird. Ausgehend von der methodischen Trennung, kommt es ihnen darauf an, eine wissenschaftstheoretisch einwandfreie Verhältnisbestimmung zu erhalten, die die Beziehungen beider Bereiche aufschließt. In universalwissenschaftlicher Hinsicht wird versucht, den Naturwissenschaften einen Ort zuzuweisen, der ihrer Bedeutung Rechnung trägt, aber auch ihre Relativität vor Augen stellt. Diese wird dadurch sichtbar gemacht, daß gezeigt wird, wie naturwissenschaftliches Vorgehen in einem höheren Horizont, als es ihn selbst zu erschließen vermag, seine Fundierung findet. Erschlossen wird dieser Horizont aus theologischer Perspektive.

Ausgangspunkt für eine derartige Überzeugung bildet die These, daß die von den Naturwissenschaften prinzipiell erfaßbare Wirklichkeit dem Umfang nach mit demjenigen identisch ist, was Theologen unter dem Begriff des Geschaffenen zusammenfassen. „Was Universum insgesamt mit allen und einem jeden Einzelseienden einerseits und Schöpfung im Sinne des Geschaffenen andererseits meinen, das ist in der damit erfaßten Wirklichkeit *dem Umfang nach* identisch; sie sind *kongruent*."[63] Die darin implizit vorausgesetzte realistische Weltsicht geht von einer Wirklichkeit aus, die allen Wissenschaften als Basis dient. Erst die verschiedenen Hinsichten und Methoden der jeweiligen Wissenschaft lassen sie in einem je anderen Licht erscheinen und führen zu unterschiedlichen Aussageinhalten. Dadurch ist gewährleistet, daß die methodisch differenzierten Wissenschaftsarten nicht miteinander in einen Bezug gebracht werden können, der ihre Unterschiede einfach negiert. So beschreibt Schulte das naturwissenschaftliche Weltbild

---

[62] Zu den häufigsten Vorwürfen gehört der Pantheismusverdacht, den Teilhard bereits selbst kannte und gegen den er auch Stellung genommen hat. Von theologischer Seite vgl. zum Beispiel Link, Schöpfung. 2., 424, wo die Überbetonung von Gottes Immanenz kritisiert wird, und Kolb A., Menschwerdung und Evolution. Entwurf einer geschichtsphilosophischen Christologie, Graz 1970.

[63] Schulte R., Schöpfungsglaube und naturwissenschaftliches Weltbild, in: Pöltner G./ Vetter H. (Hg.), Naturwissenschaft und Glaube, Wien 1984, 25–39, 27.

als „ein solches, das aufgrund *naturwissenschaftlich* erreichter Erkenntnisse und *deren* Zusammenschau gewonnen ist“[64]. Trotz aller betonten Differenz soll es mit getrennt aufgestellten Weltbildern allerdings nicht sein Bewenden haben. Denn in der These, daß sowohl Naturwissenschaften als auch die Theologie keinen Wirklichkeitsbereich ausschlössen, liege bereits die Forderung nach der Konfrontation der genaueren Aussageinhalte.[65] Fehlt eine solche, sieht Pannenberg die Gefahr, daß sich theologische Aussagen für das heutige Weltbild, das sich an den Ergebnissen der Naturwissenschaften orientiert, als nicht mehr relevant erweisen. Seine Forderung lautet daher: „Gerade die von der Naturwissenschaft erforschte Natur müßte von der Theologie als Schöpfung Gottes in Anspruch genommen werden.“[66] Freilich kommt es entscheidend darauf an, wie dieses Verlangen konkret umgesetzt wird, ob nämlich wie bei Pannenberg zum Beispiel der naturwissenschaftliche Feldbegriff theologisch kurzgeschlossen oder ob differenzierter argumentiert wird.

Was auf der anderen Seite das Verhältnis der Theologie zur Offenbarung und zum Lehramt betrifft, insofern jene Aussagen über Natur und Schöpfung tätigt, führt K. Rahner aus, daß die Offenbarungstheologie und auch das Lehramt „norma *negativa*“ für die Naturwissenschaft seien.[67] Das bedeutet, daß Offenbarungstheologie weder inhaltliche Quelle noch positives Prinzip der Methode von Naturwissenschaft sein kann. Vielmehr ist sie auf Grund ihrer höheren Erkenntnis die Instanz, die von naturwissenschaftlichen Ergebnissen mitunter erklären kann, daß sie nicht richtig seien, sodaß der Naturwissenschaftler, insofern er Christ bleiben wolle, sie nicht als richtig annehmen könne. Denn seine Wissenschaft sei ja von seinem Daseinsvollzug letztlich nicht ablösbar. Die Zurückweisung eines solchen naturwissenschaftlichen Resultats bedeutet nach Rahner aber nur, daß der naturwissenschaftliche Erkenntnisvorgang aus offenbarungstheologischer Sicht nicht zwingend gewesen sei, folglich also wiederum den Naturwissenschaften zu weiterer Klärung zuzuweisen, aber nicht theologisch zu beantworten sei. Rahner räumt allerdings ein, daß diese von ihm vorgestellte Relationsbestimmung nicht schon „eine adäquate Bestimmung des Verhältnisses zwischen beiden Erkenntnisweisen“ sein könne,[68] da die angesprochene norma negativa wesentlich anthropologisch bestimmt sei. Das heißt, wenn Wissenschaften, die – wie die Offenbarungstheologie selbst – den Menschen in sich selbst und in der Eigentlichkeit seines Daseins unmittelbar berühren, dann kann nicht mehr uneingeschränkt von der Höherstellung der Offenbarungstheologie gesprochen werden. Solche Wissen-

---

[64] Schulte, Schöpfungsglaube und naturwissenschaftliches Weltbild, 36.

[65] Schulte, Schöpfungsglaube und naturwissenschaftliches Weltbild, 27.

[66] Pannenberg, Kontingenz und Naturgesetz, 35.

[67] Dazu und zum Folgenden siehe: Rahner K., Die Hominisation als theologische Frage, in: Overhage P./ Rahner K., Das Problem der Hominisation. Über den biologischen Ursprung des Menschen, Freiburg/ Br. 1961 (= QD 12/13), 13–90, 20.

[68] Ebenda.

schaften beschrieben nämlich selbst, was auch Offenbarungstheologie nach Rahner primär zu ihrem Thema hat, nämlich den Menschen.[69]

In der Folge solcher Ansicht begrüßt Rahner auch die lehramtlichen Ausführungen Pius' XII., der in „Humani generis" die evolutionsbiologische Sicht des Menschen schon vor dem Zweiten Vaticanum teilweise akzeptiert.[70] Es werde ein „realontologischer Zusammenhang zwischen dem *Tier*reich und der menschlichen Leiblichkeit" zugegeben, freilich unter Vermeidung einer Haltung, die die Evolutionstheorie als bereits erwiesen und als außerhalb des Kompetenzbereiches der Offenbarungsquellen stehend annimmt.[71] Wenn es Rahner in diesem Zusammenhang vornehmlich um die Scheidung von Theologie und Naturwissenschaften geht, so wird doch auch ersichtlich, daß die Suche nach Berührungspunkten zwischen beiden Bereichen eines seiner Anliegen darstellt. Dies kommt deutlich in einem späteren Text zum Ausdruck.[72] Rahner bedauert, daß katholische Theologie trotz ihrer eigenen Methode auch hinsichtlich ihres Gegenstandsbereiches „von vornherein keine Berührungspunkte und damit Konfliktsmöglichkeiten mit dem der Naturwissenschaft zugeordneten Ausschnitt der Wirklichkeit habe"[73]. Im folgenden Absatz beruft er sich allerdings selbst darauf, nicht bei den Naturwissenschaften den Ausgangspunkt für seine Überlegungen suchen zu müssen, da Theologie existentialontologisch früher einsetze als die Naturwissenschaften und folglich die Ergebnisse der Naturwissenschaften nicht notwendige Bedingungen für Theologie abgäben. Dennoch müsse der Theologe in den Dialog mit dem Naturwissenschaftler eintreten, da er ja im Bereich des Glaubensverständnisses angesiedelt sei und deshalb mit seinen Ergebnissen den Dialog noch nicht vorwegnehmen habe können.[74]

Rahner betont die methodische Eigenständigkeit beider Bereiche unter Wahrung von Konfliktmöglichkeiten im Gegenstandsbereich. Offenbar geht er davon aus, daß dieselbe Wirklichkeit von verschiedenen Disziplinen je eigenständig erklärt werden kann. Die so entstehenden, in sich geschlossenen Welterklärungen gelangen erst dann in Berührung, wenn ihre Vertreter in ein Gespräch eintreten und mit Bezug auf die von allen in Blick genommene Natur über dasselbe zu sprechen versuchen. Soll dies gelingen, so müssen die Repräsentanten der einzelnen Disziplinen immer wieder auf die von allen in ihrer Lebenswelt erfahrene Natur zurückgreifen, denn sonst wäre ein gemeinsames Gespräch offenbar nicht möglich. Erst in stetem Rückgriff darauf sind sie in der Lage, sich selbst als Ver-

---

[69] Rahner, Die Hominisation als theologische Frage, 21.

[70] Vgl. DH 3896: „Qamobrem Ecclesiae Magisterium non prohibet quominus ‚evolutionismi' doctrina, quatenus nempe de *humani corporis origine* inquirit ex iam exsistente ac vivente materia oriundi ..." Man beachte, daß der behandelte Text Rahners bereits 1961, also vor dem Zweiten Vaticanum, erschienen ist.

[71] Rahner, Die Hominisation als theologische Frage, 26.

[72] Vgl. zum Folgenden: Rahner K., Theologische Bemerkungen zum Zeitbegriff, in: Rahner K., Schriften zur Theologie. 9., Einsiedeln 1970, 302–322, 302f.

[73] Rahner, Theologische Bemerkungen zum Zeitbegriff, 302.

[74] Rahner, Theologische Bemerkungen zum Zeitbegriff, 303.

treter einer speziellen und jeweils anders ausgearbeiteten Natursicht verständlich zu machen. Nur wenn dies geschieht, können sowohl der Naturwissenschaftler als auch der Theologe das Weitere – wie Rahner meint – dem Dialog überlassen. Denn sonst kann nie über denselben Gegenstandsbereich gesprochen werden.

Wie H.-D. Mutschler gezeigt hat,[75] ging es Rahner unter anderem darum, gegen neuscholastische Philosophen vorzugehen, die gemeint hatten, moderne Naturwissenschaften dadurch begründen und zu sinnvollen Welterklärungen machen zu können, daß sie ihnen eine substanzmetaphysische Grundlegung zukommen ließen.[76] Rahner trat dagegen für eine Anerkennung der Eigenständigkeit der Naturwissenschaften ein, die seiner Ansicht nach eine eigene Welterklärung geben könnten. Er war sich jedoch dessen bewußt, daß eine Deutung naturwissenschaftlicher Thesen vom Selbstverständnis des Menschen aus deren Verständnis entscheidend verändern kann, selbst wenn aus naturwissenschaftlicher Sicht sich keine neuen Erkenntnisse eingestellt haben. Rahner billigt der Theologie also den weiteren Verständnishorizont zu und ordnet dem Naturverständnis, das in Verbindung mit dem Selbst-, Welt- und Gottesverständnis erwächst, die entscheidendere Stelle zu als einem im Binnenraum der Naturwissenschaften verbleibenden Naturverstehen. Naturwissenschaftliche Theorien haben nach Rahner zwar ihre Eigenständigkeit, und zwar auch als selbständige Welterklärungsversuche. Dies ändert aber nichts an der Tatsache, daß sie reduktiv vorgehen, wenn sie gemäß ihrem Gegenstandsentwurf Seiten der Wirklichkeit von vornherein ausklammern, die eine theologische Naturperspektive mit einschließt.

Für die theologische Natursicht gilt im Gegensatz zu naturwissenschaftlicher Naturbetrachtung – nicht nur nach Rahner –, daß Gottt nicht prinzipiell ausgeschlossen, sondern notwendig in die Überlegungen einzubeziehen ist. Mit der offenbarungstheologischen Grundaussage, daß Gott der Schöpfer der Welt ist, genügt es nicht, Natur als sich selbst genügendes Objekt zu betrachten. Vielmehr gilt es, Natur aus ihrem Geschaffen-Sein zu begreifen.[77] Schöpfung als Selbstmitteilung Gottes ist allerdings nicht beschränkt auf das Hervorbringen der Welt und deren Erhaltung, sondern impliziert nach christlicher Überzeugung auch einen Adressaten, dem sich Gott in der Selbstmitteilung der Schöpfung zueignet. Gott schafft den Menschen, der zugleich Adressat seines Schöpfungshandelns ist. Das heißt, daß die Schöpfung theologisch nur dann hinreichend beschrieben werden kann, wenn Schöpfung nicht nur als Akkusativ, sondern zugleich auch als Dativ des Schöpfungshandelns Gottes verstanden wird. „‚Natur‘ oder ‚Welt‘ oder wie immer wir es nennen, kann nicht ohne dieses Moment konkreten, gar namentlichen Dativs *voll* beschrieben und verstanden sein wollen.“[78] Schulte spricht hier von einem Spezifikum theologischer Rede von der Schöpfung, das so unter na-

---

[75] Mutschler H.-D., Karl Rahner und die Naturwissenschaft, in: Mutschler H.-D. (Hg.), Gott neu buchstabieren. Zur Person und Theologie Karl Rahners, Würzburg 1994, 97–119.

[76] Mutschler, Karl Rahner und die Naturwissenschaft, 113.

[77] Schulte, Natur als (Auf-)Gabe, 201.

[78] Schulte, Natur als (Auf-)Gabe, 211.

turwissenschaftlicher Sicht nicht in den Blick kommen kann. Deshalb meint er, daß sich dieser Grenze „vor allem die heutige Naturwissenschaft bewußt sein [müsse], will sie ein Welt-Bild entwerfen“[79]. Von diesen beiden Aspekten einer Schöpfungslehre, nämlich dem Geschaffensein der Dinge von Gott und ihrem Zugeeignetsein an den Menschen, kann nach Schulte eine ernstzunehmende und theologisch ausweisbare Schöpfungslehre nicht absehen. Denn erst unter Beachtung von Akkusativ- und Dativstruktur des Geschaffenen komme Wirklichkeit voll zur Geltung.

Nun gehört es aber zur naturwissenschaftlichen Methodik, gerade von den angesprochenen Elementen zu abstrahieren. Ihre Bedeutung und ihre Erfolge verdanken die modernen Naturwissenschaften gerade der Reduktion und Einschränkung ihrer Methode auf eine nicht-personale Ebene, die primär von Quantifizierung und Gesetzlichkeit bestimmt ist, also neben dem Schöpfungsadressaten auch die Individualität jedes einzelnen Naturvorganges ausklammern muß. Da eine derartige methodische Einschränkung jedoch eine Reduktion einer unter anderer Perspektive voller in den Blick kommenden Wirklichkeit ist, die nur theologisch beschrieben werden kann, ergibt sich für die Naturwissenschaften, daß sie wegen methodischer Abstraktionen eine eingeschränkte Wirklichkeit zu ihrem Gegenstand machen. Innertheologisch bedeutet dies, daß Naturwissenschaften ihr Fundament in der bloß theologisch hinreichend zur Sprache bringbaren Wirklichkeit haben. Theologisch interpretierte Realität ist das Fundament naturwissenschaftlich verkürzter Wirklichkeit.

Für den Naturwissenschaftler freilich ist der umgekehrte Denkweg, der von den Naturwissenschaften und deren Weltsicht auf religiöse Welterfahrung zurückfragt, von ebensolcher Wichtigkeit. Mit Hilfe der einzelwissenschaftlichen Methode sind solche Reflexionen freilich nicht zu vollziehen, da es die quantifizierende Methode nicht erlaubt, daß sich die Naturwissenschaftler als Naturwissenschaftler ihren Gegenstand selbst geben oder über ihre eigenen Möglichkeitsbedingungen reflektieren. Vielmehr sind sie darauf verwiesen, daß sie sich darüber als Menschen, die zur eigenen Wissenschaft in Distanz stehen, Gedanken machen, also von der methodischen Beschränkung ihrer eigenen Wissenschaft absehen. Erst mit dieser Außensicht ist es möglich, eine Verhältnisbestimmung zwischen Naturwissenschaften und Theologie methodisch sauber durchzuführen.

Einen derartigen Versuch, der eine mögliche Relation zwischen Naturwissenschaften als solchen und Theologie aufschlüsselt, hat W. Pannenberg vorgelegt. Im Gegensatz zu seiner These, den Geistbegriff mittels des Feldbegriffes erläutern zu können,[80] geht er bei diesem Versuch differenzierter vor und ist bemüht, methodische Kurzschlüsse zu vermeiden. Ausgangspunkt seiner Überlegungen ist nämlich gerade eine Reflexion über den Methodenunterschied zwischen Naturwissenschaften und Theologie. Pannenberg stellt fest, daß Naturwissenschaften die Natur prinzipiell nur unter dem Aspekt ihrer Gesetzeskonformität befragen,

---

[79] Schulte, Natur als (Auf-)Gabe, 212.

[80] Vgl. oben das Kapitel über das Identifikationsmodell.

während eine theologische Reflexion über die Naturwissenschaften fordere, „die Naturgesetzlichkeit selbst unter einem von ihr verschiedenen Aspekt zu betrachten, nämlich unter dem Aspekt ihrer Verstehbarkeit aus der Kontingenz des Geschehens, bzw. aus *dem* Gottesgedanken, von dem aus die Kontingenz des Geschehens bedeutsam für das Verständnis der Wirklichkeit im Ganzen geworden ist.“[81] Ein solches Vorgehen verlangt eine Hintanstellung der physikalischen Fragestellung und eine andere Methode als die naturwissenschaftliche. Erst dann kann die gestellte Aufgabe angemessen in Angriff genommen werden, da es darum geht, die naturwissenschaftliche Exaktheit, die Gesetzesaussagen ermöglicht, selbst zu untersuchen.

Pannenbergs Grundbegriff, an Hand dessen er die Verhältnisbestimmung vornimmt, ist der Terminus „Kontingenz“, dem die naturgesetzliche Ordnung bei erstem Zusehen als Gegenbegriff gegenüberzustehen scheint, da ein ausformuliertes Naturgesetz gerade kontingente Einzelerscheinungen ausblendet und auf Grund seiner Regelhaftigkeit Einzelerscheinungen vor dem Hintergrund ihrer Austauschbarkeit in den Blick nimmt. Denn Gesetzeshypothesen beschreiben ja reproduzierbare Abläufe, die immer wieder beobachtet werden können und deshalb experimentell wiederholbar sind. Der zeitlos allgemeinen Struktur eines theoretischen Systems naturgesetzlicher Ordnung setzt Pannenberg als Theologe das schöpferische Ordnungsprinzip der geschichtlich erfahrbaren Welt, nämlich den göttlichen Logos, gegenüber. Der Glaubende sieht im Logos *„nicht die abstrakte, sondern konkrete Ordnung der Welt“*[82]. Dieser ist primär „Prinzip der Einheit der Geschichte“[83], nicht jedoch das Ordnungsprinzip zeitloser Gesetzesstruktur.

Dennoch ist der Logos nicht bloß Einheitsprinzip der Geschichte, sondern auch Ordnungsprinzip in der Natur, zwar nicht bloß einer naturwissenschaftlich unter dem Gesetzesaspekt gesehenen Natur, sondern vornehmlich der methodisch unverkürzt erfahrenen Schöpfung. Gott lenkt im Alten Testament nicht nur die Geschichte, sondern ist auch Garant für die Ordnung in der natürlichen Welt. Die sich in der Folge in der Weisheitsliteratur allmählich herausbildende Spannung zwischen den Bereichen Natur und Geschichte wird erst im Neuen Testament gelöst. „Trotz mancher Vermittlungsversuche im jüdischen Denken wurde die Spannung zwischen dem Handeln Gottes in der Ordnung der Schöpfung einerseits und in der Erwählungsgeschichte Israels andererseits erst durch die christliche Lehre von der Inkarnation des mit der Weisheit Gottes identischen Logos in Jesus von Nazareth definitiv gelöst.“[84] Durch die Inkarnation ist der Theologie die Aufgabe gestellt, die Weisheitsthematik in den Zusammenhang des heilsgeschichtlichen Denkens zu stellen und Reflexionen über das Verhältnis zwischen Schöpfung und Heilsgeschichte anzuschließen.

---

[81] Pannenberg, Kontingenz und Naturgesetz, 41.

[82] Pannenberg, Systematische Theologie. 2., 81.

[83] Ebenda.

[84] Pannenberg, Systematische Theologie. 2., 87.

Im Unterschied zu naturwissenschaftlichem geht theologisches Denken meist davon aus, daß Einzelereignisse ihre spezifisch historische Bedeutung haben. Dabei werden die Aufeinanderfolge solcher Ereignisse als unumkehrbarer Ablauf verstanden und das Eintreten der Ereignisse als unwiederholbar angesehen. Die einzelnen Geschehnisse sind also nicht jeweils ein Anwendungsfall allgemeiner Gesetze, sondern bekommen nach Pannenberg „durch ihre Stelle und Funktion in der Abfolge des einmaligen Geschehensverlaufs, bezogen auf das Ganze eines geschichtlichen Prozesses, das erst von dessen Abschluß her seine eigentümliche Gestalt erkennen läßt", historische Bedeutung.[85] Pannenberg geht es nun darum zu untersuchen, ob oder inwieweit das per definitionem ungeschichtliche Denken der Naturwissenschaften in Beziehung steht mit theologisch-geschichtlicher Weltsicht.

Er betrachtet zu diesem Zweck die Gesetzlichkeit der Naturgesetze als solche und verweist darauf, daß die Ereigniskontingenz in den Gesetzeshypothesen der Naturwissenschaften in der Weise vorausgesetzt wird, daß man von ihr abstrahiert. Nicht die Kontingenz der geschichtlichen Ereignisse wird ausdrücklich thematisiert, sondern – unter Absehung von diesen – die „in Gesetzesform ausdrückbaren Gleichförmigkeiten der Abfolge solcher Ereignisse, sei es in Gestalt deterministischer oder lediglich statistischer Gesetze"[86]. Solche Gleichförmigkeiten bestehen nach Pannenberg gerade nicht für sich, sondern nur an kontingenten Ereignisfolgen, das heißt sie sind von diesen abgezogen.

Die angesprochene Abstraktion von kontingentem Geschehen zu naturwissenschaftlich interessanten Gesetzesfolgen wird sichtbar, wenn man die Anwendbarkeit naturwissenschaftlicher Formeln auf das Naturgeschehen näher untersucht. Immer sind Anfangs- und Randbedingungen erforderlich, die anders als die Gesetze selbst kontingent sind. Weiterhin als kontingent erweisen sich die einbezogenen Konstanten. Am wichtigsten erscheint freilich die Einsicht, daß die Naturgesetze von der Kontingenz der jeweils untersuchten Ereignisse abstrahieren. „Indem sie [= die Gesetzeshypothesen der Naturwissenschaften; R. E.] aber die in den Ereignissen auftretenden Gleichförmigkeiten formulieren, die sich unbeschadet ihrer Kontingenz an ihnen vorfinden, wird von der Ereigniskontingenz des Geschehens abgesehen: Nur seine Gesetzlichkeit steht im Blick."[87] Dies macht die besondere Abstraktionsform der Naturwissenschaften aus.

Im Gegensatz dazu geht Theologie nach Pannenberg grundsätzlich von der Kontingenz der Geschehensverläufe aus und stellt das Geschehen also vornehmlich als Geschichte dar, ohne deshalb schon durchgängig narrativ zu sein, da sie auch konstruktiv verfährt und die erzählte Geschichte auf Rekonstruktion basiert.[88] Zu fragen ist nun, ob die Kontingenzen, mit denen naturwissenschaftliche Hypothesen rechnen müssen, im gleichen Sinn geschichtlich interpretiert werden

[85] Pannenberg, Systematische Theologie. 2., 86.

[86] Pannenberg, Systematische Theologie. 2., 84.

[87] Pannenberg, Schöpfungstheologie und moderne Naturwissenschaft, 281.

[88] Pannenberg, Schöpfungstheologie und moderne Naturwissenschaft, 282.

dürfen wie Ereignisfolgen in der Theologie. Pannenbergs Vorschlag besagt, daß die bei der Erstellung naturwissenschaftlicher Gesetzesaussagen auftretenden Kontingenzen und die Tatsache, daß das Bestehen eines Naturgesetzes selbst ein kontingentes Faktum ist, geschichtlich zu interpretieren sind. Seiner Meinung nach geht der Schöpfungsgedanke davon aus, „[d]aß der Weltprozeß im ganzen wie im einzelnen durch Geschehenskontingenz bestimmt ist, an der alle Gesetzmäßigkeit nur jeweils Teilaspekte entdeckt".[89] Nach Pannenbergs schöpfungstheologischem Ansatz sind alles Geschehen und auch die Welt im ganzen kontingente Ereignisse. Deshalb muß in der Folge auch das Auftreten von Regelmäßigkeit, das naturwissenschaftlich als Gesetz gefaßt wird, als Kontingenz verstanden werden.[90]

Pannenberg bettet das Naturgeschehen mit dem Hinweis auf dessen Kontingenz in den geschichtlichen Geschehensablauf ein. Er spricht in diesem Zusammenhang in Anlehnung an den Buchtitel von Weizsäckers von der „Geschichte der Natur"[91]. Denn nur wenn die Natur selbst Geschichte habe, könne von der Kontingenz der Naturereignisse ausgegangen werden. In einer umkehrbaren Zeitabfolge ließe sich die Geschichtlichkeit des jeweiligen Einzelgeschehens nicht zeigen. Die Terminologie von der „Geschichte der Natur" führt allerdings leicht zu Mißverständnissen, wenn sie im Sinne von Weizsäckers verwendet wird. Pannenberg müßte klarstellen, daß nicht die selbst wiederum mit Hilfe der naturwissenschaftlichen Methode festgestellte Veränderung gemeint sein kann, wenn von Naturgeschichte gesprochen wird, sondern nur die Geschichte, die vom Freiheitswesen Mensch her in den Blick kommt. An anderer Stelle[92] betont Pannenberg, daß gerade die Ereignisfolge in der Natur erst vom Menschen rückwärts gesehen als Geschichtszusammenhang interpretierbar ist und aus theologischem Blickwinkel hinreichend nur konsequent eschatologisch betrachtet wird. Geschichte der Natur kann folglich nicht die nur chronometrische Aufeinanderfolge von Vorgängen in der Natur besagen, sondern verlangt eine an der Freiheitsgeschichte des in, mit oder gegen die Natur lebenden Menschen orientierte Sichtweise. Erst unter dieser Voraussetzung kann Pannenberg rechtens von der Kontingenz der Naturgesetze selbst reden. Denn nur in irreversibel zu denkender Geschichte hat es Sinn, von einem zeitlich ersten und folglich kontingenten Auftreten von Naturgesetzen zu sprechen.[93]

Pannenberg geht es darum, einerseits die Notwendigkeit des Kontingenzbegriffes für die Aufstellung eines Naturgesetzes und andererseits die Kontingenz allen Geschehens, also auch jeden Naturgeschehens, aufzuzeigen. Das kann ihm nur gelingen, wenn er dieses in den Geschichtsablauf der Menschenwelt einordnet und daraus die Unumkehrbarkeit geschichtlicher Zeit auf die Zeit der Natur über-

---

[89] Pannenberg, Kontingenz und Naturgesetz, 59.

[90] Pannenberg, Systematische Theologie. 2., 88 und 90.

[91] Pannenberg, Systematische Theologie. 2., 89.

[92] Pannenberg, Kontingenz und Naturgesetz, 71.

[93] Er redet vom „Einklinken" der Naturgesetze oder von „first instantation" (Pannenberg, Systematische Theologie. 2., 89f., wo auch auf andere diesbezügliche Stellen in Pannenbergs Schriften verwiesen ist).

trägt.[94] Natur unter diesem Blickwinkel betrachtet ist allerdings nicht mit der naturwissenschaftlichen Wirklichkeit gleichzusetzen, die mittels der Perspektive quantifizierbarer Zeit berechnet wird.

Solange Pannenberg von der Kontingenz der Geschichtsverläufe und auch von den gleichförmigen Verlaufsformen, die naturgesetzlich beschreibbar sind, spricht, argumentiert er philosophisch, jedoch noch nicht theologisch. Die philosophischen Reflexionen über die Kontingenz naturwissenschaftlicher Gesetzeshypothesen werden jedoch Ausgangspunkt für eine theologische Interpretation der Natur. Einer derartigen Interpretation ist es darum zu tun, in keinen Gegensatz zu naturwissenschaftlichen Aussagen zu stehen zu kommen und die Kontingenzen als von Gottes Handeln ermöglichtes Geschehen zu sehen. „Die Theologie ... bedient sich solcher philosophischen Reflexion der naturwissenschaftlichen Weltbeschreibung, um die Kontingenz des Geschehens im einzelnen wie im Hinblick auf die Welt als ganze als Ausdruck der schöpferischen Tätigkeit des geschichtlich handelnden Gottes der Bibel zu identifizieren. Auch das Auftreten gleichförmiger Verlaufsformen, die durch Gesetzesformeln beschreibbar sind, stellt sich der Theologie als eine kontingente Setzung des Schöpfers dar."[95] Pannenberg ist darum bemüht, eine „gedankliche ‚Synthese'"[96] zwischen Naturwissenschaften und Theologie zustande zu bringen, die eine Zusammenschau von Schöpfungsglauben und Naturwissenschaften auf rationaler Basis ermöglicht. Bewerkstelligt wird diese Synthese dadurch, daß gezeigt wird, daß naturwissenschaftliche Gesetzesaussagen in den „Kohärenzrahmen"[97] schöpfungstheologischer Beschreibung der Natur eingeordnet werden können. Schöpfungstheologie ist nach Pannenberg in der Lage, naturwissenschaftlichen Aussagen einen Ort zuzuweisen, der sie in ihrer Bedeutsamkeit, aber auch in ihrer Beschränktheit in ein größeres Ganzes einzuordnen hilft. Auf philosophische Reflexionen aufbauende Schöpfungstheologie erweist sich als der umfassendere Blickpunkt, der durch methodische Abstraktion zu naturwissenschaftlichem Vorgehen weitergeführt werden kann, wegen seiner nicht reduzierten Sichtweise aber auch – im Gegensatz zu den Naturwissenschaften selbst – über diese reflektieren kann.

Durch den Versuch, Naturwissenschaften theologisch einzuordnen, steht Pannenberg vor dem Problem, Gesetzesaussagen und Aussagen über das personale Handeln Gottes in Relation setzen zu müssen. Personal argumentierende Theologie muß mit naturwissenschaftlichen Gesetzesaussagen in Relation gesetzt werden können, und zwar aus theologischer Perspektive. Pannenberg versucht, an Hand von zwei Beispielen eine solche Relation sichtbar werden zu lassen. Zum einen weist er auf die Einheit eines Geschehensablaufes hin, die durch einen erkennbaren Zusammenhang gewährleistet wird. Zum anderen verweist er in Folge davon auf die Selbständigkeit der Einzelseienden.

---

94 Vgl. Pannenberg, Systematische Theologie. 2., 90 Anm. 174.

95 Pannenberg, Systematische Theologie. 2., 89.

96 Pannenberg, Systematische Theologie. 2., 90.

97 Ebenda.

Die Einheit geschichtlicher Verläufe sieht Pannenberg erst dann gegeben, wenn Gott als personale Geschichtsmacht vorausgesetzt wird.[98] Denn erst wenn die Abfolge einzelner kontingenter Ereignisse auf den Menschen hingeordnet worden ist, kann dieser darangehen, einen sinnvollen Geschichtszusammenhang zu konstruieren, den er dann seinerseits in der Folge mitgestalten kann. Erst Gottes freies Zurückgreifen und Aufnehmen seines früheren Tuns, das er als Schöpfer und Erhalter seiner Schöpfung vollbringt, gewährleistet aus theologischer Sicht den Zusammenhang menschlicher Geschichte und die Einheit der damit in Verbindung stehenden Geschichte der Natur. Diese sind nicht neuerlich als Gesetzesstruktur erklärbar, sondern verweisen für den Theologen auf die „persönliche Macht"[99] Gottes, die diese Einheit zu stiften in der Lage ist. Die auch für eine Erklärung naturwissenschaftlicher Gesetzlichkeit notwendige Kontingenz ist für Pannenberg letztlich nur als Folge personal-freien Gotteshandelns denkbar. Die personale Kategorie der Beständigkeit Gottes als Schöpfer und Erhalter sieht Pannenberg in der Treue Gottes gegeben.[100] Theologisch gewendet, erweist sich die Beständigkeit der Naturgesetze, die in ihrer Gesetzlichkeit nicht ohne den Kontingenzbegriff verstehbar sind, als Treue Gottes, sie kann hinreichend also nur mittels eines personalen Begriffes beschrieben werden.

M. Knapp sieht in solcher Vorgehensweise eine „Konzeptualisierung des Verhältnisses von Naturgeschehen und göttlichem Handeln"[101] und meint, daß Pannenberg damit dem eigenen Ansatz entgegenwirke, der bei der geschöpflichen Selbständigkeit ansetzt. Knapps Konzeption liegt eine Theologie der Natur zugrunde, die vom Agape-Sein Gottes ausgeht. Die Selbsterschließung Gottes in Liebe zielt nach Knapp auf die Selbständigkeit des Geschöpfes ab, die im Menschen ihre höchste Form erreicht, da sie reflexiv wird. Aber auch die nichtmenschliche Natur sei „auf dem Prinzip geschöpflicher Selbständigkeit aufgebaut"[102]. Mit seiner These baut Knapp allerdings wiederum auf Pannenbergs Entwurf auf, der neben der Beständigkeit und Einheit des Naturgeschehens auch der geschöpflichen Selbständigkeit große Bedeutung beimißt. Denn die Dauerhaftigkeit des Geschehens, das seine Ordnung durch die als Gesetze erfaßbare Regelmäßigkeit erhält, gewährleistet nach Pannenberg erst das Selbständigsein: „Ohne Dauer ... gibt es kein selbständiges Dasein."[103] Knapp wäre zu fragen, wieso die Betonung der These, daß kontingentes Handeln in der Geschichte Grundlage na-

---

[98] Siehe dazu: Pannenberg, Kontingenz und Naturgesetz, 71f.

[99] Pannenberg, Kontingenz und Naturgesetz, 72.

[100] Pannenberg, Systematische Theologie. 2., 91, und Pannenberg, Kontingenz und Naturgesetz, 69. Auch R. Schulte spricht in diesem Zusammenhang von der Treue Gottes: Schulte, Natur als (Auf-)Gabe, 221.

[101] Knapp M., Gott und die Natur. Ansatz und Grundlinien einer Theologie der Natur, unveröffentl. Vortragsmanuskript, 18 Anm. 16.

[102] Knapp, Gott und Natur, 9.

[103] Pannenberg, Systematische Theologie. 2., 91.

turgesetzlicher Regelhaftigkeit ist, der Selbständigkeit von Einzelgeschehen widersprechen muß. Die Kohärenz theologisch interpretierter Kontingenz geschichtlicher Ereignisse mit naturwissenschaftlich nicht faßbarer, wohl aber in einer Philosophie oder Theologie der Natur in den Blick kommender Angewiesenheit der Rede von Naturgesetzen auf solche Kontingenz schließt die Selbständigkeit geschaffener Natur nicht aus. Dies schon deshalb nicht, weil in einer auf Geschichte bedachten Konzeption von Selbständigkeit gerade von der Beständigkeit und Einheit einer kontingenten Gestalt durch die Geschichte hindurch nicht abgesehen werden kann. Knapp geht es allerdings vor allem darum, die Selbständigkeit der Geschöpfe besonders in den Vordergrund zu rücken, da sein auf personalen Dialog angelegtes Agape-Konzept dieses Moment besonders betont.

Problematischer scheint mir die von Pannenberg vertretene[104] und von Knapp übernommene[105] These zu sein, wonach „[d]ie Gleichförmigkeit des naturgesetzlich geregelten Geschehens ... Bedingung aller geschöpflichen Selbständigkeit sei“. Denn aus schöpfungstheologischer Perspektive, die sowohl Pannenberg als auch Knapp einnehmen, muß wohl zuerst das Geschaffensein des Geschöpfs in den Blick genommen werden. Sachlich zuerst ist das Geschaffensein, nicht jedoch das Selbständigsein des Geschöpfes. Naturgesetze formulieren nicht Bedingungen für geschöpfliche Selbständigkeit, vielmehr ist das Geschaffensein in Selbständigkeit Voraussetzung dafür, daß methodisch reduziert vorgehende Naturwissenschaften am Geschaffenen Gleichförmigkeiten ablesen und diese als Gesetze ausformuliert zur Sprache bringen können. Das in bloß eingeschränkter Hinsicht Sichtbare kann nicht die Bedingung für das ganze Phänomen abgeben, sondern höchstens umgekehrt. Pannenberg verkehrt mit einer solchen Behauptung das von ihm betonte Fundierungsverhältnis zwischen Theologie und Naturwissenschaften, wonach letztere in der uneingeschränkteren Welt- und Natursicht alltäglicher Naturerfahrung ihre Basis finden, die philosophisch und theologisch reflektiert wird.

2.5 Methode, Philosophie und Zeit in den vorgestellten Modellen

Nachdem ich einige schöpfungstheologische Modelle vorgestellt und die in ihnen vertretenen Positionen im Hinblick auf die Verhältnisbestimmung zwischen Theologie und Naturwissenschaften diskutiert habe, gilt es, den diesen Entwürfen gemeinsamen Problemhorizont aufzureißen und Schwierigkeiten anzusprechen, die für die vorliegende Arbeit von Belang sind. Dabei wird besonderes Augenmerk darauf zu legen sein, inwieweit die vorgestellten Entwürfe auf die methodische Differenz der beiden betroffenen Wissenschaften Rücksicht nehmen und wie sie mit ihnen umgehen. Die vorgenommene Einteilung der Modelle fußt nämlich auf dieser Fragestellung und versucht, die Entwürfe in Hinsicht auf die Unter-

---

[104] Ebenda.

[105] Knapp, Gott und die Natur, 9f.

schiede in ihren Methoden zu ordnen. Wenn ich im folgenden darauf Bezug nehme, so geschieht das deshalb, weil der Horizont abgesteckt werden soll, innerhalb dessen sich die Diskussionen gegenwärtig bewegen. Die bezogenen Positionen bringen jeweils andere bedenkenswerte Momente in den Diskurs ein und verhelfen deshalb zu einer Schärfung des Blicks. Eine solche tut besonders in bezug auf die Methodenfrage not, da mit ihr wesentliche Weichenstellungen bereits im Vorfeld inhaltlicher Diskussion um Natur und Schöpfung vollzogen werden. Methodische Vorentscheidungen lassen in der Folge oftmals inhaltlich wichtige Aspekte von vornherein nicht zur Sprache kommen oder verstellen Zugangswege, die zur Klärung inhaltlicher Fragen von wesentlicher Bedeutung sein können.

Da methodische Grundüberzeugungen unterschiedlichen Einfluß auf die Zugangsweise zu Natur ausüben, nehmen die Vertreter der einzelnen schöpfungstheologischen Modelle zum Zeitproblem verschieden Stellung. So kann eine bestimmte Zeitauffassung zur Brücke zwischen Theologie und Naturwissenschaften werden, unterschiedliche Bewertungen der implizierten Zeitkonzeptionen können aber auch dazu führen, daß zwischen den beiden Wissenschaftsbereichen keine Verbindung gesehen wird. Das Zeitproblem ist ein wichtiger Indikator für den Aufweis der jeweils vertretenen Position, da kein Entwurf dem Zeitproblem aus dem Weg gehen kann. Dies liegt zum einen daran, daß theologisches Denken vornehmlich an Geschichtlichkeit orientiert und heilsgeschichtlich ausgerichtet ist. Zum anderen versuchen Naturwissenschaftler, ihr ehemals von Determinismus und Unveränderlichkeit geprägtes Denken zu dynamisieren und die Natur als sich verändernde zu beschreiben. Die Frage nach der Zeit ist deshalb zu einer Schnittstelle zwischen beiden Bereichen geworden, auf die sich die Vertreter beinahe aller Richtungen berufen, wenn sie sich zum Verhältnis ihrer Wissenschaft zu der je anderen äußern.

Da es im folgenden Abschnitt darum gehen wird, die Positionen einzelner Naturwissenschaftler zu untersuchen, die sich zum Verhältnis ihrer Wissenschaft zur Theologie äußern oder von Theologen besonders rezipiert werden, und da auch in diesen Entwürfen sowohl das Zeitproblem als auch die Methodenfrage eine hervorragende Rolle spielen, müssen die Antworten, die *Schöpfungstheologen* auf diese Fragen geben, im Blick behalten werden. Die folgende Untersuchung *naturwissenschaftlicher Antworten* auf diese Fragen sieht sich nämlich vor dieselben Probleme gestellt: Auch wenn die Zugangsperspektive zur Natur eine andere ist und die Verhältnisbestimmung vom anderen Relat seinen Ausgangspunkt nimmt, bleiben die Methoden- und die Zeitfrage für beide Bereiche von gleicher Relevanz, wenn es um die Bestimmung ihres wechselseitigen Bezugs geht.

2.5.1 Zur Methodenfrage

Einzelwissenschaftliches hat im Unterschied zu universalwissenschaftlichem Vorgehen einen klar abgesteckten Objektbereich. Ein Wirklichkeitssegment wird ausgewählt und abgetrennt von der übrigen Realität, sodaß ein klar umrissener Bereich geschaffen wird, auf den sich die Forschungsintention richtet. Darüber hinaus betrachten Einzelwissenschaften Wirklichkeit nicht nur in einem abgegrenzten Gebiet, sondern tun dies unter einer ganz bestimmten, im vorhinein definierten Art und Weise. Das heißt, sie verwenden eine bestimmte Methode, mit der sie an den abgegrenzten Wirklichkeitsbereich herangehen und ihn in Einzelobjekte unterteilen, die untersucht werden sollen. Daraus ist ersichtlich, daß Einzel- oder Naturwissenschaften im Rahmen eines Gegenstandsentwurfes der Realität gegenübertreten. Dieser ist nicht selbst Gegenstand der Naturwissenschaften, da diese mittels der eigenen Methode über die Gegenständlichkeit des Gegenstandes nicht urteilen können. Dieser Gegenstandsentwurf geht der wissenschaftlichen Tätigkeit im eigentlichen Sinn sachlich voraus, weil erst durch ihn Wirklichkeit in der Hinsicht zugänglich wird, wie sie die jeweilige Einzelwissenschaft verlangt. Da durch den Gegenstandsentwurf sowohl eine inhaltliche als auch eine methodische Einschränkung vorgenommen werden, kommt Wirklichkeit in den Einzelwissenschaften nicht in ihrer Vollgestalt, sondern immer reduziert und eingeschränkt zur Sprache. Diese Beschränkung ist für Einzelwissenschaften spezifisch, macht aber gerade ihre Meisterschaft aus.

Im Gegensatz dazu lassen sich Theologie und Philosophie nicht von vornherein eine Sicht der Wirklichkeit im Sinne der Einzelwissenschaften vorgeben, sondern gehen an die Realität so heran, daß von einem vorgängigen Gegenstandsentwurf nicht gesprochen werden kann. Denn Universalwissenschaften haben kein bestimmtes Formalobjekt, mit dem sie der Wirklichkeit gegenübertreten. Daraus ergibt sich eine methodische Differenz zwischen Einzelwissenschaften auf der einen und Universalwissenschaften auf der anderen Seite. Folglich ist es nicht möglich, ohne methodischen Bruch etwa von Naturwissenschaften in Theologie überzuwechseln oder umgekehrt innerhalb der Naturwissenschaften legitimerweise theologisch zu argumentieren. Vielmehr ist es notwendig, die methodische Differenz anzuerkennen und zu beachten, wenn nicht Mißverständnisse oder Kategorienverwechslungen vorkommen sollen.[1]

Die entscheidende Frage für die Einteilung theologischer Modelle, die Theologie in einen Bezug zu Naturwissenschaften setzen, betrifft den Umgang des jeweiligen Theologen mit der angesprochenen methodischen Differenz. Denn erst der Umgang mit dieser zeigt, wie die einzelnen Entwürfe die eigene Wissenschaft in Relation zu den Naturwissenschaften zu begreifen versuchen. Das jeweilige diesbezügliche Selbstverständnis zeitigt seine Folgen in der Behandlung von Einzelproblemen, da je nach methodischer Vorentscheidung Argumente der anderen Disziplin in den eigenen Begründungsgang eingebaut werden können oder nicht. Bei mangelnder Differenzierung kommt es folglich zu einer Einheitswissenschaft, die vorgibt, sowohl die Gottesfrage als auch naturwissenschaftliche Probleme gleichermaßen abhandeln zu können.

Machen sich Naturwissenschaftler über methodische Unterschiede ihrer Wissenschaft im Vergleich zu Theologie und Philosophie Gedanken, so müssen sie bei der Philosophie Anleihe nehmen. Denn sie sind nicht in der Lage, mit Hilfe

[1] Genaueres zur Methodendifferenz siehe unter Pkt. 4.1.

der Methode ihrer eigenen Wissenschaft gerade über diese Methode Aussagen zu treffen. Eine bereits mit einem eingeschränkten Gegenstandsentwurf arbeitende Wissenschaft kann nicht sich selbst so zum Gegenstand machen, daß sie sich im Horizont der Wissenschaften beziehungsweise. im Verein der unterschiedlichen Wirklichkeitsbezüge positionieren könnte. Sie ist dabei immer darauf verwiesen, über sich selbst hinauszugehen und eine philosophische Perspektive einzunehmen, die es ihr erlaubt, methodisch unvoreingenommen über sich selbst reflektieren zu können.

Auch Theologen sind gezwungen, sich Gedanken über die eigene Methode im Vergleich zu der der Naturwissenschaftler zu machen. Die Methodenfrage ist allerdings keine offenbarungstheologische Frage im eigentlichen Sinn. Obwohl theologische Methoden nicht Inhalt von Offenbarung sind, fordert die Anerkennung der Offenbarung als Erkenntnisquelle methodische Reflexion heraus. Folglich wird auch der Theologe nicht umhin können, philosophisch über das eigene Vorgehen nachzudenken und die Unterschiede der eigenen Wissenschaft zu den Naturwissenschaften hervorzukehren. Fehlt eine solche Reflexion, so wird oft undifferenziert davon ausgegangen, daß Ergebnisse naturwissenschaftlicher Forschung theologische Thesen stützen oder zu Fall bringen können und daß umgekehrt Theologie helfen kann, naturwissenschaftliche Theorien abzusichern.

Gegen eine derartige Vermischung der Disziplinen gehen Theologen des Differenzmodells vor. Das sorgfältige Auseinanderhalten und die Trennung von Theologie und Naturwissenschaften werden aus methodischen Gründen in den Vordergrund gestellt. Aus der Einsicht, daß beide Disziplinen per definitionem nicht auf dieselbe Art und Weise an Wirklichkeit herangehen können, setzen sich die Vertreter eines solchen Modells von den Naturwissenschaften ab. Es sind meist Theologen protestantischer Provenienz, die eine theologia naturalis ablehnen. Dadurch wird nicht nur die methodische Trennung in den Vordergrund gerückt, sondern auch eine Vermittlung unmöglich gemacht. Eine philosophische Einordnung naturwissenschaftlichen Vorgehens fällt aus, sodaß Theologie nicht auf eine Naturphilosophie aufbauen kann, die ihrerseits die Möglichkeit einer weiterführenden theologischen Interpretation anböte. Bei einer konsequent soteriologischen Haltung kann Natur kaum als eigenständige Größe in den Blick kommen, sondern meist nur als Gegenbegriff zu Gnade beziehungsweise Bundesgeschehen. Schöpfung ist bloß äußerer Grund des Bundes oder dasjenige, was übrigbleibt, wenn Gnade abgezogen worden ist.[2] Eine strikt auf die Schrift bezogene Theologie oder eine gnadentheologisch überbetonte Naturlehre werten Natur ab, indem sie sie als selbständig zu reflektierende Größe nicht ernst genug nehmen, um ihre Bedeutung für die Theologie in entsprechendem Maße anzuerkennen. Eine nicht-theologische Naturlehre, sei sie nun philosophisch oder naturwissenschaftlich bestimmt, wird als für die Theologie weitestgehend irrelevant abge-

---

[2] Vgl. Otto S., Art. Natur. II. Theologisch, in: HThG 2 (1963) 217–221, 221: „Jedenfalls dürfte feststehen, daß ein theologischer Naturbegriff nur als formaler oder als Restbegriff konzipiert werden kann." Vgl. auch Schulte, Natur als (Auf-)Gabe, 192.

lehnt. Zwar ist ihre Eigenbedeutung nicht in Frage gestellt, wohl aber ihre Relevanz für Theologie.

Dagegen versucht eine Theologie der Natur, deren Eigenständigkeit unter theologischer Sicht in den Vordergrund des Interesses zu rücken. Anders als die Vertreter einer Auffassung, die Natur als Restbegriff abwertet, stehen Befürworter einer Theologie der Natur einem selbständigen Naturbegriff positiv gegenüber. Die ökologische Krise und deren Folgen haben die Notwendigkeit der Beschäftigung mit Natur aufgezeigt, sodaß diese nicht mehr nur als Nebenbegriff behandelt wird, sondern wiederum zentrale Bedeutung erhält. Die Zugangsart ist eine streng theologische, ohne daß Natur als eigenständige Größe abgewertet würde. Es geht darum, *theologisch* über Natur zu reflektieren, die als eigenständiger Bereich von Theologie wiederentdeckt wurde.

Die Theologie der Natur hält die methodische Trennung aufrecht, wertet Natur als Natur jedoch keinesfalls ab, sondern ist bemüht, auf streng theologischem Weg Natur näher in den Blick zu nehmen und zu verstehen. Was allerdings bleibt, ist die Ablehnung der Naturwissenschaften und ihrer Ergebnisse als Erkenntnisquelle für theologische Problemstellungen. Das heißt, die methodische Trennung wird strikt aufrechterhalten, sodaß eine streng offenbarungstheologische Sicht der Natur versucht werden kann. Handelt es sich um einen Ansatz, der der Naturphilosophie ihre Bedeutung für die Theologie abspricht, und wird die methodische Trennung aufrechterhalten, so ergibt sich ein bloßes Nebeneinander von Theologie und Naturwissenschaften. Berührungspunkte werden dadurch weitestgehend ausgeschaltet, daß die Ergebnisse der jeweiligen Wissenschaften, die mit unterschiedlichen Methoden arbeiten, zwar für kompatibel erklärt werden, aber nur deswegen, weil beide Bereiche nichts miteinander zu tun haben. Darüber hinaus kann die Einordnung der Ergebnisse der Naturwissenschaften in die Lebenswelt nur schwer reflektiert werden, da Naturphilosophie als eigenständiger Disziplin keine Bedeutung für theologisches Vorgehen zugeschrieben wird.

In der Aufrechterhaltung der methodischen Differenz liegt die Stärke dieses Ansatzes gegenüber dem Identitätsmodell. Denn wird diese Distanz aufgegeben, kommt es zu Kategorienverwechslungen und nicht zulässigen Identifikationen, die eine solide Auseinandersetzung unmöglich machen. Auf der anderen Seite hat aber gerade die Trennung der beiden Wissenschaftsbereiche – Naturwissenschaft hier, Theologie dort – zur Abdrängung der Theologie in relative Bedeutungslosigkeit geführt, da mit dem Erfolg naturwissenschaftlich-technischer Forschung die Naturwissenschaften das heutige Selbstverständnis und Naturbild wesentlich bestimmen. Theologie kann bei einer solchen Lösung ihre Reflexionen den Naturwissenschaften gegenüber kaum zur Diskussion stellen und ihre berechtigten Anliegen nur sehr eingeschränkt zur Sprache bringen. Es käme also darauf an, unter Beibehaltung der methodischen Differenzierung von theologischer Seite einen Zugangsweg zu Naturwissenschaften zu finden, der nicht in einem bloßen Nebeneinander sein Ende findet.

Die Vertreter des Analogiemodells versuchen ebendieses, da es ihnen vor allem um die Möglichkeit einer Anknüpfung der Theologie an die Naturwissenschaften geht. Meist ist ihnen auch die methodische Differenz ein wichtiges Anliegen, obwohl in der konkreten Ausformulierung – wie gezeigt – oftmals die Grenzen methodischer Trennung nicht eingehalten werden. So nehmen etwa Vertreter des Komplementaritätsmodells naturwissenschaftliche Zeitvorstellungen als Momente einer Theologie der Geschichte in Anspruch, wiewohl theoretisch das Komplementaritätsmodell dem Identitätsmodell am nächsten steht. Denn Komplementarität meint ja das Nebeneinander zweier Aspekte, die einander nicht ausschließen, sondern beide zur vollen Beschreibung des Untersuchten notwendig sind. Besteht bei einem Vertreter eines solchen Modells die Absicht, die wechselseitige Angewiesenheit besonders zu betonen, so werden offenbar leicht die Grenzen der Trennung überschritten und das Modell in ein partielles Identitätsmodell übergeführt.

Der Vermittlungsversuch mit Hilfe des Analogiebegriffes, der die methodische Unähnlichkeit bei begrifflicher Ähnlichkeit aufrechterhalten möchte, versucht, über den Komplementaritätsbegriff hinauszugehen. Es genügt nicht mehr das bloße Nebeneinander, vielmehr soll eine Begrifflichkeit, die zwischen Äquivozität und Univozität angesiedelt wird, beide Bereiche in Bezug setzen und zwischen beiden vermitteln. Im Gegensatz zum klassischen Analogiebegriff, der darauf basierte, daß beide Analogate im innertheologischen Bereich angesiedelt waren, versuchen Vertreter des Analogiemodells, gerade mit Hilfe des Terminus der Analogie aus dem innertheologischen Bereich auszubrechen. Der Analogiebegriff dient dazu, ähnlich lautende Begriffe, die mittels verschiedener Methoden gewonnen worden sind, in ein Verhältnis zu setzen. Es zeigt sich allerdings, daß eine solche Form der Analogie kaum aufrechtzuerhalten ist. Denn einerseits kann der bloße Gleichlaut nicht über die inhaltliche Differenz hinwegtäuschen, und andererseits ist nur schwer angebbar, worin die inhaltlichen Gemeinsamkeiten der beiden Begriffe bestehen sollen. Das hat zur Folge, daß sich als analog vorgestellte Begriffe oftmals bloß als assoziative Verknüpfungen erweisen, die nur durch ihren sprachlichen Gleichklang zusammengehalten werden. Eine weitere Schwierigkeit ergibt sich dann, wenn die Analogizität der behaupteten Analogie im Laufe der Ausführung des Modells nicht durchgehalten wird. Dann fungiert der Analogiebegriff nämlich als Werkzeug, um methodisch fremde Begriffe in eine methodenfremde Wissenschaft einzuschleusen. Die mittels Analogie mit dem an und für sich fremden Wissenschaftsbereich in Verbindung gebrachten Begriffe sind mit Hilfe dieser Relation scheinbar auch für die fremde Wissenschaft geeignet. Der Geschichtsbegriff etwa kann auf diese Weise in naturwissenschaftliche Betrachtungsweise Eingang finden, ohne daß seine Differenz zum quantifizierenden Zeitbegriff der Naturwissenschaften bleibende Beachtung finden würde. Umgekehrt kann bei solchem Vorgehen zum Beispiel der Zeitbegriff der naturwissenschaftlichen Theorie der Selbstorganisation als Argumentationshilfe für eine Geschichtstheologie herangezogen werden. Analogie fungiert hier als illegitime Verbindungsbrücke methodisch nicht zu verwechselnder Wissenschaftsbereiche.

Anders als ein solches Analogiemodell, das sich bei näherem Zusehen in gewissen Partien als verkapptes Identitätsmodell entpuppt, wird im Repräsentations- bzw. Symbolmodell eher theologisch vorgegangen. Die Welt als Repräsentation Gottes zu verstehen scheint sich zunächst dem Problem einer Vermittlung zwischen Theologie und Naturwissenschaften gar nicht zu stellen, da das Modell offenbar rein theologisch argumentiert. In der Form, wie Link das Repräsentationsmodell ausgearbeitet hat, wird diese Schwierigkeit allerdings in das Verhältnis verschiedener Zeiten zueinander verschoben. Der Vorschlag, die phänomenale Zeit als zeitliche Darstellung der transzendentalen Zeit zu verstehen, versucht, den methodischen Graben zu überwinden, dessen sich Link durchaus bewußt ist. Die Fragen, welche Zeit die dritte Zeit sei und wie eine solche Darstellung einer Zeit in einer anderen zu denken sei, beantwortet Link – wie gezeigt – allerdings nicht. Die Schwierigkeiten, mit denen er dadurch konfrontiert ist, bewegen sich neuerlich im Mediationsbereich. Die Problemverlagerung an einen anderen Ort, nämlich an den der Zeitrelation, führt zu keiner näheren Klärung. Denn entweder man gelangt zu einer unendlichen Darstellungskette von Zeiten in Zeiten, wobei der Darstellungsbegriff ontologisch keineswegs geklärt ist, oder man führt einen alle erwähnten Zeiten umfassenden Oberbegriff von Zeit ein, der methodisch differenzierte Betrachtung wiederum nivelliert.

Das Symbolmodell steht nicht vor solchen Problemen, da es gar nicht versucht, eine Einheit zwischen zwei methodisch verschiedenen Bereichen herzustellen, sondern von vornherein die naturwissenschaftliche Betrachtungsweise beiseite läßt. An die Stelle naturwissenschaftlicher Empirie der Natur ist immer schon philosophisch und theologisch ausgewiesene Welterfahrung getreten, die vorwissenschaftliche Naturerfahrung einschließt. In der Folge stellt sich die Frage nach dem Verhältnis von Naturwissenschaften und Theologie nicht mehr, da Naturwissenschaften als reduktive und daher theologisch nicht relevante Erkenntnisform aus methodischen Überlegungen ausscheiden. Implizit ist ein solches Modell also ein Differenzmodell, das sich dem Problem der Relation zwischen Theologie und Naturwissenschaften nicht stellt.

Ein im Vergleich zur eben erwähnten Theologie der Natur, die in ein Differenzmodell mündet, alternatives Konzept von Naturtheologie versuchen Fundierungsmodelle aufzubauen. Die Naturwissenschaften werden als solche theologisch fundiert, nicht jedoch naturwissenschaftliche Einzelmomente mit Theologumena in Beziehung gesetzt. Die Naturwissenschaften gelten als methodisch different, was jedoch die Vertreter von Fundierungsmodellen nicht daran hindert, sie mit Theologie in Relation zu setzen. Dazu werden die Naturgesetzlichkeit als solche beziehungsweise die in einer solchen Konzeption implizierten Voraussetzungen theologisch beleuchtet. Wesentliche Bedeutung erhält in einem derartigen Versuch der Sinnbegriff. Denn die Ergebnisse der Einzelwissenschaften werden mittels rekapitulierender neuerlicher Vergegenwärtigung angesichts der Sinndimension der Natur als ganzer in ihrer scheinbar absoluten Geltung relativiert. Der philosophische beziehungsweise theologische Horizont wird als der weitere vorgestellt, der es erlaubt, daß die Naturwissenschaften in ihm einen Ort zugewiesen bekommen, der sie in ihrer Absolutheit einschränkt, jedoch weder ihre methodische Eigenständigkeit noch ihre Bedeutung im naturwissenschaftlich-technischen Bereich schmälert. Dennoch kann eine Relation zwischen Naturwissenschaften und Theologie argumentativ aufgewiesen werden, indem nämlich der Naturentwurf näher betrachtet wird, der den neuzeitlichen Naturwissenschaften zugrunde liegt. Wiederholbarkeit, experimentelle Überprüfbarkeit und Gesetzlichkeit der Ergebnisse werden auf ihre Bedeutung für das zugrundeliegende Naturverständnis hinterfragt. Dieses wird dann seinerseits mit einem philosophischen oder theologischen Naturentwurf konfrontiert. Dabei zeigt sich, daß die Randbedingungen und Voraussetzungen des gängigen naturwissenschaftlichen Naturkonzeptes, die unhinterfragt vorausgesetzt werden, philosophisch und in der Folge theologisch weiter aufgeschlossen werden können.

Die Problematik eines solchen Vorgehens besteht darin, daß die Annäherung von zwei Punkten aus erfolgt. Einerseits zeigen die Vertreter eines solchen Modells von den Naturwissenschaften her deren Grenzen in der Naturkonzeption auf, um im Anschluß daran etwa den implizit verwendeten Kontingenzbegriff als philosophisch und theologisch relevant vorzustellen. Andererseits verstehen sich die Repräsentanten eines derartigen Fundierungsmodells vornehmlich als Theologen und müßten deshalb eigentlich streng theologisch argumentieren. Pannenbergs Behauptung, daß die Gleichförmigkeit der Naturgesetze Bedingung jeder geschöpflichen Selbständigkeit sei, ist allerdings der Versuch, sachlich Vorhergehendes und theologisch primär in den Blick zu Nehmendes durch sekundäre Bestimmungen begründet sein zu lassen. Mit einer solchen Aussage wird weder der theologische Grundduktus aufrechterhalten noch eine Verhältnisbestimmung ausgedrückt, sondern das zugrundeliegende Programm einer theologischen Fundierung naturwissenschaftlicher Methodik konterkariert. Die Bedeutung eines solchen Versuches besteht freilich darin, die Eigenständigkeit beider Disziplinen weitestgehend aufrechtzuerhalten und dennoch einen Versuch der Zusammenschau zu bieten, der nicht schon von vornherein Gefahr läuft, in ein Differenz- oder Identitätsmodell umzukippen.

Der integrative Versuch Teilhards hingegen, der mystisch vorgeht und mittels prospektiver Schau mannigfache Impulse für wissenschaftliches Fortdenken gegeben hat und noch gibt, hat seine Bedeutung in erster Linie als Beginn für die heutige Neuorientierung im Bemühen um eine Vermittlung zwischen Theologie und Naturwissenschaften. Er verlangte jedoch für eine wissenschaftliche Auseinandersetzung, die methodische Differenzierung durchzuführen bereit ist, eine argumentativ ausgewiesene Weiterführung und Klärung. Die von Teilhard durchgeführte Rekapitulation der Ergebnisse der Evolutionsbiologie hat nämlich auf Grund ihres speziellen literarischen Genus nicht die methodologische Klarheit, die es verbieten würde, einzelwissenschaftliche Erkenntnisse als Belege für theologische Konzeptionen zu verwenden.

Anders die Prozeßtheologie: Durch die Aufnahme metaphysischer Konzeptionen Whiteheads läuft sie zwar nicht Gefahr, einzelwissenschaftlich gewonnene Ergebnisse als Beweise eigener Aussagen zu verwenden, sie befindet sich aber in der Schwierigkeit, an *eine bestimmte* Philosophie gebunden zu sein. Diese schließt eine philosophische Gotteslehre ein, deren Eignung für die Übernahme in christliche Philosophie viele Theologen zumindest in Frage stellen. Whiteheads Versuch, in seiner Philosophie der Dynamik im Gegensatz zur Statik ein ebenso großes Gewicht zu verleihen, wie es evolutiv orientierte Biologie tut, hat zwar naturphilosophisch große Bedeutung erlangt, beinhaltet aber Komponenten, die aus der

Sicht eines christlichen Theologen nur schwer nachvollziehbar sind, will er nicht fundamentale Überzeugungen wie die asymmetrische Schöpfungsrelation oder trinitätstheologische Grundüberzeugungen zur Disposition stellen.

2.5.2 Zur Stellung der Philosophie

Wenn auch nicht in der Form eines einzigen konkreten philosophischen Entwurfes – wie im Fall der Prozeßtheologie –, so sind philosophische Reflexionen in den vorgestellten Modellen doch immer wieder begegnet. Sowohl im Differenz- als auch im Identitätsmodell spielt Philosophie allerdings eine eher marginale Rolle. Wenn nämlich Theologie und Naturwissenschaften – jeweils auf die eigene Methode Bedacht nehmend – unvermittelt nebeneinander stehen, ist Philosophie nicht gefragt. Genausowenig hat in einem Verhältnis zwischen beiden Bereichen Philosophie irgendwelche Bedeutung, wenn Theologie und Naturwissenschaften vermeintlich eine einzige Methode verwenden. In Mediations- und Fundierungsmodellen allerdings begegnen immer wieder philosophische Passagen. Deren Auftreten hat seinen Grund darin, daß Mediation kaum gelingen kann, wenn man sich mit einzelwissenschaftlichen Sichtweisen begnügt. Begriffe wie „Symbol", „Repräsentation" oder „Analogie" sind nämlich nicht naturwissenschaftlich aufklärbar, sondern verlangen philosophische Reflexion. Gerade ihnen kommt in den Mediationsmodellen entscheidende Bedeutung zu, da mit ihrer Hilfe der Versuch gemacht wird, ein Scharnier zu finden zwischen den methodisch unterschiedlichen Disziplinen. Naturwissenschaftlich ist ein solches Begriffsproblem jedoch nicht abzuhandeln, und spezifisch theologische Ansatzpunkte bietet es ebenfalls nicht. Folglich müssen Anleihen bei der Philosophie gemacht werden.

Auch in Fundierungsmodellen spielt Philosophie eine wichtige Rolle, selbst dann, wenn diese theologisch geprägt sind. Denn eine Reflexion über Naturwissenschaften als solche verlangt – über einzelwissenschaftliches Vorgehen hinaus – eine Aufschlüsselung dessen, was Naturgesetz heißt und was – im Falle Pannenbergs – mit dem angesprochenen Kontingenzbegriff gemeint ist. Eine Positionierung der Naturwissenschaften innerhalb eines größeren Wirklichkeitshorizontes, der über quantifizierbare und mittels Experimenten faßbare Realität hinausreicht, setzt philosophische Überlegungen voraus, noch bevor theologisch ein Anknüpfungspunkt gesucht werden kann. Der Gegenstandsentwurf, den sich Naturwissenschaften vorgeben lassen, muß *philosophisch* zur Sprache gebracht werden, da eine naturwissenschaftliche Aufhellung der eigenen Voraussetzungen schon per Definition naturwissenschaftlicher Vorgehensweise nicht gelingen kann. Um zu sehen, auf welche Weise und in welcher Hinsicht Naturwissenschaften an die Wirklichkeit herangehen, bedarf es nicht eines naturwissenschaftlichen, sondern eines philosophischen Zugangsweges.

So auf Philosophie verwiesen sind Modelle, die mit der Sinnkategorie arbeiten. Eine rein naturwissenschaftliche Perspektive kann nämlich Finalstrukturen und Sinnzusammenhänge, die sich auf die Natur als ganze beziehen, nicht zum Vorschein bringen. Ihr Gegenstandsentwurf schließt solche Kategorien zugunsten mathematischer Berechenbarkeit aus. Theologie hingegen baut auf solchen Sichtweisen auf und schließt sie ein. Deshalb bedarf es einer naturphilosophischen Rekapitulation der von den Naturwissenschaften immer schon vorausgesetzten, aber von ihnen unhinterfragbaren Rahmenbedingungen ihres Naturentwurfes, da ansonsten keine vortheologische Sichtweise gewonnen wird, die aus methodischer Sicht von Theologie rezipiert werden könnte. Wie das Differenzmodell zeigt, kommt nur eine negative Verhältnisbestimmung von Naturwissenschaften und Theologie ohne philosophische Aufarbeitung des einzelwissenschaftlichen Naturentwurfes aus.

Anders verhält es sich mit inhaltlichen Bestimmungen, die von naturwissenschaftlicher Seite als theologisch relevant vorgestellt werden. Es kann nicht darum gehen, Einzelergebnisse naturwissenschaftlicher Forschung philosophisch oder theologisch zu überhöhen. Vielmehr sind primär die Naturwissenschaften und ihr Gegenstandsentwurf als solcher zu problematisieren. Naturwissenschaftliche Einzelergebnisse, die inhaltliches Gewicht zu haben scheinen, müssen dahingehend relativiert werden, daß der methodische Rahmen aufgeschlossen wird, innerhalb dessen sie gewonnen wurden. Eine neue Sicht aus universalwissenschaftlicher Perspektive wird sich in der Folge anzuschließen haben, und zwar bevor noch eine Zusammenschau mit Theologie versucht werden kann.

Philosophisches Denken kann – wie die Untersuchung der einzelnen Modelle zeigt – auch in einem theologischen Entwurf nicht dispensiert werden, der methodische Trennung ernst nimmt und einen Bezug zu Naturwissenschaften herzustellen bereit ist, der sich nicht darin erschöpft, die Komplementarität beider Disziplinen zu beteuern. Eine philosophische Reflexion darüber, welchen Gegenstandsentwurf Naturwissenschaften zu ihrer Voraussetzung haben, ist für die Verhältnisbestimmung beider Relate notwendig. Aber nicht nur zur Abklärung der wissenschaftstheoretischen Verhältnisbestimmung in bezug auf das Methodenproblem ist philosophisches Vorgehen unumgänglich, sondern auch im Hinblick auf inhaltliche Bezugnahmen. Denn Ergebnisse methodisch eingeschränkter Wirklichkeitserfassung, wie sie die Naturwissenschaften praktizieren, können nicht in einen neuen Rahmen verlagert werden, der methodisch different ausgerichtet ist. Es ist vielmehr nötig, naturwissenschaftliche Ergebnisse in ihrer Gestalt methodischer Reduktion ernst zu nehmen und, davon getrennt, in einem neu ansetzenden universalwissenschaftlichen Zugang ein Naturverständnis zu erarbeiten, zu dem Theologie nicht in methodischer Differenz steht. Solches ist aber eine spezifisch philosophische Bemühung.

2.5.3 Zur Polyvozität des Zeitbegriffs

Inhaltliche Bezüge zwischen Naturwissenschaften und Theologie werden von theologischer Seite vornehmlich über das Zeitproblem hergestellt. Besonders die Vertreter des Identitätsmodells versuchen – wie gezeigt –, mit Hilfe des Zeitbegriffs die Zusammengehörigkeit beider Disziplinen zu veranschaulichen. Das in neueren naturwissenschaftlichen Weltbildentwürfen hervorgehobene Charakteristikum der Irreversibilität[3] dient nicht nur Naturwissenschaftlern, sondern auch Theologen dazu, Naturabläufen geschichtliche Struktur zu unterlegen. Dadurch soll heilsgeschichtliches Denken der Theologie in Parallele gesetzt werden zu naturwissenschaftlich konstatierten Naturabläufen.

Aber nicht nur das Identitätsmodell, sondern auch die behandelten Mediationsmodelle weisen teilweise Zeit als übergeordnete Struktur aus, die die Funktion hat, beide Wissenschaften zu verknüpfen. So schreiben etwa sowohl Ganoczy und Link (Mediationsmodell) als auch Moltmann und Bosshard (Identitätsmodell) der Natur Geschichte oder wenigstens geschichtliche Momente zu. Die Geschichtlichkeit der Natur bildet dann die Gewähr dafür, daß es zwischen Theologie und Naturwissenschaften keinen Widerspruch gibt, daß sie vielmehr über weite Strecken übereinstimmen. Die Veränderlichkeit der Natur, die in heutigen Entwürfen naturwissenschaftlich von Belang ist, wird als Indiz dafür gewertet, daß es von den Naturwissenschaften keine kategorische Ablehnung einer Rede von Gott mehr geben könne, da mit dem Ende des strengen Determinismus die Existenz Gottes nicht mehr auszuschließen und nunmehr geschichtliches Denken, das der Theologie eigen ist, auch in den Naturwissenschaften vorzufinden sei.

Gegen eine derartige Vereinheitlichung der Zeitbegriffe von Theologie und Naturwissenschaften spricht allerdings eine philosophische Analyse, die danach fragt, was unter dem jeweils verwendeten Zeitbegriff verstanden wird. Während naturwissenschaftliche Entwürfe von einem quantifizierbaren Zeitbegriff ausgehen, versteht Theologie das Fortschreiten in der Zeit als Freiheitsgeschichte, die bestimmt wird vom Handeln des Menschen und den Taten Gottes, die Geschichte schreiben. Umgekehrt wird ein Geschichtsbegriff, der auf personaler Freiheit fußt, von einigen naturwissenschaftlichen Weltbildern in Anspruch genommen, indem er mit irreversibler Veränderung experimentell nachprüfbarer Vorgänge gleichgesetzt wird. Philosophische Reflexion zeigt allerdings, daß beide Begriffe nicht dieselben sind, wiewohl sie mit dem gleichen Wort benannt werden. Denn das per definitionem methodisch eingeschränkte Vorgehen der Naturwissenschaften, die Wirklichkeit unter einen ganz bestimmten Gegenstandsentwurf stellen, bringen Zeit nur insofern zur Sprache, als sie sich messen läßt und eine mathematisch festlegbare Richtung aufweist. Nicht erfaßt hingegen werden personale und erlebte Zeit oder das Ineinander von Zeitmodi, wenn etwa Vergangenheit bewältigt werden muß oder Zukunft für die Freiheitsgeschichte des einzelnen Bedeutung gewinnt. Solche methodischen Einschränkungen verhindern auch die Rede von Zeit oder Ewigkeit Gottes innerhalb der jeweiligen naturwissenschaftlichen Disziplin, da Gott – wenigstens nach theologischer Vorstellung – mehr als eine quantifizierbare Größe ist.

Wenn also Theologen den Konnex ihrer Wissenschaft mit Naturwissenschaften mittels des Zeitbegriffs herzustellen versuchen, ist vornehmlich zu klären, ob dasselbe gemeint ist, wenn sie und Naturwissenschaftler die gleichen Begriffe verwenden. Wie die obigen Beispiele von Entwürfen gezeigt haben, gehen viele Theologen über diese Grenzen hinweg, ohne sich des methodischen Bruches be-

---

3 Siehe besonders die Ausführungen unter Pkt. 3.2.

wußt zu werden. Erst in einer Reflexion über solches Vorgehen kommt zum Vorschein, daß unterschiedliche Methoden auch inhaltliche Konsequenzen mit sich bringen, da die mit unterschiedlichen Verfahrensweisen erforschte Wirklichkeit als je verschiedene Realität zur Sprache kommt und nicht kurzerhand unter eine Einheitswissenschaft subsumiert werden kann. Denn jede Methode bringt unterschiedliche Aspekte zum Vorschein, deren Summe noch nicht die Wirklichkeit als solche ausmacht. Reduktives Vorgehen kann nämlich – auch wenn die einzelnen Unternehmungen addiert werden – nicht das sichtbar machen, was ein universalwissenschaftlicher, möglichst uneingeschränkter Blick zu sehen fähig ist.

Für die Rezeption des naturwissenschaftlichen Zeitbegriffs von seiten der Theologen bedeutet dies, daß nicht in gleicher Weise von Zeit gesprochen wird, wenn etwa die Irreversibilität chemischer Prozesse oder der Entropiesatz erwähnt werden und wenn es im selben Begründungszusammenhang um heilsgeschichtlich relevante Eschatologie geht. In solchen theologischen Versuchen, die Grenzen zwischen den Disziplinen zu negieren, wird mit einem mindestens zweideutigen Zeitbegriff operiert, der die Verbindungsbrücke zwischen diesen abgeben soll. Dennoch wird von Freiheitsgeschichte geredet, wiewohl quantifizierte Zeitabläufe gemeint sind, oder es wird der Evolutionsbegriff als heilsgeschichtlicher Grundbegriff vorgestellt. Derartige Kategorienverwechslungen freilich verbinden Theologie und Naturwissenschaften nur scheinbar, indem die Mehrdeutigkeit des Zeitbegriffs außer acht gelassen wird. Diese zu beachten wäre aber die Voraussetzung für das Gelingen einer soliden Verhältnisbestimmung.

3. Zum Bezug zwischen Theologie und Naturwissenschaften aus naturwissenschaftlicher Sicht

Die Analyse heute gängiger (schöpfungs)theologischer Modelle hat gezeigt, daß eine Vielzahl unterschiedlicher Versuche vorliegt, das Verhältnis zwischen Naturwissenschaften und Theologie zu bestimmen. Besondere Bedeutung kommt in den theologischen Modellen dem Zeitbegriff zu, der oftmals als Bindeglied zwischen den beiden Bereichen eingeführt wird und der zeigen soll, daß sich Theologie und Naturwissenschaften nicht widersprechen. Wie sich herausgestellt hat, sind bei solchen Versuchen immer wieder methodische Probleme von Belang, da ein reduktives Vorgehen eine nur scheinbare Verknüpfung der verschiedenen Wissenschaften herzustellen in der Lage ist. Einzelne Versuche haben sich als bloß vermeintliche Überwindung der oft eingeklagten Differenz erwiesen, da sie Begriffe gleichsetzen, die nicht dasselbe meinen und daher rechtens nicht miteinander identifiziert werden können.

Nun gibt es aber nicht nur im Bereich der Theologie Bestrebungen, das aus historischen Gründen – besonders seit Darwin – belastete Verhältnis zwischen Naturwissenschaften und Theologie zu entschärfen. Neuerdings publizieren immer mehr Naturwissenschaftler ihre fachwissenschaftlichen Ergebnisse nicht nur in einschlägigen Zeitschriften, sondern versuchen auch eine Zusammenschau ihres Faches, die meist nicht nur physikalische, chemische oder biologische Forschungsergebnisse beinhaltet, sondern diese in ein weltanschauliches Gesamtkonzept einbindet. Die in Form von Weltbildern präsentierten naturwissenschaftlichen Erkenntnisse umfassen oftmals auch theologische Fragestellungen wie etwa die Gottesfrage oder die Problematik der Heilsgeschichte. So stellen solche Bücher sehr oft den Versuch dar, Gott unter naturwissenschaftlicher Perspektive zur Sprache zu bringen oder Themen der Religion – wie die Autoren behaupten – erstmals „wissenschaftlich" zu behandeln, wenn nicht gar alte metaphysische oder theologische Probleme naturwissenschaftlich – und daher ein für allemal – zu lösen.

Da es Ziel der vorliegenden Arbeit ist, das Verhältnis zwischen Naturwissenschaften und Theologie zu untersuchen, sollen nach der Diskussion theologischer Versuche auch naturwissenschaftliche Bemühungen geprüft werden, denen an einer Relationsbestimmung zu philosophischen oder theologischen Problemen gelegen ist. Wie gesagt, handelt es sich dabei meist um Publikationen, die gleichsam das naturphilosophische Pendant zu den eigentlich naturwissenschaftlichen Fachbeiträgen abgeben sollen. Wegen der dargebotenen Fülle derartiger Veröffentlichungen kann es hier nur darum gehen, einige Beispiele auszuwählen und exemplarisch darzustellen, wie von naturwissenschaftlicher Seite versucht wird, an theologische Fragestellungen heranzugehen.

Da auch viele Naturwissenschaftler den Zeitbegriff als den Schlüssel für die Verhältnisbestimmung ansehen, wird es darauf ankommen zu untersuchen, inwieweit dieser Begriff, so wie ihn einzelne Naturwissenschaftler verwenden, theologischen oder philosophischen Ansprüchen genügen kann beziehungsweise wo eventuell Differenzen übergangen werden, die ein methodisch differenziertes Vorgehen zu berücksichtigen hätte. Wie schon im vorhergehenden Abschnitt wird es mir auch im folgenden darum zu tun sein, besonderes Augenmerk auf die unterschiedliche Methodik beider Wissenschaftsdisziplinen zu richten, um eventuell physikalistisch angelegte Entwürfe als solche identifizieren zu können. Denn wenn Naturwissenschaftler daran gehen, Aussagen über Gott zu machen, ist zu fragen, ob sie dies als Einzelwissenschaftler oder als Philosophen beziehungsweise Theologen tun.

Theologen, die über Natur nachdenken, so ist deutlich geworden, tun dies entweder so, daß sie sich naturwissenschaftliche Daten zu eigen machen und sie in ihre theologischen Entwürfe einbauen oder daß sie eine methodisch von naturwissenschaftlichem Vorgehen unterschiedene Theologie der Natur entwerfen, die nicht auf einzelwissenschaftliche Ergebnisse aufbaut, sondern prinzipiell neu ansetzt. In ersterem Fall kommt es zu Kategorienverwechslungen und den Schwierigkeiten, von denen oben die Rede war. Auf ähnliche Art und Weise gehen auch manche Naturwissenschaftler vor und handeln sich dadurch naturgemäß den Vorwurf überzogener Ansprüche ihrer Methode ein. Freilich können sie nicht in Analogie zur Theologie eine methodisch eigenständig ansetzende Physik Gottes entwerfen, wie Theologie eine *Theologie* der Natur kennt, die der naturwissenschaftlichen Natursicht gegenübersteht. Denn Naturwissenschaften sind an einen Gegenstandsentwurf gebunden, der auf die Wiederholbarkeit der Experimente und auf Quantifizierbarkeit abzielt und folglich die personalen und geschichtlichen Bestimmungen von Glaubenserfahrung nicht als solche zur Sprache bringen kann. Der Versuch einer solchen Physik Gottes vermag also die wesentlichen Inhalte der Gottes- und der religiösen Welterfahrung nicht zu erfassen und geht deshalb an den eigentlichen und essentiellen Momenten religiöser Inhalte vorbei. Da sich Gott experimenteller Betrachtungsweise entzieht, konnte sich bislang etwa eine Physik Gottes, die methodisch nach dem Vorbild moderner Naturwissenschaften agiert, nicht etablieren. Dennoch gibt es neuerdings derartige Versuche, zum Beispiel das Ansinnen, eine „Physik der Unsterblichkeit“ zu begründen.[1] Solche Vorstöße haben freilich – wie zu zeigen sein wird – mit methodischen Legitimationsproblemen im Sinne obiger Überlegungen zu kämpfen.

Während – wie im vorhergehenden Abschnitt sichtbar geworden ist – sowohl Theologie als auch Naturwissenschaften Natur zu ihrem Gegenstand haben können, freilich unter je anderen methodischen Voraussetzungen, so ist eine gemeinsame Gottesrede sowohl der Theologie als auch der Naturwissenschaften rechtens nicht denkbar, solange diese ihrer Methode treu bleiben. Es gibt zwar einerseits die verschiedenen Naturwissenschaften und andererseits darüber hinaus auch eine Theologie oder auch Philosophie der Natur, von denen jede ihre Bedeutung hat, nicht aber analog dazu sowohl theologisch als auch streng naturwissenschaftlich geäußerte Gottesrede, die beide von gleichem Belang sein könnten, sodaß jede in ihrer methodischen Berechtigung ausweisbar wäre.

Im folgenden wird es also nicht darum gehen, die Vermengung zweier verschiedener Methoden zu untersuchen, die eigentlich einer je unterschiedlichen

---

[1] Tipler F. J., Die Physik der Unsterblichkeit. Moderne Kosmologie, Gott und die Auferstehung der Toten, München 1994.

Disziplin zuzuordnen sind, aber in *einer* Disziplin vermischt auftreten. Eher wird zu untersuchen sein, inwieweit naturwissenschaftliches Denken berechtigterweise den Anspruch erhebt, sich theologisch ausweisen zu können. Die Verbindung zwischen Naturwissenschaften und Theologie wird von seiten der Naturwissenschaften nicht in erster Linie über den Naturbegriff gesucht, wie es viele Theologen im Hinblick auf Biologie oder Physik tun, sondern vor allem über einen neuen Gottesbegriff, der nach der Meinung vieler Naturwissenschaftler naturwissenschaftlich faßbar sein muß.

Naturwissenschaftliches Reden über Gott begegnet vornehmlich bei modernen Physikern, die entweder einen eigenen Gottesbegriff zu entwerfen versuchen oder Gott als irrelevant beiseite lassen. Bezüge werden meist bei der Beantwortung kosmologischer Fragestellungen über den Anfang oder das Ende der Welt angesprochen. Daneben spielen aber auch Gedanken über die Grundbausteine des Universums eine wichtige Rolle, oder auch statistische Verfahrensweisen, die den Anschein erwecken, daß auf neue Art und Weise über Zeit geredet werden kann, sodaß Geschichtsstrukturen naturwissenschaftlich faßbar erscheinen. Im folgenden werde ich solche Entwürfe vorstellen und auf ihre methodische Differenziertheit hin untersuchen. Dabei wird sich zeigen, inwieweit solche Ansätze für ein methodisch reflektiertes Gespräch zwischen Naturwissenschaften und Theologie von Bedeutung sein können.

3.1 Physikalistische Infragestellung beziehungsweise Verabschiedung Gottes

Einen Versuch, der naturwissenschaftliche Ergebnisse explizit mit theologischen Fragestellungen in Verbindung bringt, stellt S. Hawking zur Diskussion. Er entwickelt eine von vielen Fachkollegen geschätzte naturwissenschaftliche Kosmologie, die ihn an verschiedenen Stellen auch über Gott nachdenken läßt und die es seiner Ansicht nach erlaubt, Gedanken über die Bedeutung des Gottesbegriffes anzuknüpfen. Im folgenden werde ich seine Kosmologie vorstellen, soweit sie für die Themenstellung dieser Arbeit von Interesse ist, und seine Folgerungen für das Gottesbild auf ihre Tragfähigkeit hin untersuchen.[2]

3.1.1 Kosmologische Verknüpfung von Relativitäts- und Quantentheorie

Den Ausgangspunkt für Hawkings Theorien bildet A. Einsteins allgemeine Relativitätstheorie. Aus dieser geht hervor, daß sich das Universum ausdehnt. Einstein, der entgegen dieser Folgerung seiner eigenen Theorie von einem statischen Universum ausgegangen war, war nicht bereit, diese Konsequenz zu akzeptieren, und führte deshalb eine kosmologische Konstante ein, die er aber später selbst für un-

[2] Wegen der Fragestellung dieser Arbeit kann es nicht darum gehen, Hawkings Kosmologie einer physikalischen Kritik zu unterziehen.

sinnig erklärte.[3] Die Entdeckung der Rotverschiebung und der Hintergrundstrahlung sowie Hubbles Beobachtungen hatten nämlich die Aufrechterhaltung der kosmologischen Konstante unmöglich gemacht. Hawking seinerseits ging es nun darum, die kosmologischen Konsequenzen aus diesen Erkenntnissen weiter auszufalten. So wies er zusammen mit R. Penrose nach, daß – vorausgesetzt die allgemeine Relativitätstheorie ist gültig – das Universum einen Anfang und möglicherweise auch ein Ende haben muß.[4] In der Folge konzentrierten sich die Forschungen der beiden Physiker vor allem auf das Ende des Universums: Penrose konnte zeigen, daß jeder kollabierende Stern als Schwarzes Loch enden muß, in dem das Volumen gegen Null, Dichte und Krümmung der Raumzeit jedoch gegen unendlich gehen, folglich also Singularitäten sind.[5] Hawking seinerseits blieb nicht bei der Erforschung des Endes von Sternen, sondern kehrte die Denkrichtung um und fragte, ob ein nach Friedmannscher Art expandierendes Universum begonnen haben muß, wie es den Berechnungen nach zu enden hat, nämlich als Singularität. Das schien zu bejahen zu sein, denn gemeinsam mit Penrose hat Hawking 1970 bewiesen, „daß es eine Urknall-Singularität gegeben haben muß, vorausgesetzt, die allgemeine Relativitätstheorie stimmt und das Universum enthält so viel Materie, wie wir beobachten“[6].

Störend für Hawking war dieses Ergebnis aber insofern, als damit zugleich bewiesen war, daß Einsteins Relativitätstheorie unvollständig ist. Denn sie kann nichts über diese Anfangssingularität des Universums mitteilen, da aus ihr folgt, „daß alle physikalischen Theorien, einschließlich ihrer selbst, am Anfang des Universums versagen“[7]. Damit wollte sich Hawking jedoch nicht zufriedengeben, sondern er ging daran, eine Theorie zu entwerfen, die den Anfang des Universums nicht als Sonderfall versteht, der physikalisch nicht mehr beschrieben werden kann, sondern als innerphysikalische Größe. Dabei halfen ihm seine Forschungen auf dem Gebiet der Schwarzen Löcher, deren Ergebnisse er auf die Anfangssingularität übertrug.

Die theoretische Möglichkeit der Existenz von Sternen, die so große Masse besitzen, daß sich ihrer Gravitationskraft nichts mehr zu entziehen vermag, hat erstmals John Mitchell 1783 beschrieben.[8] Die Bezeichnung „black holes“ hingegen führte John Wheeler 1967 ein. Er weckte so – wie Hawking meint – öffentliches Interesse an der Astronomie, da diesem Begriff ein dramatischer Beiklang nicht abzusprechen sei.[9] Schwarze Löcher verlieren sehr viel der Information, die

---

3 White M./ Gribbin J., Stephen Hawking. Die Biographie, Reinbek 1994, 47f.

4 Hawking S. W., Eine kurze Geschichte der Zeit. Die Suche nach der Urkraft des Universums, Reinbek 1989, 52.

5 Hawking, Geschichte der Zeit, 70f..

6 Hawking, Geschichte der Zeit, 72.

7 Ebenda.

8 Hawking S., Schwarze Löcher und Baby-Universen, in: Hawking S., Einsteins Traum. Expeditionen an die Grenzen der Raumzeit, Reinbek 1994, 113–125, 115.

9 „Was war vor dem großen Knall?“, in: Der Spiegel 42/ Nr. 42 (1988) 246–270, 249.

im Stern noch vorhanden war, bevor er kollabierte, und sind nur in bezug auf drei Parameter konstant. Nach dem Keine-Haare-Theorem werden bloß die Masse, der Drehimpuls und die elektrische Ladung bewahrt; ein Schwarzes Loch hat stationären Zustand. Das heißt, daß ein Schwarzes Loch aus verschiedenen Massenkonfigurationen entstanden sein kann, wobei die Anzahl der Möglichkeiten sehr groß, aber nicht unendlich ist.[10]

Für die Physik des Anfangs des Universums wurden zwei weitere Entdeckungen im Zusammenhang mit den Schwarzen Löchern bedeutend, zum einen die Erkenntnis, daß kleine Schwarze Löcher in der Zeit kurz nach dem Urknall eine Rolle gespielt haben,[11] und zum anderen die Einsicht, daß Schwarze Löcher, die sich vom Urknall nur dadurch unterscheiden, daß sie nicht den Anfang, sondern das Ende der Zeit bedeuten, möglicherweise gar keine Singularitäten sind.[12] Die Kleinheit der Schwarzen Löcher am Anfang brachte Hawking zu der Einsicht, daß auf sie nicht nur die Relativitätstheorie, sondern auch die Quantentheorie anwendbar sein müsse. Ist dies aber der Fall, so kann wegen der Unschärferelation nicht mehr gesagt werden, daß ein Teilchen das Schwarze Loch nicht mehr verlassen könne. Schwarze Löcher sind offenbar nicht ganz schwarz, denn Teilchen und Strahlung können – so sagt es die Quantentheorie voraus – in stetiger Rate entweichen.[13] Verläßt zum Beispiel von einem Photonenpaar, das als Paar sogenannter virtueller Teilchen verstanden wird, ein Photon das Schwarze Loch, während das andere festgehalten bleibt, kommt es zu einer Strahlung, die nach ihrem Entdecker Hawking-Strahlung genannt wird.[14] Alle Berechnungen bestätigen, daß es unmittelbar außerhalb des Ereignishorizontes, das heißt außerhalb der Grenze des Schwarzen Loches, Quantenfluktuation und virtuelle Teilchen geben muß. Schwarze Löcher verhalten sich folglich wie heiße Körper, deren Temperatur bloß von der Masse abhängig ist.[15] Wenn Schwarze Löcher aber strahlen, so bleibt auch der zweite Hauptsatz der Thermodynamik gültig. Denn wenn negative Energie in ein Schwarzes Loch gelangt, so hat dieses nach Einsteins Formel weniger Masse. Das bedeutet aber, daß die Fläche des Ereignishorizontes kleiner wird, was wiederum ein Maß dafür abgibt, daß auch die Entropie kleiner wird. Das entstehende Gefälle wird durch die abgegebene Strahlung ausgeglichen. Mit anderen Worten heißt das, daß die Temperatur umso größer ist, je kleiner die Masse wird, und daß damit die Emissionstätigkeit der Gammastrahlen zunimmt.[16]

---

[10] Hawking S., Die Quantenmechanik Schwarzer Löcher, in: Hawking S., Einsteins Traum. Expeditionen an die Grenzen der Raumzeit, Reinbek 1994, 97–111, 102f.

[11] Hawking, Die Quantenmechanik Schwarzer Löcher, 100.

[12] Hawking, Geschichte der Zeit, 116 und 146.

[13] Hawking S., Einsteins Traum, in: Hawking S., Einsteins Traum. Expeditionen an die Grenzen der Raumzeit, Reinbek 1994, 63–79, 75.

[14] „Was war vor dem großen Knall?“, 256.

[15] Hawking, Geschichte der Zeit, 136.

[16] Hawking, Geschichte der Zeit, 138f.

Diese Theorie Hawkings basiert auf dem Versuch, die allgemeine Relativitätstheorie und die Quantentheorie zu einer Quantentheorie der Gravitation zu verbinden. Während Einsteins allgemeine Relativitätstheorie allein vorhersagt, daß die Raumzeit mit der Singularität des Urknalls beginnt und entweder in einem Endkollaps oder in der Singularität im Innern eines Schwarzen Loches endet, führt die Einbeziehung der Quanteneffekte zu einem gänzlich anderen Ergebnis. Die Masse oder die Energie der Materie eines Schwarzen Loches wird durch Emission schließlich an das übrige Universum zurückerstattet, und das Schwarze Loch mit seiner Singularität verstrahlt zuletzt völlig.[17] Der Gravitationskollaps ist also nicht der Endpunkt, da die „Geschichte" der Teilchen nicht im Schwarzen Loch beendet ist. Denn diese „können aus dem Loch entkommen und ihre Geschichten draußen fortsetzen"[18].

Neben dieser Entdeckung sind auch Feynmans Pfadintegralmethode, die Theorie des inflationären Universums und die These des anthropischen Prinzips für die Ausarbeitung der Kosmologie Hawkings entscheidend. Hawking integriert diese Theorien, indem er sie teilweise umformt und daraus eine neue Kosmologie ausarbeitet: R. Feynman hatte eine Methode zur Summierung von Möglichkeiten, die sogenannte „Pfadintegralmethode", entwickelt. „Danach hat ein System nicht nur eine einzige Geschichte in der Raumzeit, wie man es normalerweise in einer klassischen, nichtquantenmechanischen Theorie annähme, sondern jede Geschichte, die möglich ist."[19] So sind nach dieser Theorie die Wahrscheinlichkeit der verschiedensten Wege eines Teilchens vom einen zum anderen Ort angebbar. Für die Kosmologie freilich geht es nicht um die Summierung der Möglichkeiten einzelner Teilchen, sondern um die des gesamten Gefüges von Raum und Zeit.[20] Da es bei der Anwendung der Feynmanschen Methode zu technischen Schwierigkeiten kommt, sieht sich Hawking gezwungen, die imaginären Zahlen zur Messung der Zeit einzuführen. Er gelangt dadurch zur „imaginären" Zeit.[21]

Bleibt man hingegen in der realen Zeit und fragt sich, wie der Anfang des Universums zu denken sei, so stößt man auf die Inflationstheorie von A. Guth. Dieser geht von verschiedenen Anfangszuständen aus, die seiner Meinung nach einer äußerst raschen Ausdehnung – die noch von der kosmologischen Konstante verstärkt wurde – unterworfen waren, sodaß die Gravitation überwunden wurde. Hawking, der Guths Theorie rezipiert, vertritt jedoch die Inflationstheorie nicht in dieser strengen Form, sondern glaubt, daß im Gegensatz zu Guths Meinung Gravitation gewirkt habe und deshalb die Expansion verlangsamt worden sei.[22]

Ein weiteres integriertes Moment von Hawkings Theorie, das sich allerdings nicht primär auf den Anfang des Universums bezieht, sondern vom faktischen Er-

---

[17] Hawking, Geschichte der Zeit, 147.

[18] Hawking, Einsteins Traum, 76.

[19] Hawking, Einsteins Traum, 74.

[20] Hawking, Einsteins Traum, 77.

[21] Hawking, Geschichte der Zeit, 171. Siehe dazu Pkt. 3.1.2.

[22] Hawking, Geschichte der Zeit, 160ff.

gebnis ausgeht, daß die Entwicklung des Universums den Menschen hervorgebracht hat, ist das anthropische Prinzip. In seiner starken Form meint dieses, daß es viele Regionen des Universums oder verschiedene Universen gebe, die jeweils einen eigenen Urzustand gehabt hätten, welcher sich jeweils auf den Menschen hin entwickelt habe. In seiner schwachen Form hingegen besagt es, daß in einem unendlichen Universum nur in räumlich und zeitlich begrenzten Regionen Bedingungen für die Entstehung des Menschen vorgelegen hätten.[23] Hawking, der mit dem anthropischen Prinzip in seiner schwächeren Form sympathisiert, meint, daß der Mensch das Universum deshalb so sehe, wie es ist, weil er nicht da wäre, um es zu beobachten, wenn es sich anders verhielte.[24] Es bot nach dieser Meinung nur der real existierende Kosmos eine Chance für die Entstehung von Leben und Bewußtsein.[25]

Hawking integriert die angeführten Theorien zu einer einheitlichen Kosmologie. Ausgangspunkt ist seine Theorie der Schwarzen Löcher, die die Emission von Teilchen und Strahlung vorhersagt, Schwarze Löcher dem zweiten Hauptsatz der Thermodynamik unterstellt und zeigt, daß die Fläche des Schwarzen Loches als Maß für dessen Entropie gelten kann.[26] Ob Sterne endgültig zu Schwarzen Löchern kollabieren, hängt von der „kritischen Dichte“ ab, die Friedmann – unter Beachtung der seit Hubble bekannten Fluchtgeschwindigkeit – berechnet hat. Ist die Dichte des Sternes unter dem kritischen Wert, so endet das Universum nicht in einem Schwarzen Loch, liegt sie über diesem Wert, so kollabiert es. Wegen der Möglichkeit, daß sogenannte „dunkle Materie“ im Universum versteckt vorhanden ist, kann nicht sicher gesagt werden, wie der Kosmos enden wird.[27]

Hawking überträgt die Einsicht, daß Schwarze Löcher keine Singularitäten sind, also in der Entwicklung des Kosmos keinen Endpunkt bedeuten müssen, auf den Anfang. Er versucht diesen so zu denken, daß er keine Singularität ist, wie es aus der Einsteinschen Relativitätstheorie folgen würde. Vielmehr nimmt Hawking Feynmans Pfadintegralmethode auf und geht davon aus, daß die „Wahrscheinlichkeiten aller Teilchengeschichten mit bestimmten Eigenschaften“ aufsummiert werden müssen.[28] Hawking summiert gekrümmte Räume ohne Singularitäten, also Räume, „die eine endliche Größe haben, aber keine Grenzen oder Ränder“[29]. Die „Möglichkeit, daß die Raumzeit endlich sei, aber keine Grenze habe“[30], bildet den Angelpunkt seiner neuen Theorie. Diese „Keine-Grenzen-

[23] Hawking, Geschichte der Zeit, 158.

[24] Hawking, Geschichte der Zeit, 225.

[25] „Was war vor dem großen Knall?“, 262.

[26] White/ Gribbin, Stephen Hawking, 167. Vgl. auch: Hawking, Die Quantenmechanik Schwarzer Löcher, 102.

[27] „Was war vor dem großen Knall?“, 256–259.

[28] Hawking S., Der Ursprung des Universums, in: Hawking S., Einsteins Traum. Expeditionen an die Grenzen der Raumzeit, Reinbek 1994, 81–96, 89.

[29] Hawking, Der Ursprung des Universums, 90.

[30] Hawking, Geschichte der Zeit, 148.

Hypothese"[31] schließt Singularitäten und damit die alleinige Gültigkeit der Einsteinschen Relativitätstheorie aus, die für die Betrachtung des Anfangs das Ende physikalischer Faßbarkeit vorhersagt. Die Grenzbedingung des Universums besteht also bloß darin, keine Grenze zu haben, obwohl es endlich ist.[32] Die vermeintlichen „Grenzen" sind zu denken „wie die Oberfläche der Erde, nur daß sie zwei Dimensionen mehr besitzen"[33]. Das heißt: Die Erdoberfläche ist zwar endlich, hat aber keinen Rand.

Aus dem Blickwinkel bisheriger Urknallvorstellungen, die Hawking mit seiner Theorie auf die Basis imaginärer Zeit zurückführt, hat man sich das Universum nach Hawking inflationär zu denken,[34] was besagt, daß es sich zunächst blitzschnell ausbreitete. Dadurch bekam es eine glatte und gleichförmige Gestalt. Zu einem Kollaps konnte es bei der frühen Expansion nicht kommen, da die Geschwindigkeit enorm gewesen sein dürfte. Schließlich entstand aus der Gravitationsenergie die Materie. Wegen des Unbestimmtheitsprinzips kann jedoch nicht angenommen werden, daß das Universum völlig homogen gewesen ist. Viel wahrscheinlicher ist die Ausbildung verschiedener Regionen, in denen die Expansion durch die Massenanziehung unterschiedlich abgebremst wurde. Dadurch konnte die Zusammenballung zu einzelnen Sternen erfolgen, die ihre Geschichte zu durchlaufen haben und möglicherweise als Schwarze Löcher enden.

Da Guth und Fahri gezeigt haben, daß ein Schwarzes Loch eigentlich ein Urknall ist, sind weitere Szenarien denkbar.[35] In einem Schwarzen Loch mit superdichter Massenkonzentration, aber ohne Energie – da die Masse von der negativen Gravitationsenergie aufgewogen wird – entsteht ein weiteres Universum. Ein solches „Baby-Universum" muß wegen möglicher blitzschneller Expansion – das heißt Inflation – nicht notwendig sofort kollabieren, sondern kann expandieren, bis es in einem großen Endkollaps wieder zusammenbricht. Solche Blasenuniversen, die theoretisch auch künstlich hergestellt werden könnten, stehen nicht in Wechselwirkung mit anderen solchen Universen, dennoch ist eine Verbindung mit einem anderen Universum zu einem einheitlichen Universum denkbar.[36] Ein Teilchen, das in ein Schwarzes Loch eintaucht, könnte also in ein Blasenuniversum gelangen und in der Folge durch die Vereinigung zweier Universen wiederum in einem neuen Universum auftauchen.[37] Möglicherweise gibt es durch die Entstehung von Universen aus Universen eine unendliche Anzahl von Baby-Universen. Darüber hinaus sind durch die Aufsummierung der verschiedenen gekrümmten Raumzeiten verschiedene Formen von Universen mathematisch vorstellbar. Das uns bekannte gehört freilich zu den wahrscheinlichsten, da nach Hawking an die-

[31] Hawking, Der Ursprung des Universums, 92.

[32] Hawking, Der Ursprung des Universums, 91.

[33] Hawking, Der Ursprung des Universums, 90.

[34] Für das Folgende siehe: Hawking, Der Ursprung des Universums, 93–95.

[35] Zum Folgenden siehe: White/ Gribbin, Stephen Hawking, 243–250.

[36] Hawking, Schwarze Löcher und Baby-Universen, 124.

[37] Hawking, Schwarze Löcher und Baby-Universen, 121 und 124.

ser Stelle das anthropische Prinzip in die Überlegungen einzubinden ist. Die bislang beschriebene und auch die weitere Entwicklung bis hin zum Auftreten von Lebewesen und von Bewußtsein kann nach Hawking mit Hilfe dieses Prinzips erklärt werden.

3.1.2 Imaginäre Zeit

Die als Quantentheorie der Gravitation konstruierte Kosmologie Hawkings setzt eine neue Konzeption des Zeitbegriffs voraus. Wie bereits erwähnt, stellt er der realen Zeit die imaginäre Zeit gegenüber. Dies ist deshalb notwendig, weil Hawking Singularitäten aus dem Weg gehen will, die Krümmung des Raumes in der realen Zeit aber zu Örtern führt, wo die Raumzeit in Singularitäten endet, die die Physik außer Geltung setzen.[38] Hawking setzt die imaginäre Zeit in ihrem Verlauf „rechtwinklig" zur realen Zeit an, was bedeutet, daß sie sich in gleicher Weise zu den drei Dimensionen verhält, die die Bewegung im Raum bestimmen.[39] „Die Raumzeitkrümmung, die durch die Materie im Universum hervorgerufen wird, kann unter diesen Bedingungen dazu führen, daß sich die drei Raumrichtungen und die imaginäre Zeitrichtung auf der Rückseite treffen, sodaß sie eine wie die Erdoberfläche geschlossene Fläche bilden."[40] Das bedeutet, daß die drei Raumrichtungen und die imaginäre Zeit eine in sich geschlossene Raumzeit ergeben, die weder Anfang noch Ende hat, da keine Ränder oder Grenzen ausmachbar sind. Das Universum ist folglich weder unendlich, noch hat es zu einer bestimmten Zeit einen Anfang als eine Singularität. Vielmehr handelt es sich um eine endliche Raumzeit ohne Ränder, wodurch das Universum in sich völlig abgeschlossen ist und keinen äußeren Einflüssen unterliegt.[41]

Ein solches in sich geschlossenes Universum, das imaginäre Zeit aufweist, läßt verschiedene Entwicklungen dieses Universums offen. Hawking nennt solche Entwicklungsmöglichkeiten von Objekten oder Systemen „Geschichten"[42]. Mit dem Begriff „Geschichte" kann nicht eine Freiheitsgeschichte eines in Verantwortung handelnden Menschen gemeint sein, sondern nur eine Möglichkeit der Fortentwicklung in der Evolution des Kosmos. Durch die Einbeziehung der Quantentheorie hat ein Objekt aus physikalischer Sicht nicht nur eine einzige mögliche Geschichte, „sondern alle Geschichten, die möglich sind"[43]. In Hawkings Theorie zeigt sich diese Folgerung aus der Quantentheorie, die er in seine Kosmologie einbindet, in den Konsequenzen, die aus der Pfadintegralmethode zu ziehen sind.

---

38 Hawking, Einsteins Traum, 78.

39 Ebenda.

40 Ebenda.

41 Hawking, Geschichte der Zeit, 173.

42 Hawking, Geschichte der Zeit, 174 und öfter.

43 Hawking S., Mein Standpunkt, in: Hawking S., Einsteins Traum. Expeditionen an die Grenzen der Raumzeit, Reinbek 1994, 55–62, 60. Vgl. auch: Hawking, Einsteins Traum, 74.

Diese geht ja davon aus, daß die einzelnen Möglichkeiten, wie sich ein System entwickeln kann, aufsummiert werden. Legt man freilich im Anschluß die Keine-Grenzen-These zugrunde, so fällt auf, daß die Wahrscheinlichkeiten, nach denen die meisten möglichen Geschichten des Universums verwirklicht werden können, zu vernachlässigen sind, „daß es aber eine bestimmte Familie von Geschichten gibt, die wahrscheinlicher sind als die anderen“[44].

Angesichts der referierten Konsequenzen eines Begriffs der imaginären Zeit ist zu fragen, ob nicht die imaginäre Zeit die eigentlich „reale“ Zeit ausmache, während die reale als bloßes „Produkt der Einbildungskraft“[45] abzutun sei. Hawking macht dagegen darauf aufmerksam, daß die Begriffe „reale“ beziehungsweise „imaginäre Zeit“ nicht mit den Begriffen „real“ und „imaginär“ parallelisiert werden dürfen, sondern daß sie bloß Modellcharakter haben.[46] Aus wissenschaftlicher Sicht ist nach Hawking freilich der Theorie der imaginären Zeit der Vorzug zu geben, da die reale Zeit, in der das Universum sowohl einen Anfang als auch ein Ende in der Form von Singularitäten aufweist, lediglich ein Begriff sein dürfte, „den wir erfinden, um unsere Vorstellung vom Universum zu beschreiben“[47]. Der imaginären Zeit, die keine Singularitäten aufweist, wo die Naturgesetze nicht mehr gültig sind, schreibt Hawking viel „grundlegendere Bedeutung“[48] zu. Dennoch hält er seine wissenschaftliche Theorie für nicht mehr als ein mathematisches Modell, das nur dazu dienen soll, die Beobachtungen zu beschreiben. Folglich sei es überhaupt sinnlos zu fragen, was nun die wirkliche Zeit sei, entweder die reale oder die imaginäre Zeit. Es gehe lediglich darum, „welche von beiden die nützlichere Beschreibung ist“[49].

Die Ablehnung des empirischen Zeitbegriffs zugunsten eines imaginären und die Gleichsetzung des imaginären Zeitbegriffs mit dem Raum führt Hawking dazu, von der Ebene der Physik auf den Bereich der Metaphysik überzuwechseln, obwohl Hawking vorgibt, physikalisch zu argumentieren. Wie W. L. Craig zeigt, ist die imaginäre nicht die ontologische Zeit, auch wenn Hawking versucht, sie als die physikalisch gültige und daher auch als die ontologisch relevante auszugeben.[50]

Hawkings Rückzug auf diesen Standpunkt kann allerdings nicht darüber hinwegtäuschen, daß er seinen Entwurf für das Modell hält, das die Wirklichkeit adäquater erfaßt als andere Theorien. Schließlich zieht er daraus nämlich auch weltanschauliche Konsequenzen, wenn er etwa Schöpfung als nicht mehr relevanten Begriff abtut, da das Universum keinen Anfang habe, also sehr wohl davon aus-

---

[44] Hawking, Geschichte der Zeit, 175.

[45] Hawking, Geschichte der Zeit, 177.

[46] Hawking, Mein Standpunkt, 61f.

[47] Hawking, Geschichte der Zeit, 177.

[48] Ebenda.

[49] Ebenda.

[50] Craig W. L., ‚What place, then, for a creator?‘: Hawking on God and Creation, in: British Journal for the Philosophy of Science 41 (1990) 473–491, 484 und 489.

geht, daß seine Theorie Realität erfasse.[51] Darüber hinaus stellt Hawking nicht nur seine Auffassung der imaginären Zeit der klassischen Theorie von der absoluten Zeit und der seit Einstein diskutierten relativen Zeit gegenüber, sondern versucht, mit Hilfe einer Theorie der Zeitpfeile auch den kosmischen Prozeß neu zu verstehen. Dazu unterscheidet er drei verschiedene Zeitpfeile, nämlich den thermodynamischen, den psychologischen und den kosmologischen. Hawking ist es darum zu tun aufzuzeigen, daß seine Keine-Grenzen-Theorie in Verbindung mit dem schwachen anthropischen Prinzip erklären kann, wieso alle drei Zeitpfeile in der Zeit der Expansion in dieselbe Richtung weisen.[52] Zunächst will Hawking zeigen, daß der psychologische und der thermodynamische Zeitpfeil parallel verlaufen. Offenbar will Hawking unter dem psychologischen Zeitpfeil das alltägliche Verständnis von der Unumkehrbarkeit der Zeit zusammenfassen und aufweisen, daß diese Zeitauffassung mit der physikalischen Zeitauffassung in der Gestalt des von der Entropie bestimmten thermodynamischen Zeitpfeils zusammenstimmt. Beim Aufweis dieser Kongruenz zeigt sich jedoch, daß Hawking physikalistisch operiert. Als Grundlage für die Erklärung des psychologischen Zeitpfeils nimmt er nämlich das Gedächtnis des Menschen. Dieses schränkt er ohne Begründung auf die jeweiligen Gehirnfunktionen ein, über die heute noch nicht sehr viel erforscht sei. Da allerdings die Speicherfunktionen des Computers hinreichend bekannt seien, will Hawking „den psychologischen Zeitpfeil anhand von Computern erläutern“, weil sich der Pfeil von Computern nicht von dem des Menschen unterscheide.[53] Da die Energie, die für die Ordnung im Speicher verwendet werden muß, größer ist als die hergestellte Ordnung, nimmt Entropie zu. Deshalb erinnert der Computer nach Hawking Vergangenheit in derselben Richtung, in der die Unordnung zunimmt. Und das sei ja auch beim Menschen der Fall.

Hawking spricht davon, daß der Computer fähig sei, sich zu erinnern. Dies kann er nur deshalb tun, weil er zuvor Computer und Mensch auf dieselbe Ebene gestellt hat, indem er das Gedächtnis zu einer bloßen Gehirnfunktion degradiert hat, es als bloßen Informationsspeicher begreift und unter Ausschaltung der Personalität so tut, als sei das Gehirn allein die Instanz, die sich erinnern kann. Aber nicht das Gehirn, sondern die Person denkt beziehungsweise erinnert sich. Da Hawking derart naturalistisch vorgeht, ist auch die Folge, die er aus seinen Überlegungen zieht, äußerst problematisch. Hawking meint: „Folglich wird unser subjektives Empfinden für die Richtung der Zeit, der psychologische Zeitpfeil, im Gehirn vom thermodynamischen Zeitpfeil bestimmt.“[54] Die Reduzierung des psychologischen Zeitpfeils auf den thermodynamischen ruht allerdings auf einer rein physikalistischen Anthropologie auf. Nur weil der Mensch zuerst zum Computer reduziert wird, kann das Psychische auf eine physikalisch meßbare Größe reduziert werden, an der Entropie nachweisbar ist.

---

[51] Siehe dazu Pkt. 3.1.3.

[52] Vgl. zum Folgenden: Hawking, Geschichte der Zeit, 183–192.

[53] Hawking, Geschichte der Zeit, 185.

[54] Hawking, Geschichte der Zeit, 186.

Was den kosmologischen Zeitpfeil anbelangt, so geht Hawking wiederum von der Keine-Grenzen-Bedingung aus. Der Anfang der Zeit ist nach ihr ein regelmäßiger Punkt in der Raumzeit. Die sich anschließende Ausbreitung des Universums ist zwar regelmäßig, wegen der Unschärferelation aber nicht völlig gleichmäßig. Es treten kleine Fluktuationen auf, die in der inflationären Expansion wachsen, die durch die Gravitation gebremst wird, sodaß sich schließlich Materie zu Galaxien zusammenballen kann. Da diese Entwicklung von Ordnung dennoch zu relativer Unordnung führt, sieht Hawking darin wiederum den thermodynamischen Zeitpfeil im Spiel.

Für Hawking findet das Universum jedoch nicht in unendlicher Ausdehnung sein Ende, sondern kontrahiert nach entsprechender Expansion wiederum, sodaß sich der kosmologische Zeitpfeil umkehrt. Obgleich sich die Expansionsbewegung wendet, nimmt nach Hawking die Entropie parallel dazu nicht ab. Das bedeutet aber, daß sich während der Kontraktionsbewegung der thermodynamische und somit auch der psychologische Zeitpfeil, der auf jenen – wie dargestellt – zurückführbar ist, nicht umkehren. Zum Zeitpunkt völliger Unordnung, in dem die Expansion in Kontraktion umschlägt, kann es keine intelligenten Wesen mehr geben. Da sich in der Kontraktionsphase nur der kosmologische, nicht aber der thermodynamische Zeitpfeil umkehrt, ist für intelligentes Leben in dieser Phase keine Möglichkeit vorhanden. Das bedeutet, daß der thermodynamische und der kosmologische Zeitpfeil in dieselbe Richtung zeigen müssen, soll das anthropische Prinzip, von dem Hawking ausgeht, seine Gültigkeit behalten. Tritt jedoch die Zeitrichtung von thermodynamischem und kosmologischem Zeitpfeil auseinander, wie es in der Kontraktionsphase des Universums geschieht, so sind die Bedingungen für das Auftreten für intelligentes Leben nicht mehr gegeben. Das sind die Konsequenzen aus dem Keine-Grenzen-Theorem, das nur in der Ausdehnungsphase zugleich die Unordnung zunehmen, aber Verhältnisse für intelligentes Leben dennoch bewahrt sein läßt. Denn bleibt der thermodynamische Pfeil trotz des schon erreichten Zustandes völliger Unordnung auch während der Kontraktion weiterhin so ausgerichtet wie in der Expansionsphase des kosmologischen Pfeiles, ist während der Kontraktion das neuerliche Auftreten von Leben schon aus entropischen Gründen unmöglich.

Zur Illustration dieser Konzeption der kosmologischen Zeit verwendet Hawking oft das Beispiel der Erinnerung an die Zukunft.[55] Durch die Richtungsverschiedenheit von kosmologischem und thermodynamischem Zeitpfeil in der Kontraktionsphase erscheint das paradoxe Phänomen einer Erinnerung an die Zukunft möglich zu sein. Real kann solches allerdings nicht geschehen, da in dieser Phase des Universums kein intelligentes Leben denkbar ist, wie Hawking selbst betont. Nach seiner Auffassung erinnert sich freilich auch ein Computer, den Hawking diesbezüglich mit dem Menschen gleichsetzt, indem er Erinnerung mit Informationsspeicherung identifiziert. Das Paradoxe an diesem Beispiel kann Hawking allerdings nur erreichen, weil er die auseinanderlaufenden Zeitrichtungen auf die alltägliche Zeiterfahrung zurückprojiziert. Da eine Erinnerung an die

---

[55] Zum Beispiel: Hawking, Geschichte der Zeit, 189.

Zukunft nichtquantifizierendem Zeiterleben widerspricht, ergibt sich eine paradoxe Situation. Eine solche dürfte es jedoch nicht geben, ginge Hawking auch in diesem Zusammenhang davon aus, daß das alltägliche Zeiterleben, das er mit Hilfe des psychologischen Zeitpfeils zu beschreiben versucht, auf den thermodynamischen Zeitpfeil reduzierbar sei. Dann nämlich wäre die in der Zeiterfahrung personaler Geschichte relevante Bedeutung, die Vergangenheit für die Zukunft oder diese für jene hat, ausgeblendet, und eine Relation zwischen den Zeitmodi wäre kaum denkbar, es sei denn die quantifizierende, wonach ein zählbarer Zeitpunkt dem anderen nachfolgt.

Der Wechsel von Expansion und Kontraktion eines endlichen, aber grenzenlosen Universums führt Hawking dazu, auf Schöpfung Bezug zu nehmen. Schöpfung ist für ihn aus Gründen der Zeittheorie ein Begriff, der entbehrt werden kann. Denn in seiner Theorie gibt es prinzipiell keine Grenze des Universums, folglich auch keine zeitliche. Da Hawking im naturwissenschaftlichen Paradigma auch dann verbleibt, wenn er versucht, über eine mögliche Urknallsingularität hinauszudenken, vermag er die Zeit selbst nicht als geschaffene Größe zu erfassen. Schöpfung, die er einer Verursachung parallel setzt, impliziere, „daß es eine Zeit vor der Urknallsingularität gab“[56]. Die Erkenntnis, daß am Anfang eine Singularität stand, mache eine Rede von Verursachung oder Schöpfung jedoch sinnlos, da mit Singularitäten alle Naturgesetze an ihr Ende kommen. Da Hawking Schöpfung aber offenbar mit Verursachung verbindet, wäre ein solches Tun für ihn physikalisch faßbar und daher auch ein zeitliches Geschehen. Diese Auffassung, die christlichem Schöpfungsverständnis widerspricht, fußt auf der Grundlage, daß Schöpfungshandeln Verursachen nach physikalischer Manier sein müsse, sieht die Möglichkeit aber nicht, daß es sich um ein qualitativ gänzlich anderes Geschehen handeln könnte – wie es christliche Theologie zur Sprache zu bringen versucht.

W. Falk führt in seiner Hawking-Kritik das Problem des qualitativen Unterschieds zwischen Schöpfungshandeln und physikalischer Quantifizierung an.[57] Er möchte allerdings eine eigene „‚Schöpfungszeit‘“ postulieren, auf die Hawking hätte kommen können, wenn er davon abgesehen hätte, imaginäre Zahlen zu verwenden, und anerkannt hätte, daß der Urknall naturwissenschaftlich nicht zu erklären ist.[58] Falk versucht hier ähnlich wie Hawking selbst, allerdings mit umgekehrten Vorzeichen, von der eigenen Disziplin aus der anderen vorzuschreiben, was diese zu denken habe. Doch Falk kann als Literaturwissenschaftler nicht zu wissen beanspruchen, welche Berechnungsmethoden Hawking anzuwenden habe und welche nicht, genausowenig wie Hawking davon ausgehen kann, daß Schöpfung, wenn überhaupt, nur naturwissenschaftlich zu denken sei.

Über seinen Zeitbegriff, den er rein naturwissenschaftlich gewinnt, indem er beim mathematischen Umgang mit seiner Keine-Grenzen-Hypothese gezwungen ist, Zeit mit Hilfe imaginärer Zahlen zu quantifizieren, gelangt Hawking seinem

---

[56] Hawking, Mein Standpunkt, 61.

[57] Falk W., Hawking irrt! Über das Problem der Zeit, Stuttgart 1991 (= Teinacher Gespräche 7).

[58] Falk, Hawking irrt!, 52f.

Anspruch nach dazu, Aussagen über den Schöpfungsbegriff machen zu können. Zu fragen bleibt aber, inwieweit dieser Anspruch nicht den methodischen Unterschied zwischen Physik und Schöpfungstheologie übersieht. Denn nach theologischem Verständnis ist Zeit nicht eine rein quantitative Größe noch Schöpfung ein Akt naturwissenschaftlich verstandener Verursachung. Hawking, dessen Methodenindifferenz über diese Unterschiede hinwegsieht, beharrt allerdings auf dieser Nivellierung und gelangt in der Folge zu einem dementsprechenden Gottesbild.

3.1.3 Die Gottesfrage

Die Theorie der imaginären Zeit und das Keine-Grenzen-Theorem reihen sich nach Hawking in die Geschichte moderner Naturauffassungen ein und führen die Theorie des Anfangs des Universums weiter. Hawking möchte die Meinung korrigieren, nach der Gott in der Anfangssingularität „das Uhrwerk aufgezogen und das Universum nach seinem Belieben in Gang gesetzt"[59] habe. Nach einer solchen deistischen Auffassung, die von christlicher Theologie abgelehnt wird, habe Gott am Anfang, in dem noch keine Gesetze bestanden haben, die Naturgesetze festgelegt, nachher in den Ablauf der Welt aber nicht mehr eingegriffen.[60] Dagegen haben nach der Keine-Grenzen-Hypothese schon am Anfang die physikalischen Gesetze gegolten. Da zudem die Zeit des sonst als Singularität definierten Anfangs als imaginäre bestimmt wird, gibt es weder einen Anfang der Zeit noch einen solchen der Naturgesetze in ihr. Hawking bewegt sich in einem Denken, das Gott dort ansetzt, wo die Naturwissenschaften mit ihren Erklärungen am Ende sind. Wissen die einzelnen Wissenschaften mehr, so wird Gott weiter zurückgedrängt. Weder wird an so etwas wie an eine creatio continua gedacht, noch wird erwogen, ob Gott auf der Ebene der Naturwissenschaften überhaupt hinreichend zur Sprache kommen kann. Es ist deshalb nur folgerichtig, wenn Hawking, der an die Stelle der alten Singularitätstheorie eine weiterführende Theorie setzt, die Rolle Gottes als eines möglichen Erklärungsprinzips für das bislang noch nicht Erklärbare am Anfang des Universums einschränkt. Denn Gott wird auf derselben Ebene gesehen wie physikalisch Berechenbares, wobei seine Freiheit offenbar als das noch nicht Berechenbare mißverstanden wird. So meint Hawking, daß Gott „nicht einmal die Freiheit [hätte], die Anfangsbedingungen zu wählen"[61]. Zwar bliebe ihm noch die Möglichkeit, die Gesetze des Universums zu bestimmen. „Doch dabei [seien] die Wahlmöglichkeiten vielleicht gar nicht so vielfältig gewesen."[62] Denn: „Unter Umständen gibt es nur einige wenige Gesetze, die in sich schlüssig sind und zu so

[59] Hawking, Der Ursprung des Universums, 95.

[60] Hawking, Geschichte der Zeit, 179.

[61] Hawking, Der Ursprung des Universums, 95.

[62] Hawking, Der Ursprung des Universums, 96.

komplizierten Wesen wie uns führen, die nach dem Wesen Gottes fragen können."[63]

Hawkings Theorie führt dazu anzunehmen, daß ein Gott, der den Anfang der Welt so gestaltet hat, wie es die referierte deistische Sicht nahelegt, keine Berufungsinstanz mehr ist für den Anfang des Universums.[64] Da das Universum keinen Anfang kennt, sondern unabhängig von äußeren Einflüssen existiert, ist es nach Hawking „weder erschaffen noch zerstörbar"[65]. Es würde einfach nur sein.[66] Da das Universum keinen Anfang habe, könne auch nicht davon ausgegangen werden, daß es von einem Schöpfer geschaffen worden ist.[67]

Selbst mit der Einschränkung des Schöpfungsbegriffes auf die „creatio originans" zuungunsten der „creatio continuans" und mit der darauffolgenden Leugnung ersterer in einer Konzeption der imaginären Zeit, ist – wie W. L. Craig gezeigt hat –[68] die Schöpfertätigkeit Gottes noch nicht wegerklärt. Denn selbst die zeittheoretisch problematische Zurückweisung der „creatio originans"[69] kann den Begriff der „creatio continuans" noch nicht erledigen. Daran ändert auch das Argument B. Kanitscheiders nichts, mit dem er Hawking gegen Craig sekundiert, daß es sinnlos sei, „sich vorzustellen, daß ein metaphysisches Wesen die Gesetze aus der Natur herausziehen kann, wie man die Gräten aus einem Fisch entfernt"[70]. Die Alternative Kanitscheiders, wonach Gott entweder die Verkörperung der Naturgesetze sei (und daher diese nicht in der Natur sein könnten) oder die Naturgesetze in der Natur anzusiedeln seien, es dann aber keinen Gott geben könne, geht doppelt fehl. Zum einen zeugt seine Auffassung von einem reduktionistischen Gottesbild, das Gott prinzipiell bloß auf naturwissenschaftlich faßbare Gesetze einschränkt und dadurch für inexistent erklärt. Zum anderen zeigt sich in einer solchen Argumentation aber auch Kanitscheiders Naturverständnis, das sich darauf beschränkt, Natur nur als Gesetzesgerüst zu verstehen.

Die versuchte Zurückdrängung Gottes mit den Mitteln neuer physikalischer Theorien setzt ein ganz bestimmtes Gottesbild voraus. Gott ist der Platzhalter für

---

63 Ebenda.

64 Hawking, Geschichte der Zeit, 173.

65 Ebenda.

66 Hawking, Geschichte der Zeit, 173 und 179. Nicht ohne Ironie bemerkt Hawking, daß er diese seine Vorstellungen erstmals 1981 bei einer Konferenz der Päpstlichen Akademie der Wissenschaften vorgetragen habe, auf der der Papst behauptet habe, daß der Anfang des Universums nicht bloß von den Naturwissenschaften erfaßt werden könne. Der Papst habe gemeint, daß es für ein hinreichendes Verständnis auch der Einbeziehung von Metaphysik und Offenbarung bedürfe. Hawking berichtet: „Mein Vortrag war jedoch ziemlich mathematisch gehalten, so daß seine Bedeutung für die Rolle Gottes in der Schöpfung des Universums damals noch nicht allgemein erkannt wurde (von mir übrigens auch nicht)" (Hawking, Geschichte der Zeit, 173f.; vgl. auch: White/ Gribbin, Stephen Hawking, 230–233).

67 Hawking, Geschichte der Zeit, 179.

68 Craig, ‚What place, then, for a creator?', 475f.

69 Zur Zeittheorie Hawkings siehe Pkt. 3.1.2.

70 Kanitscheider B., Vom Anfang und Ende der Zeit, in: Sens E. (Hg.), Am Fluß des Heraklit. Neue kosmologische Perspektiven, Frankfurt/ M. 1993, 124–137, 134.

das noch nicht Erfaßbare, das mit Hawking von der Singularität zu einer anderen Größe hin verschoben worden ist. Hawking sieht für den Begriff des Schöpfergottes keine Notwendigkeit mehr, steht allerdings am Ende seiner Theorie vor Fragen, die er nicht zu beantworten weiß, die aber eine andere Gottesvorstellung zu ermöglichen scheinen.[71] In platonistischer Wendung geht Hawking von selbständigen Gleichungen aus, die er seltsamerweise als offenbar vor dem Universum existierend ansetzt. Abgesehen davon, daß er erklären müßte, was dies im Kontext seiner Kosmologie zu bedeuten hat, bleibt der nähere Sinn seiner in Frageform geäußerten Gedanken offen. Denn wenn Hawking fragt: „Was haucht ihnen [= den Gleichungen; R. E.] Leben ein und liefert ihnen ein Universum, dessen Abläufe sie bestimmen können?“[72] oder: „Ist die endgültige vereinheitlichte Theorie so zwingend, daß sie sich selbst in die Existenz ruft?“[73], dann hält er einerseits die Möglichkeit für einen Demiurgen offen, der die grundlegenden Gleichungen mit einem Universum verbindet, und läßt andererseits die Vorstellung eines ontologischen Gottesbeweises anklingen, bei dem an die Stelle Gottes die vereinheitlichte physikalische Theorie tritt. In diesem Sinn fragt er sich, warum sich das Universum die Mühe mache zu existieren,[74] das heißt aus der Form von Gleichungen in Realität überzugehen.

Die Vorstellung eines Demiurgen, der bei der Schöpfung den Rahmenbedingungen physikalischer Gesetze zu gehorchen hat, wird unterstützt durch den Gedanken von der Einschränkung göttlicher Freiheit bei einer Weltschöpfung, wie sie sich – wenn überhaupt – Hawking unter Umständen vorstellen kann. Die Entscheidungsfreiheit Gottes wird bei ihm auf zwei Begriffe reduziert, nämlich auf Zufälligkeit und auf Willkür – jedesmal vor dem Hintergrund mathematischer Verstehbarkeit expliziert. Hawking billigt zu, daß Gottes Wirken noch als die mathematisch prinzipiell nicht auflösbare Unschärfe quantenmechanischer Berechnungen gesehen werden könne, während ihm bei der Wahl der Anfangsbedingungen kaum eine Auswahlmöglichkeit zur Verfügung gestanden haben könne.[75] Eine solche vermeintliche Unbestimmtheit, auf die Hawking eine mögliche Freiheit Gottes einschränkt, könne per definitionem nicht als Zufälligkeit beschrieben werden,[76] offenbar weil Quantenphänomene ja mathematisch faßbar sind. Es sei als Folge seiner eigenen Kosmologie nicht möglich zu sagen, „daß Gott das Universum auf irgendeine willkürliche Weise in Gang gesetzt hat, die wir nicht verstehen können“[77], da der aus der Sicht der realen Zeit angebbare Anfang des Universums von physikalischen Gesetzen bestimmt sei. Schon wenn man von der ne-

71 Vgl. Hawking, Der Ursprung des Universums, 96.

72 Hawking, Der Ursprung des Universums, 96; vgl. Hawking, Geschichte der Zeit, 217.

73 Ebenda.

74 Hawking, Der Ursprung des Universums, 96; vgl. Hawking, Geschichte der Zeit, 217.

75 Hawking, Geschichte der Zeit, 209 und 216f.

76 Hawking, Geschichte der Zeit, 209.

77 Desert Island Discs. Ein Interview, in: Hawking S., Einsteins Traum. Expeditionen an die Grenzen der Raumzeit, Reinbek 1994, 159–179, 176.

gativen Konnotation von Willkür absieht und diese Aussage bloß im Sinne des schwächeren Wortes „willentlich" versteht, wird einsichtig, daß der angesprochene Wille Gottes auf der Ebene physikalischer Bestimmbarkeit definiert ist. Von einem Willen im Sinne personaler Freiheitsgeschichte ist überhaupt nicht die Rede. Hawking bleibt dem physikalischen Paradigma verhaftet, auch wenn er über einen möglichen Schöpfergott nachdenkt. Daß er, wenn er sich hypothetisch mit einem derartigen Schöpfer befaßt, fragt, wer wiederum diesen erschaffen habe,[78] paßt in Hawkings Bild von Schöpfung, das den Schöpfer höchstens als Demiurgen gelten läßt.

Für eine Theorie des Anfangs des Universums ist nach Hawking Gott nicht notwendig. Während das Ende der Anwendbarkeit physikalischer Gesetze in Singularitäten den Rückgriff auf Gott noch nahegelegt hatte, erwies sich eine solche Instanz seit der Keine-Grenzen-Theorie, die auch den Anfang physikalisch erklären möchte, nach der Meinung Hawkings als unnötig. Hawking setzt nämlich den physikalischen Gesetzen die Willkür Gottes entgegen und meint, es könne nur eine dieser beiden Größen für den Anfang der Welt gültig sein, nicht jedoch beide gleichzeitig. Aus der Sicht christlicher Theologie ist es freilich äußerst problematisch, Gottes Freiheit als Willkür und diese bloß als physikalische Unbestimmtheit festzulegen, die mit dem Fortschritt der Physik immer weiter aufgeschlossen werde.[79] Denn Theologie versteht Gott nicht als Lückenbüßer für physikalisch noch nicht Erforschtes, das einstweilen den Platz für spätere naturwissenschaftliche Erklärungen hält, sondern als freie Person im Sinne von souveräner Geschichtsmächtigkeit. Obwohl Hawking aus naturwissenschaftlichen Gründen einen Schöpfergott für unnötig hält, stuft er seine Theorie nicht als einen Beweis dafür ein, daß es Gott nicht gibt, er betont nur, daß Gott nicht notwendig sei.[80] Der persönliche Glaube könne sich zwar nicht mehr darauf stützen, Gott als den Grund für eine Anfangssingularität zu sehen, sei aber von einer solchen Theorie nicht berührt, das heißt, daß Hawking die Existenz eines wie auch immer zu denkenden Gottes nicht prinzipiell leugnet.[81] Er selbst ist freilich nach White und Gribbin ursprünglich Agnostiker gewesen, später aber offener Atheist geworden.[82] Hawking selbst bestätigt diese Vermutung, wenn er meint, daß er „nicht an einen persönlichen Gott"[83] glaube. Auf die Gegenfrage, ob er dann an einen unpersönlichen Gott glaube, hat Hawking geantwortet, daß man zwar Gott als die „Verkörperung der physikalischen Gesetze" ansehen könne, wenn man wolle, daß

---

[78] Hawking, Geschichte der Zeit, 217.

[79] Vgl. Falk, Hawking irrt!, 77.

[80] So Hawking in einem Interview mit dem Spiegel: „Wir alle wollen wissen, woher wir kommen". SPIEGEL-Gespräch mit dem Astrophysiker Stephen Hawking über Gott und das Weltall, in: Der Spiegel 42/ Nr. 42 (1988) 265–270, 265.

[81] So auch seine Biographen White und Gribbin: White/ Gribbin, Stephen Hawking, 193 und 196.

[82] White/ Gribbin, Stephen Hawking, 212 und 319. Dies sei auch mit ein Grund für die Trennung Hawkings von seiner Frau gewesen, die im Glauben verwurzelt sei.

[83] „Wir alle wollen wissen, woher wir kommen", 267.

eine solche Ansicht aber für viele Menschen verwirrend sei, da die Gesetze der Physik nur wenig Persönliches an sich hätten.[84]

Hawking vertritt nicht die Meinung, die Gottesvorstellung sei völlig überflüssig, sondern möchte vor allem zeigen, daß das Universum nicht „als eine persönliche Laune Gottes"[85] begonnen habe. Dem Gottesbegriff weist er einen neuen Ort zu: Gott sei die Antwort auf die Frage, warum sich das Universum die Mühe mache zu existieren.[86] Mit einer solchen Vorstellung setzt sich Hawking freilich wiederum der Frage aus, ob er nicht einem Gott das Wort rede, der selbst den Naturgesetzen unterworfen und als platonischer Demiurg zu verstehen sei. Diesen Eindruck verstärkt Hawking dadurch, daß er die bestehenden Unsicherheiten im Erklärungsganzen gegenwärtiger Kosmologie und die Frage, wieso das Universum auch real existiere, für aufklärbar hält. Eine für die nahe Zukunft erwartete vereinheitlichte Theorie werde den im Anfang des Universums manifesten Plan Gottes aufdecken können.[87] Dann werde – so Hawkings vorsichtig formulierte Hoffnung – auch auf die Frage, warum das Universum existiert, eine Antwort zu finden sein, was bedeuten würde, daß der Mensch soviel wüßte wie Gott selbst.[88] Das wäre „der endgültige Triumph der menschlichen Vernunft – denn dann würden wir Gottes Plan kennen"[89].

Hawking setzt in einer solchen Theorie einen Gott voraus, der physikalisch aufklärbar und daher – wie er sagt – nicht als persönlicher Gott anzusprechen ist. Da Hawking überzeugt ist, daß das Universum analysierbar und verstehbar ist und der apersonale Gott und sein Plan[90] durchschaubar sind, gelangt die Physik seiner Meinung nach mit einer einheitlichen Theorie, die alles erklären kann, nicht nur dazu, Gott zu durchschauen, sondern auch die Physik zu vollenden. Hawking glaubt nicht, „das Universum sei und bleibe ein Geheimnis, etwas, das man intuitiv erfassen, aber niemals ganz analysieren und verstehen kann"[91], sondern ist überzeugt, „daß ein vollständiges Verständnis im Bereich unserer Möglichkeiten liegt"[92]. Das erhoffte Ende der Physik, das zugleich als das Ende Gottes als Geheimnis anzusetzen ist, sieht Hawking unmittelbar bevor.[93] Die größte Chance, die relevante GUT (= Große Vereinheitlichte Theorie) der Zukunft zu bilden, gibt

---

84 Ebenda.

85 Desert Island Discs, 177.

86 Ebenda. Vgl. Hawking, Geschichte der Zeit, 217 und Hawking, Der Ursprung des Universums, 96.

87 „Was war vor dem großen Knall?", 259.

88 „Wir alle wollen wissen, woher wir kommen", 267.

89 Hawking, Geschichte der Zeit, 218.

90 Wie ein apersonaler Gott einen Plan haben kann, erklärt Hawking nicht.

91 Hawking S., Vorwort, in: Hawking S., Einsteins Traum. Expeditionen an die Grenzen der Raumzeit, Reinbek 1994, 7–9, 8.

92 Hawking, Vorwort, 9.

93 Hawking, Geschichte der Zeit, 196.

Hawking der Super-String-Theorie.[94] Als Übervereinheitlichung werde sie wahrscheinlich in der Lage sein, die Quantentheorie und die Gravitationstheorie zu integrieren.

Wurde früher das Teilchen als grundlegend angesprochen, so basiert die String-Theorie auf der Annahme von Saiten, die unendlich dünn sind, sodaß sich statt der Weltlinien Weltflächen darbieten.[95] Daraus folgt, daß Objekte, die vorher als Teilchen galten, jetzt Wellen sind, die den String entlangwandern. Das Besondere besteht nun darin, daß bei sehr hoher Spannung der Strings durch diese Theorie auch Gravitation beschreibbar ist. Probleme allerdings ergibt die Tatsache, daß eine solche vereinheitlichte Theorie nur mit der Annahme von 26 Dimensionen entwickelt werden kann.[96] Darüber hinaus stellt sich das Welle-Teilchen-Problem neu und kann bislang nicht gelöst werden. Dennoch scheint die Super-String-Theorie Hawking für eine künftige Super-Theorie am meisten zu versprechen.

3.1.4 Zur Methode physikalistischer Verabschiedung Gottes

Hawkings eher spärliche Äußerungen zu seiner Methode gehen von der Überzeugung aus, sein Vorgehen sei nicht primär danach ausgerichtet, ob es der Wirklichkeit entspricht oder nicht, sondern sei vom Kriterium bestimmt, die „nützlichere Beschreibung“ abzugeben.[97] So erklärt Hawking, es sei sinnlos zu fragen, ob die Theorie der imaginären Zeit wirklicher sei als diejenige der realen Zeit. Es komme vielmehr darauf an, eine nützliche Beschreibung zu liefern.[98] Trotz dieses Rückzugs auf den Standpunkt, daß eine Theorie nur sekundär etwas mit der Wirklichkeit zu tun habe, zieht Hawking aus seinen Hypothesen weitreichende Konsequenzen, die sich keineswegs nur auf die Physik beschränken, sondern weltanschauliche Gestalt annehmen. Etwa die Erklärung, daß Gott nicht als persönlicher Gott anzusprechen sei, sondern nur als die Gesamtheit physikalischer Gesetzlichkeit zu gelten habe, impliziert Behauptungen über die Wirklichkeit selbst. Einerseits leitet Hawking von seinen Aussagen theologische Konsequenzen ab, andererseits macht er anthropologische Aussagen, die er alle aus seinen Hypothesen der Keine-Grenzen-Theorie und der imaginären Zeit gewinnt, obwohl sein Ausgangspunkt das physikalische Paradigma ist, innerhalb dessen sich Hawking nur nach Kriterien der Nützlichkeit bewegt.

Die Aussagen über Gott, die Hawking niederschreibt, sind einerseits diesem Nützlichkeitsaxiom verhaftet und lehnen sich stark an Laplaces Diktum an, daß

---

[94] Vgl. Kaku M./ Trainer J., Jenseits von Einstein. Die Suche nach der Theorie des Universums, Frankfurt/ M. 1993.

[95] Hawking, Geschichte der Zeit, 196ff.

[96] White/ Gribbin, Stephen Hawking, 292.

[97] Hawking, Geschichte der Zeit, 177.

[98] Ebenda.

die Hypothese Gott zur Welterklärung nicht vonnöten sei. Solange damit die physikalische Wirklichkeitserfassung gemeint ist, mag diese Behauptung einsichtig sein, da sich neuzeitliche Naturwissenschaften gerade dadurch definieren, bloß auf Meßbarkeit und Experiment, also nicht auf theologischen Argumenten aufzubauen. Da Hawking andererseits die selbstgesteckten naturwissenschaftlichen Grenzen überschreitet, ohne dabei den nötigen methodischen Wechsel zu vollziehen, kann er theologischem Denken aber nicht gerecht werden. Gott wird zu einer mathematischen Größe degradiert und danach wird aufgezeigt, daß Gott innerhalb des naturwissenschaftlichen Denksystems nicht nötig sei. Die Zurückdrängung Gottes, die auf der Ablehnung der Vorstellung einer Anfangssingularität basiert, die sich physikalischem Zugriff entzieht, geht mit neuen physikalischen Theorien einher. Dies setzt allerdings voraus, daß die Methodendifferenz zwischen Naturwissenschaften und Theologie nicht akzeptiert wird, sondern Gott als Gegenstand der Physik zu fungieren hat.

Analog zum Übergang von der Physik in theologisches Denken vollzieht Hawking auch den Wechsel von Naturwissenschaft zu Geisteswissenschaft. Er beschreibt die alltägliche Zeiterfahrung als psychologischen Zeitpfeil und diesen wiederum an Hand eines Computermodells, das für ihn die geistigen Fähigkeiten des Menschen veranschaulicht – die naturwissenschaftliche Erfassung des Gehirns erscheint (noch) als zu kompliziert. Die Betonung des psychologischen Zeitpfeils gibt Hawkings Vorgehen den Anschein, als werde Geisteswissenschaft getrieben. Die naturwissenschaftliche Methodik, von der Hawking in Wirklichkeit nicht abweicht, veranlaßt ihn sogar, Analogiebeispiele aus den Naturwissenschaften auszusuchen, wenn er typisch Humanes erklärt.[99] Unter Beibehaltung naturwissenschaftlicher Vorgehensweisen werden dadurch humane Phänomene jedoch zu naturwissenschaftlichen Sachverhalten gemacht, die das Phänomen selbst nur verkürzt sichtbar werden lassen und dadurch verfälschen. Wenn Hawking in den Bereich des Humanen wechselt, behält er seine naturwissenschaftlichen Kriterien bei, ohne der Tatsache Rechnung zu tragen, daß er in ein Gebiet wechselt, das schon durch unterschiedliche Methodik von der Physik abgegrenzt ist. Das bedeutet aber, daß Hawking, wenn er auf diese Art und Weise vom Menschen spricht, so über ihn handelt, als wäre er keiner, sondern ein nur quantifizierbares Naturobjekt.[100]

Hawking vergleicht nicht nur den Menschen mit einem Computer,[101] sondern gibt auch für seinen freien Willen eine physikalistische Erklärung. Dem Menschen attestiert er deshalb einen freien Willen, weil sein Verhalten nicht vorherbestimmbar ist. Dies würde sich nach Hawking allerdings durch eine vereinheitlichte allgemeine Naturtheorie ändern. Allerdings wäre dann immer noch zu beachten, daß das menschliche Gehirn der Unschärferelation unterworfen ist und daher ein Freiheitsmoment enthält. Die dabei auftretende Freiheit sei wegen der geringen Ener-

---

[99] Vgl. Falk, Hawking irrt!, 23f.

[100] Vgl. Falk, Hawking irrt!, 76f.

[101] Neben den oben angeführten Stellen siehe auch : „Wir alle wollen wissen, woher wir kommen“, 267.

giemengen im Gehirn allerdings nur klein. Deshalb sei – so Hawking – eine Vorhersage menschlicher Handlungen – auch wenn eine Einheitstheorie vorläge – aus physikalischen Gründen ziemlich schwierig.[102]

Hawking setzt Freiheit als Manko mathematischer Berechenbarkeit an, das einen Spielraum offenläßt, der nicht endgültig aufgelöst werden kann. Wiederum wird sichtbar, daß ein genuin nicht naturwissenschaftliches, sondern philosophisches Problem mittels physikalischer Methode in den Blick genommen wird. Dennoch nimmt Hawking in Anspruch, über menschliche Freiheit *als solche* nachzudenken, obwohl er streng physikalisch vorgeht. Erst die Tatsache, daß menschliches Verhalten physikalisch nicht ableitbar ist, weil zum einen das zu lösende Gleichungssystem noch zu komplex sei und weil zum anderen eine Vorhersage, selbst wenn sie möglich wäre, wiederum Auswirkungen auf das handelnde System ausübte, veranlaßt Hawking, überhaupt von Freiheit zu reden. Da die Versuche, menschliches Verhalten vorherzusagen, auf diese Art und Weise in selbstbezügliche Systeme münden, die physikalisch kaum beherrschbar sind, sieht sie Hawking einer anderen Kategorie zugehörig.[103] Diese ist jedoch nicht – wie man folgern würde – eine geisteswissenschaftliche, sondern wiederum naturwissenschaftlich bestimmt, nämlich biologisch. Die natürliche Selektion veranlaßt nach Hawking nämlich den Menschen dazu, die Theorie des freien Willens anzunehmen, da dadurch die Gesellschaft besser funktioniere. Folglich betrachtet Hawking den freien Willen als eine „operative Theorie im Sinne der Strömungsmechanik“[104], also wiederum naturwissenschaftlich. Nicht einmal rein pragmatische Gründe geben nach Hawking den Ausschlag, einen freien Willen zu akzeptieren und mit dieser Annahme selbst frei zu handeln, sondern der Zwang der Selektion nimmt dem Menschen eine mögliche Wahl ab, er kann nicht anders, als diese Theorie anzunehmen. Also selbst die Annahme eines freien Willens, die ihrerseits wiederum als Akt der Freiheit anzusehen wäre – und sei es nur aus operativen Gründen –, wird evolutionsbiologisch geleugnet. Der physikalische Zugriff auf das Phänomen menschlicher Freiheit versucht, Freiheit unter dem Gesichtspunkt der Unbestimmbarkeit zu beschreiben, die jenseits der Grenze physikalischer Erfaßbarkeit angesiedelt wird. Freiheit kommt deshalb lediglich als physikalische Randerscheinung in den Blick, die nur wegen der Begrenztheit naturwissenschaftlicher Methoden überhaupt zum Problem wird.

Hawking will sich gerade mit dieser Begrenztheit allerdings nicht abgeben. Es sei nämlich an der Zeit, daß sich die Wissenschaften nicht mehr bloß mit der Entwicklung neuer Theorien beschäftigen, die beschreiben, was das Universum sei, sondern endlich darangehen, die Warumfrage zu stellen. Da die Philosophen, deren eigentliche Aufgabe es sei, gerade diese Frage ernst zu nehmen, im Gegensatz zu vergangenen Jahrhunderten nicht mehr in der Lage seien, mit der Entwicklung naturwissenschftlicher Theorien Schritt zu halten, da seit Wittgenstein nur

---

[102] Hawking S., Ist alles vorherbestimmt?, in: Hawking S., Einsteins Traum. Expeditionen an die Grenzen der Raumzeit, Reinbek 1994, 127–140, 133.

[103] Hawking, Ist alles vorherbestimmt?, 136.

[104] Hawking, Ist alles vorherbestimmt?, 135.

mehr Sprachkritik betrieben werde, müsse dies die Naturwissenschaft selbst übernehmen.[105] Metaphysik und Religion seien nur so lange gefragt, wie von einem statischen Universum ausgegangen wird, was die Anfangsfrage nicht naturwissenschaftlich zu beantworten erlaube.[106] Hawking vertritt implizit eine Naturwissenschaft, die philosophische Belange mitzuvertreten hat. Daß er dabei allerdings die physikalische Denkweise beibehalten will, zeigt, daß in einer solchen Einheitswissenschaft die Philosophie als eigenständige Wissenschaft eliminiert wird. Eine solche „positivistische Position", zu der sich Hawking bekennt,[107] läßt zwar die Möglichkeit eines Gottes offen, läßt einen solchen allerdings nur unter physikalischer Perspektive sichtbar werden.

Während Hawking Gott zwar nicht für nötig hält, aber dennoch nicht leugnet, sondern zum Inbegriff der physikalischen Gesetze macht, will sich B. Kanitscheider mit rein – wie er sagt – „wissenschaftlichen" Welterklärungen, das heißt mit naturwissenschaftlicher Weltsicht, begnügen und das Auftreten religiöser Gefühle als biologische Vorkommnisse neutralisieren. Das führe zwar zu Ablehnungen, da die neuen naturwissenschaftlichen Erkenntnisse gewöhnungsbedürftig seien. Dennoch sieht er keine Alternative, als diese neuen Erkenntnisse zu akzeptieren.

Kanitscheider schreibt, daß eine rein wissenschaftliche Erklärung der Welt auf viele Widerstände stoße, wenn zum Beispiel Phänomene wie Zwischenmenschlichkeit oder Religion auf chemische und physikalische Vorgänge reduziert werden. Besonders groß sei die Ablehnung einer solchen streng wissenschaftlichen Weltsicht, wenn erklärt werde, "daß selbst religiöse Gefühle von der Psychobiologie erfaßt werden und man diese erhabenen Bewußtseinszustände neurologisch als Wirkung von biogenen Aminen auf den Temporallappen und das limbische System rekonstruiert" [108].

Kanitscheider geht aus seiner „wissenschaftlichen Weltsicht" so vor, daß er – nach Hawkings Verständnis – nicht-positivistische Philosophie und Theologie als unwissenschaftlich abtut. Wissenschaft wird bloß als Naturwissenschaft gesehen; er lehnt selbst Humanwissenschaften als sinnlos ab. Kanitscheider meint, daß Naturwissenschaften Orientierungshilfe anbieten könnten und „daß die Kenntnis der molekularen Tiefenstruktur ... mehr Handlungsspielräume [eröffne] als das Absolutsetzen der unhinterfragten Phänomenebene"[109]. Weiter vertritt er die Meinung, daß man zu einer gänzlich anderen Bewertung gelange, wenn man zum Beispiel emotionale Bindung biochemisch und nicht soziokulturell deute. Mit der Aussage, daß naturwissenschaftliche Betrachtungsweise andere Ergebnisse zeitigt als humanwissenschaftliche, hat Kanitscheider sicher recht, die Frage ist freilich, welcher Zugangsweg der entsprechendere ist und wieso aus biochemischen Unter-

---

[105] Hawking, Geschichte der Zeit, 217.

[106] Hawking, Der Ursprung des Universums, 83.

[107] Hawking, Mein Standpunkt, 59.

[108] Kanitscheider B., Von der mechanistischen Welt zum kreativen Universum. Zu einem neuen philosophischen Verständnis der Natur, Darmstadt 1993, 3.

[109] Kanitscheider, Von der mechanistischen Welt, 4.

suchungsergebnissen plötzlich Orientierungshilfen für menschliche Handlungen ableitbar sein sollen.

Kanitscheider erwähnt zwar den Einwand, wonach naturwissenschaftliche Ergebnisse nicht einfach als die einzig gültigen Erkenntnisse über die Welt und den Menschen zu übernehmen seien, weil Naturwissenschaften immer zuerst und bleibend durch eine methodische Einschränkung bestimmt sind und bleiben. Im weiteren Verlauf des Textes ebnet Kanitscheider aber gerade diese grundlegende Differenz ein und bekennt sich zu einem wissenschaftlichen Reduktionismus. Er begründet dieses sein Vorgehen damit, daß es möglich sei, auch aus der "reinen" Wissenschaft kognitive, normative und ästhetische Orientierung abzuleiten.[110] Kanitscheider meint, daß "wir jenen Grad der Reduktion akzeptieren [müßten], den uns die Ergebnisse der Wissenschaften und deren begriffliche Reflexion darbieten"[111]. Ein Neurochemiker werde einem verliebten Paar ja nicht seinen emotionalen Bewußtseinsstand ausreden, sondern beschreibe ihn nur anders und biete dadurch sogar Orientierungshilfen.

Es wird nicht beachtet, daß solche Reduktionismen die beschriebene Realität unter der Hand zu einer anderen Wirklichkeit machen oder sogar ganze Realitätsbereiche der wissenschaftlichen (hier nicht bloß naturwissenschaftlich verstanden) Zugänglichkeit entziehen. Wirklichkeit wird, bevor sie naturwissenschaftlich analysiert wird, als eingeschränkte Realität konstruiert. Das bedeutet, daß die von Kanitscheider zwar erwähnte, aber als unbedeutend abqualifizierte methodische Einschränkung der Naturwissenschaften Wirklichkeit verändert und daher sehr wohl in Rechnung zu stellen ist.

Kanitscheider ist nicht nur ein Reduktionist, der die Naturwissenschaften zu der überlegenen Weltorientierungs-Disziplin machen möchte. Anders als Hawking akzeptiert er darüber hinaus selbst Entwicklungen in den modernen Naturwissenschaften nicht immer, sondern versucht, sie abzuschwächen, offenbar damit seine eigene Weltanschauung nicht schon von naturwissenschaftlicher Seite in Frage gestellt werden muß. So tut er die Quantenphysik ab, weil sie für die Lösung konkreter Probleme nicht weiterführe.[112] Dagegen will er die "zerlegende mikroskopische Strategie der Wissenschaft" forciert wissen, während er den „philosophisch abstrakte[n] Holismus, wie er sich aus dem Quantenprinzip ergibt“[113], beiseite schiebt, völlig im Widerspruch zu den Entwicklungen in den heutigen Naturwissenschaften. Damit macht Kanitscheider nicht nur eine physikalische unter der Hand zu einer philosophischen Theorie, sondern qualifiziert jene auch ab, und zwar indem er sie eine „philosophische“ nennt. Eine solche trage nämlich zur Leidminderung viel weniger bei als eine exakte biochemische Problemlösung. Daß aber Biochemie als Biochemie schon per definitionem nicht handlungsnormierend sein kann, wird übersehen. So wird auch in der anschließenden Darle-

[110] Kanitscheider, Von der mechanistischen Welt, 5ff.

[111] Kanitscheider, Von der mechanistischen Welt, 3.

[112] Kanitscheider, Von der mechanistischen Welt, 5.

[113] Ebenda.

gung der „normativen Orientierung", die Biochemie leisten könne, nicht von Normen im eigentlichen Sinn gesprochen, sondern bloß davon, daß die Vernunft Leiterin der Leidenschaften sein soll. Kanitscheider spricht von „normativer Prägung" nur dann, wenn es darum geht, die „biologische Mitgift" zum Beispiel der Geschlechterdifferenz zu beschreiben, und meint, daß eine Betrachtung des Menschen als „reines Kulturwesen" eine Betrachtung sei, die von der normativen Prägung absehe.[114] Kanitscheider muß jedoch einräumen, daß biologische Rahmenbedingungen nicht schon als Normen für menschliches Handeln anzusehen sind, sodaß in seinen Ausführungen zuletzt das biochemische Wissen nur mehr als Hilfe zur Abschätzung des Aufwandes fungiert, der „mit der Durchsetzung einer bestimmten von einer Kultur hervorgebrachten Norm verbunden ist"[115]. Offenbar kommt Kanitscheider doch nicht umhin, indirekt „normative Orientierung" vorauszusetzen, die *nicht* biochemisch fundiert ist.

Es mutet seltsam an, daß Kanitscheider gerade den Naturwissenschaften zuspricht, in normativer Hinsicht Orientierung geben zu können. Denn der bekannte Grundsatz einer Philosophie, die sich als wissenschaftlich bezeichnet und sich an die Naturwissenschaften anlehnt, vertritt gewöhnlich den Grundsatz, daß aus Seins- keine Sollenssätze ableitbar sind. Kanitscheider muß – wie gezeigt – von seinem hohen Anspruch Abstriche machen: Er versucht nur zu zeigen, wie Rationalität für die Durchsetzung von Normen, die er nicht herleiten kann, nützlich ist. Darüber hinaus beschränkt er sich darauf zu vertreten, daß Einsichten in biochemische Programme helfen können, unüberbrückbare Konflikte biologisch zu verstehen. Von Freiheit im moralischen Sinn ist allerdings genausowenig die Rede wie von konkreten Werten.

Kanitscheider bekennt sich zu einem toleranten Szientismus, weil es – seiner Meinung nach – keine autonome philosophische Welterfahrung gebe, „die genuine Erkenntnisse der Realität jenseits der wissenschaftlichen Rationalität hervorbring[e]"[116]. Einerseits stützt sich diese Behauptung bloß auf Suggestivfragen,[117] andererseits wäre zu zeigen, wieso Philosophie der Naturwissenschaft widerspricht. Kanitscheider tut so, als sei jede genuin philosophische Erkenntnis von den Naturwissenschaften zu revidieren. Er bringt solche Erkenntnis sogar in die Nähe der „irrationalen Alternativ-Szene". Daß es eine Philosophie gibt, die eigenständige, wissenschaftliche Erkenntnis zutage fördert, kann Kanitscheider allerdings nur dann leugnen, wenn er schon im vorhinein bestimmt, daß Philosophie methodisch wie Naturwissenschaften vorzugehen hat. Ein Nebeneinander von Naturwissenschaften und von unabhängiger Theologie beziehungsweise Philosophie, die wechselweise in Beziehung stehen und einander etwas zu sagen haben, kann nicht einfach geleugnet werden, es sei denn, man wertet Philosophie prinzipiell den Naturwissenschaften gegenüber ab, wie es Kanitscheider tut. Eine solche

[114] Kanitscheider, Von der mechanistischen Welt, 11.

[115] Ebenda.

[116] Kanitscheider, Von der mechanistischen Welt, 6.

[117] Ebenda.

Abwertung müßte sich aber selbst wiederum philosophisch ausweisen, weil eine derartige Fragestellung per definitionem nicht Gegenstand der Biochemie sein kann.

Da eine solche Natursicht teleologisches Denken ausschließt und da Kanitscheider davon ausgeht, daß jedwede Teleologie ein Absolutes voraussetzt, lehnt er die Annahme eines Unbedingten ab. Die Zurückweisung „theistischer Leitideen" – wie er sie bezeichnet – läßt ihn allerdings nicht zum Nihilisten werden. Vielmehr tritt er für einen Epikureismus ein.[118] Die Ablehnung von Teleologie und mit ihr auch von Gott erfolgt aus rein naturwissenschaftlichen Gründen: Diese sind aber keine notwendige Hypothese der Biochemie.

Trotz seiner Ablehnung theistischer Ideen begnügt sich Kanitscheider, was seine Weltanschauung betrifft, nicht mit der Ebene naturwissenschaftlicher Denkweisen, sondern rekurriert auf den Epikureismus. Offenbar geht er trotz seiner angeblichen Beschränkung auf Naturwissenschaften von einem Maßstab zur Bewertung von Weltanschauungen aus, denn sonst könnte er nach der Ablehnung des Christentums nicht einfach den Nihilismus für überzogen halten und sich zum Epikureismus bekennen. Kanitscheider gibt den Rat, man könne getrost Epikureer werden und nach dem Grundsatz „Carpe diem" leben. Die Begründung für diesen Rat liege einfach darin, daß die Wissenschaft, die einen mit der eigenen Bedeutungslosigkeit konfrontiert, eine „Kurzzeitperspektive" nahelege. Zum einen muß betont werden, daß Kanitscheider diesen Rat aus einer Wissenschaft abzuleiten versucht, die methodisch eingeschränkt arbeitet, also die Welt in einer eingeschränkten Perspektive sieht. Zum zweiten ist nicht einzusehen, wieso aus der Sinneutralität von Naturwissenschaften, auf die sich Kanitscheider beschränken möchte, stringent eine „Kurzzeitperspektive" zu folgern ist. Die weitere Behauptung Kanitscheiders, daß diese Lebenseinstellung des „Carpe diem" einen am Lebensende auf ein Leben zurückschauen lassen werde, über das man nicht enttäuscht ist,[119] verfällt seinem eigenen Verdikt. Er macht philosophische Extrapolationen aus einem naturwissenschaftlichen Ansatz, die selbst nicht naturwissenschaftlich begründbar sind. Kanitscheider müßte *naturwissenschaftlich* zeigen können, daß man am Ende seines Epikureerlebens mit Sicherheit sagen kann, daß es nicht umsonst gewesen sei. Wenn er das aber – was einsichtig ist – nicht einlösen kann, so hat er sich stillschweigend zu einem Philosophen verwandelt, der losgelöst von Einzelwissenschaften philosophiert, eine Tätigkeit, die er selbst an anderer Stelle ablehnt. Wie aus den eben angeführten Argumenten ersichtlich geworden sein dürfte, ist Kanitscheiders Weltanschauung keineswegs voraussetzungslos. Kanitscheider hält seinen eigenen Ansatz nicht durch, sonst müßte er es sich versagen, den Epikureismus als die richtige Weltanschauung vorzustellen, nachdem er die – wie er sie nennt – „theistischen Ideen" als sinnlos zurückgewiesen hat.

[118] Kanitscheider, Von der mechanistischen Welt, 8.

[119] Ebenda.

Während Hawking die Gottesvorstellung zum Inbegriff physikalischer Gesetze umfunktioniert und sie für entbehrlich hält, lehnt Kanitscheider „theistische Ideen“ prinzipiell ab. Für beide Autoren ist jedoch charakteristisch, daß sie den Bereich, den Philosophie und Theologie mit eigenen Methoden bearbeiten, mit Hilfe des naturwissenschaftlichen Paradigmas in den Blick nehmen und die dabei gewonnenen Ergebnisse als weltanschaulich relevant ausgeben. Ein solches Vorgehen setzt allerdings voraus, daß klargestellt ist, wieso die naturwissenschaftliche Methode zu bevorzugen oder für allein gültig zu erklären ist. Solches zu behaupten ist jedoch nicht naturwissenschaftliche, sondern selbst philosophische Rede.

3.2 Physikalistische Annahme Gottes im Paradigma der Selbstorganisation

Anders als in den Ansätzen von Hawking und Kanitscheider nehmen neben anderen Prigogine, Stengers und Jantsch eine Position ein, die Gott einen Platz in den von ihnen vertretenen Naturtheorien einräumt. Freilich wird der Gottesbegriff transformiert und verändert. Ausgehend von der naturwissenschaftlichen Methodik, die zwar der klassischen Mechanik gegenüber die Naturereignisse als dynamische in den Blick zu nehmen und eine irreversible Zeitrichtung einzuführen erlaubt, wird Gott allerdings physikalistisch reduziert und zu einer innerphysikalischen Größe gemacht. So hat es den Anschein, als komme Gott in einer dynamisierten Physik vor und als könne ein neuer Zugang zu Gott gewonnen werden. Daß dieser Gott freilich kein personaler mehr sein kann, sondern nur Inhalt eines naturwissenschaftlichen Restbegriffs, wird zu zeigen sein.

3.2.1 Anspruch und Grundanliegen

In ihrem Buch „Das Paradox der Zeit“[1] stellen sich Prigogine und Stengers die Aufgabe, drei Paradoxe, die in der gegenwärtigen Physik aktuell sind, zu lösen oder wenigstens einer Lösung näherzubringen. Einmal geht es um das im Titel angesprochene Paradox der Zeit: Die Diskrepanz zwischen der Leugnung des Zeitpfeils in der modernen Physik und der augenscheinlichen Irreversibilität in den Naturabläufen läßt bislang keinen einheitlichen Begriff der Zeit zu. Zum zweiten stellt sich in der Quantentheorie die Frage, wieso der Zusammenbruch der Wellenfunktion und damit der Beobachter für das Quantensystem maßgebend sein sollen (Quantenparadox). Zuletzt sehen Prigogine und Stengers auch in der gegenwärtigen Kosmologie eine prinzipielle Widersprüchlichkeit, wenn der Urknall als „Ereignis“ beschrieben wird, obwohl ein solches in den herkömmlichen Naturgesetzen nicht vorkommt.

Zur Lösung dieser drei Paradoxa schlagen die Autoren eine mathematische Neufassung der Naturgesetze in klassischer Dynamik und Quantenmechanik vor, die es erlaubt, den Bereich der faßbaren Naturphänomene zu erweitern. Die Ein-

[1] Prigogine I./ Stengers I., Das Paradox der Zeit. Zeit, Chaos und Quanten, München 1993.

beziehung der Chaostheorie sowie der Arbeiten über dissipative Systeme, Instabilität und Selbstorganisation ermöglicht es nach Prigogine und Stengers nämlich, die erwähnten Paradoxe aufzulösen, die einzelnen Theorien zu homogenisieren und letztlich eine einheitliche Naturtheorie vorzustellen. Die Einbeziehung des Chaos bedinge eine neue mathematische Konzeption, die ihrerseits die Widersprüche in den herkömmlichen Theorien auflösen helfe. Hier knüpfen die Autoren an die eigenen früheren Arbeiten an und führen sie unter Einbeziehung der Chaostheorie in Richtung einheitliche Naturgesetzlichkeit weiter.

Bei der Lösung des ersten Paradoxes gehen Prigogine und Stengers von der Schwierigkeit Boltzmanns aus, der mit den Mitteln der klassischen Dynamik den Zeitpfeil in den Mikrokosmos einführen wollte. Da diese aber per definitionem auf Reversibilität aufbaut, habe Boltzmann trotz seines richtigen Anliegens scheitern müssen.[2] So komme es heute darauf an, neue Möglichkeiten zu erschließen, Irreversibilität mathematisch in herkömmliche Theorien einzubeziehen und diese dadurch zu transformieren. Prigogine und Stengers möchten die klassische Mechanik, die Thermodynamik und die Quantenmechanik in eine Theorie integrieren. Schon ihren früheren Publikationen ist zu entnehmen, daß sie einen theoretischen Kernansatz entwickeln wollen, aus dem der Wechsel von einer deterministischen zu einer statistischen Betrachtungsweise physikalischer Vorgänge und deren Trennung in reversible und irreversible Prozesse als Folgen bestimmter Struktureigenschaften ableitbar sind. Dazu bildet Prigogine einen Operator, der die Zuordnung von mikroskopischen zu makroskopischen Prozessen erlaubt. Besonderes Augenmerk legt er dabei auf das Verhältnis von Reversibilität und Irreversibilität, wobei er sich bemüht, der Irreversibilität selbst Realitätsgrad zuzuerkennen, ihre „*konstruktive* Rolle in der physikalischen Welt“ hervorzukehren und ihre Verankerung in der Dynamik zu betonen.[3]

In der klassischen Mechanik ist die Wahrscheinlichkeitstheorie nicht von Belang, wohl aber in der klassischen Thermodynamik. Die Trajektorien der klassischen Mechanik zeichnen sich durch Gesetzmäßigkeit, Determiniertheit und Reversibilität aus, sodaß durch Anwendung der dynamischen Gesetze die Trajektorie sowohl in die Zukunft als auch in die Vergangenheit entfaltet werden kann.[4] Boltzmann versuchte mittels seiner kinetischen Theorie eine Verknüpfung der so beschaffenen Mechanik mit der Thermodynamik. Seine Gleichung überträgt die Unterscheidung der Thermodynamik zwischen reversiblen und irreversiblen Prozessen in die mikroskopische Beschreibung.[5] Die Irreversibilität war für Boltzmann eine Konsequenz der molekularen Unordnung, „die den Gleichungen der Dynamik ‚überlagert‘ wird“[6]. Es manifestiert sich nach Boltzmann in irre-

[2] Prigogine/ Stengers, Paradox der Zeit, 49.

[3] Prigogine I., Vom Sein zum Werden. Zeit und Komplexität in den Naturwissenschaften, München ³1982, 13.

[4] Prigogine I./ Stengers I., Dialog mit der Natur. Neue Wege des naturwissenschaftlichen Denkens, München ⁴1983, 66 und 202.

[5] Prigogine, Vom Sein zum Werden, 172.

[6] Prigogine, Vom Sein zum Werden, 185.

versiblen Prozessen auf makroskopischer Ebene, die der Entropie unterworfen sind, dasjenige, was die Zufälligkeit auf mikroskopischer Ebene ausmacht.[7] Gegen Boltzmann betont Prigogine jedoch, daß die Irreversibilität *keine* Konsequenz aus der Zufälligkeit mikroskopischer Unordnung ist, das heißt Irreversibilität kann nicht aus der Zufälligkeit hergeleitet werden. Prigogines Ziel ist es zu zeigen, daß vielmehr auch auf mikroskopischer (und nicht nur auf makroskopischer) Ebene irreversible Prozesse mathematisch beschreibbar sind und daß nicht nur im makroskopischen, sondern auch im mikroskopischen Bereich Entropie nachweisbar ist.[8] Prigogines Idee besteht darin, der makroskopischen Entropie einen mikroskopischen Entropie-Operator an die Seite zu stellen und beide Niveaus auf diese Weise zu verbinden.[9]

Prigogine zeigt allerdings nicht nur, daß die im mikroskopischen Bereich vorhandenen Instabilitäten selbst irreversibel sind und mit der Irreversibilität auf makroskopischem Niveau zusammengesehen werden müssen, sondern beschreibt auch, daß bei irreversiblen, entropischen Prozessen Ordnungsstrukturen auftreten können. Solche Aussagen scheinen in sich widersprüchlich zu sein. Doch Prigogine und seine Mitarbeiterin befassen sich in diesem Zusammenhang nicht mit geschlossenen, sondern mit offenen Systemen. Prigogine hat entdeckt, daß *fern vom Gleichgewicht* der dem Boltzmannschen Ordnungsprinzip zugrundeliegende Wahrscheinlichkeitsbegriff nicht mehr gilt.[10] Während Boltzmanns Ordnungsprinzip besagt hatte, „daß der wahrscheinlichste Zustand, den ein System erreichen kann, derjenige ist, in dem die massenhaften Ereignisse, die gleichzeitig in dem System stattfinden, sich in ihrer Wirkung *statistisch ausgleichen*"[11], behauptet Prigogine, daß Ordnung scheinbar wider den zweiten Hauptsatz der Thermodynamik entstehen kann. Er zeigt, daß in *offenen, dynamischen* Systemen, in denen der Entropiewert noch nicht maximal ist – das heißt, die sich noch fern vom Gleichgewicht befinden – Ordnung auftritt. Da es sich um *offene* Systeme handelt, ist Clausius' Entropiesatz von der auftretenden Ordnung nicht berührt.

Die entstehenden Ordnungsstrukturen, zu denen Nichtgleichgewichtssysteme führen können, nennt Prigogine „dissipativ"[12] und weist ihnen für die Entwicklung von Leben große Bedeutung zu: „Der unerwartete neue Gesichtspunkt ist der, daß ... Nichtgleichgewicht zu einer neuen Art von Struktur führen kann, den *dissipativen* Strukturen, die für das Verständnis der Kohärenz und der Organisation in der Welt des Nichtgleichgewichts, von der wir umgeben sind, wesentlich sind."[13]

---

[7] Prigogine, Vom Sein zum Werden, 184f.

[8] Vgl. Prigogines mikroskopische Theorie irreversibler Prozesse, in: Prigogine, Vom Sein zum Werden, 186ff.

[9] Prigogine, Vom Sein zum Werden, 214.

[10] Prigogine/ Stengers, Dialog mit der Natur, 152.

[11] Prigogine/ Stengers, Dialog mit der Natur, 133.

[12] „dissipativ" bezieht sich auf den Energiefluß, nicht jedoch auf den Strukturbegriff, sonst wäre die Wortverbindung zwischen „Struktur" und „dissipativ" paradox.

[13] Prigogine, Vom Sein zum Werden, 96.

Dissipative Strukturen weisen folgende drei Charakteristika auf: Einmal die bereits angesprochene Offenheit bezüglich des Energie- und Materieaustausches, sodann den Zustand fern vom Gleichgewicht und schließlich das Auftreten auto- oder crosskatalytischer Prozesse, das heißt von Rückkoppelung, die zu Selbstvermehrung führt.[14]

Durch das Prinzip der Rückkoppelung kann sich eine dissipative Struktur selbst katalysieren, das heißt, sie ist zyklisch organisiert und hat Selbstbezug (Autopoiese). Prigogine und Stengers verdeutlichen dies am Beispiel des sogenannten „Brüsselators".[15] Es handelt sich dabei um eine chemische Uhr, das heißt um eine chemische Reaktion, die mit konstanter Gleichmäßigkeit vom einen Zustand in den anderen umschlägt und vice versa. Ein Beispiel für den Brüsselator bildet die Belousov-Zhabotinsky-Reaktion, bei der Malonsäure durch Kaliumbromat in Gegenwart von Cerium-Ionen oxidiert, sodaß das ganze System regelmäßig zwischen den Farben rot und blau schwankt. Zu beachten ist, daß eine autokatalytische Stufe im Laufe der Reaktionen unterschieden werden kann, auf der die Autopoiese unabhängig von der Umwelt abläuft.[16]

Während in der klassischen Thermodynamik die Anfangsbedingungen vergessen und die vorhandenen Strukturen zerstört werden, entsteht in dissipativen Strukturen neu und spontan Ordnung. Das besagt, daß das Gesetz der großen Zahl, nach dem die Schwankungen in großen Systemen zu vernachlässigen sind, in dissipativen Systemen aufgehoben ist und daß gerade durch die nur vermeintlich außer acht zu lassenden Schwankungen Ordnungsstrukturen gebildet werden können. Die beim Aufbau solcher Ordnungsstrukturen gewonnene Information ist nicht bloß semantisch, sondern auch pragmatisch, das heißt, sie wirkt auf das System zurück, sodaß sich ein Wechselspiel zwischen Erstmaligkeit und Bestätigung einer Information ergibt. Bestimmt werden dissipative Strukturen folglich durch drei Aspekte, die ihrerseits in jeweiliger Entsprechung miteinander korrelieren: Einmal drückt die chemische Gleichung die Funktion des Systems aus. Zum anderen resultiert aus den auftretenden Instabilitäten eine bestimmte Raum- und Zeitstruktur, und schließlich handelt es sich um Schwankungen oder Fluktuationen, die die Instabilitäten auslösen.[17]

Bei ihrer Suche nach einer Lösung für die drei anfangs angesprochenen Paradoxe führen Prigogine und Stengers besonders in ihren neueren Publikationen neben den dissipativen Strukturen auch das Problem der Integrierbarkeit von Systemen an. Für die klassische Mechanik wird darauf hingewiesen, daß die Grenze reversibler Systeme in ihrer Integrierbarkeit liege. Wie Poincaré gezeigt hat, sind nämlich nicht alle dynamischen Systeme integrierbar. In nichtintegrierbaren wirkt die Zeit nicht stetig; sie sind nur probabilistisch beschreibbar. Ähnlich wie die

[14] Jantsch E., Die Selbstorganisation des Universums. Vom Urknall zum menschlichen Geist, München Neuaufl. 1992, 62.

[15] Prigogine/ Stengers, Dialog mit der Natur, 156f. Vgl. auch Jantsch, Selbstorganisation, 61.

[16] Das Funktionsdiagramm sieht folgendermaßen aus: $A \Leftrightarrow X$; $B+X \Leftrightarrow Y+D$; $2X+Y \Leftrightarrow 3X$; $X \Leftrightarrow E$ (A, B, D, E sind Ausgangs- und Endprodukte, X und Y hingegen Zwischenverbindungen).

[17] Prigogine, Vom Sein zum Werden, 114.

klassische Dynamik sind nach Prigogine und Stengers auch die Quantentheorie deterministisch und die Schrödingergleichung zeitlich reversibel. Denn für die Irreversibilität ist nach der Kopenhagener Deutung ja nicht das System allein, sondern die Messung durch den Beobachter verantwortlich. Analog zur Integrierbarkeit innerhalb der klassischen Dynamik läßt sich auch für die Quantentheorie ein Kriterium angeben, das ihre Grenzen anzeigt, nämlich der Eigenwert. Es gibt viele quantenmechanische Systeme, deren Eigenwerte mit der herkömmlichen Form der Theorie nicht eruierbar sind. Weiterhin stehen die Quantentheoretiker vor der Schwierigkeit, den Übergang von den Wahrscheinlichkeitsamplituden der Schrödingergleichung zu den Wahrscheinlichkeiten selbst zu erklären. Die Interpretation des Meßproblems versucht diese Schwierigkeit mit dem Begriff des "Zusammenbruchs der Wellenfunktion" zu fassen, bleibt für das Auftauchen von Wahrscheinlichkeit und Irreversibilität jedoch auf den nicht wiederum quantenmechanisch faßbaren Beobachter verwiesen (wenigstens nach der Kopenhagener Deutung).

Prigogine und Stengers geht es nun darum, Systeme klassischer Dynamik, die mit herkömmlichen Methoden nicht integrierbar sind, mathematisch so zu fassen, daß sie integrierbar werden. Außerdem soll die Irreversibilität in der Quantentheorie vom messenden Beobachter in das Quantensystem selbst verlagert werden. Die Autoren versuchen also, der Kopenhagener Deutung mittels neuer mathematischer Beschreibung eine *realistische Interpretation der Quantentheorie* gegenüberzustellen. Dadurch soll Irreversibilität integraler Bestandteil sowohl der klassischen Dynamik als auch der Quantenmechanik werden. Für die Umformung dieser beiden Theorien muß freilich eine neue Schreibweise gefunden werden, die Prigogine und Stengers so konstruieren, daß die beiden alten Theorien in die eine neue eingefügt werden können.

Im Gegensatz zur Beschreibung durch Trajektorien in der klassischen Dynamik und zur Aufstellung von Wellenfunktionen in der Quantenmechanik greifen Prigogine und Stengers auf die Ensembleschreibweise von Gibbs und Einstein zurück. Diese wird jedoch wesentlich abgeändert, da sie zwar eine alternative, aber zu Trajektorien und Wellenfunktionen äquivalente und auf diese reduzible statistische Betrachtungsweise ist. Aufgabe ist es, die Naturgesetze in *„irreduzible* statistische Beschreibungen“[18] zu transformieren und eine „Formulierung *irreduzibler* probabilistischer Naturgesetze“[19] zu finden. Prigogine und Stengers versuchen also, „eine generalisierte spektrale Theorie, die dissipative Eigenschaften wie Lebensdauer, Relaxationszeit und so weiter in das Spektrum einbezieht“, auszuarbeiten.[20] Dabei genügt allerdings ein Rückgriff auf den Hilbert-Raum nicht, es müssen vielmehr generalisierte Räume („rigged“-Hilbert-Räume) eingeführt werden.

---

[18] Prigogine/ Stengers, Paradox der Zeit, 202.

[19] Prigogine/ Stengers, Paradox der Zeit, 314.

[20] Prigogine/ Stengers, Paradox der Zeit, 210.

Als Fortentwicklung ihres Ansatzes von den dissipativen Systemen führen Prigogine und Stengers einen neuen Chaosbegriff ein. Nicht die in der klassischen Dynamik vertretene Auffassung von Chaos kann genügen, wonach das makroskopische Chaos nur Folge der Einzeltrajektorien mikroskopisch nicht gänzlich erfaßbarer Einzelteilchen ist. Vielmehr erweist sich das makroskopische dissipative chaotische System als eines, dessen mikroskopische Beschreibung es schon als Chaos ausweist. Chaos ist demnach zu definieren als ein „dynamisches System klassischer oder quantenmechanischer Natur ..., wenn seine Beschreibung sich nicht auf individuelle Trajektorien oder Wellenfunktionen reduzieren läßt"[21]. Als weitere Grundbedingung für eine alternative Formulierung der Naturgesetze müssen dauerhafte Wechselwirkungen vorausgesetzt werden.

Außerdem entsprechen die Lösungen der neueingeführten irreduziblen und probabilistischen Naturbeschreibungen einer Annäherung an das dynamische Gleichgewicht. Das bedeutet, daß aus diesem Ansatz „eine direkte Verknüpfung sowohl des Gleichgewichts als auch der Dynamik mit der Physik der dissipativen Prozesse einschließlich der dissipativen Strukturen"[22] folgt.

Wenn der Anspruch, eine Theorie zu erstellen, die die Wahrscheinlichkeit beziehungsweise Irreversibilität in das quantenmechanische System verlegt, eingelöst werden kann, ist zugleich auch das von Prigogine und Stengers anfänglich konstatierte Quantenparadox aufgelöst. Denn der Beobachter spielt dann in der Natur keine aktive Rolle mehr. Vielmehr ist das Chaos zum Ausgangspunkt für einen neuen Realismus geworden, dem sich nach Meinung der Autoren auch die Quantentheorie nicht mehr entziehen kann.[23] Analog dazu verhält es sich mit dem Zeitparadox: Eine Theorie, die als ihr Fundament Irreversibilität hat und in die die klassische sowie die Quantenmechanik eingebettet werden können, schließt den Zeitpfeil nicht mehr aus, sondern ein.

Einen Lösungsvorschlag bieten Prigogine und Stengers auch für das kosmologische Paradox. Sie entwerfen ein „phänomenologisches Modell"[24], das den Urknall nicht als Singularität, sondern als Instabilität beschreibt. Den Ausgangspunkt bildet dabei weder das heutige kosmologische Standardmodell noch die Steady-State-Theorie, sondern die auf Tryon und Jordan zurückgehende Free-Lunch-Theorie. Diese besagt, daß es zwei Energieformen gibt, nämlich eine an die Gravitation und eine an die Masse gebundene Energie, die entgegengesetzte Vorzeichen haben können, sodaß eine verschwindende Gesamtenergie denkbar ist, die wiederum spontane Fluktuationen möglich macht. Angenommen wird, daß eine Raumzeit wie im Minkowski-Universum keine Entropie hat, daß aber durch die Bindung der Entropie an die Materie – nach der neuen Naturbeschreibung Prigogines und Stengers' – die Umwandlung von Raumzeit in Materie als ein Entropie erzeugender Vorgang gedacht werden muß. Leere Raumzeit wird zu

---

21 Prigogine/ Stengers, Paradox der Zeit, 230, vgl. 238.

22 Prigogine/ Stengers, Paradox der Zeit, 242.

23 Prigogine/ Stengers, Paradox der Zeit, 268.

24 Prigogine/ Stengers, Paradox der Zeit, 272.

einer instabilen Struktur, und Raumzeit fragmentiert sich zu Materie. Die Fragmentierung erzeugt gleichzeitig Materie und Entropie.[25]

Nach Prigogine und Stengers entwickelte sich das Universum folglich in drei Stufen. Zunächst kam es zur Instabilität im Minkowski-Universum; später bildeten sich lauter kleine Schwarze Löcher, das Universum wies konstante Dichte auf, wuchs aber exponentiell (de-Sitter-Universum); die vorläufig letzte Stufe entspricht der Vorstellung des heutigen Standardmodells, das dem Universum bei steigender Expansion keine Materieerzeugung mehr – wie im de-Sitter-Universum –, sondern folglich abnehmende Dichte bescheinigt.[26] Hatte Einstein noch die Äquivalenz zwischen Raumzeit und Materie behauptet, so vertreten Prigogine und Stengers deren Nicht-Äquivalenz. Durch die Einbeziehung von Irreversibilität und Entropie ergibt sich das Konzept eines offenen Universums, das kein notwendiges Ende finden muß, da immer wieder neue Instabilitäten und daher auch neue Universen auftreten können.

Neben der Kosmologie hat auch die Evolutionsbiologie für die philosophischen Konsequenzen, die Theoretiker der Selbstorganisation aus ihrer Theorie ziehen, große Bedeutung. Prigogine und Stengers führen besonders ihre Lehre von den dissipativen Strukturen ins Treffen, um die Entstehung des Lebens zu erklären. Der offensichtliche Gegensatz zwischen dem zweiten Hauptsatz der Thermodynamik und der wachsenden Komplexität im Laufe der Evolution scheint bei erstem Zusehen theoretisch nicht lösbar zu sein. Denn die Gleichgewichtsthermodynamik kann nicht erklären, wieso Leben aus weniger komplizierten Strukturen entstehen kann, da die Entropie solchen Entwicklungen entgegenzustehen scheint.[27] Da jedoch die Theorie dissipativer Systeme dem Entropiesatz nicht widerspricht, sondern trotz seiner Geltung in der Lage ist, das Auftreten von neuen Ordnungsstrukturen – durch Fluktuationen fern vom Gleichgewicht – zu erklären, bietet sie sich nach Prigogine und Stengers zur Erläuterung von evolutiven Höherentwicklungen an.

E. Jantsch nimmt diesen Gedanken auf und faltet ihn weiter aus, indem er einerseits die Theorie der dissipativen Systeme zu einer allgemeinen Naturtheorie ausbaut und andererseits die Hyperzyklentheorie M. Eigens integriert. Jantsch sieht in der These von den dissipativen Strukturen den Kern für eine allgemeine dynamische Theorie *aller* natürlichen Systeme.[28] Prigogines Thesen sollten fähig sein, eine allgemeine Theorie des Werdens abzugeben und zusätzlich – wie etwa J. Götschl meint – die einzelnen Ereignisebenen in der Natur zu verbinden.[29] Götschl glaubt sogar, daß es die Theorie der Selbstorganisation, die wesentlich auf den Thesen Prigogines basiert, erlaube, „gezielter danach zu suchen, inwieweit ein

[25] Prigogine/ Stengers, Paradox der Zeit, 289.

[26] Prigogine/ Stengers, Paradox der Zeit, 295.

[27] Vgl. Prigogine/ Stengers, Dialog mit der Natur, 137f.

[28] Jantsch, Selbstorganisation, 92.

[29] Götschl J., Die dynamische Einheit von Mensch und Natur, in: Mensch, Natur, Gesellschaft 9/ Sept.-Hft.(1992) 3–14, 6.

tieferes Eindringen in die Naturdynamik zur Kulturdynamik führt – und umgekehrt"[30]. Eine solche einheitliche Theorie für alle Evolutionsstufen bis hin zum Bewußtsein basiert auf der Hypothese, daß es evolutive Rückkoppelung geben müsse, das heißt, daß sich höhere Wesen als dissipative Strukturen, die auf niedrigerer Ebene gründen, spontan bilden können.[31] Mittels der Theorie der Selbstorganisation, die wesentlich auf makroskopischer Dynamik der Prozeßsysteme, dem ständigen Austausch mit der Umwelt (Koevolution) und der Vorstellung der Selbsttranszendenz fußt,[32] wird versucht, die Übergänge zwischen den einzelnen Evolutionsstufen zu erfassen. Die Rückkoppelung in der Evolution wird als autokatalytischer Vorgang interpretiert, der zu einem Hyperzyklus führt, der fallweise eine neue Ebene in der Evolution ausmacht.

Den Begriff des Hyperzyklus hat M. Eigen geprägt. Er hat damit versucht, den Übergang von unbelebten zu belebten Systemen zu beschreiben. Unter Hyperzyklus versteht man „ein[en] geschlossene[n] Kreis von Umwandlungs- oder katalytischen Prozessen, in dem ein oder mehrere Teilnehmer zusätzlich autokatalytisch (selbstvermehrend) wirken"[33]. Angewandt auf die Entstehung des Lebens bedeutet dies, daß sich in der Ursuppe informationstragende Moleküle mit der Eigenschaft der Selbstreproduktion bildeten. Lebensentstehung war aber erst möglich, als solche Moleküle nicht mehr miteinander konkurrierten, sondern in einem Verbund kooperierten. Ein derartiger Molekülverbund, der zudem autokatalytisch strukturiert ist, kann zum Beispiel ein bestimmtes Zusammenwirken von Polynukleotiden und Polypeptidketten sein. Dabei haben die Polypeptidketten katalytische Wirkung für eine Nukleotidkette, die ihrerseits wiederum die Information für die nächste Polypeptidkette enthält und so weiter. Entscheidend ist die Bedingung, daß die letzte Polypeptidkette katalytische Wirkung auf das erste Polynukleotid hat, sodaß der Zyklus geschlossen ist, sonst kann kein selbstreproduzierender katalytischer Hyperzyklus entstehen.[34] Ein solcher ist nach den Theoretikern der Selbstreproduktion allerdings Voraussetzung für selbstbezügliche Systeme, die ihrer Meinung nach die erste Stufe des Übergangs zwischen Unbelebtem und Belebtem ausmachen.

H. Maturana steht den Ansätzen von Prigogine und Jantsch kritisch gegenüber. Er möchte einerseits klarstellen, daß dissipative Systeme nicht generell als lebende Systeme angesprochen werden dürfen, sondern daß es unter ihnen lebende von nicht-lebenden zu unterscheiden gelte.[35] Maturana spricht Prigogine ab, mit seiner Theorie fundamentale Probleme innerhalb der Biologie gelöst zu haben, da

---

[30] Götschl, Dynamische Einheit, 7.

[31] Jantsch, Selbstorganisation, 78.

[32] Jantsch, Selbstorganisation, 36.

[33] Jantsch, Selbstorganisation, 64.

[34] Vgl. Mechsner F., Im Anfang war der Hyperzyklus, in: Geo Wissen. Chaos und Kreativität, Hamburg 1990, 72–86.

[35] Das Konzept der Autopoiesis. Ein Gespräch mit Humberto R. Maturana, in: Information Philosophie 21/ Hft. 4 (1993) 42–51, 48.

es einen Übergang zwischen lebenden und nicht-lebenden Systemen, der durch die Theorie der dissipativen Strukturen erklärt werden sollte, nicht gebe. Für ihn ist etwas „entweder eine autopoietische Struktur oder nicht"[36]. Es sei nämlich die Reflexion des Beobachters über das Verhältnis zwischen zwei unterschiedlichen Systemen klar von den Systemen selbst zu scheiden, die ihrerseits einen Übergang zur Autopoiese nach Maturana nicht zustande bringen.[37] Dies ist unter anderem auch der Grund, wieso Maturana den Versuch von Jantsch verwirft, eine allgemeine Theorie der Selbstorganisation zu entwerfen, die Physik und Biologie integriert. Darüber hinaus stört ihn der Ausdruck „Selbstorganisation". Denn wenn das Selbst durch den Begriff der Organisation definiert werde, habe es keinen Sinn mehr, von Selbstorganisation zu sprechen. Deshalb solle man diesen Begriff durch „spontane Organisation" ersetzen.[38]

Für seine eigene Theorie betont Maturana, daß diese nicht Selbstreproduktion, sondern Selbsterzeugung meine.[39] Solche autopoietischen Systeme konstituieren nach Maturana lebende Systeme, da solche als autopoietische molekulare Systeme beschrieben werden könnten. Ähnlich wie Jantsch, von dem er sich allerdings absetzt, möchte Maturana auf Grund seiner Thesen eine allgemeine biologische Theorie entwickeln. Denn seiner Meinung nach lassen sich „letztlich sämtliche biologische Phänomene erklären, wenn man die Theorie nur konsequent genug anwendet"[40]. Unter die „biologischen Phänomene" scheint Maturana allerdings auch die Sprache, soziale Beziehung, Kognition, ja das ganze menschliche Leben zu rechnen, da er meint, seine Theorie der Autopoiese könne all dies erklären. Darüber hinaus sei sie sogar noch nützlich für das Problem von Verantwortung und interessant für Therapie. Sie helfe, demokratische Existenzformen zu fördern.[41] Autopoiese wird nicht nur als einheitliche Naturtheorie vorgestellt, sondern vermag nach Maturana auch, herkömmlich unter dem Begriff „Kultur" subsumierte Phänomene zu erklären.

3.2.2 Der Zeitpfeil

Gestützt werden solche Einheitstheorien, die sich auf die Basis von Theorien der Selbstorganisation beziehungsweise Autopoiese stützen, durch Zeitvorstellungen, die einerseits auf Irreversibilität aufbauen und andererseits erlebte Zeit und gemessene Zeit in eins setzen. Eine Analyse des Zeitbegriffs kann zeigen, daß eine solche Identifizierung nicht aufrechterhalten werden kann, da sich zwei verschie-

[36] Ebenda.

[37] Konzept der Autopoiesis, 50.

[38] Ebenda.

[39] Konzept der Autopoiesis, 42.

[40] Ebenda.

[41] Konzept der Autopoiesis, 42f.

dene Wirklichkeitssichten nicht problemlos in *einen* Zeitentwurf integrieren lassen.

Prigogines Ansinnen, Irreversibilität der Naturvorgänge und der Zeit mittels seiner Theorie der dissipativen Strukturen aufzuweisen, geht von einer Operatorzeit aus. Diese entwickelt er in Absetzung von der klassischen Mechanik und auch der Quantenmechanik. Neben der reversiblen Zeit von Trajektorien in der klassischen Mechanik beziehungsweise von Wellenfunktionen in der Quantenmechanik sucht Prigogine eine irreversible innere Systemzeit, wobei die gewöhnliche makroskopische Zeit einfach den Mittelwert über diese Operatorzeit ausmacht, also den Mittelwert über die „individuellen" Zeiten des Systemensembles bildet.[42] Die Operatorzeit hängt im Gegensatz zur traditionellen Zeit von der Verteilung im Phasenraum ab. Diese zweite Zeit, die als ein mit dem internen Zustand des Systems verknüpfter Operator zu denken ist,[43] leitet Prigogine aus seiner Theorie der dissipativen Strukturen ab. Er möchte dadurch zeigen, daß die Gerichtetheit dieser Zeit, die mit der Irreversibilität korreliert, „in den Grundlagen von Physik und Chemie verankert ist"[44].

Damit setzt sich Prigogine vom Zeitbegriff der Relativitätstheorie und auch von dem der Quantentheorie ab. Zeit ist in der Relativitätstheorie nämlich grundsätzlich von Reversibilität geprägt. Konsequenterweise blieb deshalb auch Einstein zeitlebens ein Gegner von Irreversibilität. Was die Quantentheorie betrifft, so zeigt sich in der Schrödingergleichung, daß sie zwar nicht mehr bezüglich der Trajektorien der klassischen Mechanik, wohl aber bezüglich der Wellenfunktion deterministisch ist, das heißt Zeit ist hier reversibel verstanden.[45] Der in der Quantentheorie mitbedachte Beobachter allerdings hat eine andere Zeitstruktur: Die Zeit der Messung durch den Beobachter ist irreversibel. Dazu kommt, daß die Schrödingergleichung die Messung nicht überprüfen kann, durch die sie ihrerseits überprüft wird. Dies bedeutet also, daß reversible und irreversible Zeit unauflöslich miteinander verbunden sind. Entgegen subjektivistischen Interpretationen, nach denen das Moment der Irreversibilität rein dem beobachtenden Subjekt zugeschrieben wird, betont Prigogine, daß die Schrödingergleichung kein eigenes Wirklichkeitsniveau beschreibe, sondern die makroskopische Welt voraussetze.[46] Mit Prigogines und Stengers' realistischer Interpretation der Quantenmechanik, die – wie oben beschrieben – auf der Theorie der Selbstorganisation und einer neuen „Chaostheorie" beruht, spielt der Beobachter keine aktive Rolle mehr. Der Zeitpfeil ist von einem äußeren Moment zu einer systemimmanenten Größe geworden, was Prigogine und Stengers als Lösung des „Paradoxes der Zeit" ansehen.

---

[42] Prigogine, Vom Sein zum Werden, 216f.

[43] Prigogine/ Stengers, Dialog mit der Natur, 265.

[44] Prigogine, Vom Sein zum Werden, 16.

[45] Prigogine, Vom Sein zum Werden, 73f.

[46] Prigogine/ Stengers, Dialog mit der Natur, 243.

Der gerichteten Zeit, die Prigogine und Stengers physikalisch und chemisch begründen, schreiben die beiden Wissenschaftler auch biologische Relevanz zu. Biologischen Theorien könnten nicht mehr die homogenen Strukturen von Raum und Zeit zugrunde gelegt werden, vielmehr fordere die moderne Theorie der Bifurkationen eine „‚biologische‘ Auffassung von Raum und Zeit“[47]. Physik und Chemie würden somit aus dem Determinismus befreit und biologischen Strukturen angeglichen. Solche sieht Prigogine besonders in ihrer „Historisierung“ verwirklicht. Prigogine ist überzeugt, in Physik und Chemie „ein ‚historisches‘ Element [eingeführt zu haben], das bislang allein jenen Wissenschaften vorbehalten zu sein schien, die sich mit biologischen, sozialen und kulturellen Erscheinungen befassen“[48]. Früher sei es um die „Physikalisierung“ biologischer Wissenschaften gegangen, heute jedoch komme es darauf an, die „Historisierung“ von Physik und Chemie zu forcieren.[49] Da sowohl Natur als auch der Mensch einen Zeitpfeil in sich enthielten, sei ihre Zusammengehörigkeit erwiesen, sodaß behauptet werden könne, daß in die Bestimmung der Zeit Determinismus und Zufälligkeit in rechter Mischung Eingang finden müßten.[50]

Jantsch entwickelt die Auffassung von der systemimmanenten Zeit dahingehend weiter, daß er eine plurale Struktur von biologischen Einzelzeiten annimmt, die die herkömmliche Sicht einer einheitlichen „historischen Zeit“ ablöst.[51] Nach Jantsch schafft sich jedes autopoietische System „seine eigene System-Zeit, die ein grundlegender Parameter für viele Phänomene ist“[52]. Dennoch könnte eine allgemeine Systemtheorie, die mit dieser „endogenen System-Zeit“ operierte, „vielleicht tiefe Gemeinsamkeiten bloßlegen“.[53] Anstelle einer vertikalen Evolution vertritt Jantsch eine Vielfalt horizontal verbundener Evolutionen, die dadurch möglich gemacht werden, daß die sequentiell und genealogisch zu verstehende Geschichte einer Zeitverschränkung von Vergangenheit und Zukunft in der Gegenwart Platz macht.[54]

Die gewöhnlich nur auf den Menschen beschränkte Verschränkung von Zeiten möchte Jantsch auf die gesamte Natur ausgeweitet und zudem mit der Raumverschränkung verbunden wissen. Das führt ihn zu einer neuen Struktur der Verbindungen, die die Zeitmodi eingehen können. Während eine bloß strukturorientierte Sicht im Sinne eines Stammbaumes verschiedene Vergangenheitskonfigurationen

---

[47] Prigogine, Vom Sein zum Werden,

[48] Prigogine, Vom Sein zum Werden, 118.

[49] Prigogine I., Die physikalisch-chemischen Wurzeln des Lebens, in: Meier H. (Hg.), Die Herausforderung der Evolutionsbiologie, München ²1989, 19–52, 50.

[50] Vgl. Dialektik im Gespräch. Interview mit Ilya Prigogine, in: Altner G. (Hg.), Die Welt als offenes System. Eine Kontroverse um das Werk von Ilya Prigogine, Frankfurt/ M. 1986 (= Fischer TB 4168), 172–187, 178f. und 184.

[51] Jantsch, Selbstorganisation, 406.

[52] Jantsch, Selbstorganisation, 336.

[53] Ebenda.

[54] Jantsch, Selbstorganisation, 349.

zu derselben Gegenwart geführt haben können, zeigt eine prozeßorientierte Sicht nach dem Bild einer Wurzel zwar eine offene Zukunft, wobei verschiedene Prozesse zu derselben Zukunft führen können. Was aber noch nicht erfaßt wird, ist der Zusammenhang verschiedener gleichzeitiger Prozesse, die interagieren. Zur Beschreibung solcher Vorgänge verwendet Jantsch den Begriff des „Rhizoms" den er von Deleuze und Guattari übernimmt.[55] Ein Rhizom meint das Fortschreiten der Zeit nach dem Bild eines Stengelorgans, das in dem Maße in den ältesten Teilen abstirbt, als es sich an den Spitzen verjüngt. Darin sieht Jantsch „ein selbstorganisierendes, global autopoietisches Prozeßsystem"[56] mit Raumverschränkung. Es geht ihm darum, mit diesem Modell zu zeigen, „daß Zeit- und Raumverschränkung ... der evolutionäre Weg zur direkten Erfahrung einer vierdimensionalen Realität [sei], jenes Raum-Zeit-Kontinuums, das von der Evolution geschaffen wird und in dem sie sich entfaltet"[57]. Für den Zeitbegriff bedeutet die Evolution, die sich selbst die Bedingungen schafft, unter denen sie sich entwickelt, die Auflösung einer absoluten Struktur. Das Rhizom hebt nach Jantsch die historische als grundlegende Zeit auf, weil es jene allererst hervorbringt.[58] Die Evolution ist folglich charakterisiert durch Raum- und Zeitverschränkung, deren sich ständig erneuernde Relationen an die Stelle einer monolithischen Gesamtzeit treten.[59] Die Zeit vor dem Urknall hingegen hatte nach Jantsch noch keine Richtung, sodaß die Vorgänge im Gegensatz zur Zeit der Evolution umkehrbar waren. Mit der Ausnahme einer inneren Reibung waren Vergangenheit und Zukunft nicht voneinander zu unterscheiden.[60] Die Zeit, in der sich Evolution ereignet, ist nach Zeittheoretikern der Selbstorganisationsthese hingegen fließend und gerichtet. Vergangenheit und Zukunft berühren einander in der Gegenwart, wo das Mögliche (das Zukünftige) zum Faktischen (zum Vergangenen) gerinnt.[61]

Ein derartiges Konzept einer sich selbst generierenden Zeit, deren Gesetzlichkeit sich auf physikalische und chemische Grundgegebenheiten reduzieren läßt, kann Phänomene der erlebten Zeit nicht erfassen. Da Gegenwart nur als chronologischer Schnittpunkt von wiederum chronologisch bestimmtem Früher und Später in den Blick kommt, fallen Phänomene wie die Aufgegebenheit des Vergangenen, die über eine bloße Möglichkeitsstruktur hinausgehende Zukunftserfahrung als gegenwartsprägende oder die Gegenwart als kairologisch bedeutsame Zeit und anderes völlig aus dem im vorhinein abgesteckten Rahmen wissenschaftlicher Zeiterfassung. Da Selbstorganisationstheoretiker allerdings auf der Basis

[55] Jantsch, Selbstorganisation, 318f.

[56] Jantsch, Selbstorganisation, 319.

[57] Jantsch, Selbstorganisation, 324f.

[58] Jantsch, Selbstorganisation, 409.

[59] Jantsch, Selbstorganisation, 317.

[60] Jantsch, Selbstorganisation, 142.

[61] Dürr H.-P., Über die Notwendigkeit in offenen Systemen zu denken – Der Teil und das Ganze, in: Altner G. (Hg.), Die Welt als offenes System. Eine Kontroverse um das Werk von Ilya Prigogine, Frankfurt/ M. 1986 (= Fischer TB 4168), 9–31, 12.

naturwissenschaftlichen Vorgehens an das Zeitproblem herantreten, müssen diejenigen Phänomene, die einzelwissenschaftlich nicht zu begreifen sind, als unwesentlich abgewertet werden. Prigogine etwa schreibt die Unterscheidung von erlebter Zeit und naturwissenschaftlich faßbarer Zeit dem Bedürfnis zu, „ein letztes Bollwerk gegen die Verheerungen der Wissenschaft zu errichten“[62]. In Wahrheit läuft eine solche Deklassierung von Zeitphänomenen, die der Selbstorganisationsthese weder entsprechen noch ohne Verlust ihrer Spezifität in diese integriert werden können, auf deren Leugnung hinaus. Denn selbst in irreversiblen Prozessen bleibt die Zeit eine quantitative, die mit der qualitativen Erlebniszeit nicht gleichzusetzen ist. Denn die Eigenwerte auch des quantenphysikalischen Zeitoperators müssen auf normalen Uhren abgelesen werden.[63] Das bedeutet, daß selbst der von Verstraeten als die wichtigste Neuerung Prigogines bezeichnete Zeitoperator[64] der naturwissenschaftlichen Zeitauffassung verhaftet bleibt und folglich Momente der Zeitauffassung, die naturwissenschaftlich nicht faßbar sind, ausschließt.

Prigogine und die ihm folgenden Naturwissenschaftler stellen darauf ab, im Gegensatz zu deterministischen Auffassungen, die eine reversible Zeit zu ihrer Grundlage haben, den Zeitpfeil beziehungsweise eine Zeitrichtung innerhalb der Naturwissenschaften zu etablieren, um dadurch eine Historisierung der Naturwissenschaften zu erreichen. Eine solche würde es ihnen erlauben, den Unterschied zwischen Natur und Humanum zu überbrücken. Abgesehen davon, daß Phänomene erlebter Zeit, die wesentlich dem Humanum zuzurechnen sind, bei einem solchen Unterfangen nicht zur Sprache kommen, zeigt Prigogines Entwurf, daß das Verständnis von Irreversibilität wider die eigenen Intentionen auf alltägliches Zeiterleben aufbaut und ohne dieses nicht denkbar ist. Prigogine selbst nennt die Vorstellung vom Unterschied zwischen Vergangenheit und Zukunft einen „vorwissenschaftlichen Begriff“[65] und konzediert, daß die „Unterscheidung zwischen Vergangenheit und Zukunft ... so etwas wie ein *‚ursprünglicher Begriff‘* [sei], der in einem gewissen Sinne der wissenschaftlichen Aktivität voraus-geh[e]“[66].

Da es seiner Meinung nach jedoch möglich ist, diesen Begriff in ein widerspruchsfreies Schema zu integrieren, hat Prigogine offenbar keine Probleme damit, das Fundament seiner Zeittheorie, das außerhalb der Naturwissenschaften angesiedelt ist, zum Teil seiner Theorie zu machen. Indem er den Menschen zu einer weiterentwickelten Form einer dissipativen Struktur erklärt, sieht er die vorwissenschaftliche Unterscheidung zwischen Zukunft und Vergangenheit für

[62] Prigogine/ Stengers, Dialog mit der Natur, 287.

[63] Vgl. Mutschler, Spekulative und empirische Physik, 181.

[64] Dies billigt Verstraeten bei sonst sehr kritischen Bemerkungen Prigogine zu (Verstraeten G., Some Critical Remarks Concerning Prigogine's Conception of Temporal Irreversibility, in: Philosophy of Science 58 [1991] 639–654, 640).

[65] Prigogine/ Stengers, Dialog mit der Natur, 268.

[66] Prigogine, Vom Sein zum Werden, 220.

„„objektiv"" gerechtfertigt.[67] In dieser Argumentation zeigt sich die Grundschwierigkeit einer Logik der Selbstorganisation. Die Zirkularität sowohl der Konzeption einer Zeitevolution, die in der Zeit die Zeit generiert, als auch der Vorstellung, daß das zugrundeliegende Zeiterleben dadurch „objektiviert" wird, daß der erlebende Mensch selbst zum dissipativen System mutiert, wird an dieser Stelle einsichtig. Wenn nämlich eingeräumt wird, daß die Unterscheidung zwischen Vergangenheit und Zukunft den Naturwissenschaften vorausgeht, „dann kann ... die Wissenschaft, die über eine solche Unterscheidung in Gang gekommen ist, diese Unterscheidungen nicht ex post objektivieren"[68]. Das bedeutet aber, daß die über die zeitliche Irreversibilität versuchte Identifizierung von naturwissenschaftlicher Zeitauffassung und menschlicher Freiheitsgeschichte auf rein naturwissenschaftlichem Weg nicht gelingen kann. Einheitliche Zeittheorien, die auf der Basis von Physik und Chemie und deren dissipativen beziehungsweise autopoietischen Strukturen sowohl biologische als auch kulturelle Evolution in ein einheitliches Zeitsystem zu integrieren trachten, übersehen, daß ihre Begründung Zirkelstruktur aufweist. Die Zeitstruktur eines dissipativen Systems ist nicht schon gleichzusetzen mit der freiheitsgeschichtlichen Differenz von Vergangenheit und Zukunft.

3.2.3 Gott als evolutive Größe

Die Selbstorganisationsdynamik auf den verschiedenen Ebenen, die nach den Theoretikern der Autopoiese beziehungsweise der Selbstorganisation durch eine einheitliche Zeitstruktur zusammengehalten wird, bezeichnet Jantsch als den Geist.[69] Wie schon der Zeit so unterlegt Jantsch dem Geist die Fähigkeit, selbst zu evolvieren. Die so behauptete Evolution selbst evolutionärer Prozesse, die Ausdruck der Selbsttranszendenz ist, bildet nach Jantsch die geistesgeschichtliche Dimension der Naturgeschichte. Selbsttranszendenz im Sinne solcher Evolution ist für ihn schon geistige Evolution.[70] Mit dieser Feststellung allein glaubt Jantsch einerseits, den Geist-Materie-Dualismus überwunden zu haben. Andererseits versucht er damit, die Grundlage zu schaffen, auch das Göttliche in seine vereinheitlichende Theorie einzubauen. Das Bewußtsein, das als Ergebnis der Selbstorganisation interpretiert wird, fällt nämlich nach Jantsch im Unendlichen mit dem Göttlichen zusammen. Eine solche Gotteskonzeption hat zur Folge, daß Jantsch die Personalität und die Transzendenz Gottes leugnen muß. Das Göttliche wird darauf beschränkt, sich „in der evolutionären Gesamtdynamik einer vielschichti-

---

[67] Prigogine, Vom Sein zum Werden, 221.

[68] Hohlfeld R./ Inhetveen R./Kötter R./ Müller E., Der Wissenschaftler und die Natur – ein Dialog? Versuch einer kritischen Würdigung der Argumente Prigogines, in: Altner G. (Hg.), Die Welt als offenes System. Eine Kontroverse um das Werk von Ilya Prigogine, Frankfurt/ M. 1986 (= Fischer TB 4168), 32–47, 44.

[69] Jantsch, Selbstorganisation, 411.

[70] Ebenda.

gen Realität"[71] zu manifestieren. Folglich will Jantsch nicht einmal vom Numinosen sprechen, sondern beschränkt Gott darauf, der Sinn der Evolution zu sein.[72] Gott ist nicht mehr Person, auch nicht mehr absolut, sondern eine selbst evolvierende Größe, „er *ist* die Evolution"[73]. Da nach Jantsch jedes Selbstorganisationssystem seine Dynamik, das heißt seinen Geist, hat, Gott aber als die Evolution selbst zu bezeichnen ist, ist Gott „der Geist des Universums" beziehungsweise die „allumspannende dissipative Struktur", die selbst evolviert.[74] Der sich entwickelnde Gott als Geist, der nicht personal gedacht werden darf, kann nach Jantsch auch nicht der Schöpfer der Natur sein. Denn wenn er wie die Natur evolviert, wird er selbst in der Zeit geschaffen und gelangt erst dadurch allmählich zu seiner Entfaltung. Zwar habe Gott in der Evolution Singularität, nämlich die „Gottes-‚Struktur'", die sich dadurch auszeichnet, daß sie die Gesamtheit der undifferenzierten Qualitäten ausmacht.[75] Aber diese sei eben erst evolutiv zu entfalten, was im Laufe der Gesamtevolution geschehe, deren Geist Gott sei.

Der vorgeschlagene Gottesbegriff bildet den Schlußstein für ein naturwissenschaftliches Gesamtsystem, das zumindest implizit den Anspruch erhebt, die Welt in ihrer Gesamtheit erfassen zu können. Gott wird unter solchen Voraussetzungen folgerichtig auf einen Restbegriff reduziert, der naturwissenschaftlich noch tragbar erscheint. Sogar der Geistbegriff, der seinerseits auf den Sinnbegriff zurückgeführt wird, wird zu einem naturwissenschaftlichen Ausdruck gemacht. So definiert etwa Jantsch den Geist als Systemdynamik, also durch einen Begriff, der naturwissenschaftlich ausgewiesen werden kann. Daß dadurch der Geistbegriff zu einer naturwissenschaftlichen Größe verkürzt wird, bleibt unproblematisiert. Weiterhin kann bei einer solchen Sicht eine Personalität Gottes prinzipiell nicht in den Blick kommen. Denn Personalität im Sinne von philosophischer Anthropologie ist von einer Disziplin ausgeschlossen, die ihre Gegenstände primär über naturwissenschaftliche Faßbarkeit definiert und daneben nur Systemeigenschaften von Strukturen zu kennen scheint. Unter diesen Voraussetzungen ist es auch einsichtig, daß ein Schöpfergott nicht akzeptiert werden kann. Denn ein apersonaler Geist, der sich in meßbarer Zeit erst zur Entfaltung bringt, kann nicht selbst der Schöpfer der Zeit sein, in der er sich entwickelt.

Innerhalb derselben Denkfigur bleibt auch die Kritik Altners, der meint, daß Jantsch die wissenschaftliche Vernunft selbst nochmals als ein förderndes oder aber hemmendes innerevolutives Moment erörtern müßte.[76] Denn wissenschaftliche Vernunft, die naturwissenschaftlich bestimmt ist, aber sich selbst zum eigenen Gegenstand macht, betrachtet sich als einzelwissenschaftlichen Gegenstand, der von Meßbarkeit und experimenteller Wiederholbarkeit bestimmt wird. Das bedeu-

---

[71] Jantsch, Selbstorganisation, 412.

[72] Ebenda.

[73] Ebenda.

[74] Ebenda.

[75] Jantsch, Selbstorganisation, 413.

[76] Altner, Die Überlebenskrise in der Gegenwart, 115.

tet aber, daß Gott, selbst wenn die wissenschaftliche Vernunft als ein evolutionsprägendes Moment in die Betrachtung einbezogen würde, unter bloß naturwissenschaftlicher Perspektive erschiene. Eine solche schließt jedoch personale Kategorien schon im Ansatz aus. Gott wird als eigenständige Größe zwar akzeptiert, bleibt aber bloß der Alternativ-Begriff für „Evolutionsdynamik".

3.2.4 Universaltheorie auf physikalisch-chemischer Grundlage

Bei Vertretern der Selbstorganisationstheorie ist nicht nur der Versuch nachzuweisen, Gott als biologische Größe zu sehen, sondern auch das Bestreben zu bemerken, andere Begriffe im Sinne des Programms einer naturwissenschaftlich geprägten Einheitswissenschaft aus dem herkömmlich geisteswissenschaftlichen oder philosophischen Kontext in Physik, Chemie oder Biologie zu transferieren. Prigogine und Stengers etwa meinen, mit dem Brüsselator aufgezeigt zu haben, daß Kommunikation bereits in chemischen Prozessen ablaufe.[77] Daraus resultiert für sie, daß chemische Uhren wie der Brüsselator neue Kommunikationsmittel seien.[78] Die insinuierte Gleichstellung menschlicher Kommunikation mit chemischen Vorgängen beruht darauf, daß menschliche Kommunikation als bloßer Datentransfer zwischen zwei „black boxes" verstanden wird, der die Personalität der Gesprächspartner völlig ausblendet und nur auf den Informationsfluß achtet. Unter *dieser* Voraussetzung ist freilich eine Parallelisierung von humanem und naturalem Bereich möglich, es kann aber nicht der Anspruch erhoben werden, damit schon das erfaßt zu haben, was den menschlichen Dialog ausmacht.

Prigogine und Stengers verwenden den Dialogbegriff aber selbst, um die Relation zwischen Mensch und Natur zu beschreiben.[79] Der Dialogbegriff ist allerdings kein physikalischer oder chemischer Begriff. Dennoch transferieren ihn Prigogine und Stengers in ihre naturwissenschaftliche Theorie der Selbstorganisation, indem sie behaupten, daß mit ihrer neuen Theorie der alte Zugang zur Natur einem Dialog gewichen sei. Damit wird suggeriert, ihre Methode behandle Natur gleichsam als dialogfähiges Subjekt, was erlaube, von einer Einheit zwischen Mensch und Natur zu sprechen. Prigogine und Stengers bestimmen diesen von ihnen behaupteten Dialog allerdings – offenbar in Anspielung auf F. Bacon – zugleich als ein Vorgehen, in dem die Natur „durch das Experimentieren wie in einem Gerichtsverfahren im Namen postulierter Prinzipien einem Kreuzverhör unterzogen [wird]"[80]. Dies zeigt, daß der Anspruch nicht eingelöst wird, mit Hilfe einer neuen naturwissenschaftlichen Methode mit der Natur einen Dialog führen

---

[77] Prigogine/ Stengers, Dialog mit der Natur, 157.

[78] Prigogine/ Stengers, Dialog mit der Natur, 165.

[79] Vgl. zum Beispiel allein den Buchtitel „Dialog mit der Natur". Dieser Begriff wird immer wieder verwendet.

[80] Prigogine/ Stengers, Dialog mit der Natur, 48. Darauf weisen auch Mutschler H.-D., Physik – Religion – New Age, Würzburg ^{2}1992, 110; Mutschler H.-D., Mythos „Selbstorganisation", in: ThPh 67 (1992) 86–108, 94, und Hohlfeld u. a., Der Wissenschaftler und die Natur, 33 hin.

zu können, wie er zwischen Menschen möglich ist. Dort ist gerade nicht das Experimentieren des einen mit dem anderen die Basis der Relation, wie es Prigogine und Stengers für den vermeintlichen „Dialog" mit der Natur voraussetzen. Seltsamerweise billigen die beiden Autoren nicht nur ihrer naturwissenschaftlichen Methode, sondern offenbar auch der klassischen Physik die Fähigkeit zu, mit der Natur einen Dialog zu führen, wenn sie den Dialog mit der Natur überhaupt als „das wissenschaftliches Streben nach Verständnis"[81] auffassen.

Selbst wenn die Andersartigkeit der neuen Theorie in Rechnung gestellt wird, ist jedoch nicht ersichtlich, warum diese prinzipiell anders als bisherige Naturwissenschaften an Natur herangehen sollte, nämlich so, als wäre sie keine Naturwissenschaft mehr, die durch die quantifizierende und experimentelle Struktur ihrer Methode ausgezeichnet ist. Prigogine und Stengers wollen gerade eine exakte naturwissenschaftliche Sicht der Wirklichkeit vorlegen. Obwohl sie glauben, nach wie vor strenge Naturwissenschaft zu treiben, wenn sie vom Dialog mit der Natur sprechen, haben sie bereits einen Perspektivenwechsel vollzogen. Die Versuche, der Natur Subjektivität zu unterlegen und sie als Dialogpartnerin zu verstehen, sind gerade nicht Folgen ihrer neuen Selbstorganisationsthese, sondern Rückinterpretationen der Ergebnisse der Naturwissenschaften mit Hilfe philosophischer Momente. [82] Der Mensch als dialogisches Wesen steht Pate für die Übertragung solcher Bestimmung auf die Natur und für die damit einhergehende Subjektivierung dieser. Der Versuch, damit – wie Pohl unter Übernahme eines Begriffes von Gadamer – eine „Horizontverschmelzung" zwischen Natur- und Geisteswissenschaften herbeiführen zu können,[83] scheitert daran, daß die Selbstorganisationsthese der Natur nur scheinbar menschliche Züge verleihen kann. Denn es wird der Anspruch erhoben, daß solche aus den naturwissenschaftlichen Ergebnissen abzuleiten seien, obgleich es sich um interpretierende Transformationen handelt, die sich aus einem methodisch gerade nicht naturwissenschaftlich bestimmten Bereich nähren.

Prigogine vollzieht Transformationen naturwissenschaftlich gewonnener Ergebnisse in nicht-fachsprachliche Bereiche des alltäglichen Lebens, das von Philosophie, nicht aber von Physik adäquat reflektiert werden kann, da diese einschränkende Gegenstandsentwürfe voraussetzt. Prigogine und Stengers gehen nicht nur mit dem Dialogbegriff so vor, sondern auch mit dem Begriff der Geschichte. Der subjektivierten Natur wird Geschichte zugesprochen, um damit ein finales Moment in die Natur zu bringen. Wiederum wird so getan, als sei dieses aus den Ergebnissen der Selbstorganisationstheorie zu folgern. Prigogine und Stengers übersehen jedoch, daß moderne Naturwissenschaften finale Kausalität methodisch gerade ausschließen. Bifurkationen als Kontingenzpunkte fungieren bei ihnen den-

---

[81] Prigogine/ Stengers, Paradox der Zeit, 326.

[82] Vgl. Mutschler, Spekulative und empirische Physik, 182.

[83] Vgl. Pohl K., Geschichte der Natur und geschichtliche Erfahrung. Bemerkungen zu Ilya Prigogines Versuch eines neuen Dialogs zwischen Natur- und Geisteswissenschaften, in: Altner G. (Hg.), Die Welt als offenes System. Eine Kontroverse um das Werk von Ilya Prigogine, Frankfurt/ M. 1986 (= Fischer TB 4168), 104–123.

noch als Hinweise auf Freiheit. Solche Gegebenheiten bilden jedoch keine hinreichende Bedingung für das Auftreten menschlicher Freiheit. Genausowenig kann Irreversibilität mikroskopischer Strukturen Finalitätsstrukturen beweisen. Denn – wie schon gezeigt – muß Prigogine auf Alltagserfahrungen zurückverweisen, wenn er auf die Richtung des Prozeßablaufes zu sprechen kommt, da er offenbar naturwissenschaftlich keine eindeutige Gerichtetheit des Zeitpfeils ableiten kann.[84]

Eine solche „Vermengung von wissenschaftlichen und weltanschaulichen Argumentationen"[85] führt zu der Schwierigkeit, qualitative Änderungen mathematisch beschreiben zu müssen.[86] Und die Begründungsstruktur eines solchen Unterfangens erweist sich als Zirkelstruktur. Weltanschauliche Momente werden auf die Ebene der Naturwissenschaften transponiert, und es wird behauptet, daß jene aus diesen gefolgert werden könnten. Im Anschluß daran werden die dabei entstehenden Begriffe auf die weltanschauliche Alltagsebene rückbezogen, sodaß der Anschein entsteht, dort angesiedelte Fragen naturwissenschaftlich lösen zu können. Die beanspruchten Analogien zwischen Mensch und Natur werden teilweise zu univoken Begriffen naturwissenschaftlichen Inhalts gemacht. Aber selbst wenn die Analogiebildungen nicht zu univoken Begriffen umgeformt würden, könnte Prigogine seinen Anspruch nicht aufrechterhalten, nur naturwissenschaftlich vorzugehen. Denn erst das Absehen von der Seinsanalogie macht exakte Naturwissenschaft möglich.[87] Daher kann es methodisch nicht in Ordnung sein, in einem sekundären Schritt naturwissenschaftliche Forschungsergebnisse mit Analogiebildungen zu überfrachten und dabei davon auszugehen, daß ein solches Vorgehen immer noch Naturwissenschaft sei.

Ein weiteres Problem besteht darin, daß Selbstorganisationstheoretiker davon ausgehen, daß die Theorie über die Natur schon die Natur selbst sei. Doch ein naturwissenschaftlicher Zugang zum Naturgeschehen basiert auf einem vorgängigen Gegenstandsentwurf, der bestimmt, wie sich Natur prinzipiell zeigen kann, sodaß Natur lediglich unter einem bestimmten Aspekt zum Vorschein kommt. Werden jedoch Naturtheorie und kulturelle Historizität auf dieselbe Realitätsstufe gehoben,[88] so nivelliert sich dieser grundlegende Unterschied. Wenn zudem die Einheitstheorie auf naturwissenschaftlicher Ebene gesucht wird, kommt es unweigerlich zu physikalistischen oder biologistischen Theorien. Prigogine und Stengers begrüßen folgerichtig die ihrer Meinung nach richtige Entwicklung, daß die „Wissenschaft endlich zu einer physikalischen Wissenschaft geworden [sei]"[89], da

---

84 Siehe obigen Abschnitt über das Zeitverständnis bei Selbstorganisationstheoretikern.

85 Regelmann J.-P./ Schramm E., Schlägt Prigogine ein neues Kapitel in der Biologiegeschichte auf?, in: Altner G. (Hg.), Die Welt als offenes System. Eine Kontroverse um das Werk von Ilya Prigogine, Frankfurt/ M. 1986 (= Fischer TB 4168), 55–69, 66.

86 Vgl. Mutschler, Mythos „Selbstorganisation", 94.

87 Vgl. Mutschler, Mythos „Selbstorganisation", 95.

88 Hohlfeld u. a. bezeichnen solches Vorgehen als pragmatischen Zirkel (vgl. Hohlfeld u. a., Die Welt als offenes System, 45).

89 Prigogine/ Stengers, Dialog mit der Natur, 293.

nun nicht mehr bloß den belebten, sondern auch den unbelebten Dingen Autonomie zugebilligt werde. Eine Grundwissenschaft zu bestimmen und diese auf Physik zu reduzieren ist ein physikalistisches Grundprogramm. Um damit eine Einheitswissenschft bilden zu können, muß das Menschliche physikalistisch reduziert und umgekehrt der Physik eine vermeintlich anthropologische Prägung gegeben werden.[90] Das tun Prigogine und Stengers auch, indem sie philosophische Begriffe wie „Dialog" auf naturwissenschaftlich gesicherte Ergebnisse übertragen und mit diesen vermeintlich zu naturwissenschaftlichen Ausdrücken mutierten Begriffen menschliche Phänomene erklären möchten. Sie führen die anthropologischen Momente jedoch nicht auf der Grundlage naturwissenschaftlich gewonnener Ergebnisse in ihre Theorie dissipativer Strukturen ein, sondern auf der Basis vorhergehender Überzeugungen, an die im nachhinein naturwissenschaftlich gewonnene Fakten angeschlossen werden. Die synergetischen Modelle allein geben eine solche Identität zwischen Mensch und Natur nicht her[91]. Auch wenn E. U. von Weizsäcker meint, man tue Prigogine unrecht und mißverstehe ihn, wenn man ihm Physikalismus vorwirft,[92] sprechen die angeführten Textstellen eindeutig für ein naturalistisches Grundkonzept.

Das Negieren der methodischen Beschränkung der Naturwissenschaften und der Versuch, weltanschauliche und naturphilosophische Momente naturwissenschaftlicher Objektivität unterzuordnen, gibt der Theorie der Selbstorganisation den Stellenwert einer Weltanschauung, die sich strikt naturwissenschaftlich wähnt. Die versteckte Methodenvermischung wird nicht mehr aufgelöst und bildet das unaufgeklärte Fundament dieser Konzeption. Das bedeutet, daß die Theorie, die sich als naturwissenschaftlich und als objektiv präsentiert, in Wirklichkeit nicht unwesentlich von ganz anderen Elementen getragen wird. Die vermeintliche Wissenschaftlichkeit entpuppt sich folglich als „szientistischer Mythos", der nur seinem Anschein nach als Wissenschaft gehandelt werden kann.[93] Es werden weltanschauliche Entscheidungen als naturwissenschaftlich erforschte Fakten ausgegeben.

Wenn es zur dargestellten Koppelung von naturwissenschaftlichem Anspruch und unreflektierten weltanschaulichen Argumenten kommt, ist Metaphysik überflüssig geworden, da eine universalwissenschaftliche Reflexion über Mensch und Natur durch den gezeigten Kurzschluß, der von Physik zu nicht näher ausgewiesenen weltanschaulichen Entscheidungen führt, ersetzt wird. Folglich stehen Prigogine und Stengers metaphysischen Entwürfen auch negativ gegenüber. Wie

---

[90] Mutschler, Mythos „Selbstorganisation", 105.

[91] Mutschler, Physik – Religion – New Age, 110.

[92] von Weizsäcker E. U., Qualitatives Wachstum. Eine Skizze zur Auseinandersetzung mit Ilya Prigogine/ Isabelle Stengers: „Dialog mit der Natur", in: Altner G. (Hg.), Die Welt als offenes System. Eine Kontroverse um das Werk von Ilya Prigogine, Frankfurt/ M. 1986 (= Fischer TB 4168), 48–54, 49.

[93] Mutschler, Mythos „Selbstorganisation", 91f.

E. Rudolph gezeigt hat,[94] beurteilen die beiden Autoren die traditionelle Metaphysik mit Ausnahme von Whitehead[95] skeptisch und setzen sich ihr gegenüber ab. Mit Whiteheads dynamischer Natursicht ist offenbar eine Identifikation möglich, wiewohl Prigogine und Stengers besonderes Augenmerk darauf legen, nicht metaphysische Argumente vorzubringen, sondern *von der Physik her* für spezifisch philosophische Probleme Lösungen anzubieten.

Mit der Einbeziehung von Chaos und Irrationalität in herkömmliche Konzeptionen sollen nicht nur physikalische Theorien verbessert, sondern auch Bereiche erforschbar gemacht werden, „die sich bislang den physikalischen Gesetzen entzogen hatten“[96]. Mit dem Aufweis, daß selbst mikroskopische Systeme chaotischer Natur sind, soll gezeigt werden, daß das makroskopische Chaos, das früher bloß auf komplexe, aber deterministische und reversible mikroskopische Systeme zurückgeführt wurde, selbst als genuin chaotisch anzusehen und vor allem mathematisch berechenbar ist. Prigogine und Stengers möchten aufweisen, daß ehemals nur „phänomenologisch“ – und das heißt: bloß subjektiv – erfaßbare Wirklichkeit nunmehr *objektiv* greifbar geworden ist.[97] Was die beiden Autoren dabei allerdings vergessen, ist der Umstand, daß sich mit einem methodisch eingegrenzten Zugang (mathematisch-physikalische Methode) die Sicht der Wirklichkeit selbst verändert. Daher sollte nicht so getan werden, als vermöchte die neue Theorie ehemals physikalisch nicht Faßbares so in den Blick zu bekommen, daß die wissenschaftliche Objektivierung die Wirklichkeit alltäglicher Erfahrung nicht verändere.

Damit ist nichts gegen die Bedeutung von Prigogines und Stengers' Theorie für den Fortschritt innerhalb der Physik gesagt, wohl aber etwas gegen ihren impliziten Anspruch, eine Erkenntnistheorie aufzustellen. Wenn die beiden Autoren meinen, die zeitlich reversible Welt der Schrödingergleichung sei eigentlich eine *„unerkennbare* Welt“[98], die erst durch die eigene Theorie zugänglich geworden sei, so haben sie mit diesen Äußerungen den methodischen Rahmen der Physik – und sei es den der Physik von Irreversibilität und dissipativen Strukturen – verlassen. Ähnliches gilt für die Behauptung Prigogines und Stengers', sie hätten die Kreativität in die Physik eingeführt und so einer neuen Metaphysik innerhalb der Physik den Weg geebnet.[99] Verblüffend sei weiterhin, daß dies „innerhalb der

[94] Rudolph E., Metaphysik und Naturwissenschaft. Randbemerkungen zu Prigogines Philosophiekritik, in: Altner G. (Hg.), Die Welt als offenes System. Eine Kontroverse um das Werk von Ilya Prigogine, Frankfurt/ M. 1986 (= Fischer TB 4168), 95–103, bes. 103.

[95] Zu Whitehead siehe besonders: Prigogine/ Stengers, Dialog mit der Natur, 291.

[96] Prigogine/ Stengers, Paradox der Zeit, 326.

[97] Prigogine/ Stengers, Paradox der Zeit, 315.

[98] Prigogine/ Stengers, Paradox der Zeit,, 312.

[99] Die Quantentheorie, die diesen Anspruch ebenfalls erhoben hat, ist nach Prigogine und Stengers deterministisch und weist zeitliche Reversibilität auf.

traditionellen Formulierung der [sc. Natur-] Wissenschaft" gelungen sei.[100] Die Verblüffung entsteht nur dadurch, daß Prigogine und Stengers – wie H.-D. Mutschler gezeigt hat –[101] einerseits die Begriffe außerphysikalischer Erfahrung so präparieren, daß sie mit den Mitteln der Physik faßbar werden, und andererseits die Physik physikalistisch zu einer Universaltheorie umformen. Dies ist ersichtlich am Anspruch der Autoren, den ihrer Meinung nach von Einstein und der Quantentheorie fortgesetzten cartesianischen Dualismus zwischen Materie und Geist dadurch überwunden zu haben, daß mit der Irreversibilität Kreativität und folglich auch Geist in die neue physikalische Theorie integriert worden seien.

Daß Prigogine und Stengers ihre Theorie die Metaphysik beerben lassen und sie zur neuen Universaltheorie machen möchten, zeigt sich sehr deutlich im folgenden Zitat: „Doch ist das dynamische Chaos, das, physikalisch ausgedrückt, der ‚Grund des Seins' ist, keine metaphysische Wahrheit. Es ist, genau wie die großen klassischen Naturgesetze selbst, ein Produkt unseres erfinderischen und anspruchsvollen Dialogs mit der Natur."[102] Abgesehen vom Widerspruch zu der vorher geäußerten Bemerkung, sie hätten eine neue Metaphysik in die Physik eingeführt, möchten Prigogine und Stengers einen zentralen metaphysischen Begriff („‚Grund des Seins'") mit dem naturwissenschaftlichen Begriff des „dynamischen Chaos" unterlegen. Zugleich betonen sie allerdings, dieser Ausdruck sei keine „metaphysische Wahrheit", sondern Produkt des „Dialogs mit der Natur". Damit wird so getan, als könnten die Begriffe herkömmlicher Metaphysik durch physikalische Begriffe ersetzt werden. Die Physik behandelt nach Prigogine und Stengers also alte metaphysische Probleme unter Verabschiedung der zugehörigen Disziplin. Die Methode bleibe allerdings dieselbe wie in der klassischen Physik, nämlich der „Dialog mit der Natur".

Seltsamerweise schreiben Prigogine und Stengers hier der klassischen Physik Dialogfähigkeit zu, während sie sonst ihre eigene Theorie im Gegensatz zu der Physik, die Irreversibilität nicht kennt, als „Dialog mit der Natur" auszeichnen. Prigogine und Stengers bestimmen diesen so, daß es schwerfällt, auch nur entfernt an Dialog im herkömmlichen Sinn zu denken. Denn die beiden Charakteristika mathematische Beschreibung und experimentelle Überprüfung, also der vorgängige Gegenstandsentwurf der Physik, zeichnen ihn aus.[103] Obwohl von „Dialog" hier – wie oben gezeigt –[104] rechtens kaum die Rede sein kann, fingiert dieser Begriff einen neuen Zugang zur Natur, der in der Lage sei, sie trotz physikalischer Methode gleichsam als Gesprächspartnerin ernst zu nehmen. Aus methodischer Sicht hingegen hat sich gezeigt, daß die neue Physik von Prigogine

---

[100] Prigogine/ Stengers, Paradox der Zeit, 313.

[101] Mutschler H.-D., Mythos „Selbstorganisation", in: ThPh 67 (1992) 86–108. Vgl. auch: Mutschler H.-D., Physik – Religion – New Age, Würzburg ²1992.

[102] Prigogine/ Stengers, Paradox der Zeit, 314.

[103] Prigogine/ Stengers, Paradox der Zeit, 313.

[104] Vgl. oben zu den Begriffen „Kommunikation" und „Dialog".

und Stengers, auf die mehrere Selbstorganisationstheoretiker aufbauen, nur unter Mißachtung der eigenen Grenzen solchen Anforderungen entsprechen beziehungsweise den überzogenen impliziten Anspruch aufrechterhalten kann, Naturphilosophie beerben zu können.

3.3 Physikalistische Annahme Gottes in explizitem Reduktionismus

Über Prigogine und Stengers geht F. J. Tipler hinaus, der in seiner „Physik der Unsterblichkeit“[1] versucht, mit Hilfe eines radikal reduktionistischen Konzeptes Gott zu beweisen und traditionelle theologische Begriffe auf der Ebene der Physik neu mit Sinn zu erfüllen. Sein Ansatz ist ein Bekenntnis zur Reduktion von Theologie auf Physik, die im Gegensatz zu jener als eigentliche Wissenschaft anerkannt wird. Die Physik der Omegapunkt-Theorie soll die Theologie beerben.

3.3.1 Explizit reduktionistische Natursicht

Nach Tiplers Meinung ermöglicht es der Reduktionismus, „Religion und Wissenschaft voll und ganz miteinander in Einklang zu bringen“[2]. Die angesprochene Harmonie kommt allerdings bei Tipler nicht dadurch zustande, daß in methodischer Abklärung zwei genuin verschiedene Wissenschaftsbereiche in Bezug zueinander gesetzt werden, sondern dadurch, daß Offenbarungstheologie als solche für unsinnig gehalten und Theologie zu einer Unterdisziplin der Physik, näherhin der Astronomie, gemacht wird. Theologie wird zur Naturwissenschaft.[3] „Entweder ist Theologie blanker Unsinn, eine Wissenschaft ohne Gegenstand, oder aber die Theologie wird letztlich ein Teilbereich der Physik.“[4]

Die Rückführung der Theologie auf Physik möchte Tipler mit der Ausarbeitung der von ihm so benannten „Omegapunkt-Theorie“ bewerkstelligen. Diese Theorie geht nicht wie die meisten traditionellen Kosmologien vom Anfang des Universums aus, sondern setzt bei dessen möglichem Ende an. Tipler versteht sich nämlich als ein Vertreter der von Kanitscheider und anderen so benannten *„physikalischen Eschatologie“*[5]. Es geht ihm dabei darum zu zeigen, daß ein ewig fortdauerndes Leben naturwissenschaftlich nachweisbar ist. Um dem drohenden Wärmetod und dem Ausgleich der Energieniveaus zu entgehen, schlägt Tipler vor,

---

1 Tipler F. J., Die Physik der Unsterblichkeit. Moderne Kosmologie, Gott und die Auferstehung der Toten, München 1994.

2 Tipler, Physik der Unsterblichkeit 19.

3 Tipler, Physik der Unsterblichkeit, 26, 35, 403f.

4 Tipler, Physik der Unsterblichkeit, 26.

5 Kanitscheider, Vom Anfang und Ende der Zeit, 134.

das gesamte Universum zu kolonialisieren. Dann erst sei es möglich, daß die Zivilisation, die am Ende des Universums lebt, während des Endkollapses auf die Energieverteilung derart Einfluß nimmt, daß Energieflüsse gesichert bleiben. Solche sind notwendig, damit Information weitervermittelt und am Endpunkt des Universums aus diesen Informationen der Mensch rekonstruiert werden kann. Diesen Vorgang nennt Tipler „Auferstehung".

Damit aber eine derartige Auferweckung, die rein physikalische Ursachen hat, nach Tipler gelingen kann, bestimmt er den Menschen als eine Maschine mit endlich vielen Zuständen.[6] Er führt die These ein, daß zwischen Mensch und Maschine nicht zu unterscheiden sei, und gibt als Kriterium für das Person-Sein den Turing-Test an, der eine Maschine zu einer Person erklärt, wenn sie sich wie eine Person verhält.[7] Da umgekehrt der Mensch, der auf eine Maschine reduziert wird, bei entsprechenden Computerkapazitäten auf genügend kleinem Raum gespeichert werden könne, um in einer „Von-Neumann-Sonde" in das All geschickt zu werden, sei die Eroberung des Weltraumes keine Utopie mehr. Solche Sonden müßten nämlich selbstreproduzierend gedacht werden, sodaß eine Verbreitung über das ganze Universum im Schneeballsystem denkbar sei.

Der Fortbestand des Menschen beziehungsweise seiner evolutiven Nachfolger über den mutmaßlichen Wärmetod hinaus ist allerdings nur dann gewährleistet, wenn auch die kosmologischen Bedingungen entsprechen. So entwickelt Tipler eine eigene Kosmologie, die auf seiner Theorie des „Omegapunktes" basiert. Er nennt seine Hypothesen in Reminiszenz an P. Teilhard de Chardin „Omegapunkt-Theorie"[8], obgleich er die Auffassungen Teilhards als vitalistisch abtut und daher über den Namen hinaus auf Teilhard kaum Bezug nimmt. Tipler möchte mit dieser seiner Theorie physikalisch beweisen, daß sich in einem geschlossenen Universum, für das er Wahrscheinlichkeitsgründe anführt, Fortschritt ewig fortsetzen kann.[9] Da er zusätzlich annimmt, daß das Universum so beschaffen sei, „daß Leben bis zum Ende der Zeit buchstäblich ewig weiterbestehen kann"[10], sind für ihn mit dem angestrebten Beweis ewiges Leben und Unsterblichkeit physikalisch abgesicherte Tatsachen, vorausgesetzt, seine Zusatzannahmen erweisen sich als richtig.

Tipler weist in seiner Omegapunkt-Theorie nicht nur darauf hin, wie der Mensch seiner Meinung nach dem Wärmetod entkommen kann, sondern zeigt auch auf, wie das Zeitenende physikalisch zu denken ist. Ausgegangen wird vom Universum als von einem begrenzten System, das analog zur Anfangssingularität bloß ein Punkt ist, der am Ende der Zeit liegt, also selbst nicht mehr zur Zeit gehört. Tipler möchte zeigen, daß zyklische Zeitvorstellungen, auch wenn sie aus der Physik selbst stammen, nicht zu halten sind. Angelehnt an Freeman Dysons

---

6 Tipler, Physik der Unsterblichkeit, 58.

7 Tipler, Physik der Unsterblichkeit, 46.

8 Tipler, Physik der Unsterblichkeit, 153.

9 Tipler, Physik der Unsterblichkeit, 158.

10 Tipler, Physik der Unsterblichkeit, 26.

Thesen vertritt er die Meinung, daß unendlicher Fortschritt physikalisch aufgewiesen werden könne und Garant für ewiges Leben sei.[11]

Das ewige Leben des Menschen sieht nach Tipler so aus, daß die Information, die einen Menschen ausmacht, im Omegapunkt nicht getilgt ist, sondern neu lebendig wird. Tipler setzt voraus, daß Leben nur „eine Art der Informationsverarbeitung“ und „der menschliche Geist – wie auch die Seele – ein hochkomplexes Computerprogramm“ seien.[12] Person wird als „Computerprogramm definiert, das den Turing-Test bestehen kann“[13]. Da der Mensch für Tipler nicht mehr ist als eine Maschine, die im Omegapunkt perfekt simuliert, also emuliert werden kann,[14] so ist für ihn damit Unsterblichkeit erwiesen. Tipler behauptet nämlich gegen Kant, daß Sein ein Prädikat sei, und zwar „ein Prädikat bestimmter außerordentlich komplexer Simulationen“[15]. Ab einer bestimmten Komplexitätsstufe kommt der Simulation Sein zu. Da Menschen hochkomplexe Systeme sind, werden sie im Falle ihrer Emulation im Omegapunkt zu physikalischer Existenz erweckt, die Tipler als bloße Beziehung von Begriffen definiert.[16]

Der Omegapunkt, in dem diese Emulation vor sich geht, ist physikalisch speziell ausgewiesen. Klassische Physik, Relativitätstheorie und Quantentheorie sind deterministische Theorien. Da Tipler jedoch zeigen möchte, daß die emulierten Individuen in der Endsingularität freie Wesen sind, ist er bemüht aufzuweisen, daß die Omegapunkt-Theorie nicht bloß epistemologisch, sondern auch ontologisch indeterministisch ist. Dies zu demonstrieren genügt Tipler, um dem Menschen Freiheit zuzuschreiben, zumal dieser in einem solchen reduktionistischen Ansatz nicht mehr ist als eine komplexe Maschine, eine These, die Tipler sogar veranlaßt, die Haltung gegen Maschinen künstlicher Intelligenz als Rassismus zu bezeichnen.[17] Tipler möchte über die traditionelle Quantenkosmologie hinausgehen, für die es auf grundlegender Ebene keine Zeit gibt, weil jeder Punkt auf einer Weltlinie schon ein eigenes Universum ist.[18] Die Kontingenz steckt deshalb in einem solchen Entwurf nicht in den physikalischen Gesetzen, sondern in den Randbedingungen für die Wellenfunktion, von denen es für jede viele Möglichkeiten der Realisierung gibt. Demgegenüber haben Hartle und Hawking eine neue Theorie der Randbedingung aufgestellt. Nach ihnen besteht die Determination der universellen Wellenfunktion darin, daß der einzige Rand die Wellen-

---

[11] Tipler, Physik der Unsterblichkeit, 98 und 154.

[12] Tipler, Physik der Unsterblichkeit, 163.

[13] Ebenda.

[14] Tipler, Physik der Unsterblichkeit, 258.

[15] Tipler, Physik der Unsterblichkeit, 261.

[16] Vgl. Löw R., Die neuen Gottesbeweise, Augsburg 1994, 181f. Löw nennt die Frage nach dem Verhältnis von Emulation und Person eine „Kardinalfrage“ und zeigt die Absurdität von Tiplers Versuch auf, die beiden Begriffe zu identifizieren.

[17] Tipler, Physik der Unsterblichkeit, 120.

[18] Tipler, Physik der Unsterblichkeit, 222f.

funktion selbst ist, das heißt, es gibt eigentlich keinen Rand.[19] Da unter der Hartle-Hawking-Randbedingung Leben einmal ausgelöscht wird, was Tiplers These vom ewigen Leben widerspricht, schlägt dieser für die universelle Wellenfunktion die „Omegapunkt-Randbedingung" vor, die besagt, daß „[d]ie Wellenfunktion des Universums ... die Wellenfunktion [ist], bei der alle Phasenwege in einem (zukünftigen) Omegapunkt enden, wobei das Leben sich entlang eines jeden Phasenwegs, auf dem es sich bis hin zum Omegapunkt weiterentwickelt, in die Zukunft hinein ewig fortsetzen wird"[20].

Im Omegapunkt kommen also alle Weltlinien in einem Punkt zusammen, in dem die Kommunikation und die Information unendlich groß sind. Da alles in diesem Punkt codiert ist, kann behauptet werden, daß in jedem Ereignis vor dem Endpunkt ein Teil der Gesamtinformation codiert ist. Der Omegapunkt als zukünftig voll realisierte Größe bestimmt folglich das Geschehen im Universum, wenn auch nicht in streng deterministischem Sinn. Denn die Omegapunkt-Theorie, die eine quantisierte Relativitätstheorie mit der beschriebenen Omegapunkt-Randbedingung ist, unterliegt dem „Vierermannigfaltigkeits-Nichtklassifikationstheorem", einer Abwandlung des Gödelschen Theorems, das sie als ontologisch indeterminiert ausweist.[21] Der freie Wille des einzelnen beruht nach Tipler auf solchem Indeterminismus auf unterster physikalischer Ebene, der besagt, daß durch derartiges „freies" Handeln beziehungsweise Geschehen die physikalischen Gesetze erst erzeugt werden. Der Omegapunkt ist in der Folge als der Inbegriff aller je vollzogenen Handlungen und Ereignisse zu verstehen. Weil diese aber allesamt im Omegapunkt codiert sind und von diesem ihre Bestimmung erfahren, läßt sich der Omegapunkt nach Tipler als der Weltenurheber verstehen.[22]

3.3.2 Zeit und Ewigkeit

Ein Schlüsselbegriff für die beabsichtigte Zusammenführung von Naturwissenschaften und Theologie ist wie bei Prigogine und Stengers auch im Ansatz von Tipler die Zeit. Dieser stellt aber nicht vornehmlich auf die Gerichtetheit der Zeit und den Zeitpfeil ab, sondern versucht, die Homogenität zwischen Ewigkeit und physikalischer Zeit aufzuweisen. Mit seiner Konzeption eines sich unendlich fortpflanzenden Lebens und der propagierten Auferstehung im Omegapunkt kommt Tipler nicht umhin zu erklären, was er in seinem physikalistischen Ansatz unter Ewigkeit versteht.

Die Gesetze der Physik und die Randbedingung lassen nach Tipler Leben ewig weiterexistieren. Auf den Menschen übertragen, heißt das, daß die als Informationsmuster gespeicherte Seele bis in den Omegapunkt bewahrt und durch diesen

---

[19] Tipler, Physik der Unsterblichkeit, 226.

[20] Tipler, Physik der Unsterblichkeit, 229.

[21] Tipler, Physik der Unsterblichkeit, 239–241.

[22] Tipler, Physik der Unsterblichkeit, 254.

die darin enthaltene Software reaktiviert wird.[23] Für ein ewiges Leben in diesem Sinn werden drei Bedingungen vorausgesetzt, die Tipler physikalisch zu beweisen sucht.[24] Zum einen muß sich die Informationsverarbeitung bis zum Ende der Zeit unendlich fortsetzen können. Zum anderen muß die Menge der verarbeiteten Information zwischen jetzt und dem Ende der Zeit – in der Omegapunkt-Theorie die k-Grenze – im Bereich der Raumzeit, in dem eine Weltlinie kommunizieren kann, unendlich sein. Und schließlich muß sich die Informationsmenge zu irgendeinem Zeitpunkt unendlich nähern können, wenn sich der Zeitwert dieses Zeitpunktes seinem zukünftigen Grenzwert nähert, der in einem geschlossenen Universum endlich ist, wenn er in Eigenzeit gemessen wird.

Daß die unendliche Fortsetzung der Informationsverarbeitung möglich ist, sieht Tipler dadurch gewährleistet, daß es eine Geschichte gibt, in der die Informationsverarbeitung, die mit Leben gleichgesetzt wird, nicht endet. Diese Geschichte sei die meßbare Zeit, die sich seit der Anfangssingularität des Big Bang entfaltet. Der Urknall ist selbst nicht wiederum ein Moment in dieser Zeit, sondern steht jenseits der Zeit, die im Urknall erst geboren wurde. Analog zu dieser Zeitkonzeption vom Anfang unseres Universums sieht Tipler auch das Ende konstruiert. Der Omegapunkt, also der Endkollaps, sei genauso wie der Urknall als Singularität zu verstehen, nehme also selbst nicht mehr in dem Sinn an der Zeit teil, wie es ein zeitlicher Moment tut. Alles, was in der Zeit geschieht, findet folglich, wenn der Omegapunkt erreicht ist, kein zeitliches Ende, sondern existiert jenseits der Zeit, die sich zwischen Anfangs- und Endsingularität erstreckt, unendlich weiter. Solche Existenz nennt Tipler Ewigkeit. Damit Information jedoch durch den Übergang von Zeit zu Ewigkeit nicht zerstört wird, muß die Population des Universums im Endkollaps Energie-Scherung bewirken, also Temperaturdifferenzen aufrechterhalten, sodaß eine Informationsspeicherung möglich bleibt.[25]

Im Omegapunkt verschwindet die Eigenzeit der jeweiligen Informationseinheit, weil ihr die Singularität ein Ende setzt. Trotz des Endes der Eigenzeit läßt Tipler das Geschehen im Omegapunkt nicht zeitlos sein, sondern erachtet eine unendliche subjektive Zeit für möglich, in die die Informationen, das heißt die Lebewesen, Eingang finden.[26] Diese subjektive Zeit, die selbst nicht wiederum durch eine Singularität begrenzt wird, ist auf viele Geschichten hin offen. Nicht mehr nur die eine Geschichte mit ihren Möglichkeiten ist real existent, sondern auch all die anderen nicht gelebten Geschichten können auferstehen. Da Tipler die Mehrfachweltentheorie Everetts annimmt und mit seiner Omegapunkt-Theorie alle Weltlinien der Parallelwelten in einen Punkt münden läßt, sind in der Endsingularität alle möglichen Geschichten verfügbar. Das zeitliche Nacheinander der Eigenzeit ist einem Nebeneinander der verschiedenen Möglichkeiten gewichen.

---

23 Tipler, Physik der Unsterblichkeit, 293.

24 Siehe Tipler, Physik der Unsterblichkeit, 172ff.

25 Tipler, Physik der Unsterblichkeit, 178.

26 Tipler, Physik der Unsterblichkeit, 177.

Tiplers Theorie beruht auf einer Zeitvorstellung, die die Zeit zwischen den beiden Singularitäten unter dem Aspekt unendlichen Fortschrittes in den Blick nimmt. Seine Abkehr von zyklischen Zeitvorstellungen innerhalb der Physik und der Fortschrittsoptimismus paaren sich mit dem Traum der technischen Machbarkeit einer Reproduktion des Menschen mit Hilfe der artificial-intelligence-Forschung. Denn ohne die These von der Eroberung des gesamten Weltalls durch Von-Neumann-Sonden wäre ewiger Fortschritt, der in die Ewigkeit des Omegapunktes mündet, insofern nicht denkbar, als der Entropiesatz das Fortbestehen von Information unmöglich machte. Technische Machbarkeit und Fortschrittseuphorie bestimmen sein Zeit-Verständnis, das er Theologen anempfiehlt, die von der Eschatologie her ihre Theologie aufbauen.[27]

Das Problem einer solchen Zeitauffassung liegt darin, daß Tipler den Begriff der subjektiven Zeit, den er für das Leben im Omegapunkt beansprucht, als physikalischen ausgibt. Spekulationen über Zustände in Singularitäten sind aber physikalisch nicht faßbar, da dort die herkömmlichen Naturgesetze nicht mehr gelten. Den Anspruch, seine Theorie auf eine rein physikalische Basis zu stellen, hält Tipler daher nicht ein. Weiterhin vermischt er physikalische mit universalwissenschaftlichen Begriffen, wenn er zum Beispiel von verschiedenen möglichen Geschichten im Omegapunkt spricht. Denn mit diesen Geschichten sind nicht mehr quantifizierbare Zeitverläufe gemeint, sondern alternative Gestalten von Freiheitsgeschichte, die verantwortliche Individuen gestalten. Wenn Tipler nämlich Freiheit bloß als Indeterminiertheit auf unterster materieller Stufe auffaßt, dann kann er damit wohl in einem reduktionistischen Weltbild operieren, aber nicht so tun, als wäre damit das gesamte Phänomen menschlichen Handelns erfaßt. Geschichte als Freiheitsgeschichte in der Erfahrung konkreten Lebens ist nicht einfach in ein quantifiziertes Informationsmuster auflösbar, zu dem es nach den Gesetzen der Statistik Alternativmuster in Parallelwelten zu decodieren gibt.

Folglich ist es auch problematisch, die auf der Ebene der Physik gewonnenen Ergebnisse unvermittelt auf philosophische Zeitbegriffe zu übertragen. Wenn Tipler meint, den Begriff der Eigenzeit mit dem Tempus-Begriff des Thomas von Aquin identifizieren und den Begriff der subjektiven Zeit als wissenschaftliche Fassung des Terminus „aevum" verstehen zu können, so spannt er zwei methodisch verschieden gewonnene Begriffsebenen zusammen, ohne auf deren Differenz zu achten. Damit wird Physik jedoch universalwissenschaftlich aufgeladen, wiewohl es den Anschein hat, ihre Begriffe seien rein naturwissenschaftlich ver-

[27] Vgl. dazu die wechselseitige Bezugnahme von Pannenberg und Tipler. Pannenberg sieht in Tiplers Entwurf die Chance gegeben, daß das Tabu der strikten Trennung der Disziplinen von Physik und Theologie endlich aufgehoben wird. Darüber hinaus findet er für die heutige Theologie in der „‚eschatologischen' Perspektive" Tiplers einen wichtigen Anknüpfungspunkt. So schwächt Pannenberg Tiplers Schwierigkeit mit der Auferstehung Jesu Christi schon in historischer Zeit dadurch ab, daß er meint, Tipler bezweifle nur die historische Zuverlässigkeit biblischer Ostertradition, nicht jedoch die prinzipielle physikalische Möglichkeit der Auferstehung in der Geschichte. Deshalb und wegen der fächerübergreifenden Denkweise Tiplers sowie dessen physikalischer Stützen für den christlichen Glauben plädiert Pannenberg für die positive Rezeption des Ansatzes von „Die Physik der Unsterblichkeit" (Pannenberg W., Gott regiert das Universum, in: Rheinischer Merkur Nr. 28 [1994] 25).

wendet. Eschatologie in christlichem Verständnis und Berechnungen über die Endsingularität befinden sich nicht auf derselben Begriffsebene. Denn Ewigkeit als Fortdauer des Informationsgehaltes der naturwissenschaftlich zu gewinnenden Fakten eines Menschen, die im Omegapunkt in virtuelle Realität umgesetzt werden – zu der in anderen virtuellen Welten parallele Simulationen herstellbar sind –, bleibt eine quantifizierte Zeitgestalt, die durch Chronometer meßbar ist. Die Frage nach der Identität zwischen dem in fortschreitender Zeit Lebenden und in virtueller Realität Auferstandenen wird einfach dadurch ruhiggestellt, daß Identität auf den bloß formalen Gesichtspunkt des Informationsmusters reduziert wird, das sich von jedem Substrat gelöst hat. Um dennoch sagen zu können, der virtuelle Mensch existiere real, wird Sein zum Prädikat gemacht, das ein Computerprogramm ab einer bestimmten Komplexitätsstufe begleitet. Daß das Verständnis von Individualität angesichts solcher „Identität" reduktiver Nivellierung unterzogen wurde, zeigt zum Beispiel ein Blick auf das Phänomen des Alterns.[28] Diese Zeitgestalt braucht von Tipler in der Theorie des Omegapunktes nicht eingeholt zu werden, da die quantitative Auffassung der Zeit das Phänomen des Alterns weder adäquat in den Blick bekommt noch bekommen kann. Die naturwissenschaftliche Weltsicht, die diesem Unternehmen zugrunde liegt, eliminiert solche Qualitäten schon in ihrem Gegenstandsentwurf, der sich ausschließlich auf Quantifizierbarkeit stützt. Zeit und Geschichte sind nicht bloß quantifizierbare Größen, die sich chronometrisch vermessen lassen. Vor allem muß eine solche Sicht der Zeit Phänomene außer acht lassen, die sich nicht auf Quantitäten reduzieren lassen.

3.3.3 Gott als Omegapunkt

Die Physik Tiplers ist anders als frühere Kosmologien nicht eine Extrapolation der Anfangszustände auf das Ende des Universums, sondern geht von einer Konzeption des Endes aus und versucht, eine Theorie zu entwerfen, die gegenwärtige physikalische Theorien mit diesem Endpunkt in Verbindung bringt. Eine solche Ausrichtung, die an eschatologisch bestimmte Theologien erinnert, prädestiniert nach Tipler seine Physik dazu, auch theologische Aussagen zu machen. Das zugrundeliegende Gottesbild ist jedoch ebenso physikalistisch wie sein Menschenbild. Der Mensch wird auf ein Computerprogramm reduziert, das den Turing-Test besteht, und dieser Maschine wird zugeschrieben, endlich viele Zustände annehmen zu können.[29] Die besonders unmittelbar vor dem Omegapunkt notwendige Kommunikation zwischen den Menschen, aber auch zwischen dem Menschen und dem restlichen Universum, wird in konsequenter Folge bloß unter dem Aspekt des Informationsaustausches gesehen, der in der Endsingularität nach den Berechnungen Tiplers unendlich sein soll. Mittels dieses Kommunikationsbegriffes be-

[28] Siehe dazu Pkt. 5.3.

[29] Vgl. oben.

schreibt Tipler auch die Relation zwischen Mensch und Gott. Der Omegapunkt, in dem die Information unendlich ist, wird mit Gott identifiziert.[30] Da in ihm die Information unendlich ist, ist er jedenfalls komplex genug, um seiend und Person und zudem sowohl transzendent als auch immanent – es ist jederzeit ein Unterprogramm bildbar, das den Turing-Test besteht – zu sein. Aus demselben Grund verdient er aber auch, die Eigenschaft der Allwissenheit zugesprochen zu bekommen. Da er als Anhäufung der gesamten Information das gesamte Universum kontrolliert, nennt Tipler diesen seinen Omegapunkt-Gott auch allmächtig.[31]

Außer die Lehre von den Eigenschaften Gottes versucht Tipler auch, die Möglichkeit eines Gottesbeweises neu zu fassen. Indem er die Notwendigkeit des Omegapunktes innerhalb der Kosmologie zu beweisen trachtet, möchte Tipler die physikalische Grundlage für einen Gottesbeweis schaffen. Da er einerseits die Notwendigkeit des Omegapunktes physikalisch gezeigt zu haben meint und andererseits diesen mit Gott identifiziert, scheint Gott bewiesen zu sein. Die Problematik dieses Beweises liegt unter anderem darin, daß der intendierte Gott ein Maschinengott ist, der als Super-Computer gedacht wird. Es ist – von der fraglichen innerphysikalischen Stringenz, die auf vielen Hypothesen aufbaut, einmal abgesehen – nicht evident, daß der Omegapunkt mit einem personalen Gott identifiziert werden muß, es sei denn, Personalität wird – wie bei Tipler – reduktionistisch mißverstanden. Der Omegapunkt als Inbegriff der je vollzogenen Handlungen und des je abgelaufenen Geschehens wird als Weltenurheber mit personaler Struktur überbestimmt. Aus dieser Bestimmung wiederum folgert Tipler in Anlehnung an Kants Unterscheidung zwischen Weltursache und Welturheber, daß seine Theorie theistisch, aber nicht deistisch oder pantheistisch sei.[32] Wenig später bezeichnet Tipler das Universum jedoch als Emanation Gottes, der sich selbst schafft, sieht Gott also nicht als souveränes Gegenüber zur geschaffenen Welt.[33] Folgerichtig, aber im Widerspruch zu vorheriger Klassifikation nennt Tipler die Omegapunkt-Theorie in Anlehnung an den klassischen Deisten Tindal eine deistische Lehre. Ein sich selbst entwickelnder und erst am Ende er selbst werdender Gott repräsentiert die Größe, aus der die Welt in ihrer objektiven Zeitgestalt evolviert. Das heißt, Gott und Welt werden sie selbst erst in der Zeit vor der Endsingularität, und Emanation kann rechtens erst vom Endpunkt her gesehen behauptet werden. Denn erst dann enthält der Omegapunkt die Information aller möglichen Welten in sich, die es erlauben, das Universum als Ausfluß Gottes zu bezeichnen.

Mit der Vorstellung der Emanation des Universums aus Gott, die mit der Selbstwerdung Gottes in der Eigenzeit des Universums gekoppelt ist, steht Tipler in der Nähe des in „Urnatur" und in „Folgenatur" geteilten Wesens Gottes in der Prozeßtheologie. Seine Aussagen haben pantheistische Züge, die mit der Beto-

[30] So schreibt Tipler alle Pronomina in bezug auf den Omegapunkt auch mit Majuskel.

[31] Zu den Eigenschaften Gottes siehe: Tipler, Physik der Unsterblichkeit, 198–200.

[32] Tipler, Physik der Unsterblichkeit, 254f.

[33] Tipler, Physik der Unsterblichkeit, 266f.

nung des Omegapunktes als Welturheber panentheistisch aufgeweicht werden.[34] Der Omegapunkt wird zugleich als Selbstschöpfer, als Schöpfer des Universums und als Geschaffenes beziehungsweise Zu-Schaffendes charakterisiert. Obwohl der Omegapunkt nach Tipler als Person zu verstehen ist, erscheinen trinitätstheologische Äußerungen als Negativaussagen. Tipler handelt in einem eigenen Kapitel seine Behauptung ab, daß der Omegapunkt „(wahrscheinlich) keine dreieinige Gottheit“[35] sei. Er hat nämlich Schwierigkeiten beim Zugang zu Jesus Christus. Zwar gibt er eine physikalische Variante der hypostatischen Union an, meint allerdings, daß es höchst unwahrscheinlich sei, daß es eine solche Person je gegeben habe.[36] Dazu kommen Zweifel an der Glaubwürdigkeit der biblischen Auferstehungstradition.[37]

Obwohl er auch eine physikalistisch konzipierte Trinitätsthese leugnet, bringt Tipler den Heiligen Geist ins Spiel, den er ebenfalls physikalistisch reduziert. Da jedes Objekt vom Omegapunkt bestimmt werde, könne gesagt werden, er verleihe Leben. Tipler nennt nun die universelle Wellenfunktion, die der Omegapunkt-Randbedingung unterliegt, „Heiliger Geist“. Diese Wellenfunktion sei nämlich das alles durchdringende Feld, das zum Leben erweckt.[38] Tipler macht den Heiligen Geist zu einem naturwissenschaftlichen Begriff, indem er ihm eine Größe seiner Omegapunkt-Theorie zuordnet, ohne zu beachten, daß damit ein offenbarungstheologischer Begriff auf eine Ebene transformiert wird, die gänzlich andere methodische Voraussetzungen hat.

Auf ähnliche Weise vermischt Tipler die Begriffsebenen, wenn er Termini wie „Auferstehung“, „Himmel“, „Hölle“, „Fegefeuer“, „visio beatifica“ und „Theodizee“ naturwissenschaftlich erklärt.[39] Die Auferstehung, die nach Tipler eine Umwandlung des Informationsgehaltes in virtuelle Realität meint, bringe die Möglichkeit, die Informationen, in denen das Böse gespeichert ist, auszumerzen, also den Himmel zu begründen. Umgekehrt könne durch eine ständige Widersetzung gegen diese Ausmerzung des Bösen durch den Omegapunkt die Wiedererweckung ins Positive vereitelt werden, sodaß die gefragte Informationsmenge, die den Menschen codiert, im Zustand der Hölle verharrt. Als Rechtfertigung des Omegapunktes angesichts der jetzt noch vorhandenen Übel führt Tipler die Mehrfachweltentheorie an. Nach ihr sei es notwendig, daß es Welten gibt, in denen das Übel vorkommt. Der Omegapunkt selbst, also Gott, trage dafür jedoch keine Verantwortung.

---

34 Ganoczy A., Naturwissenschaft und Schöpfungstheologie: ein Spannungsverhältnis, in: LebZeug 49 (1994) 284–295, 292f.

35 Tipler, Physik der Unsterblichkeit, 379.

36 Tipler, Physik der Unsterblichkeit, 380.

37 Tipler, Physik der Unsterblichkeit, 370 und 374.

38 „Ich schlage also in der Tat vor, daß wir die universelle Wellenfunktion, die der Omegapunkt-Randbedingung unterliegt, mit dem Heiligen Geist gleichsetzen“ (Tipler, Physik der Unsterblichkeit, 233). Vgl. oben Pannenbergs Feldtheorie.

39 Siehe vor allem: Tipler, Physik der Unsterblichkeit, 297ff.

All diese Begriffe werden aus ihrem theologischen Kontext genommen und mit naturwissenschaftlichen Inhalten unterlegt, die auf dem Informationsbegriff aufbauen. Tipler versucht eine sukzessive Uminterpretation herkömmlicher theologischer Termini mit den Mitteln seines naturwissenschaftlichen Begriffsinstrumentariums. Die eigentlich theologischen Gehalte bleiben dadurch auf der Strecke, da von ihnen auf Grund der methodischen Vorentscheidung, daß die Wirklichkeit auf kybernetische Modelle zurückzuführen sei, abgesehen wird.

3.3.4 Reduktionismus und Theologie

Der Deismus, den Tipler vertritt, basiert – wie seine gesamte Theorie – auf reduktionistischen Grundthesen. Gott als Informationskonglomerat und berechenbare Größe macht ihn zu einem Gegenstand der Naturwissenschaft. Deshalb behauptet Tipler auch, Theologie müsse eine Naturwissenschaft sein, wenn sie sich nicht dem Vorwurf der Sinnlosigkeit aussetzen wolle.[40] Einer der wenigen theologischen Begriffe jedoch, die Tipler nicht mit einem neuen Sinn unterlegt, der in einem naturwissenschaftlichen System reüssieren kann, ist der der Offenbarung. Gerade Offenbarung verfällt dem Sinnlosigkeitsverdikt, da sie einer Überprüfung durch einen bloß naturwissenschaftlich verstandenen Begriff der Vernunft nicht genügt. Deshalb entscheidet sich Tipler – wie er sagt – zugunsten der Vernunft gegen die Offenbarung, die als unvernünftig hingestellt wird.[41] Als Konsequenz daraus hält er die Bibel für veraltet, da ihr naturwissenschaftliche Theorien zugrunde lägen, die heute nicht mehr zu vertreten seien. Während das Christentum immer noch auf der griechischen Physik aufbaue, sei heutige Physik auf modernste Erkenntnisse bezogen, die nicht mehr auf den Grundlagen antiker Wissenschaft basierten. Anstelle auf die Bibel zu bauen, empfiehlt Tipler, sich auf das Buch der Natur zu beziehen, das vor Fixierungen auf Veraltetes gefeit sei.

Tipler setzt sich für eine neue „natürliche Theologie" ein, die sich einzig auf Physik stützt. Nicht mehr ein universalwissenschaftliches, philosophisches Fragen, das auf Offenbarung hin offen ist und diese nur vorläufig aus methodischen Gründen einklammert, ist gewünscht, sondern naturwissenschaftliches Vorgehen, das die Einschränkung der Wirklichkeit, die auf Grund des vorgängigen Gegenstandsentwurfes erfolgt ist, vergißt und die eigene beschränkte Sicht für die universale hält. Tipler lehnt nicht nur die Offenbarung ab, sondern verläßt zugleich die philosophische Ebene. Er reduziert philosophisches Fragen auf physikalisches Vorgehen. Obwohl er sich zu methodischen Einschränkungen bekennt, meint er, dieselben Phänomene erklären zu können, die herkömmliche Theologie und Philosophie vor Augen gestellt haben.

Einzelwissenschaftliches und universalwissenschaftliches Vorgehen bringen jedoch nicht dieselbe Wirklichkeit zur Sprache. Das gibt Tipler zwar zu; er meint,

---

[40] Tipler, Physik der Unsterblichkeit, 403.

[41] Tipler, Physik der Unsterblichkeit, 404.

daß genießen, beten, lieben usw. sich nicht adäquat auf physikalischer Ebene darstellen ließen,[42] stellt aber an anderer Stelle dennoch den Anspruch, mit seiner *Physik* die Funktionen der alten Religionen übernehmen zu können. Er behauptet zum Beispiel, Physik könne trösten,[43] also den Menschen so ansprechen, daß er nicht nur als physikalisches Informationsmuster in den Blick kommt, sondern in seiner leiblich-geistigen Vollgestalt. Durch solche Behauptungen stattet er Physik vermeintlich mit Fähigkeiten aus, die sie schon auf Grund der Eigendefinition nicht besitzen kann. Eine Wissenschaft, die Leben nur als Informationsverarbeitung und den Menschen sowie Gott bloß als informationsverarbeitende Maschinen versteht, kann nicht Trost spenden, wenn sie ihrer eigenen Methodik – nämlich zu quantifizieren und durch Experimente zu überprüfen – verpflichtet bleibt.

Gerade vom Gebet, dem er attestiert, daß es sich physikalisch nicht adäquat fassen lasse, sagt Tipler an anderer Stelle, daß es sinnlos sei.[44] Als Grund für seine Behauptung nennt er ein reduktionistisches Argument, daß nämlich der Informationsfluß zum Omegapunkt-Gott nicht nötig sei, weil dieser per definitionem ohnehin alle Informationen enthalte und daher allwissend sei. Wenn Gebet und Rituale nicht einen Informationsfluß vom Omegapunkt zum Menschen gewährleisteten, könne man auf sie verzichten. Ob Tipler damit den Sinn von Gebet und Ritual erfaßt hat, ist mehr als fraglich. Der Grund dafür liegt in seinem eingeschränkten Blick auf die Wirklichkeit, wie ihn die Physik bietet. Nur wenn man diesen Blick wenigstens implizit zum einzig gültigen erhebt, kann gelten: „So verhält sich also die Offenbarungstheologie zur natürlichen Theologie wie die geozentrische zur heliozentrischen Astronomie.“[45]

Tipler extrapoliert in seinem Buch von der physikalischen auf die philosophische und die theologische Ebene, ohne zu bedenken, daß mit einem reduktionistischen Ansatz die Wirklichkeit auf einen vorgängig beschränkten Gegenstandsbegriff eingeschränkt wird, wie ihn Philosophie und Theologie gerade durchbrechen wollen.[46] Wenn er zudem Theologie einfach zu einer Subdisziplin der Astronomie macht, spricht Tipler der Theologie ab, die Realität anders in den Blick zu nehmen, als sie in den Naturwissenschaften zur Sprache kommt. Wenn er zudem einer solchen Naturwissenschaft Fähigkeiten zuschreibt, die von Kategorienverwechslungen zeugen, und ihr Aufgaben überträgt, die Einzelwissenschaften aus methodischen Gründen gerade nicht leisten können, so werden die Verkürzungen sichtbar, die Tiplers radikaler Reduktionismus aufweist. Sein impliziter Anspruch,

---

[42] Tipler, Physik der Unsterblichkeit, 165f.

[43] „Die Wissenschaft [gemeint ist die Physik; R. E.] kann nun angesichts des Todes *exakt* denselben Trost spenden wie einst die Religion“ (Tipler, Physik der Unsterblichkeit, 407).

[44] Tipler, Physik der Unsterblichkeit, 405f.

[45] Tipler, Physik der Unsterblichkeit, 406.

[46] R. Löw nennt Tiplers Vorgehensweise, die neben dem unvermittelten Wechsel zwischen den Begriffsebenen auch eine Menge logischer Widersprüche aufweist, „nominallogischen Dadaismus“ (Löw, Die neuen Gottesbeweise, 164). Vgl. auch die vernichtende Kritik H.-D. Mutschlers: Mutschler H.-D., Der Legionär auf der Festplatte. Frank J. Tiplers Hirngespinst einer „Physik der Unsterblichkeit“, in: Frankfurter Allgemeine Zeitung Nr. 120 (1994) 10.

damit die Rolle von Philosophie und Theologie übernehmen zu können, ist nicht haltbar.

3.4 Die Gottesfrage angesichts der Weltformel

Ähnlich wie in den beiden eben diskutierten physikalistischen Entwürfen geht es auch C. F. von Weizsäcker darum, die Differenz zwischen Natur- und Geisteswissenschaften zu überwinden. Bei ihm begegnet dieses Ansinnen im Versuch, Subjektivität und Objektivität in einer die gesamte Erkenntnis umfassenden Quantentheorie zu vereinen. Es handelt sich dabei um den Versuch, auf der Basis der gesuchten Weltformel nicht nur die Physik zu vereinheitlichen, sondern eine innerhalb der Physik angesiedelte Theorie menschlichen Erkennens überhaupt zu entwickeln. Eine semantisch gefüllte Zeitlogik, die die Bedingung der Möglichkeit von Erkenntnis abgeben soll, bildet für von Weizsäcker die Grundlage für eine dynamische Natursicht, der eine Theorie der Selbsterkenntnis parallelgestellt wird. Diese geht davon aus, daß das Ich selbst ein Objekt der Erkenntnis ist – wie ein Naturobjekt auch. Die einheitliche Theorie schließt im Gegensatz etwa zu Hawking oder Jantsch weder Gott aus noch will sie ihn physikalistisch erklären. Vielmehr wird Gott nur meditativ, nicht aber durch eine Theorie – sei sie auch die physikalistisch vereinheitlichende von Weizsäckers selbst – zugänglich. Er ist nicht objektivierbar. Obwohl von Weizsäcker Naturphilosophie physikalistisch auflöst, aber im Anschluß daran seine physikalische Einheitstheorie geistmonistisch aufbaut, kann seiner Meinung nach Gott nicht Gegenstand evolutiver Sichtweisen sein, wie es etwa im Paradigma der Selbstorganisation geschieht.

3.4.1 Physik als Universaltheorie objektiver Erkenntnis

Nicht nur Prigogine und Stengers versuchen, die Objektivität der Natur durch Subjektivität zu ersetzen. Auch von Weizsäckers Bestreben geht dahin, den Unterschied zwischen erkennendem, menschlichem Subjekt und dem erkannten Objekt der Natur einzuebnen, indem er die strikte Trennung von Subjekt und Objekt für unzulässig erklärt.[1] Er räumt zwar ein, daß die Physik in letzter Konsequenz die Subjektivität nicht erklären kann, sondern den Beobachter, den er mit dem Subjekt identifiziert, voraussetzen muß. Dennoch könne die Physik „das Funktionieren von Subjekten" soweit beschreiben, als dies eine auf Begrifflichkeit aufbauende Sprache erlaubt.[2] Das bedeutet, daß die Physik Subjektivität zu einem guten Teil einholen kann und mittels der eigenen Sprache faßt, sodaß nicht mehr behauptet werden kann, daß Subjekt und Objekt prizipiell als unterschiedliche Größen zu behandeln seien.

---

[1] Weizsäcker, Geschichte der Natur, 42.

[2] von Weizsäcker C. F., Der Garten des Menschlichen. Beiträge zur geschichtlichen Anthropologie, München [5]1978, 184.

Grundlage für die Aufhebung der cartesianischen Trennung bildet nach von Weizsäcker die Quantenmechanik. Diese bemüht sich um eine Weltbeschreibung, die die Beschreibung des Subjekts einbezieht und als solche in sich konsistent ist. Deshalb sei eine Trennung von Subjekt und Objekt und weiterhin der Gegensatz zwischen Realismus und Idealismus hinfällig.[3] Mit der Kopenhagener Deutung sieht von Weizsäcker den messenden Beobachter und mit ihm die subjektive Seite der Naturerkenntnis in eine einheitliche Theorie aufgenommen, die Subjekt und Objekt vereint. Mit seiner eigenen Weiterentwicklung der Kopenhagener Deutung zu einer physikalischen Basaltheorie, die Uralternativen als letzte Gegebenheiten ansieht,[4] ist von Weizsäcker überzeugt, Objekte für ein Wissen gefunden zu haben, das seinerseits wiederum die Struktur von Urobjekten hat.[5] Deshalb könne einerseits das Subjekt um sich selbst wissen, andererseits aber ist für von Weizsäcker dadurch auch die einheitliche Struktur von Subjekt und Objekt aufgezeigt. Denn das um sich selbst wissende Subjekt sei gleich zusammengesetzt wie Objekte der Natur. Der Versuch, Subjekt und Objekt zu verbinden,[6] beruht auf der Überzeugung, daß mit der Theorie eines einheitlichen ontologischen Grundbausteines für Geistiges und Materielles, also nach von Weizsäckers Verständnis für Subjekt und Objekt, eine Verbindung aufgezeigt werden kann, die beide Bereiche als dasselbe ausweist.

Von Weizsäcker baut seine Einheitstheorie von Subjektivem und Objektivem auf einer spezifischen Erfahrungskonzeption auf. Sowohl das Subjekt als auch das Objekt sind nach dieser Vorstellung erfahrbar, und deshalb könne der Erfahrungsbegriff die Einheit zwischen beiden Bereichen herstellen. Von Weizsäcker geht von einem zeitlich qualifizierten Verständnis der Erfahrung aus und definiert sie als ein Lernen aus der Vergangenheit, das das Faktische repräsentiert, für das Zukünftige, das zugleich das Mögliche ist.[7] Wesentlich für von Weizsäckers Versuch, die Schranke zwischen Subjektivität und Objektivität aufzuheben, ist seine Konzeption von Physik, die diese zur Wissenschaft von Erfahrung überhaupt macht. Erfahrung – sei sie diejenige des Subjekts oder die des Objekts – ist Gegenstand der Physik, wie sie von Weizsäcker versteht. Die Quantentheorie, die erstmals eine thematische Bezugnahme auf den Beobachter beinhaltet, sei die Wissenschaft, deren Grundgesetze die Bedingungen der Möglichkeit objektivierbarer Erfahrung überhaupt ausmachten.[8] Die Möglichkeit jeder Erfahrung ist der eigentliche Inhalt von Physik, sodaß deren Gesetze als allgemeine Bedingungen des Wissens zu gelten haben.[9]

---

3 von Weizsäcker C. F., Die Einheit der Natur, München 1971, 157.

4 Siehe unten.

5 Specht R., Über Carl Friedrich von Weizsäckers Denkweg, in: AZP 15/ Hft. 3 (1990) 69–74, 73.

6 Vgl. auch Schüz M., Die Einheit des Wirklichen. Carl Friedrich von Weizsäckers Denkweg, Pfullingen 1986, 196.

7 Weizsäcker, Garten des Menschlichen, 99. Vgl. Weizsäcker, Einheit der Natur, 195 und öfter.

8 Weizsäcker, Garten des Menschlichen, 428.

9 Weizsäcker, Einheit der Natur, 241.

Für die bisherige Physik bedeutete das, daß sie vereinheitlicht würde, sodaß die unterschiedlichen Einzeltheorien, die bislang noch nicht unter eine einheitliche Sichtweise zu integrieren waren, vereinigt wären. Von Weizsäcker möchte einerseits im Rahmen einer Einheitsphysik die Weltformel gewinnen und meint, daß dies nur möglich sei, wenn auf die Bedingungen der Möglichkeit von Erfahrung zurückgegangen werde.[10] Andererseits sieht er in einer solchen Wissenschaft allerdings auch die Grundlage für objektive Erfahrung überhaupt, wobei diese so zu verstehen sei, daß auch Subjektivität Gegenstand der gemeinten Erfahrung ist. Auf diese Weise sei auch die Subjekt-Objekt-Spaltung überwunden. Nach von Weizsäcker müßte folglich zum einen jemand, der analysieren könnte, „unter welchen Bedingungen die Erfahrung überhaupt möglich ist", auch zeigen können, „daß aus diesen Bedingungen bereits alle allgemeinen Gesetze der Physik folgen"[11]. Diese Erfahrungswissenschaft müßte die gesuchte einheitliche Physik sein. Zum anderen aber wäre eine solche, die nach von Weizsäcker auf der Grundlage der Kopenhagener Deutung der Quantentheorie zu konstruieren wäre,[12] die umfassende Darstellung derjenigen Annahmen, „die nötig sind, wenn es Erfahrung geben soll"[13]. Einheitsphysik und Wissenschaft von Erfahrung überhaupt fallen in eins.

Die Gesetze einer solchen Physik sind folglich nichts anderes, „als die Gesetze, die die Bedingungen der Möglichkeit der Objektivierbarkeit des Geschehens formulieren"[14]. Von Weizsäcker geht es um wissenschaftliches und deshalb objektives Wissen, das auch Subjektivität umfaßt. Physik wird so zu einer Wissenschaft, die auf einer Metaebene agiert, da sie nicht mehr eine bestimmte Form von empirischer Wissenschaft ist, sondern die Bedingungen der Möglichkeit für Erfahrung überhaupt aufzeigen möchte. Wenn Physik die Bedingungen der Möglichkeit objektivierender Erfahrung formuliert, so sind ihre Gesetze nicht mehr Physik im herkömmlichen Sinn, sondern sie formulieren die „Regeln des Gebrauchs von Begriffen in der Erfahrung"[15] schlechthin. Physik als „Logik objektivierbarer Erfahrung"[16] bildet die systematische Einheit der Naturwissenschaften auf philosophischer Basis,[17] da die grundlegende Quantentheorie, die durch das Einbeziehen von Beobachter und Unschärferelation nicht mehr naturwissenschaftlich im herkömmlichen Sinn sein kann, zwar eine physikalische Theorie, aber darüber hinaus auch allgemeine Erkenntnistheorie bilden kann.

---

[10] Weizsäcker, Einheit der Natur, 219.

[11] Weizsäcker, Einheit der Natur, 217.

[12] von Weizsäcker C. F., Zeit und Wissen, München 1992, 332.

[13] Weizsäcker, Einheit der Natur, 241.

[14] Weizsäcker, Einheit der Natur, 288.

[15] von Weizsäcker C. F., Gottesfrage und Naturwissenschaften, in: von Weizsäcker C. F., Deutlichkeit, Beiträge zu politischen und religiösen Gegenwartsfragen, München ³1984 (= dtv 1687), 117–138, 131.

[16] Weizsäcker, Garten des Menschlichen, 428.

[17] Ebenda.

Die an Kant angelehnte Wende der Physik zu einer Wissenschaft objektivierbarer Erfahrung überhaupt, die deren Möglichkeitsbedingungen eruieren soll, bleibt bei von Weizsäcker an das Bewußtsein gebunden. Anders als Prigogine und Stengers, die – wie gezeigt – eine realistische Interpretation der Quantenphysik anstreben, um den Zusammenbruch der Wellenfunktion unabhängig vom Beobachter erklären zu können, weicht von Weizsäcker von der Kopenhagener Deutung nicht ab, sondern setzt sie vielmehr für seine Erfahrungstheorie voraus. Von Weizsäcker kommt zu dem Schluß, daß sowohl Irreversibilität der Zeit als auch das Bewußtsein in der Quantentheorie vorauszusetzen sind.[18] Daß er sich nicht mit einer – im herkömmlichen Sinn verstanden – innerphysikalischen und vom Bewußtsein unabhängigen Physik begnügt, sondern auf das Bewußtsein rekurriert, ermöglicht es von Weizsäcker erst, seine neue Physik als umfassende Erfahrungstheorie zu konzipieren. Der mit Bewußtsein begabte Beobachter wird mit in die quantentheoretische Betrachtung einbezogen. Denn im Bewußtsein wird das Ereignis erst objektiv und irreversibel. Zwar ist das Bewußtsein nicht die Ursache des Ereignisses, wohl aber die „Weise, wie wir das längst geschehene Ereignis zur Kenntnis nehmen“[19]. Damit möchte von Weizsäcker aber wieder „in die Semantik des ‚gesunden Menschenverstandes‘“[20] zurückkehren, der Ereignisse als dort wirklich auffaßt, „wo wir sie als geschehen wahrnehmen oder doch aus ihren Dokumenten erschließen können“[21]. Indem von Weizsäcker von der Kopenhagener Deutung der Quantentheorie ausgeht, möchte er eine physikalische Theorie als fähig ausweisen, nicht nur im traditionellen Sinn physikalisch faßbare Wirklichkeit erschließen zu können, sondern auch ganz generell in der Lage zu sein, Erfahrung zu erklären. Das heißt, von Weizsäcker möchte offenbar herausstellen, daß alle wißbaren Gegebenheiten Möglichkeitsbedingungen unterliegen, die der Quantentheorie zugänglich sind. Es wird versucht, Physik als Erkenntnistheorie zu präsentieren.

Die Schwierigkeit eines solchen Unterfangens besteht darin, den Übergang von einer Einzelwissenschaft zur Philosophie auch methodisch nachzuvollziehen und nicht den Gegenstandsbereich auszuweiten, ohne auch den methodischen Bereich – in diesem Fall den der Physik – zu verlassen. Ohne jetzt auf dieses Problem einzugehen,[22] ist festzuhalten, daß von Weizsäcker jedenfalls bewußt die Nachbarschaft der Philosophie sucht. Bei seinem Unterfangen stützt er sich vor allem auf Platon und Kant.[23] Sein Bestreben, die Physik zu vereinheitlichen und zugleich eine allgemeine Erfahrungstheorie aufzustellen, nimmt Anleihen vor allem bei Platon. Indem er allerdings eine Theorie der Möglichkeitsbedingungen aufstellt, die die Erfahrung im allgemeinen begründen soll, vermittelt er seine

---

[18] Weizsäcker, Zeit und Wissen, 891.

[19] Weizsäcker, Zeit und Wissen, 909.

[20] Ebenda.

[21] Ebenda.

[22] Siehe Pkt. 4.3.1.

[23] Vgl. Altner, Überlebenskrise in der Gegenwart, 33.

Rückgriffe auf Platon immer wieder mit Kantschen Gedanken. Da heute allerdings die Euklidische Geometrie und die klassische Mechanik Newtons nicht mehr als unhinterfragt gültig angesehen werden könnten, sei Kant zu widersprechen, sofern er diese als a priori gültig angesetzt habe. Fordere Kant in dieser Hinsicht zuviel, so fordere er insofern jedoch zuwenig, als er allgemeine Naturgesetze als apriorische Grundsätze des Verstandes formuliere, spezielle Naturgesetze im Unterschied dazu allerdings nur als empirisch feststellbar hinstelle.[24] Von Weizsäcker geht natürlich nicht mehr von der klassischen Physik, sondern von der Quantentheorie aus. Folglich übernimmt er zwar den transzendentalen Ansatz von Kant, setzt sich aber dadurch von Kant ab, daß er zum einen dessen Bindung an die traditionelle Physik ablehnt und zum anderen *jede* Erfahrung durch apriorische Möglichkeitsbedingungen erklären können möchte, während seiner Meinung nach Kant in diesem Punkt zuwenig verlangt. Von Weizsäcker möchte Kant weiterführen, indem er davon ausgeht, „daß dieser Ermöglichungsgrund des Wirklichen einheitlich ist, gewissermaßen die Einheit des Wirklichen selbst darstellt“[25]. Wird dieser Ermöglichungsgrund durch die neue Physik erfaßt, so ist nach von Weizsäcker auch der Ursprung für die mannigfachen Erscheinungsformen des Wirklichen gefunden.[26]

Neben den eben erwähnten Differenzen unterscheidet sich von Weizsäckers Entwurf von Kants Ansatz besonders im Hinblick auf sein Verständnis von Einheit. Während bei Kant die Einheit der Erfahrung die Einheit der Apperzeption des Subjektes bedeutet, sieht von Weizsäcker sie in der Einheit der Zeit gegeben.[27] Alles ist entweder vergangen beziehungsweise faktisch, oder es ist möglich, das heißt zukünftig, oder gegenwärtig, schlägt also gerade vom Möglich-Sein ins Faktisch-Sein um. Zumal weiterhin die Einheit der Natur als Einheit der Objekte begriffen wird, bildet die Einheit der Zeit nach von Weizsäcker auch den Rahmen für das Sprechen von der Allheit der Objekte überhaupt.

Während Kant die Einheit der Zeit im Subjekt begründet sein läßt, betont von Weizsäcker die Zeitlichkeit des Subjekts selbst. Er verabschiedet das transzendentale Ich, indem er auf dessen evolutives Gewordensein abhebt. An die Stelle des transzendentalen Ich bei Kant tritt bei von Weizsäcker das Konzept einer transzendentalen Zeit. „An der Situationsgebundenheit des Erkennens und der Verwurzelung des Subjekts in der Evolution zeigt sich die transzendentale Bedeutung der Zeit als oberster Bedingung der Möglichkeit von Erfahrung.“[28] Nicht mehr eine isomorphe, sondern eine in Seinsmodi differenzierte Zeit liegt der Erfahrung zugrunde. Und gerade diese Zeit ist nach von Weizsäcker der Einheitsgrund von Erfahrung überhaupt. Von Weizsäcker erkennt zwar mit Platon die Einheit als Bedingung der Möglichkeit des Realen an, er leugnet aber eine überzeitliche Ein-

[24] Zu diesem Problem siehe vor allem: Schüz, Einheit des Wirklichen, 112.

[25] So Schüz über von Weizsäcker: Schüz, Einheit des Wirklichen, 17f.

[26] So Schüz, Einheit des Wirklichen, 18.

[27] Weizsäcker, Einheit der Natur, 469f.

[28] Specht, Denkweg, 72.

heitsidee. Vielmehr ist bei ihm die Zeit selbst der Einheitsgarant.[29] Sie wird mit wahrgenommen: In jeder Wahrnehmung im jeweiligen Jetzt erscheint das Eidos der Zeit als Einheitsidee.[30]

Im Verhältnis von Zeit und transzendentaler Instanz, die die Einheit der Erfahrung begründet, operiert von Weizsäcker in einem doppelten Sinn mit Zeit. Einmal setzt er Zeit als transzendentalen Einheitsgrund an, zum anderen aber versucht er, das Subjekt als transzendentale Instanz zu verzeitlichen, indem er die zeitliche Entwicklung des Ich in der Evolution ins Spiel bringt und diese auf das transzendentale Ich anwendet. Ein verzeitlichtes transzendentales Ich ist jedoch nicht identisch mit der Zeit schlechthin, auch wenn diese als der Einheitsgrund der Erfahrung angesehen wird. Beide von von Weizsäcker angeführten Momente, die nicht gleichgesetzt werden dürfen, bedürfen zu näherer Aufklärung einer Analyse des zugrundeliegenden Zeitbegriffs.

Über Zeit nachzudenken ist für von Weizsäcker allerdings ein physikalisches Unterfangen. Denn Zeit gehöre als Komponente einer Theorie objektiver Erkenntnis überhaupt in den Gegenstandsbereich der Physik, die von von Weizsäcker als allgemeine Theorie der Erfahrung entworfen wird. Da er allerdings von der idealistisch interpretierten Quantentheorie ausgeht und zusätzlich den Realitätsbegriff an den Informationsbegriff anbindet, präsentiert sich die von von Weizsäcker intendierte Physik als eine Theorie, die mit einem „‚spiritualistischen Monismus'“ vereinbar ist.[31] Denn Realität läßt sich seiner Meinung nach auf „Ure“ gründen, die auch informationstheoretisch interpretiert werden können. Physik ist nicht mehr notwendig materialistisch, was ihren methodischen Ansatz betrifft, sondern vielmehr idealistisch, wenn die verwendeten Begriffe von Spiritualismus und Idealismus auch nur den Informationsbegriff umschreiben, der die elementaren Weltbausteine erfaßt.

Für eine einheitliche Naturtheorie scheint es von Weizsäcker geboten, zunächst eine einheitliche Physik auszuarbeiten, die die einzelnen verschiedenen Theorien zu einer Universaltheorie verschmelzt. Erste Schritte in diese Richtung sieht er in der Entwicklung des Rutherford-Bohrschen Atommodells gegeben, das Physik und Chemie verknüpft hat.[32] Als Basis für eine wirklich einheitliche Physik, die auch Relativitätstheorie und Quantentheorie integrieren kann, schlägt von Weizsäcker die Quantentheorie in der Form der Kopenhagener Deutung vor. Er möchte alle Einzeltheorien auf die einfachste Form der Quantentheorie, nämlich auf eine extensive Quantenlogik, reduzieren.[33]

Von Weizsäcker beabsichtigt, insbesondere folgende fünf Theorien zu vereinheitlichen, da sie ihm als die zentralen Bereiche moderner Physik erscheinen: Re-

---

[29] Schüz, Einheit des Wirklichen, 52.

[30] Vgl. Zucker F. J., Zeit - Systemtheorie - Anthropologie: Bemerkungen zu C. F. von Weizsäckers Naturphilosophie, in: Meyer-Abich K. M. (Hg.), Physik, Philosophie und Politik. Fs. f. C. F. v. Weizsäcker zum 70. Geburtstag, München 1982, 278–290, 284.

[31] Weizsäcker, Zeit und Wissen, 345. Von Weizsäcker nennt als Beispiel den Platonismus.

[32] Weizsäcker, Einheit der Natur, 151.

[33] Weizsäcker, Einheit der Natur, 170.

lativitäts-, Quanten-, und Elementarteilchentheorie sowie statistische Thermodynamik und Kosmologie.[34] Die Zusammenführung und Vereinheitlichung dieser Theorien soll die Grundlage bieten für eine einheitliche Physik der Zukunft, die mit Hilfe des Instrumentariums der Quantentheorie in der Gestalt der Kopenhagener Deutung auszuarbeiten ist.

Die Trennung von Meßobjekt und Meßapparat, die der klassischen Physik den Bereich der Apparate und der unmittelbaren Sinneserlebnisse zuordnet, wird für die Objektivierung von Ereignissen vorausgesetzt. Die in der Quantenphysik nivellierte Dichotomie von Subjekt und Objekt tritt erst mit dem Meßprozeß selbst auf. Dadurch, daß das messende Subjekt in die Beschreibung des Ereignisses einbezogen wird, erübrigt sich nach den Vertretern der Kopenhagener Deutung sogar die Notwendigkeit der Trennung in Subjekt und Objekt. Nicht die quantenmechanischen, sondern die klassischen Begriffe setzen diese Trennung voraus. Sie sind der *„Grenzfall der Objektivierbarkeit“*[35]. Da nur physikalische Phänomene, die mit Hilfe der klassischen Terminologie beschrieben werden, der Anschaulichkeit zugänglich sind,[36] bleibt die Quantentheorie in einem Bereich, in dem Subjekt und Objekt physikalisch nicht mehr zu unterscheiden sind. Deshalb bildet sie die erkenntnistheoretische Einheitsstruktur, auf die die einzelnen anderen Theorien zu reduzieren sind. Die Vereinheitlichung der Physik basiert demnach auf einer Theorie der Erfahrung überhaupt. Da jedem Gegenstand ein Zustandsraum zugeschrieben wird, der angibt, was von einem Gegenstand gewußt werden *kann* – zusammen mit den möglichen Wechselwirkungen mit anderen Gegenständen –, definiert sich Physik nach von Weizsäcker als „Theorie der Vorhersage für empirisch entscheidbare Alternativen“[37]. Die möglichen und in der Vergangenheit bereits faktisch gewordenen Zustände eines Gegenstandes sind auf Alternativen zurückführbar, die physikalisch zur Gänze erfaßt werden können. Zumal sich das Verhalten dieser Gegenstände jedoch immer in der Zeit abspielt, kann Physik auch als Theorie des zeitlichen Verhaltens von Gegenständen aufgefaßt werden. Von Weizsäcker bezeichnet sie sogar als „einzige mögliche konsistente Theorie des zeitlichen Verhaltens von Objekten“[38].

Von Weizsäckers Versuch der Vereinheitlichung der Physik und des Findens einer „Weltformel“ besteht nach Schüz in der *„‚Rekonstruktion der Quantentheorie‘“*[39]. Die hinreichende Theorie dafür liegt im Aufweis der Bedingung der Möglichkeit von Erfahrung.[40] Von Weizsäcker meint, daß die Deduktion der Quantentheorie aus den Bedingungen der Erfahrung nicht hoffnungslos sei.[41] Die

---

[34] Weizsäcker, Einheit der Natur, 235. Vgl. auch Schüz, Einheit des Wirklichen, 101.

[35] Weizsäcker, Einheit der Natur, 158f.

[36] Weizsäcker, Einheit der Natur, 230.

[37] Weizsäcker, Einheit der Natur, 279.

[38] Weizsäcker, Einheit der Natur, 315.

[39] Schüz, Einheit des Wirklichen, 101.

[40] Schüz, Einheit des Wirklichen, 104.

[41] Weizsäcker, Einheit der Natur, 250.

Quantentheorie als einheitliche Theorie der Physik zu konzipieren fußt auf einer Transzendentalphilosophie der Erfahrung, die versucht, nur mit physikalischen Mitteln auszukommen. Dies ist für von Weizsäcker der Weg zu einer einheitlichen Physik, von der er überzeugt ist.[42] Er meint sogar, daß Physik „ihrer Natur nach" zur Einheit strebe.[43]

Der Einheitsbegriff, der solchen Vorstellungen von Physik zugrunde liegt, gründet sich auf den Möglichkeitsbegriff. Die Möglichkeit von objektivierender Erfahrung beziehungsweise von Objektivierbarkeit schließt die verschiedenen Theorien zusammen.[44] Obwohl von Weizsäcker – wie oben dargestellt – die Physik als Wissenschaft von der Möglichkeit der Erfahrung konzipiert, erhebt er den Anspruch, dabei Physiker zu sein. Seine Thesen bewegen sich auf der Grundlage des Messens und Zählens. Folglich muß er auch Erfahrung unter dieser Perspektive in den Blick nehmen. Während philosophische Erkenntnistheorie einen derart eingeschränkten Zugangsweg zur Wirklichkeit nicht kennt, versucht von Weizsäcker mit seiner Methode eine physikalische Grundwissenschaft von Erfahrung überhaupt. Der Philosophie bleibt dann nur noch, die Einheit der Physik begreiflich zu machen, eine Aufgabe, die die Physik der Philosophie stellt.[45]

Um eine Einheitsstruktur zwischen Materie und Geist entwickeln zu können und die Theorie der Erfahrung am einzelnen Objekt als gültig zu erweisen, konzipiert von Weizsäcker den Objektbegriff neu. Objekt ist für ihn eine Ansammlung von Alternativen, die er als die Grundbestandteile von Wirklichkeit ansetzt. „Jedes Objekt ist durch eine Anzahl zeitüberbrückender Alternativen eindeutig gekennzeichnet, und alles, was so gekennzeichnet werden kann, soll Objekt heißen."[46] Objekte bestehen demnach aus einer unterschiedlichen Anzahl von Ja/Nein-Entscheidungen, die für ein einzelnes Objekt charakteristisch ist. Die Objekte sind in basale Alternativen weiter zerlegbar, die die Atome im eigentlichen Sinn sind. Die letzten Objekte, aus denen alle Objekte bestehen, nennt von Weizsäcker „Urobjekte"[47]. Diese Urobjekte sind die grundlegenden Alternativen, die die Bausteine für die komplexeren Objekte bilden. Sie sind die „Uralternativen"[48], die die Information von einem Bit enthalten. Mehrere von ihnen, die unterschiedliche Erstalternativen repräsentieren, ergeben als Einheit ein komplexeres Objekt. Die Theorie des „Urobjekts" oder kurz „Urs" macht es von Weizsäcker möglich, den Materiebegriff, der traditionell mit dem Objektbegriff gekoppelt ist, auf den Informationsbegriff zurückzuführen, der wiederum Bestandteil einer idealistischen

---

[42] „Von dieser Physik behaupte ich nun, sie sei wesentlich eine Einheit." (Weizsäcker, Einheit der Natur, 185).

[43] Weizsäcker, Einheit der Natur, 209.

[44] Vgl. Schüz, Einheit des Wirklichen, 132.

[45] Weizsäcker, Einheit der Natur, 192.

[46] Weizsäcker, Einheit der Natur, 316.

[47] Weizsäcker, Einheit der Natur, 269.

[48] Ebenda.

Interpretation der Quantentheorie sein kann. „Die Theorie des Urs ist also die Quantentheorie eines bits, der Ausgangspunkt einer Quantentheorie der Information. Schon der zweite Quantelungsschritt, also die erste Iteration der Quantentheorie, führt uns dann in den abzählbar unendlich-dimensionalen Hilbertraum, dessen Basis die endlichen Ensembles von Uren sind.“[49] Wenn von Weizsäcker davon ausgeht, daß alle Formen von Objekten Kombinationen solcher Ure sind,[50] so geht es ihm darum, die Gesetze herkömmlicher Physik auf deren Vorbedingungen zu reduzieren, die ihrerseits allerdings auch wieder naturwissenschaftlichen Gesetzen, nämlich denen der Informationstheorie, unterworfen sind.

In diesem Konzept mißt die Information die Form eines Objektes. Die nach der Anzahl der Ure in einem Gegenstand enthaltene Information ist nämlich zugleich die Information, „die dem Ereignis des Auftretens dieses in seiner Identität erkannten Gegenstands im Gesichtsfeld des Beobachters zukommt“[51]. Da aber alle Formen aus der Kombination von letzten einfachen Uralternativen bestehen, ist die Form eines Gegenstandes zugleich seine Substanz. Die Materie wird nach von Weizsäcker auf Form reduzierbar: „Materie ist Form.“[52] Nach demselben Schema werden der Bewegungsbegriff auf den Formbegriff sowie der Masse- und der Energiebegriff auf den Informationsbegriff reduziert.[53] Da die Urbestandteile der Materie Informationen von einem Bit sind, scheint der Materie auf der Ebene der mikroskopisch letzten Ebene ihre Materialität abhanden zu kommen. Der Materiebegriff läßt sich auf den Informationsbegriff zurückführen.

Mit diesem Entwurf versucht von Weizsäcker, das Objekt ins Subjekt aufzulösen, indem er Subjektivität mit Nichtmaterialität in Verbindung bringt. Während auf der einen Seite die Quantentheorie das messende Subjekt in das Naturgeschehen inkludiert, geht es hier um die idealistische Auflösung des Materialismus mittels des Informationsbegriffs. Deutlich wird dieses Vorhaben in der Behandlung des Bewußtseins. Von Weizsäcker behauptet, daß die Vorgänge im Bewußtsein durch zeitüberbrückende Alternativen beschrieben werden könnten.[54] Dadurch wird das Bewußtsein zu einem Objekt, das – wie andere Objekte auch – aus einer Anzahl von Uralternativen zusammengesetzt ist, sodaß es der Quantentheorie genügt. Wie herkömmliche physikalische Gegenstände ist das Bewußtsein deren Gegenstand. Das heißt, daß Materie und Bewußtsein nach von Weizsäcker „verschiedene Aspekte derselben Wirklichkeit“ darstellen.[55] Information, die als Maß einer Menge von Form definiert wird,[56] die ihrerseits wiederum durch die Ure bestimmt ist, soll es ermöglichen, die ganze Physik zu vereinheitlichen und

---

49 Weizsäcker, Zeit und Wissen, 306f.

50 Vgl. Schüz, Einheit des Wirklichen, 194.

51 Weizsäcker, Einheit der Natur, 348.

52 Weizsäcker, Einheit der Natur, 362.

53 Weizsäcker, Einheit der Natur, 363.

54 Weizsäcker, Einheit der Natur, 317.

55 Weizsäcker, Einheit der Natur, 315.

56 Weizsäcker, Zeit und Wissen, 342.

zudem diese Physik – basierend auf der Quantentheorie – zu einer Theorie der Erfahrung überhaupt zu machen. „Quantentheorie ist die Theorie über Prognosen für endliche Alternativen, insofern Theorie endlichen Wissens."[57]

Daß bei solchen Voraussetzungen ein „‚spiritualistischer Monismus'"[58] vertreten wird, verwundert nicht. Zu beachten bleibt freilich, wie dieser gestaltet ist. Das spiritualistische Element bilden der Informationsbegriff und die Uralternativen, auf denen er basiert. Damit wird so getan, als sei die Physik zu einer idealistischen Philosophie geworden, die eine Theorie des Wissens überhaupt anbietet. In Wahrheit ist dieser Idealismus oder Spiritualismus jedoch physikalistisch strukturiert. Von Weizsäcker geht konsequenterweise auch immer noch von einer Physik als Einheitswissenschaft aus. Die vermeintlich metaphysischen Grundbestandteile der Wirklichkeit werden nämlich in der Sprache der Physik beschrieben. Uralternativen als Ein-Bit-Informationsträger zu definieren, zeugt von der Abkünftigkeit eines derartigen Metaphysikentwurfs von den Grundlagen der naturwissenschaftlich gefaßten Informationstechnologie. Da jedoch die gesamte Wirklichkeit mit Hilfe dieses Konzeptes erfaßt werden soll, werden auch das Bewußtsein und mit ihm das Geistige als Gegenbegriff zum Materiellen derselben physikalistischen Metaphysik unterworfen. Bewußtsein wird reduziert auf eine Informationseinheit, die von der Quantentheorie hinreichend erfaßt werden kann. Fraglich bleibt freilich, ob Bewußtsein und Wirklichkeit überhaupt hinreichend durch die Begrifflichkeit der Informationstheorie in den Blick kommen können.

3.4.2 Zeitlogik

Daß von Weizsäcker von einem derart reduktiven und physikalistischen Entwurf überzeugt zu sein scheint, erkennt man auch in seiner Zeitlogik, die wie seine Theorie der Objektivität auf der Theorie der Ure basiert. Die Einheit der Erfahrung sieht von Weizsäcker nicht wie Kant in der Einheit der Apperzeption, sondern in der Einheit der Zeit.[59] Deren Einheit ist der Rahmen für das Sprechen der Allheit der Objekte, die sich auf Uralternativen zurückführen lassen.[60] Von Weizsäcker ist davon überzeugt, daß die Vielheit, die unterschiedliche Begriffe erst zuläßt, eine Einheit voraussetzt, die bei jedem Begriff implizit mit wahrgenommen wird. In der Physik entpuppe sich diese Einheit eben als die Einheit der Zeit.[61]

Von Weizsäcker versucht, die drei Modalitäten der Notwendigkeit, Wirklichkeit und Möglichkeit an die drei Zeitmodi von Vergangenheit, Gegenwart und Zukunft anzuknüpfen, um sie in eine Einheitsgestalt zusammenzufassen. Die un-

[57] Weizsäcker, Zeit und Wissen, 356.

[58] Weizsäcker, Zeit und Wissen, 345.

[59] Weizsäcker, Einheit der Natur, 469.

[60] Ebenda.

[61] Weizsäcker, Garten des Menschlichen, 184.

hinterfragte Voraussetzung bildet dabei die Einheit der Zeitmodi, die von Weizsäcker nicht näher erläutert. Schon in „Die Geschichte der Natur“ weist er auf die verschiedenen Seinsweisen von Vergangenem, Gegenwärtigem und Zukünftigem hin. Er bestimmt vergangene Ereignisse als faktisch, zukünftige als möglich und allein gegenwärtige als aktuell wirklich.[62] Die Vergangenheit ist die gegenwärtige Faktizität, die Zukunft die gegenwärtige Möglichkeit.[63]

Von Weizsäcker definiert das über einen Gegenstand Wißbare als Zustandsraum dieses Gegenstandes, wobei die möglichen Wechselwirkungen mit anderen Gegenständen eingeschlossen sind. Weiterhin geht er davon aus, daß alles Wissen in der Zeit stattfindet.[64] Das Wissen eines Gegenstandes tritt demnach einmal ein und wird dadurch ein Faktum, das heißt, es ist vergangen. Freilich ist nicht jede Möglichkeit eines Gegenstandes schon Faktum, und es gibt auch Fakten, die man nicht kennt; „ein Faktum ist stets das Eingetretensein eines irreversiblen Ereignisses.“[65] Da die Quantentheorie als die Basistheorie möglicher Erfahrung aber auch festlegt, welche Fakten überhaupt möglich sind, kann sie ebenfalls von möglichen Fakten, das heißt von Zukünftigem, reden. Eine solche Rede wird deshalb denkbar, weil zukünftige Ereignisse als mögliche Ereignisse definiert sind, der Begriff der Möglichkeit seine quantitative Fassung jedoch in der Wahrscheinlichkeit findet, mit der die Quantentheorie arbeitet.[66] Während also das Faktische als vollendet und bekannt zu betrachten ist, muß das Zukünftige noch als das relativ Unbestimmte angesehen werden. Doch ist es nicht gänzlich unbekannt, da die quantenphysikalisch fundierte Universalphysik mit Hilfe von statistischen Methoden die Ereignisse mit einem bestimmten Wahrscheinlichkeitsgrad voraussagen kann.[67] Das Wißbare ist wenigstens seiner Möglichkeit nach schon erfaßt.

Erst die Gegenwart bildet nach von Weizsäcker, der in seiner Zeitlogik auf Gedanken von Georg Picht zurückgreift, „die Einheit der Zeit“[68]; erst die Einheit der Zeit kann erklären, was Gegenwart ausmacht. Denn das Vergangene ist das gegenwärtig Faktische, das Zukünftige das gegenwärtig Mögliche. Auf diese Art und Weise haben Vergangensein und Zukünftigsein nur in bezug auf die Gegenwart Sinn, zumal das Vergangene dasjenige ist, was einmal gegenwärtig war, und das Zukünftige dasjenige meint, was einmal gegenwärtig sein könnte.[69] Aber das Gegenwärtige scheint von Weizsäcker auch nicht als das Wirkliche im eigentlichen Sinn, da es sofort in den Bereich des Faktischen entschwindet. Daher sieht er

---

[62] Weizsäcker, Geschichte der Natur, 11.

[63] Weizsäcker, Gottesfrage und Naturwissenschaften, 137.

[64] Dazu und zum folgenden siehe: Weizsäcker, Einheit der Natur, 160.

[65] Weizsäcker, Einheit der Natur, 160.

[66] Vgl. Weizsäcker, Geschichte der Natur, 42.

[67] Weizsäcker, Einheit der Natur, 180.

[68] Weizsäcker, Garten des Menschlichen, 315.

[69] Vgl. Weizsäcker, Zeit und Wissen, 898.

sich auf eine Verschränkung der Zeitmodi, wie sie A. M. K. Müller propagiert,[70] verwiesen.

Von Weizsäcker möchte mit dem Zeitbegriff, den er als „Prärequisit der Physik als empirischer Theorie“ auffaßt, zugleich die Zeit der Geschichte verstanden wissen, also auch die der Newtonschen gegenübergestellte Bergsonsche Zeit.[71] Die versuchte Nivellierung der Unterschiede zwischen erlebter und physikalischer Zeit soll offenbar die physikalische Einheitstheorie der Erfahrung unterstreichen und betonen, daß der dieser Theorie zugrundegelegte Zeitbegriff nicht nur die quantifizierende, sondern auch die erlebte Zeit umfaßt. Die Einteilung der Zeit in Modi, wie sie von Weizsäcker vornimmt, erzeugt jedoch Modalitäten, die im Gegensatz zu von Weizsäckers Konzeption gerade nicht erlebbar sind. Gegenwart als Trennung zwischen Vergangenheit und Zukunft ist nicht erfahrbar,[72] sondern bleibt Grenzbegriff einer quantifizierenden Zeitsicht. Von dieser sind einige Vorstellungen in das natürliche Zeitverständnis eingegangen, wie die Vorstellung vom gleichmäßigen Zeitfluß, von der Meßbarkeit der Zeit und die Definition der Gegenwart als ausdehnungslosem Punkt. Aber selbst die Wahrnehmungspsychologie weiß, daß zum Beispiel Töne eine gewisse Zeit lang währen müssen, damit sie wahrgenommen werden können.[73] Es ist nicht möglich, mittels der quantifizierten Zeit erlebte Zeit zu umfassen und hinreichend zu erklären, so wie von Weizsäcker es gerne möchte. Die physikalische Zeittheorie kann nur eine ganz bestimmte, dem physikalischen Gegenstandsentwurf entsprechende Sicht von Zeit zum Ausdruck bringen, während erlebte Zeit auch noch andere Zeitgestalten kennt als die quantifizierte.

Von Weizsäcker möchte mit seinem Einbeziehen der Zeitdynamik und der erlebten Zeit in die physikalische Zeit dem Determinismus herkömmlicher Physik begegnen. Mit der speziellen Relativitätstheorie ist der absolute Sinn der Gleichzeitigkeit von Ereignissen, die nicht am selben Ort ablaufen, hinfällig geworden. Da in der Folge der Raum aller zu einem Ereignis gleichzeitigen Ereignisse nur bezogen auf den Bewegungszustand des jeweiligen Beobachters definiert werden kann, läßt sich nach Einstein von einer absoluten Zeit nicht mehr sprechen.[74] Dennoch bleibt die spezielle Relativitätstheorie wie auch die Quantentheorie einer reversiblen Zeitauffassung verhaftet.[75] Ausgehend vom zweiten Hauptsatz der Thermodynamik, versucht von Weizsäcker, mit Hilfe der Quantenphysik eine nicht reversible Zeittheorie zu etablieren. Da die Quantentheorie alle Ereignisse als formal-mögliche beschreiben kann,[76] will von Weizsäcker den Modalitäten der

---

[70] Siehe Pkt. 5.2.2.

[71] Weizsäcker, Einheit der Natur, 196.

[72] Darauf verweist Glubrecht H., Die Zeit in der Physik und die erlebte Zeit, in: Meyer-Abich K. M. (Hg.), Physik, Philosophie und Politik. Fs. f. C. F. v. Weizsäcker zum 70. Geburtstag, München 1982, 343–358, 352.

[73] Glubrecht, Zeit in der Physik und erlebte Zeit, 347f.

[74] Vgl. Weizsäcker, Einheit der Natur, 148.

[75] Weizsäcker, Zeit und Wissen, 281.

[76] Weizsäcker, Zeit und Wissen, 899.

Möglichkeit, der Wirklichkeit und der Faktizität (Notwendigkeit) temporale Modi unterlegen und dadurch eine irreversible Zeitrichtung als gegeben aufweisen. Die statistische Deutung des Entropiesatzes setzt nach ihm den Unterschied zwischen Faktizität und Möglichkeit voraus, die er als Vergangenheit und Zukunft versteht. In der Folge entwickelt er eine Zeitlogik, die Zukünftiges nicht mehr mit den Wahrheitswerten „wahr" oder „falsch" bewertet, sondern temporale Modalitäten als Maßstab anlegt.[77] Von Weizsäcker stützt sich dabei besonders auf die zukünftigen beziehungsweise möglichen Ereignisse; die faktischen beziehungsweise vergangenen hingegen löst er inkonsequenterweise vom Beobachter ab. Denn, wie bereits erwähnt, läßt er Ereignisse als faktisch gelten, von denen der Beobachter nichts weiß. Darüber hinaus hat – wie die Erfahrung zeigt – auch die Entscheidbarkeit von Alternativen in der Vergangenheit Grenzen, wenn auch nur subjektive. Aber auch diese Beobachterabhängigkeit wäre konsequenterweise in Rechnung zu stellen.[78]

Um die Behauptung der zeitlichen Einheit der Wirklichkeit aufrechterhalten zu können, muß von Weizsäcker zeigen, daß Zeit in der Quantentheorie, von der er ausgeht, nicht nur ein Parameter, sondern eine Observable ist, also eine innere Größe des zu messenden Systems selbst. Die klassische Quantentheorie hingegen ist unrelativistisch strukturiert, das heißt, sie behandelt den Ort als Observable, die Zeit hingegen als Parameter. Gesucht ist also eine Gestalt der Quantentheorie, in der Ort *und* Zeit quantentheoretisch beschreibbar, also Observablen sind.[79] Im Gegensatz zu einer externen Zeitmessung geht es um eine intern meßbare Zeit, wobei die Uhr Teil des Meßobjekts selbst ist.[80] Von Weizsäcker bietet als Programm einer Theorie, die die Zeit als Observable faßt, seinen Entwurf einer Kosmologie der Uralternativen an. Er propagiert, die Uranzahl als Observable zu verstehen und diese zugleich als Zeitobservable zu begreifen,[81] eine ausgearbeitete Theorie kann er hingegen nicht vorlegen.

Vorausgesetzt, die Theorie der Ure kann zugleich als hinreichende Zeittheorie fungieren, die die metaphysischen Grundbestandteile als Zeitmomente selbst ausweist, so ist immer noch ein Doppeltes zu klären. Zum einen muß von Weizsäcker Irreversibilität erklären, und zum anderen muß er zeigen, welche Bedeutung das Bewußtsein im Zusammenhang mit der Zeit zu spielen hat, wenn die Quantentheorie – wie er es tut – idealistisch interpretiert wird. Von Weizsäcker setzt zwei Arten von Ereignissen an, nämlich reversible, die nicht von zeitlicher Relevanz sind, und irreversible, die durch einen Bewußtseinsakt beeinflußt sind.[82] Durch den Kontakt mit einem Bewußtsein wird ein Ereignis faktisch, was bedeutet, daß es unwiderruflich ist; es gibt prinzipiell keine Zeit, in der es geschehen könnte,

[77] Weizsäcker, Zeit und Wissen, 552.

[78] Vgl. Specht, Denkweg, 73.

[79] Weizsäcker, Zeit und Wissen, 883.

[80] Weizsäcker, Zeit und Wissen, 887.

[81] Weizsäcker, Zeit und Wissen, 888.

[82] Weizsäcker, Zeit und Wissen, 895.

daß das nunmehr Vergangene und als solches Faktische nicht vergangen wäre. Im Gegensatz zu Prigogine, der die Irreversibilität als objektive Eigenschaft der Natur herausstellen möchte, betont von Weizsäcker die Subjektbezogenheit aller drei Zeitmodi. Umgekehrt möchte er diese jedoch auch nicht zu bloßen Eigenschaften des Bewußtseins degradieren. Vielmehr ist sein Anliegen, eine „‚Objektivität des Subjektiven'"[83] zu etablieren. Die mit den Uren selbst identifizierte Zeit bekommt durch ihren Bezug zum Beobachter im Prozeß der Erfahrung modalen Charakter. Grundbausteine der Wirklichkeit und das Bewußtsein prägen die Realität in ihrer ontologischen Gestalt,[84] die sich zeitlich in den verschiedenen Modalitäten niederschlägt. Irreversibilität wird dann als Folge der Zeitmodalitäten verstanden, indem das Vergangene als das unwiederbringlich Faktische, also als irreversibel definiert wird. Für die Zeit als Observable bedeutet dies, daß „das zukünftige Werden der Vergangenheit in der Form der Möglichkeit beschrieben [wird]"[85]. Der Meßapparat, der selbst irreversibel ist, ist nach der Meßwechselwirkung, aber vor der Ablesung die Zukunft einer Vergangenheit, die als Möglichkeit der Vergangenheit zu verstehen ist. Erst das Bewußtsein macht das Ereignis zu einem faktischen. Bewußtsein haben heißt also Vergangenheit haben können. Hat man diese, ist Zukunft erst möglich. Hat jemand Zukunft, so hat er auch Vergangenheit. Das bedeutet aber, daß faktische Vergangenheit für von Weizsäcker nur in einer expandierenden Welt denkbar ist.[86]

Das Problem, vor dem von Weizsäcker mit seiner Zeitlogik steht, liegt darin, daß sich eine statistische Theorie der Entropie nicht nur auf die Zukunft, sondern auch auf die Vergangenheit anwenden läßt, sodaß Zeit symmetrische Struktur erhält. Von Weizsäcker kann nicht hinreichend begründen, wieso die Wahrscheinlichkeitstheorie nur auf Zukunft anzuwenden sei, nicht aber auf Vergangenheit.[87] Er müßte die Notwendigkeit zeigen können, die es ihm erlaubt, den Modalitäten die Zeitmodi eindeutig zuzuschreiben, und zwar müßte sich diese Notwendigkeit aus seinem System selbst ergeben. Die Unterlegung des Möglichen, Wirklichen und Faktischen mit Zeitmodi und deren Anordnung in einer eindeutigen Richtung ist allerdings nicht systemimmanent, sondern eine phänomenologische Prämisse. Von Weizsäcker geht von der Erfahrung des Unterschiedes zwischen Vergangenheit und Zukunft aus, ohne daß sich diese Differenzierung notwendig aus der Theorie der Ure ableiten ließe. Er kann offenbar nicht umhin, von der erlebten Zeit auszugehen, die er in der physikalischen Einheitstheorie von Zeit miterklärt haben möchte. Der angesprochene Unterschied ist für eine solche aber offenbar Voraussetzung und nicht Folge.

---

[83] Weizsäcker, Zeit und Wissen, 899.

[84] Von Weizsäcker führt zu ontischen Aussagen hin, die Subjektivität miteinbeziehen. Vgl. Schüz, Einheit des Wirklichen 169.

[85] Weizsäcker, Zeit und Wissen, 901.

[86] Ebenda.

[87] Vgl. Schüz, Einheit des Wirklichen, 153.

Daß sich die erlebte Zeit nicht unverkürzt in von Weizsäckers Theorie eingliedern läßt, zeigt sich auch in seinem Konzept von Gegenwart, das aus dem Blickpunkt der Quantifizierung entworfen wird. Gegenwart als ausdehnungsloser Punkt ist ein Derivat der Erfahrung von Gegenwärtigkeit im herkömmlichen Sinn. Die physikalische Zeit, deren Ontologie von Weizsäcker mit Hilfe der Uralternativen zu geben versucht, kann die erlebte Zeit nicht erklären, da jene als quantifizierende immer von erlebter Zeit abstrahiert ist, die mehr Momente enthält als nur Quantitäten. Eine Erklärung von Zeit nur unter physikalischer Prämisse gelingt nicht, da die grundlegende Differenz zwischen Vergangenheit und Zukunft nicht eine physikalische Größe ist, sondern vorphysikalischen Grundbedingungen entstammt, die sich nicht restlos in Physik auflösen lassen.

Der Anspruch von Weizsäckers, eine einheitliche Theorie von Zeit zu entwickeln, kann nicht darüber hinwegtäuschen, daß er unvermittelt zwischen der phänomenologischen und der physikalischen Beschreibung wechselt. Die Identität von Freiheitsgeschichte auf der einen Seite und naturwissenschaftlich gefaßten Abläufen auf der anderen gelingt ihm nur deshalb, weil er zu einer „Reinterpretation physikalischer Theorien vom Standpunkt des menschlichen Selbstverständnisses aus“[88] greift. Beispielsweise genügt es aber nicht, Seinsmodalitäten und Zeitmodi zu identifizieren, um zu erklären, was Geschichte ausmacht. Denn eine solche Identifizierung läßt sich für jeden beliebigen Punkt in einer Zeitreihe vornehmen. Damit wird nur die Negation des Determinismus erreicht, eine positive Theorie von Geschichte ist deshalb aber noch nicht gelungen. Wie Mutschler bemerkt, handelt es sich bei von Weizsäckers Versuch nur um die Angabe von notwendigen Bedingungen für die Möglichkeit von Geschichtlichkeit, nicht aber schon um die hinreichenden, wie von Weizsäcker suggeriert.[89] Unwiederholbarkeit des Faktischen oder Unumkehrbarkeit des Verhältnisses von Vergangenheit und Zukunft sind zwar notwendige Voraussetzungen für das, was als Geschichte erlebt werden kann, nicht aber sind sie schon hinreichende Bedingungen für Geschichtlichkeit überhaupt. Wenn von Weizsäcker den zweiten Hauptsatz der Thermodynamik als den „Satz von der Geschichtlichkeit der Natur“[90] bezeichnet oder seine eigene Konzeption der Zeitstruktur deren „Geschichtlichkeit“[91] nennt, so sieht er darüber hinweg, daß Geschichtlichkeit sich nicht schon in einem sich stets wiederholenden Vorgang wie der Entropie oder in Modalitätsdifferenzierungen erschöpft, die zu jedem Zeitpunkt in einer Zeitreihe gültig sind.

---

[88] Mutschler, Spekulative und empirische Physik, 172.

[89] Mutschler, Spekulative und empirische Physik, 172f.

[90] Weizsäcker, Geschichte der Natur, 10.

[91] Weizsäcker, Geschichte der Natur, 12.

3.4.3 Der nichtobjektivierbare Gott

Die Einheit der Zeit, von der von Weizsäcker ausgeht, ist nicht als geschlossenes Zeitganzes gedacht, sondern als Offenheit. Dies noch nicht verstanden zu haben, wirft von Weizsäcker den Religionen vor. Ihre Aufgabe sei es, diese Einsicht zu bedenken und ins eigene Denken zu integrieren.[92] Erst dann könnten sie an die Schwelle der Rationalität gelangen, die durch Reflexion nicht mehr zu übertreten ist, jenseits welcher aber das Göttliche angesiedelt sei. Wie die Naturwissenschaft und die Philosophie haben nach von Weizsäcker auch die buddhistische Erkenntnis und die biblische Religion zu einer Entgötterung der Wirklichkeit beigetragen.[93] Objektiv erfahrene Natur ist gottlos, da zum einen Naturgottheiten als unmöglich verabschiedet wurden, zum anderen aber Gott sich nicht reflexiv einholen läßt. Da Wissenschaft auf begriffliches Denken aufbaut, dieses sich aber nicht in einer Totalreflexion einholen kann, bleibt ein Bereich offen, der das Jenseits der Objektivität aufschließt. „Das begriffliche Denken kann einsehen, daß es den Grund seiner Möglichkeit nicht begrifflich bezeichnen kann."[94] Wissenschaft führt für von Weizsäcker zu einer Schwelle einer Erfahrung, die sich der Reflexion nicht mehr erschließt. Die Erfahrung jenseits dieser Grenze ist nur noch durch Meditation zu erreichen.[95]

Die nicht mehr objektivierende Meditation als neue Erfahrungsform erfaßt das Transzendentale „als Grund und Ermöglichungsbedingung der objektiv erfahrbaren Wirklichkeit"[96]. Die objektivierbaren Formen, die sich als wiederholbar erweisen, sofern sie der physikalischen Behandlung zugänglich sind, gründen wesentlich auf Wahrscheinlichkeit und Information. Diese Begriffe sind aber gerade für eine Geschichte, die nicht wiederum bloß einem quantifizierenden Zeitbegriff untergeordnet ist, nicht hinreichend. Dessen ist sich an manchen Stellen auch von Weizsäcker bewußt, obwohl er andernorts Geschichtlichkeit auf ein solches Zeitkonzept gründet.[97] Objektivierung sollte nach der Vorstellung von Weizsäckers an die eigenen Grenzen stoßen und zwar so, daß sie die Bedingungen der Möglichkeit ihrer selbst noch objektivierend beschreibt. Die Objektivierung eines jeden Subjekts kann nach von Weizsäcker allerdings nicht gelingen, da ein solches Unternehmen das Empirische mit dem Transzendentalen vertauschen würde.[98]

Gott wird von von Weizsäcker nicht als der Inbegriff der Formen begriffen, die der Reflexion zugänglich sind, sondern als der Grund der Form verstanden und dadurch auf eine transzendentale Ebene verwiesen, wo er der Objektivierung

---

[92] Weizsäcker, Garten des Menschlichen, 437.

[93] Weizsäcker, Gottesfrage und Naturwissenschaften, 130.

[94] Weizsäcker, Garten des Menschlichen, 166.

[95] Ebenda.

[96] Schüz, Einheit des Wirklichen, 199.

[97] Weizsäcker, Einheit der Natur, 366.

[98] Ebenda.

nicht mehr zugänglich ist.[99] Da Meditation wesentlich nicht objektiviert, bleibt eine Gotteserfahrung dieser vorbehalten.

Der sonst oft begegnenden Problematik, die Bedingungen der Möglichkeit von Erfahrung wieder auf die Erfahrungsebene, die von der Einheitsphysik zu erforschen ist, verlagern zu wollen, scheint von Weizsäcker hier zu entgehen, indem er ein letztes Subjekt anerkennt, das nicht selbst wieder objektivierbar ist. Dieses offenbar Gott repräsentierende Subjekt fällt demnach aus dem Rahmen der Identität von Subjekt und Objekt, wie sie von Weizsäcker insinuiert, da es prinzipiell nicht Objekt sein kann. Geht es anfänglich um eine Theorie der Erfahrung als ganzer, die durch eine Weiterentwicklung der Quantentheorie bewerkstelligt werden sollte, so wird bei der Behandlung der Gottesfrage gerade diese als physikalisch faßbar angesetzte Ganzheit aufgespalten. Die nur in Meditation erreichbare Erfahrung erweist sich als nicht objektivierend und daher auch als nicht von der Einheitsphysik integrierbar. Diese kann nur vor dem Hintergrund einer Gott nicht mehr zur Sprache bringenden negativen Theologie betrieben werden. Der für die Theorie konstitutive Einheitsgedanke ist nicht mehr rational einlösbar, sondern wird ins Mythische verlagert.[100] Die als allgemeine Theorie der Erfahrung etablierte Quantentheorie, die anfänglich alle Lebensbereiche als prinzipiell integrierbar betrachtet hat, führt zu einem Gottesbegriff, der prinzipiell jenseits des Bereiches des Rationalen angesiedelt ist.[101] Gott als Grund der Form, der reflektierbarer Erfahrung nicht mehr zugänglich ist, bekommt mythische Gestalt. Über ihn ist nicht mehr zu reflektieren, sondern nur mehr zu meditieren.

3.4.4 Zur Methode

Die Durchleuchtung des Gottesbegriffes hat die Problematik des Ansatzes von von Weizsäcker deutlich gemacht. Von Weizsäcker möchte ein Doppeltes erreichen. Einmal soll eine erweiterte Quantentheorie die Grundlagenwissenschaft überhaupt abgeben, und zum anderen soll diese physikalisch geprägte Theorie auch spezifisch philosophische Fragestellungen wie das Problem der Erfahrung lösen, obwohl die Methodik prinzipiell eine andere ist. Zwar sieht von Weizsäcker die Rechtfertigung einer Einzelwissenschaft darin gegeben, daß sie „nach der Rechtfertigung ihrer eigenen Prinzipien nicht mehr fragt“[102]. Diese Rückfrage sei nämlich die genuine Aufgabe der Philosophie. Im selben Absatz macht von Weizsäcker diesen von ihm behaupteten methodischen Gegensatz von Einzelwissenschaft und Philosophie aber sofort zunichte. Es gehe bei beiden Fragestellungen nämlich um dieselbe Wahrheit, und daraus schließt von Weizsäcker: „... wo die philosophische Rückfrage hinreichend hantierbare Antworten zutage fördert,

---

[99] Ebenda.

[100] Mutschler, Spekulative und empirische Physik, 155.

[101] Vgl. Mutschler, Physik – Religion – New Age, 190.

[102] Weizsäcker, Einheit der Natur, 12.

bringt sie eine begriffliche Fusion von Einzelwissenschaften, also eine umfassendere Wissenschaft hervor."[103]

Von Weizsäcker übersieht, daß er mit dieser Behauptung die von ihm aufgestellte Differenz nivelliert. Wenn er nämlich Philosophie nur als „Fusion von Einzelwissenschaften" versteht, macht er sie selbst zu einer Einzelwissenschaft. Daran ändert auch die Behauptung nichts, daß diese ja die „umfassende Wissenschaft" sei. Eine umfassende Wissenschaft, die begrifflich auf der Ebene der Einzelwissenschaften verbleibt, kann nicht methodisch zugleich einen anderen Zugang zur Wirklichkeit vermitteln. Denn die mit einzelwissenschaftlicher Vorgehensweise gewonnenen Begriffe werden nicht durch Anbindung an eine andere einzelwissenschaftliche Begrifflichkeit Ausdrücke, die so strukturiert sind, als seien sie durch eine andere Methodik gewonnen. Physikalische Begriffe verwandeln sich nicht durch Anbindung der Physik an Chemie, Biologie und andere Naturwissenschaften zu philosophischen, es sei denn, daß der Fehler einer μετάβασις εἰς ἄλλο γένος in Kauf genommen wird.

Von Weizsäckers Grundwissenschaft ist nicht philosophisch, sondern naturwissenschaftlich strukturiert. Da sie aber zugleich auch Grundwissenschaft ist, die die Bedingungen der Möglichkeit objektivierbarer Erfahrung überhaupt zur Sprache bringen soll,[104] stellt er implizit den Anspruch, über Erfahrung naturwissenschaftlich Auskunft geben zu können. Naturwissenschaft ist für ihn „koextensiv mit begrifflichem empirischem Denken"[105]; beziehungsweise formulieren für ihn die Grundgesetze der Physik „nichts als die Logik objektivierbarer Erfahrung"[106]. Von Weizsäcker behauptet damit, daß die Bedingungen der Möglichkeit naturwissenschaftlicher Erfahrung selbst wiederum naturwissenschaftlich formulierbar sind. Dagegen ist allerdings zu betonen, daß die Bedingungen der Möglichkeit der Objekte nicht selbst wiederum auf der Objektebene angesiedelt sein können, wenn sich der transzendentale Ansatz nicht selbst aufheben soll. Das weiß von Weizsäcker im Prinzip auch, sonst würde er nicht Gott aus transzendentalphilosophischen Gründen (!) von der Objektebene ausnehmen.[107] Was jedoch den bei von Weizsäcker so wichtigen Beobachter betrifft, so versucht er, diesen von solchen Überlegungen auszunehmen, indem er die „Objektivität der Subjektivität" forciert. Dadurch sollte Transzendentalität von objektivierendem Denken faßbar oder höchstens auf den nicht mehr denkbaren Gott verschoben werden. Daß aber der denkende Naturwissenschaftler im Denkakt immer schon voraussetzt, was er als Objekt vor sich zu haben meint, übersieht von Weizsäcker. Die objektivierbaren Voraussetzungen von Erfahrung sind nicht schon die hinreichenden Bedingungen für Erfahrung überhaupt. Zwar beschreiben naturwissenschaftlich faßbare Daten

[103] Ebenda.

[104] Weizsäcker, Garten des Menschlichen, 428.

[105] Weizsäcker, Garten des Menschlichen, 429.

[106] Weizsäcker, Garten des Menschlichen, 428.

[107] Siehe oben.

notwendige Voraussetzungen für Erfahrung, aber sie allein sind nicht schon hinreichende Bedingungen dafür, daß Erfahrung zustande kommt.

Von Weizsäcker versucht, die methodisch aus den Naturwissenschaften ausgeschlossenen transzendentalen Voraussetzungen dennoch mit Hilfe einer quantenphysikalischen Theorie einzuholen. Mit der versuchten Identifikation des Transzendentalen mit dem Physikalischen möchte von Weizsäcker Kant weiterführen. Im Unterschied zu diesem füllt er die transzendentalen Gegebenheiten physikalisch auf und formt dadurch Kants Entwurf zu einer physikalistischen Theorie um. Sein Konzept ist „physikalistisch gewendeter Kant“[108].

Die „‚Identitätshypothese‘ von Erfahrenem und Erfahrendem“[109], die die Aufhebung der Trennung von Subjektivität und Objektivität anstrebt, führt zu einer Zirkelstruktur, da bei von Weizsäcker das Bedingende zugleich das Bedingte ist. Der Versuch, eine solche Struktur zu denken, wird zu einer neuen Methode erhoben, die fähig sein soll, die unterschiedlichen Methoden auf unterer Ebene zu integrieren. M. Schüz zum Beispiel nennt diesen Versuch einen *„‚Kreisgang‘“*, der fähig sei, die „vor allem in den unterschiedlichen Denkweisen und Methoden bestehende Trennung beider Wissenschaftsgruppen“ zu überwinden.[110] Dies sei kein logischer Zirkelschluß, da es sich um eine zirkuläre Abhängigkeit realer Dinge handle und daher die Abhängigkeiten reale seien;[111] die Denkbewegung sei folglich nicht zirkulär, sondern spiralförmig,[112] da sie sich im immer wieder Durchlaufen der beiden Bereiche auf eine jeweils höhere Ebene schraube.

Zu fragen bleibt, wie die angesprochene Vermittlung dieser als komplementär vorgestellten Halbkreise logisch ablaufen kann. Denn die Behauptung allein, daß von Weizsäcker mit seiner Einheitswissenschaft eine Verschmelzung von Subjekt und Objekt beziehungsweise von Geistes- und Naturwissenschaften bewerkstellige, beweist noch nicht die Rechtmäßigkeit eines solchen Unterfangens. Wenn nämlich das Durchlaufen, auch wenn es „mehrfach“ erfolgt, nur darin besteht, Begriffe aus dem einen Bereich in den anderen zu transferieren, ohne die wegen der unterschiedlichen methodischen Grundvoraussetzungen notwendige Bedeutungsverschiebung mitzuvollziehen, dann bezeichnen die Begriffe nur scheinbar dasselbe. Denn die Referenten dieser Begriffe sind im jeweiligen „Halbkreis“ je andere, auch wenn sie mit demselben Ausdruck bezeichnet werden. Die von Schüz angeführten realen Abhängigkeiten erweisen sich nämlich erst dann als gültig, wenn bereits eine Einheitstheorie vertreten wird, die in diesem Fall die Ure sowohl als geistige Realitäten – nämlich als Informationseinheiten – als auch als materielle Grundsteine definiert. Erst wenn man solche Ure und ihre Rolle als metaphysische Grundeinheiten in dieser Form annimmt, kann man von realen Abhängigkeiten sprechen.

---

[108] Mutschler, Spekulative und empirische Physik, 152.

[109] Schüz, Einheit des Wirklichen, 144.

[110] Schüz, Einheit des Wirklichen, 32.

[111] Schüz, Einheit des Wirklichen, 33.

[112] Schüz, Einheit des Wirklichen, 35.

In dem Versuch, Naturwissenschaft als Mittlerin zwischen den angesprochenen Bereichen zu etablieren und ihr dadurch eine Integrationsrolle zwischen Natur und Kultur zuzuerkennen,[113] sieht G. Altner immer noch ein „massives Stück Cartesianismus"[114], da von Weizsäcker von der Grundlage des objektivierenden Denkens ausgehe. Von den evolutionsbiologisch späteren Fähigkeiten des Menschen aus, die über Objektivierung hinausgehen, wäre die Trennung von Subjekt und Objekt besser zu überwinden. Altner möchte jedoch selbst eine biologistische Lösung des Problems, indem er anstelle der physikalischen Basis für eine Einheitswissenschaft eine biologische vorschlägt und folglich ebenfalls naturalistische Grundtendenzen verfolgt.

Derartige Versuche, von naturwissenschaftlicher Seite her eine Einheitswissenschaft zu entwickeln, die nicht nur Natur, sondern auch Kultur gleichermaßen und mit denselben Methoden in den Griff zu bekommen scheint, können ihrem eigenen Anspruch, Wirklichkeit als ganze einholen zu können, nicht gerecht werden. Sie können sich nicht selbst rechtfertigen, wiewohl mit dem Kennzeichen der Naturwissenschaftlichkeit objektives und evidentes Wissen in Aussicht gestellt wird. Doch kann die Grundlage eines solchen Entwurfes nicht mehr Gegenstand dieses Entwurfes selbst sein. Solche „szientistische Mythen"[115], die die eigenen Grundlagen nur scheinbar reflexiv einholen, beinhalten oft auch eine Theorie der Zeit, die menschliche Geschichte und naturwissenschaftlich faßbaren Zeitablauf ident setzen möchte. So vertritt auch von Weizsäcker die These, daß mit der Ontologisierung der Zeit[116] und mit der Identifizierung der Ure als der grundlegenden Zeitmomente eine Theorie geschaffen sei, die Geschichtlichkeit und physikalische Zeit gleichermaßen erklären kann. Mathematisch faßbare Naturgesetze beziehen sich jedoch auf funktionale Zusammenhänge, die sich zwar im Laufe der Zeit ändern können, aber als formulierte Gesetze nicht zeitlich kontingent sind.[117] Freiheitsgeschichte hingegen basiert wesentlich auf mathematisch nicht auflösbaren Freiheitsentscheidungen, die jenseits von funktionalen Abhängigkeiten ihre Bedeutung haben.

Um menschliche Lebenswelt mathematisch-naturwissenschaftlich zu erfassen und um damit zu zeigen, daß die erweiterte Quantentheorie wirklich als Einheitstheorie fungieren kann, unterlegt von Weizsäcker naturwisssenschaftliche Begriffe mit vorwissenschaftlichen Bedeutungen. So steht für ihn Information zum Beispiel schon für Geistigkeit und das, was philosophisch unter Form oder Eidos verstanden wird. Zugleich werden auch teleologische Vorstellungen, die methodisch von vornherein aus dem mathematischen Paradigma ausgeschlossen sind, in diese naturwissenschaftliche Einheitswissenschaft eingeführt. So stammt auch das dafür notwendige Zeitverständnis, das eine Einteilung in gerichtete Modalitäten

113 Vgl. Weizsäcker, Garten des Menschlichen, 101.

114 Altner, Die Überlebenskrise in der Gegenwart, 36.

115 Mutschler, Physik – Religion – New Age, 199.

116 Siehe: Schüz, Einheit des Wirklichen, 157.

117 Vgl. Mutschler, Spekulative und empirische Physik, 171.

erlaubt, nicht aus physikalischer, sondern – wie ersichtlich geworden ist – phänomenologischer Erschließung vorwissenschaftlicher Welterfahrung. Will von Weizsäcker seine physikalische Konzeption als Einheitstheorie objektivierbarer Erfahrung präsentieren, ist er zu solchen Kunstgriffen genötigt. Denn die methodische Trennung zwischen Natur- und Geisteswissenschaften läßt sich auch durch einen Kreisgang, der die methodischen Unterschiede einfach für nichtig erklärt, nicht aufheben.

3.5 Gott in der Einheitstheorie von moderner Physik und östlicher Mystik

Die Bestrebungen von Weizsäckers, auf der Basis einer Zeitlogik die Weltformel für die verschiedenen Bereiche der Wirklichkeit zu finden, schließt Gott als nicht objektivierbare Größe aus. Anders als von Weizsäcker möchte Capra auch die letzten Grenzen zwischen Physik und – bei ihm meist östlichen – Religionen verwischen, indem er ein „neues Denken" einfordert, das Naturwissenschaften und Mystik in einem ganzheitlichen Weltbild integriert. Sowohl die Gesetze der modernen Physik als auch die religiöse Mystik sollen auf eine gemeinsame Grundlage gestellt werden, die von ökologischem und holistischem Denken geprägt ist.

3.5.1 Das neue Netz-Denken

Capras Intention ist es, ein Denken zu präsentieren, das der sogenannten „Wendezeit" gerecht werden kann, in der sich die Gegenwart nach Capra und anderen New-Age-Theoretikern zur Zeit befindet. Die aus dem „I Ging"[1] entnommene duale Unterscheidung zwischen Yin und Yang dient Capra als Hintergrund für seine Forderung nach dem Wechsel vom männlichen, aggressiven und expandierenden Prinzip Yang zum weiblichen, erhaltenden, kooperativen Prinzip Yin.[2] Das bedeutet für ihn, daß sich ein organisches, ganzheitliches und ökologisches Denken Bahn brechen wird, das seinen Ausgangspunkt von der modernen Physik nimmt, die im Gegensatz zu einer mechanistischen Wissenschaft nach Descartesscher Prägung nunmehr als „Systembild"[3] zu verstehen sei. Physik komme heute nicht mehr bei Dingen an, wenn sie die Grundbausteine der Materie erforscht, sondern habe es immer mit „Geweben von Wechselbeziehungen"[4] zu tun. Und diese durchziehen laut Capra das ganze Universum, sodaß man von einem einheitlichen Ganzen ausgehen müsse, wenn man vom Universum spricht.[5]

[1] Chinesisches Orakelbuch, das seit der Han-Zeit eine der kanonischen Schriften des Konfuzianismus ist.

[2] Capra F., Wendezeit. Bausteine für ein neues Weltbild, Bern ^{2}1983, 44.

[3] Capra, Wendezeit, 80.

[4] Capra, Wendezeit, 83.

[5] Capra, Wendezeit, 84.

Capra greift auf die Theorien D. Bohms zurück, der sich von östlichen Weisheitslehrern wie Krishnamurti beeinflußt zeigt. Bohm möchte gegen die Kopenhagener Deutung der Quantentheorie einem kosmischen Gewebe nachspüren, das dem Universum innewohnt, allerdings auf einer nicht-manifesten Ebene.[6] Das heißt, es handelt sich um eine „implizite" oder „eingefaltete" Ordnung des Universums, in dem jeder Teil auf seine Weise das Ganze enthält, ohne daß es quantitativ genau ausweisbar wäre.[7] Das Ganze ist ähnlich wie in einem Hologramm in jedem seiner Teile eingefaltet enthalten. Bohm faßt diese nicht-manifeste Ebene unter dem Begriff *„holomovement"* oder „Holobewegung" zusammen und meint damit ein dynamisches Phänomen, aus dem alle Formen des materiellen Universums entstehen.[8] Die „Holobewegung" soll als Begriff, der die Bewegung vor die Objekthaftigkeit des Universums reiht, auch das Bewußtsein implizieren. Geist und Materie sind voneinander unabhängig, korrelieren aber miteinander, ohne jedoch kausal verknüpft zu sein. „Sie sind sich gegenseitig einfaltende Projektionen einer höheren Wirklichkeit, die weder Materie noch Bewußtsein ist."[9] Die angesprochene „höhere Wirklichkeit" der „Holobewegung" soll in der Lage sein, den Materie-Geist-Dualismus zu überwinden, und eine einheitliche Sicht des Universums ermöglichen, die diesem eine Ordnung zuspricht, die jeden Dualismus unterläuft und als Einheitsstruktur den verschiedenen Bereichen der Wirklichkeit zugrunde liegt.

Außer auf Bohm greift Capra auch auf G. Chew und seine Theorien zurück. Ähnlich wie Bohm geht Chew von einem dynamischen Gewebe als Basis des Universums aus. Im mathematischen Rahmen seiner S-Matrix-Theorie entwickelte er die sogenannte „Bootstrap-Theorie". Mit Hilfe der ursprünglich zur Bestimmung von Hadronenstrukturen und zur Berechnung von Reaktionswahrscheinlichkeiten von Teilchen ausgearbeiteten S-Matrix-Theorie sollte im Problemkreis der Zusammenführung von Quanten- und Relativitätstheorie eine Theorie für die starke Wechselwirkung ausgearbeitet werden. Chew hat aus dieser Theorie jedoch eine *allgemeine* „Schnürsenkel-Weltanschauung" gemacht.[10] Diese besagt, daß ein Netz von sich ergänzenden und miteinander verbundenen Einzelelementen die Wirklichkeit bestimmt. Alles steht mit allem in Verbindung; es gibt weder Fundamentalkonstanten noch fundamentale Eigenschaften oder Gesetze, vielmehr handelt es sich um ein „dynamisches Gewebe zusammenhängender Vorgänge"[11], das sich aus gleichrangigen Elementen zusammensetzt. Diese Elemente und ihr Zusammenhang sind auf einer Ebene angesiedelt, wo alle Eigen-

---

6 Siehe: Capra, Wendezeit, 102.

7 Ebenda und Capra F., Das neue Denken. Aufbruch zum neuen Bewußtsein. Die Entstehung eines ganzheitlichen Weltbildes im Spannungsfeld zwischen Naturwissenschaft und Mystik, Bern 1987, 68.

8 Nach Capra, Wendezeit, 102, und Capra, Das neue Denken, 68.

9 Capra, Wendezeit, 102.

10 Capra F., Der kosmische Reigen. Das Tao der Physik dt. Physik und östliche Mystik – ein zeitgemäßes Weltbild, Bern [6]1983, 281.

11 So Capra über die Bootstrap-Theorie: Capra, Der kosmische Reigen, 286.

schaften wechselseitig Einfluß aufeinander nehmen und in wechselseitiger Stimmigkeit die Struktur des ganzen Gewebes bestimmen.[12]

Mit dem Bootstrap-Gewebe, das materielle Wirklichkeit grundlegt, meint Capra, eine Vermittlungsebene zwischen Materie und Bewußtsein gefunden zu haben. Wie G. Bateson möchte er Geist als Systemphänomen definieren. Dieser ist ein Aspekt des Universalgeschehens, wie Materie als anderer Aspekt dieser Grundwirklichkeit aufzufassen ist.[13] Ein und dasselbe Geschehen habe materielle und geistige Momente, die jedoch nicht als selbständige und differente Wirklichkeiten verstanden werden dürften. Geist ist – wie bei Prigogine oder Jantsch – genauso ein Systemphänomen wie Materie.[14]

Capra hält dieser Theorie zugute, daß sie fähig sei, verschiedene Religionen mit Physik zu verbinden. Die Voraussetzungen, daß es keine letzten Teilchen gebe – die zu suchen griechische Erblast sei – und daß Materie und Geist auf dasselbe Prinzip zurückgeführt werden könnten, stellten eine Verbindung zum Buddhismus her,[15] der ebenfalls die Differenz zwischen Materie und Geist auflöse. Auch dem „I Ging" entspreche solches Denken.[16] Darüber hinaus entspreche es sogar Vorstellungen der Mystik, die ebenfalls alles mit allem verknüpft sein lasse.[17]

Das Netzdenken, das die einzelnen Bereiche verbindet, hat nach Capra nicht nur Bezüge zu Religionen und mystischen Traditionen, sondern beendet auch die Subjekt-Objekt-Spaltung. Denn der Beobachter sei wie in der Quantentheorie in den Erkenntnisprozeß einbezogen, da er mit seinem Bewußtseinszustand die Auffassung der Wirklichkeit mit konditioniere.[18] Folglich sei es an der Zeit, von objektiven zu epistemischen Naturwissenschaften zu kommen, die das Beobachterproblem mitreflektieren.[19] Nicht mehr die konstruktivistische Metapher des „Bauwerks", sondern die des „Netzwerks" beschreibe den neuen erkenntnistheoretischen Zugang zur Wirklichkeit adäquat, weil der Beobachter nicht jenseits der Wirklichkeit angesiedelt, sondern in die Wirklichkeit verstrickt sei.[20]

Capra insinuiert eine Einheitstheorie, die sich auf Physik stützt.[21] Freilich ist die Verbindung zwischen den verschiedenen Wirklichkeitsbereichen im strengen Sinn nicht mehr Gegenstand der Physik, da sie vor der Objekt-Ebene angesiedelt ist. Dennoch betrachtet Capra die Physik als die Grundwissenschaft, die solche Einheit wissenschaftlich erfassen kann. Die Theorie von den versteckten Varia-

---

[12] Capra, Das neue Denken, 54.

[13] Capra, Wendezeit, 322.

[14] Capra, Das neue Denken, 90.

[15] Capra, Das neue Denken, 57.

[16] Capra, Der kosmische Reigen, 281.

[17] Capra, Der kosmische Reigen, 306.

[18] Capra, Wendezeit, 91.

[19] Capra F./ Steindl-Rast D., Wendezeit im Christentum. Perspektiven für eine aufgeklärte Theologie, Bern 1991, 175.

[20] Capra/ Steindl-Rast, 190.

[21] Vgl. Mutschler, Physik – Religion – New Age, 134.

blen, die physikalisch nicht greifbare, aber dennoch prägende Größen ansetzt, obwohl nur Wahrscheinlichkeitsgründe für deren Existenz angegeben werden können, führt an die Grenzen des Kausalitätsbegriffs. Capra sieht im Einstein-Podolsky-Rosen-Experiment seine Theorie bestätigt, nach der es keine getrennten Teilchen gibt. Nach diesem Gedankenexperiment löst sich die klassische Kausalitätsthese auf, wonach eine Wirkung des einen Teilchens auf das andere angenommen wird. Wenn zwei Teilchen mit dem Gesamtspin 0 in makroskopisch große Entfernung voneinander gebracht werden und der Spin des einen Teilchens, der vor der Messung nur als Möglichkeit besteht, gemessen und damit festgelegt wird, ist der Spin des zweiten Teilchens gegengleich, also ebenso fixiert. Das Bedeutsame dabei ist, daß das zweite Teilchen wegen der großen Entfernung keine Gelegenheit gehabt haben kann, vom ersten Teilchen ein Signal zu empfangen.[22] Die an dieses Experiment anschließende Hypothese über verborgene Variable zeigt für Capra, daß herkömmliche Kausalität nur ein Grenzphänomen einer subtileren Strukur ist, die der Wirklichkeit zugrunde liegt. Capra erblickt darin einen Hinweis darauf, daß das Ganze der Wirklichkeit deren Einzelmomente bestimmt, jedoch diese nicht nach dem Ursache-Wirkung-Schema die Realität determinieren. Das im Einstein-Podolsky-Rosen-Experiment sichtbar gewordene Problem nicht-lokalisierbarer Zusammenhänge verweist nach Capra auf eine statistische Kausalität und darüber hinaus auf eine transkausale Einheitsstruktur des Universums.[23]

Einen weiteren Hinweis für die Einheitstheorie der Wirklichkeit sieht Capra in der Selbstorganisationstheorie gegeben. Ein sich selbst erneuerndes und sich selbst transzendierendes System sei, wenn es an Abzweigungspunkten seiner Entwicklung angelangt ist, in der Lage, sich ohne kausale Bestimmung von außen frei zu „,entscheiden"'[24]. Capra setzt den Begriff zwar unter Anführungszeichen, sieht aber in der Natur abgestufte Freiheit gegeben. Freiheit sei ein relativer Begriff, der je nach Autonomie des Organismus größer oder kleiner anzusetzen sei. Capra erblickt darin eine weitere Parallele zur Mystik, die solche Freiheitsstufen ebenfalls kenne.[25] Was er damit aber völlig verwischt, ist die Differenz zwischen kausaler Unbestimmtheit einiger in den Naturwissenschaften erfaßter Phänomene und personaler Freiheit, die Verantwortung nach sich zieht, die man aber nicht in verschiedenen Intensitäten haben kann. Denn die Qualität geschichtlicher Freiheit der Menschen ist prinzipiell eine andere als die der Unbestimmtheit naturaler Vorgänge.

Nicht die vorgegebene Struktur, sondern das Werden der Struktur stellt Capra in den Vordergrund. Damit möchte er das Strukturdenken zu einem Rhythmusdenken fortentwickeln. Der Rhythmus als dynamisierte Struktur könne nicht nur die Vorgänge in sich selbst organisierenden Systemen zum Ausdruck bringen,

---

22 Vgl. Capra, Wendezeit, 88.

23 Vgl. Capra, Wendezeit, 90.

24 Capra, Wendezeit, 319.

25 Capra, Wendezeit, 298f.

sondern auch Sinneswahrnehmung und Kommunikation erklären.[26] Capra macht den Rhythmus-Begriff zu einer umfassenden Erklärungshypothese für Wirklichkeit überhaupt.

3.5.2 Wendezeit

Anders als Prigogine und Stengers, die an Einsteins Zeitbegriff dessen Umkehrbarkeit kritisieren und an dessen Stelle ein Zeitverständnis etablieren wollen, das die Irreversibilität und die Gerichtetheit der Zeit betont, sieht Capra in der Relativitätstheorie eine Bestätigung für die Vernetztung des ganzen Universums. Da die vierdimensionalen Raum-Zeit-Diagramme mit keiner Zeitrichtung versehen sind und folglich kein zeitlich eindeutiges Davor beziehungsweise Danach festlegbar ist, gibt es für Capra „auch keine lineare Beziehung von Ursache und Wirkung"[27]. Folglich kann die klassische Kausalität nicht mehr für uneingeschränkt gültig gehalten werden. Es sind zwar alle Geschehnisse miteinander verbunden, aber nicht mehr in der eindeutigen Zuordnung von Ursache und Wirkung. Diese Erkenntnis weist laut Capra auf die Vernetzung der Geschehnisse hin, die den Begriffsrahmen klassischer Physik sprengt.

Die Folgen aus der speziellen Relativitätstheorie, die das Newtonsche Konzept absoluter Zeit überholt hat, begreift Capra als Hinweis auf den von ihm vertretenen Rhythmus im Universum, der kausalen Strukturen zugrunde liegt. Die Erkenntnisse aus der speziellen Relativitätstheorie, wonach Zeit mit zunehmender Geschwindigkeit im Bezug zum Beobachter länger wird (nach dem Zwillingsparadox altert ein schnell fliegender Mensch im Gegensatz zu seinem Zwillingsbruder in Ruhe langsamer)[28], weisen nach Capra darauf hin, daß das Gefüge kausaler Abhängigkeiten nur scheinbar ein festes ist. Gleichermaßen sieht er auch in der allgemeinen Relativitätstheorie eine Bestätigung seiner Theorien. Die nicht vom Raum trennbare Zeit wird wie der Raum durch die Gravitation beeinflußt, die ihrerseits von der vorhandenen Masse abhängt. Deshalb sind alle Messungen, die die Zeit und den Raum betreffen, und das ganze Raum-Zeit-Kontinuum relativ zur Materieverteilung im Universum.[29] Das daran anknüpfende Ende der Vorstellungen über absolute Zeit sieht Capra als Bestätigung für seine Theorie, die jenseits der Kausalitätsstruktur die Einheit des Universums durch Vernetzung propagiert.

Die relativistische Sicht der Zeit, die eine vollständige Symmetrie in Hinsicht auf Vergangenheit und Zukunft aufweist, macht es nach Capra nicht sinnvoll, in den Diagrammen eine Zeitrichtung festzulegen. Deshalb kann auch nicht sinnvoll von einer zeitlichen Reihenfolge gesprochen werden, vielmehr sind Vergangen-

---

[26] Capra, Wendezeit, 334.

[27] Capra, Wendezeit, 94.

[28] Capra, Der kosmische Reigen, 170f.

[29] Capra, Der kosmische Reigen, 62f.

heit, Gegenwart und Zukunkt gleichsam en bloc vorhanden.[30] Von diesen Ergebnissen moderner Physik versucht Capra einen weiteren Brückenschlag zu östlicher Mystik. Weil die Physik aufzeigc, daß die Zeit nicht gerichtet sei, müsse man sich an den Ausspruch Chuang-Tzus halten, der dafür plädiere, das Verstreichen der Zeit zu vergessen. Darin sieht Capra auch den Grund, warum „die Raum-Zeit-Diagramme der Feldtheorie eine brauchbare Analogie zur Raum-Zeit-Erfahrung der östlichen Mystik" seien.[31] Die östlichen Zeit-Konzeptionen gingen nicht von absoluter Zeit aus und seien deshalb der modernen Physik sehr ähnlich.[32]

Der Zeitbegriff der Bootstrap-Theorie sollte nach Capra eine Verbindung mit östlichen Religionen, im besonderen mit dem Buddhismus, herstellen. In Chews Theorie wird die Kontinuität der Zeit geleugnet, auch die als kontinuierlich aufgefaßte Raum-Zeit in der Quantentheorie. Chew geht über Quanten- und Relativitätstheorie hinaus, indem er vorschlägt, physikalische Phänomene überhaupt nicht in die Raum-Zeit eingebettet zu sehen. Die Raum-Zeit tritt nach Chew erst mit den klassischen Konzeptionen in Erscheinung. Sie werde erst auf der Stufe fortgeschrittener Komplexität manifest. Deshalb sollte man bei grundlegenden Betrachtungen von ihr absehen.[33] Die von Chew geforderte Verabschiedung des zeitlichen Nacheinanders in der Physik, die auch die richtungslose Zeit relativistischer und quantentheoretischer Entwürfe umfaßt, hat für Capra Züge östlicher Mystik. Der von östlichen Weisen vorgeschlagene Weg ins Jenseits der Zeit scheint Capra von der Physik des 20. Jahrhunderts bestätigt zu werden. Deshalb sieht er zwischen beiden Bereichen, nämlich zwischen Physik und östlichen Religionen, große Ähnlichkeit gegeben, die sich in vielen Punkten als Gleichheit erweist.

Ein wichtiges Verbindungsstück ist das Fehlen der Zeitkategorie, das durch den Überstieg zu basalen und grundlegenden Überlegungen erkannt wird. Capra müßte jedoch zeigen, inwiefern schon das Fehlen von etwas (in diesem Fall der Zeit) zwei unterschiedliche Bereiche logisch verbinden kann. Denn die Gründe für Zeitlosigkeit müssen nicht auf beiden Seiten dieselben sein, zumal der Überstieg in den gemeinsamen zeitlosen Bereich auf einem je nach Wissenschaft anderen Zeitbegriff fußt. Darüber hinaus bleibt Capra schuldig zu erklären, wie der Übergang vom zeitlosen Zustand zu Zeit gedacht werden soll. Weil Zeit trotz der Bootstrap-Theorie eine wichtige physikalische Kategorie ist, kann über Zeit nicht einfach hinweggegangen werden. Vielmehr müßte die Genese von Zeit im Laufe der Komplexitätssteigerung nachgezeichnet werden, und zwar nicht nur irgendeines Zeibegriffs, sondern für jeden der je nach Wissenschaft differenten Zeitbegriffe.

---

[30] Cpara, Der kosmische Reigen, 187.

[31] Capra, Der kosmische Reigen, 188.

[32] Capra, Der kosmische Reigen, 164.

[33] Capra, Das neue Denken, 65f.

Capra greift auf S. Hawking zurück, wenn er das Verhältnis zwischen Naturwissenschaft und Theologie bestimmt. Hawking billigt er zwar zu, einer der besten Naturwissenschaftler zu sein, er meint jedoch, daß Hawkings „Eine kurze Geschichte der Zeit" in seinen theologisch relevanten Passagen auf der „Ebene eines Volksschul-Katechismus"[34] verbleibe. Denn Hawking gehöre noch dem alten Paradigma an, das das Denken in Netzen nicht berücksichtigt, da Gott – wenn überhaupt – jenseits der Welt angesiedelt werde.

Größere theologische Kompetenz billigt Capra den Vertretern der Selbstorganisationstheorie zu. Da Kreativität im Prozeß der Selbstorganisation nicht geleugnet werden könne, tritt Capra dafür ein, solche Kreativität mit dem theologischen Schöpfungsbegriff in Bezug zu setzen.[35] Des weiteren räumt er die Möglichkeit ein, den selbstorganisierenden Prozeß des ganzen Kosmos als das kosmische Bewußtsein anzusehen und dieses als Gott zu verstehen.[36] Capra sieht in der Selbstorganisationsthese sogar eine „dreifaltige Theorie": Der Prozeß selbst sei der Geist, die Struktur lasse sich mit Fleisch und daher mit Jesus Christus und das Organisationsmuster beziehungsweise das Organisationsprinzip lasse sich mit dem Vater in Verbindung bringen.[37]

Obwohl Capra solche Assoziationen anstellt, scheut er sich davor, Natur einfach mit Gott zu identifizieren. Was Naturwissenschaftler als Natur bezeichneten, komme dem Ausdruck „Gott" aber sehr nahe.[38] Von Gott könne man nach Capra dann sprechen, wenn man so viele Zusammenhänge und kontextuelle Bestimmungen beisammen habe, daß die Sprache versage, wolle man alle gesammelten Bestimmungen zum Ausdruck bringen. Dieser Gott sei freilich nicht in die naturwissenschaftliche Theorie als deren Teil zu integrieren. Solche Eingliederung sei heute verpönt, dennoch geschehe sie, zwar nicht ausdrücklich, wohl aber werde Gott „metaphorisch" in naturwissenschaftliche Theorien aufgenommen.[39]

Capras Gottesbegriff beruht auf einer Theorie, die Natur und religiöse Mystik zusammenschließt, indem naturwissenschaftliche Theorien auf Mystik hin transparent gemacht werden. Verschiedene Ergebnisse der Naturwissenschaften werden als Metaphern für das Göttliche interpretiert. So entsteht der Anschein, daß beide Bereiche, moderne Naturwissenschaft und Mystik, zusammengeschaut werden können. Die vorgeschlagene Einheitstheorie spürt Gott in Theoriebereichen auf, die traditionell ausschließlich den Naturwissenschaften angehören. Erst die neue Sichtweise des vernetzten Denkens im New Age macht die Einsicht möglich, daß Göttliches und Natürliches in dem Sinn zusammengehören, daß sie auf ein

[34] Capra/ Steindl-Rast, Wendezeit im Christentum, 195.

[35] Capra/ Steindl-Rast, Wendezeit im Christentum, 148.

[36] Capra/ Steindl-Rast, Wendezeit im Christentum, 146f.

[37] Capra/ Steindl-Rast, Wendezeit im Christentum, 168.

[38] Capra/ Steindl-Rast, Wendezeit im Christentum, 199.

[39] Capra/ Steindl-Rast, Wendezeit im Christentum, 196.

und derselben Theorieebene abgehandelt werden können. Einerseits übernehmen die Naturwissenschaften metaphorische Gottesrede, andererseits erweist sich Göttliches als naturwissenschaftliches Phänomen.

Capra sieht nicht nur inhaltliche Korrespondenzen, sondern meint auch, über Parallelen in den verschiendenen Denkkategorien eine besonders östlichem Denken entsprechende Natursicht vorzustellen, die in verschiedenen mystischen Traditionen genauso beheimatet ist wie in der modernen Physik. Das Gottesbild, das zwar die Begriffe traditioneller Gotteslehren – wie zum Beispiel den Trinitätsbegriff – umfassen soll, sieht über Personalität hinweg und macht Gott zu einem Naturprinzip. Schöpfung wird zum Vorgang innerhalb der Natur, deren Prozeß mit Gott selbst – nämlich dem Geist – identifiziert wird. Die Struktur dieses natürlichen Prozesses wird als zweite göttliche Person verstanden, und die erste göttliche Person wird im Organisationsprinzip ausgemacht. Gott als „trinitarisch“ aufgespaltene Naturgrößen beziehungsweise vernetztes Denken als mystische Wahrnehmung zeigen die Tendenz Capras, die Wirklichkeit unter ein und dasselbe Paradigma zu subsumieren. Gott wird eine physikalische Größe und das „neue Denken“ Capras wissenschaftlich fundierte Theologie.

3.5.4 Naturwissenschaftliche Methode als mystisches Denken

Capra vergleicht die systematische Beobachtung innerhalb der Naturwissenschaften mit dem Gebet innerhalb der Theologie und scheint zwei methodisch unterschiedliche Wege vorauszusetzen, wie in den erwähnten Wissenschaften vorgegangen wird.[40] In der konkreten Durchführung seines Ansatzes läßt Capra jedoch beide Methoden verschmelzen und meint, eine gemeinsame Grundlage herausarbeiten zu können. Die für Capra notwendige Umorientierung in den Naturwissenschaften hin zum Netzdenken des „neuen Denkens“, das er propagiert, begnügt sich nicht mit der herkömmlichen Logik. Schon Bateson hatte erklärt, daß sich die Logik nicht zur Beschreibung biologischer Muster eigne.[41] Die cartesianische Physik, die mechanistisch und deshalb reduktionistisch vorgegangen sei, müsse durch ein einerseits ökologisches und andererseits holistisches Denken abgelöst werden.[42] Solches neues Denken glaubt Capra im Systemdenken gefunden zu haben, das er allerdings nicht statisch, sondern rhythmisch verstanden wissen will. Systemdenken stelle besonders die Zusammenhänge und Integrationsvorgänge in den Vordergrund. Systeme seien nämlich „integrierte Ganzheiten, deren Eigen-

---

[40] Capra/ Steindl-Rast, Wendezeit im Christentum, 52.

[41] Siehe Capra, Das neue Denken, 86.

[42] Capra, Wendezeit, 48. Vgl. auch Guittons holistisches Denken, wonach der Mensch nunmehr, da er entdeckt habe, daß alles alles widerspiegle, auf göttliche Totalität verwiesen sei, und zwar räumlich und zeitlich. Die Aussage: „kosmische Staubkörner und Atome Gottes, *wir alle halten das Unendliche in unserer Hand*“, zeigt plakativ die undifferenzierte Vorstellung einer physikalistisch geprägten Einheitswissenschaft (Guitton J./ Bogdanov G./ Bogdanov I. [Hg.], Gott und die Wissenschaft. Auf dem Weg zum Metarealismus, München 1993, 148f.).

schaften sich nicht auf die kleinerer Einheiten reduzieren lassen"[43]. Gefragt sind im holistischen Denken Capras Organisationsprinzipien, nicht aber unintegrierte Einzelheiten. Solche freilich könnten über reduktives Denken gewonnen werden. Deshalb sei es vonnöten, Reduktionismus und Ganzheitslehre zusammenzuführen. Beide Methoden ergänzten einander und könnten „zu tieferem Verständnis des Lebens verhelfen, wenn sie im rechten Gleichgewicht angewendet werden"[44].

Das Bemühen Capras läuft darauf hinaus, die Strukturgleichheit des rhythmischen Systemdenkens mit dem Denken östlicher Mystiker aufzuzeigen. Er sieht in dem Bestreben moderner Physik, Gegensätze zu vereinigen, mystisches Gedankengut realisiert. So wie Raum und Zeit in der Relativitätstheorie zur Raum-Zeit integriert worden seien oder wie der Welle-Teilchen-Dualismus des Lichtes als komplementäre Theorie zu lesen sei, bemühe sich auch die Mystik, Gegensätze als Einheiten zu sehen und die Differenzen zu überwinden.[45] Besonderen Vorzug gibt Capra östlichem Denken, da dieses schon sehr früh etwa das Durchdringen von Raum und Zeit intuitiv erfaßt habe, während es im Westen bis ins 20. Jahrhundert gedauert habe, bis diese Einsicht erreicht worden sei. Deshalb gibt Capra östlicher Mystik den Vorzug gegenüber der griechischen Naturphilosophie, deren Differenzdenken erst jetzt durch das vernetzte Denken überwunden worden sei.[46]

Zum Beispiel stimme erst die Bootstrap-Theorie mit den Hauptströmungen der östlichen Mystik überein, da sie das Universum – wie mystisches Denken auch – als Einheit miteinander verknüpfter Einzelbestandteile verstehe, ohne daß sie bestimmte Teilchen oder Eigenschaften besonders hervorhebe, sondern die Auffassung vertrete, daß jeder Teil alle anderen in sich enthalte.[47] Deshalb müsse man heute Physik und Mystik als zwei zueinander komplementäre Lehren anerkennen.[48]

Obwohl Capra besonders die Verbindung zur östlichen Mystik sucht, setzt er sich – unter anderem im Gespräch mit dem Benediktiner D. Steindl-Rast –[49] auch mit christlicher Theologie auseinander. Capra sieht einen Zusammenhang zwischen Naturwissenschaft und Theologie, weil beide Wissenschaften versuchten, Wirklichkeit zu verstehen, und beide über Wirklichkeitserfahrungen reflektierten.[50] Diese zunächst sehr allgemeine Aussage, mit der sich beliebige Wissenschaften miteinander verbinden lassen, wird von Capra näher spezifiziert. Sein Versuch, eine trinitarische Sicht der Natur aufzuzeigen, bringt das neue naturwissenschaftliche Paradigma mit theologischen Kategorien in Verbindung. Die me-

---

[43] Capra, Wendezeit, 294.

[44] Capra, Wendezeit, 296.

[45] Capra, Der kosmische Reigen, 148.

[46] Capra, Der kosmische Reigen, 173.

[47] Vgl. Capra, Der kosmische Reigen, 292.

[48] Capra, Der kosmische Reigen, 306.

[49] Capra F./ Steindl-Rast D., Wendezeit im Christentum. Perspektiven für eine aufgeklärte Theologie, Bern 1991.

[50] Capra/ Steindl-Rast, Wendezeit im Christentum, 34.

thodische Differenz, die Steindl-Rast aufrechterhalten möchte – allerdings mit einer fraglichen Hierarchisierung von Naturwissenschaften, Metaphysik und Theologie, von denen die logisch spätere auf der früheren basiere –[51], geht dabei völlig verloren. Es handelt sich nicht mehr um zwei verschiedene Wege der Wirklichkeitsauffassung, sondern um methodisch enggeführte Einheitswissenschaft mit naturwissenschaftlichem Index.

Aber dieser Index ist nur scheinbar ein rein naturwissenschaftlicher. Capra transferiert die physikalischen Forschungsergebnisse von der mathematischen Sprache in die Alltagssprache, um sie einerseits verständlich zu machen, andererseits aber dadurch die Möglichkeit zu haben, Physik mit Mystik in Verbindung zu bringen. „Die ‚New Age'-Physiker *brauchen* die Transposition ihrer physikalischen Modelle in die Alltagssprache, weil nur so der Zusammenhang mit ihren mystischen Intuitionen hergestellt werden kann."[52] Problematisch ist nicht die Tatsache der Transformation, wohl aber die Tatsache, daß der dabei vollzogene Wechsel von der naturwissenschaftlichen auf eine metaphysische und universal gültige Ebene nicht reflektiert wird. Beide Ebenen werden als eine ausgegeben, sodaß ein Wechsel von der einen zur anderen ohne Probleme möglich scheint.

Capra versteht Mystik undifferenziert bloß als eine Wirklichkeitssicht, die alle Gegensätze in eine Einheit bringt. Die von Capra beanspruchte coincidentia oppositorum wird in der Mystik aber erst im Absoluten möglich. Da Capra Gott als weltliche Größe ansetzt, die durch Physik zugänglich ist, sollte bei mystischer Betrachtung *der Welt* bereits die Einheit aller Gegensätze zu erreichen sein. Der ähnlich wie in der Selbstorganisationsthese pantheistisch verstandene Gott,[53] der die Selbstorganisation in ihrer „trinitarischen" Ausfaltung selbst ist, kann nach Capra darüber hinaus schon mit den Mitteln der Physik erreicht werden. Folglich muß nach diesem Ansatz Physik selbst die Einheit aller Gegensätze aufzeigen können. Von ihrer Definition her ist Physik jedoch nicht mystische Intuition, sondern rationale Wissenschaft und kann deshalb nicht die Rolle einer neuen, modernen Mystik übernehmen, wie Capra dies gerne möchte.[54]

Wie Mutschler gezeigt hat,[55] ist Capras Vorverständnis der Einheit aller Gegensätze eine *außerphysikalische* leitende Idee, die ihn physikalische Theorien nach entsprechenden Analogien absuchen läßt. Da diese Suche angesichts der mathematischen Gestalt solcher Theorien mißlingen muß, transferiert er diese in die Alltagssprache und mißt ihnen dadurch quasi-philosophische Bedeutung zu, die sie aber aus methodischen Gründen nicht haben können. Denn mit den Mitteln der Physik gewonnene Ergebnisse sind einzelwissenschaftlich beschränkt und fachsprachlich verkürzt. Die philosophische Ebene benötigt Capra jedoch, um die Verbindung mit der Mystik herstellen zu können. Östliche Mystik und mathema-

---

[51] Capra/ Steindl-Rast, Wendezeit im Christentum, 38.

[52] Mutschler, Physik – Religion – New Age, 146.

[53] So die Kritik Ganoczys an Capra, in: Suche nach Gott, 108.

[54] Darauf verweist Mutschler, Physik – Religion – New Age, 153.

[55] Mutschler, Physik – Religion – New Age, 156.

tisch-naturwissenschaftliche Daten und Gesetze wären sonst nicht zu vermitteln. Desgleichen muß er die Sprache der Mystik in die Alltagssprache projizieren, denn auch sie hat ihre spezifischen Eigentümlichkeiten, die weder mit der Begrifflichkeit der Physik noch mit der des Alltags kongruent sind. Die Alltagssprache dient bei Capra als Vermittlungsinstanz für beide Bereiche, die gegenseitigen Übertragungen lassen aber Physik und Mystik ihre jeweilige Spezifität verlieren, sodaß nicht davon ausgegangen werden kann, daß nach der Transferierung noch physikalische Daten oder Äußerungen mystischer Schau vorliegen. „Dies ist die erkenntnistheoretische Grundproblematik bei allen ‚New Age'-Physikern: Sie müssen zwei Welten in Einklang bringen, die ex definitione keinen gemeinsamen Berührungspunkt haben *können.*"[56] Ihre Zugangswege zur Wirklichkeit sind verschieden, und daher sind die jeweiligen Wirklichkeitsbilder different. Sekundäres Einheitsstreben sieht genau über diese Unterschiede hinweg und verfälscht dadurch das Bild der Realität, die man als unverfälschte erfaßt zu haben meint.

3.6 Gott im Chaos

Parallel zu den neuen Kosmologien beziehungsweise Szenarien über das Ende des Universums ist auch die Chaostheorie zu einem einflußreichen naturwissenschaftlichen Paradigma geworden. Diese wird nun ihrerseits in physikalische Weltentstehungslehren als integrierender Bestandteil aufgenommen. Wie oben deutlich geworden ist, haben zum Beispiel Prigogine und Stengers einen neuen Chaosbegriff entwickelt, um eine einheitliche Naturtheorie zu entwerfen, die Relativitäts- und Quantentheorie zu verbinden trachtet. Aber nicht nur sie, sondern auch eine Reihe anderer Naturwissenschaftler stützt ihre Weltbildentwürfe auf die Ergebnisse der Chaostheorie. Diese gilt nämlich als physikalische Theorie, die zeigt, daß es ungerechtfertigt erscheint, für die Natur strenge Kausalität und in der Folge Determinismus anzunehmen. In der Auflösung starrer Kausalität werden philosophische und theologische Implikationen gesehen, die es erlauben, auf dem Boden der Physik eine neue Weltsicht zu entwerfen und den Gottesbegriff zu modifizieren.

[56] Mutschler, Physik – Religion – New Age, 168f.

3.6.1 „Chaos" als physikalischer Begriff

Der vom griechischen „χαίνειν"/ „χάσκειν" (klaffen, gähnen) abstammende Begriff hat im alltäglichen Verständnis meist die Bedeutung der Unordnung und der Verwirrung. Die Geschichte des Begriffs[1] reicht von mythologischer Verwendung bei Hesiod über die biblische Vorstellung des „Tohuwabohu" bis zu seiner philosophischen Fassung in der abendländischen Philosophiegeschichte. Die naturwissenschaftlich-technische Entwicklung der Neuzeit brachte die Vorstellung des Chaos in der Natur allmählich zum Verschwinden, bis sie in der neueren Physik wieder auftauchte und in der Chaostheorie zu neuen Ehren kam. Der Mathematiker F. Hausdorff (1868–1942), der unter seinem Pseudonym P. Mongré auch philosophische Folgerungen aus seinen mathematischen Ergebnissen zog, wollte in seinem Buch „Das Chaos in kosmischer Auslese" (1898) zeigen, daß es unmöglich ist, im Transzendenten ein System zu etablieren.[2] Ein solcher Versuch führe zu Chaos und Willkür, weshalb jede Metaphysik als sinnlos anzusehen sei.

Der Chaosbegriff wurde später von Chaostheoretikern neuerlich rezipiert, allerdings in einen neuen Kontext gestellt. Unter Chaos werden chaotische Systeme verstanden, deren Entwicklung nicht genau vorhersehbar ist. Dennoch unterliegen solche Systeme strengen, mathematisch faßbaren Gesetzen, sodaß man folglich exakt von „deterministischem Chaos" spricht. Das Verhalten eines solchen Systems ist, obwohl Gesetze angegeben werden können, deshalb nicht genau zu bestimmen, weil es auf kleinste Veränderungen der Anfangsbedingungen sehr empfindlich reagiert. Die zugrundeliegenden Rekursionsformeln schaukeln minimale Differenzen der Anfangswerte zu äußerst divergierenden Werten hoch, die nicht vorherzusehen sind. Dennoch ist chaotisches Verhalten „nicht *an sich* indeterministisch"[3]. Da die Anfangsbedingungen nie exakt bekannt sind und trotz verfeinerter Beobachtungen ein minimaler Beobachtungsfehler immer einzukalkulieren ist, bleibt in chaotischen Systemen, in denen sich solche Fehler unverhältnismäßig hochschaukeln, auch bei sonst deterministischen Grundbedingungen eine genaue Vorhersage unmöglich.

Verdeutlicht wird diese Konsequenz eines chaotischen Systems, wie es für die Chaostheorie bahnbrechend der Meteorologe E. N. Lorenz beschrieben hat, durch den sogenannten „Schmetterlingseffekt". Dieser besagt, daß der Flügelschlag eines Schmetterlings Ursache für einen Wirbelsturm abgeben kann, wenn sich die minimale Luftbewegung des Schmetterlingflügels derart verstärkt, daß die nicht absehbaren Folgen zu einem Taifun führen.[4] Da die Startbedingungen sich nicht beliebig genau ermitteln lassen und deshalb auch nicht genau wiederhergestellt

---

1 Siehe vor allem: Kurdzialek M./ Dierse U./ Kuhlen R., Art. Chaos, in: HWP 1 (1971) 980–984 und Hülsewiesche R., Chaos – Zur Reanimation eines uralten Begriffs, in: ABG 35 (1992) 274–280.

2 Nach: Hülsewiesche, Chaos, 278.

3 Davies P., Prinzip Chaos. Die neue Ordnung des Kosmos, München 1988, 79.

4 Vgl. Thwaites B., Im Winde verwehen die Prognosen, in: Geo Wissen. Chaos und Kreativität, Hamburg 1990, 132–135.

werden können, entwickelt sich das System unvorhersehbar. Trotz der scheinbaren Regellosigkeit bestehen in einem chaotischen System dennoch feste Gesetze, wie zum Beispiel das Feigenbaum-Szenario zeigt.

Charakteristisch für chaotische Systeme sind die Rekursivität der mathematischen Formeln, mit deren Hilfe das System beschrieben wird, sowie Nichtlinearität und Selbstähnlichkeit. Durch die Rekursivität ist gewährleistet, daß sich Anfangsdifferenzen im System fortpflanzen und sich die minimal differenten Anfangsbedingungen zu divergierenden Systemwerten ausweiten. Neben der Rekursivität nennen H.-O. Peitgen, H. Jürgens und D. Saupe als wesentliches Charakteristikum Nichtlinearität.[5] Nichtlineare Systeme zeichnen sich dadurch aus, daß Wirkungen nicht geradlinig von den Ursachen abhängen, also nicht proportional zu diesen sind.[6] Besonders beim Aufbau komplexer Systeme macht sich Nichtlinearität bemerkbar. Ein solcher Aufbaumechanismus hat die Eigenschaft, über alle Grenzen zu wachsen. „Er führt – mathematisch gesehen – in endlicher Zeit zu unendlichen Zustandsgrößen."[7] Nichtlinearität ist jedoch nicht schon hinreichende, wohl aber notwendige Bedingung für Chaos.[8]

Wie H. Poincaré am Dreikörperproblem gezeigt hat, haben Anfangsbedingungen enorme Auswirkungen auf den weiteren Verlauf. Obwohl die Bewegungsgleichungen nicht mehr lineare Differentialgleichungen sind, handelt es sich um ein konservatives System, das zwar nichtlinear, aber nicht chaotisch ist. Im Gegensatz dazu ist etwa ein nichtlineares, dissipatives System, wie es Lorenz mit dem Schmetterlingseffekt beschrieben hat, auch chaotisch.[9] Neben der Nichtlinearität im Sinne der Separiertheit der Einzelgegenstände in der makroskopischen Welt begegnet Nichtlinearität auch im Sinne von nichtlinearen Evolutionsgleichungen, die komplexe dynamische Systeme beschreiben, welche chaotisch sind oder sich selbst organisieren.[10] Nichtlineare Systeme, die zudem chaotisch sind, weisen bei graphischer Darstellung neben den erwähnten beiden Eigenschaften auch diejenige der Selbstähnlichkeit auf. Fraktale zeigen bei verschiedenen Vergrößerungen immer wieder ähnliche Strukturen. Solche Gebilde, „die auch dann gleiche oder ähnliche Strukturen aufweisen, wenn sie in unterschiedlichen Größenordnungen – ‚Skalen' – betrachtet werden", heißen selbstähnlich.[11]

Damit ein System chaotisch sein kann, muß es neben den erwähnten Eigenschaften auch ein dynamisches System sein, das mindestens drei Freiheitsgrade

---

[5] Peitgen H.-O./ Jürgens H./ Saupe D., Bausteine des Chaos. Fraktale, Berlin 1992, VIII.

[6] Brügge P., Mythos aus dem Computer. 1., in: Der Spiegel 47/ Nr. 39 (1993) 156–164, 158.

[7] Küppers B.-O., Wenn das Ganze mehr ist als die Summe seiner Teile, in: Geo Wissen. Chaos und Kreativität, Hamburg 1990, 28–31, 29.

[8] Mainzer K., Quanten, Chaos und Selbstorganisation. Philosophische Aspekte des physikalischen Weltbildes, in: Mainzer K./ Schirmacher W. (Hg.), Quanten, Chaos und Dämonen. Erkenntnistheoretische Aspekte der modernen Physik, Mannheim 1994, 21–72, 36 und 65.

[9] Mainzer, Quanten, Chaos und Selbstorganisation, 65.

[10] Mainzer, Quanten, Chaos und Selbstorganisation, 65.

[11] Geo Wissen. Chaos und Kreativität, Hamburg 1990, 37.

aufweist. Das heißt, daß es drei von anderen Größen unabhängige Parameter besitzen muß, die frei wählbar sind. Sind diese Bedingungen gegeben, so zeigt ein chaotisches System im Phasenraum, der es erlaubt, die Bewegungen eines Systems graphisch darzustellen, einen sogenannten „seltsamen" Attraktor. Attraktoren – sie existieren nur für dissipative Wirkungszusammenhänge – sind geometrische Strukturen im Zustandsraum, die aus allen Zuständen bestehen, die ein dynamisches System auf lange Sicht annnehmen kann. Neben der einfachsten Form des Punkt-Attraktors bilden periodische Attraktoren geschlossene Kurven. Wird jedoch zum Beispiel ein Pendel so gestört, daß zwischen seiner natürlichen Schwingungszeit und der Antriebsperiode kein gemeinsames Vielfaches exitiert, so folgt es einem quasiperiodischen Attraktor.[12] Im Phasenraum bewegt sich ein solches Pendel auf der Oberfläche eines Torus; dabei ist die Bewegung zwar die Summe von Teilen, die sich wiederholen, die Wiederholungen sind jedoch nie ident. Die Bewegung, die einem chaotischen Attraktor entspricht, läßt sich demgegenüber jedoch überhapt nicht mehr vorhersagen. Obwohl die Bewegung völlig zufällig erscheint, zeigt ein chaotischer Attraktor selbstähnliche Struktur.

Beispiel für ein chaotisches System, das die vorgestellten Eigenschaften erfüllt, ist die logistische Gleichung, mit der etwa die Populationsdichte von Tieren oder ein konisches Pendel beschrieben werden können. Die nichtlineare Rekursionsformel der logistischen Gleichung lautet: $x_{y+1} = ax_y(1-x_y)$. Bei Veränderung der Konstante a kommt es bei jeweils festen Werten zu Periodenverdopplungen, bis das System ins Chaos umschlägt. Die Ästeverdopplung führt zu einer *„periodenverdoppelnden Bifurkationskaskade"*[13], die bei einem bestimmten Wert ins Chaos mündet. Die Verzweigungsbäume solcher Systeme weisen interessanterweise noch weitere fixe Zahlenwerte auf. Feigenbaum entdeckte im Prozeß, der sich auf das Chaos zubewegt, zwei konstante Zahlen (sog. Feigenbaumszenario): Die Lücke zwischen den Zweigen verringert sich, sie ist bei der jeweiligen Verzweigung um den Wert 1/4,669201... kleiner als bei der vorherigen. Die Lücken zwischen den Verzweigungsästen ändern sich ebenfalls regelmäßig. Bei Annäherung an die chaotische Region beträgt das Verhältnis der Lücken zwischen den Zinken der Gabel 1/2,5029... im Vergleich zur Gabel der vorhergehenden Verzweigung.[14] Neuerlich wird sichtbar, daß chaotische Systeme nicht völlig willkürlich sind. Wie die Feigenbaum-Zahlen zeigen, sind chaotische Systeme nicht jenseits jeder Bestimmbarkeit angesiedelt, sondern weisen vielmehr berechenbare Strukturen auf.

Legt man chaotische Systeme auf die Geometrie um, so führt die bildliche Darstellung zu Fraktalen. Die fraktale Geometrie ist die Geometrie des Chaos.[15]

---

[12] Vgl. dazu: Geo Wissen, 178f. und 187.

[13] Mainzer, Quanten, Chaos und Selbstorganisation, 38.

[14] Davies, Prinzip Chaos, 66f.

[15] Peitgen/ Jürgens/ Saupe, Bausteine des Chaos, XI.

Geprägt hat diesen Begriff 1975 B. Mandelbrot[16], dessen Menge in der Abbildung das berühmte Apfelmännchen zeigt. Mandelbrot wollte mit dem Namen „Fraktal" auf die gebrochene Dimensionalität solcher Systeme hinweisen.[17] Ein Fraktal ist demnach eine geometrische Struktur, deren *Dimension nicht ganzzahlig*, sondern – wie der Name schon sagt – *gebrochen* ist. Denkt man sich eine solche Struktur durch sehr viele Punkte in einem n-dimensionalen Raum gegeben und legt man um einen Punkt eine Kugel, so nimmt die Zahl der Punkte innerhalb dieser Kugel mit einer bestimmten Potenz des Durchmessers der Kugel zu: $a = s^D$. Ist der Exponent D, der diese Skalierung beschreibt, für alle Punkte gleich und nicht ganzzahlig, so nennt man die Struktur ein einfaches Fraktal. Dargestellt werden kann ein Fraktal – da aus obiger Gleichung folgt: $D = \log a / \log s$ – durch Algorithmen, das heißt in Verfahrensregeln und -anweisungen, die sich erst mit Hilfe eines Computers in Formen und Strukturen verwandeln. Beispiele für solche Fraktale, deren Dimension nicht ganzzahlig, also zwischen Punkt (D = 1), Ebene (D = 2) oder Raum (D = 3) angesiedelt ist, sind unter vielen anderen die Kochsche Kurve, die Cantorsche Menge oder das Apfelmännchen der Mandelbrotmenge.

Mit der Entdeckung des dissipativen Chaos, das über das stochastische Chaos mit probabilistischer Semantik und das Hamiltonsche Chaos in der klassischen Physik (etwa das Dreikörperproblem von Poincaré) hinausgeht,[18] ist nicht nur eine neue Natursicht gewonnen, da der klassische Determinismus in Frage gestellt wird, sondern auch die experimentelle Mathematik auf eine neue Grundlage gehoben. Im Gegensatz zur angewandten Mathematik ist in der fraktalen Geometrie das Experiment schon Teil der mathematischen Forschung selbst und dient nicht mehr bloß der Bestätigung mathematischer Ergebnisse.[19] Zu fragen bleibt aber, wie gerade das „deterministische Chaos" den klassischen Determinismus in Frage stellen und relativieren kann. Das kann nur gelingen, wenn die Kausalitätsstruktur chaotischer Systeme untersucht wird.

3.6.2 Zum Kausalitäts- und Zeitbegriff der Chaostheorie

Für P. Davies ergibt sich aus der Chaostheorie eine „umwerfende Folgerung"[20]: Obwohl die Natur sowohl deterministisch als auch zufällig sein könne, sei der Determinismus in Wirklichkeit ein Mythos. Davies sieht in der Unberechenbarkeit

---

[16] Vgl. Davies, Prinzip Chaos, 88; Geo Wissen, 182; Briggs J./ Peat F. D., Die Entdeckung des Chaos. Eine Reise durch die Chaos-Theorie, München 1993 (= dtv Sachbuch 30349), 127ff.

[17] Vgl. Haaf G., Wo das Apfelmännchen herrscht, in: Geo Wissen. Chaos und Kreativität, Hamburg 1990, 131–132, 132.

[18] Thomas H./ Leiber T., Determinismus und Chaos in der Physik, in: Mainzer K./ Schirmacher W. (Hg.), Quanten, Chaos und Dämonen. Erkenntnistheoretische Aspekte der modernen Physik, Mannheim 1994, 147–207, 152.

[19] Mandelbrot B. B., Vorwort. Fraktale und die Wiedergeburt der Experimentellen Mathematik, in: Peitgen H.-O./ Jürgens H./ Saupe D., Bausteine des Chaos. Fraktale, Berlin 1992, 1–19, 2.

[20] Davies, Prinzip Chaos, 82.

chaotischer Systeme die Voraussetzung dafür gegeben, Natur nicht mehr länger als determiniertes System anzusehen, und schlägt vor, von der Auffassung Abstand zu nehmen, zukünftige Zustände seien aus den bestehenden abzuleiten. Da die Natur im Prinzip kein lineares, Newtonsches, mechanisches, sondern ein chaotisches System sei, müsse ihre Zukunft unbekannt bleiben, ja sie sei sogar „grundsätzlich unerkennbar“[21]. Folglich sei das Universum offen und nicht determiniert.

Dagegen kommt G. Koch zu dem Schluß, daß die Chaostheorie nur als deterministisches Konzept sinnvoll sei.[22] Während es Davies um die erkenntnistheoretische Ebene geht, will Koch ontische Aussagen machen. So bedauert er, daß sich von den auf epistemischer Ebene eindeutig indeterministischen chaotischen Vorgängen für die ontische Ebene keine Rückschlüsse ziehen ließen.[23] Sucht man eine nähere Klärung auf ontischer Ebene, so stellt man fest, daß der Determinismusbegriff wesentlich mit dem Kausalitätsbegriff zusammenhängt. Denn parallel zu diesem ändert sich auch ersterer. Gewöhnlich wird ein schwaches Kausalitätsprinzip von einem starken unterschieden und dementsprechend von schwachem und starkem Determinismus gesprochen.[24] Während das schwache Kausalitätsprinzip sagt, daß gleiche Ursachen gleiche Wirkungen haben, besagt das starke, daß ähnliche Ursachen ähnliche Wirkungen nach sich ziehen. Da in praxi nie exakt die gleichen Ursachen herstellbar sind, aber dennoch experimentelle Reproduzierbarkeit gefordert ist, werden die Fehler der Meßergebnisse im Rahmen der Ungenauigkeit der experimentellen Anordnung toleriert. Dennoch wird von Kausalität gesprochen, wenn das starke Kausalitätsprinzip akzeptiert ist, nach dem die Ähnlichkeit der Wirkungen im Vergleich zur Ähnlichkeit der Ursachen ausschlaggebend ist.

Allgemein formuliert, liegt deterministisches Verhalten dann vor, wenn „der Zustand eines dynamischen Systems zu einem beliebigen Zeitpunkt die weitere Entwicklung des Systems prinzipiell *eindeutig* und *vollständig bestimmt*“[25]. In Verbindung mit dem obigen Kausalitätsbegriff ergeben sich – wie gesagt – zwei Determinismusbegriffe, die entweder auf dem Begriff der Gleichheit oder dem der Ähnlichkeit beruhen. Charakteristisch für das deterministische Chaos, wie es in der Chaostheorie verstanden wird, ist die Empfindlichkeit gegenüber den Anfangsbedingungen. Während gleiche Anfangsbedingungen zu gleichen Ergebnissen führen würden, bedingen nur minimal unterschiedliche Anfangsbedingungen stark divergierende Endwerte. Deterministisches Chaos ist folglich dadurch cha-

---

[21] Davies, Prinzip Chaos, 83.

[22] Koch G., Determinismus und Zufall in der wissenschaftlichen Naturbeschreibung, Berlin 1994 (= Erfahrung und Denken 75), 175.

[23] Koch, Kausalität, 179.

[24] Siehe dazu: Koch, Kausalität, 163f. und Mainzer, Quanten, Chaos und Selbstorganisation, 64f.

[25] Thomas/ Leiber, Determinismus und Chaos, 149.

rakterisiert, „daß das schwache Determinismusprinzip gilt, das starke Determinismusprinzip jedoch verletzt ist ...“[26]

Durch die Tatsache, daß das deterministische Chaos zwar dem schwachen Determinismusprinzip ent-, dem starken aber widerspricht, greift es die herkömmlichen Kausalitätsvorstellungen an, die meist mit dem Gedanken der Regelmäßigkeit in Verbindung gebracht werden.[27] Die mit der Regelmäßigkeit gekoppelte Vorstellung der Vorhersagbarkeit, die gewöhnlich an das Prinzip der starken Kausalität gebunden ist, wird folglich durch die Chaostheorie unterminiert. Dies zeigt, daß das Prinzip der schwachen Kausalität allein die vollständige Berechenbarkeit dynamischer Systeme nicht garantiert. Da das deterministische Chaos dennoch in gewissem Rahmen berechenbar ist, macht es sichtbar, daß „‚Wissenschaftlichkeit‘ nicht auf Kausalität im Sinne unbedingter Langzeitprognostizierbarkeit eingeschränkt werden kann“[28]. In diesem Sinn hat Davies recht, wenn er meint, ein chaotisches Universum sei ein offenes Universum. Dennoch ist ein solches ein deterministisches System, nämlich im Sinne schwacher Kausalität.

Davies, der besonders die Unbestimmtheit des Chaos trotz seiner deterministischen Grundstruktur betont, gelangt zu einer Zeitauffassung, die die verschiedenen Zeitmodi in den Bereich der Psychologie verweist.[29] Mit dem Fehlen der Kausalität sieht er die Unterscheidung zwischen Vorher und Nachher innerhalb der Physik für obsolet an. Er erklärt Vergangenheit und Zukunft zwar nicht zu Sonderfällen von anderen Welten, wie dies zum Beispiel D. Deutsch in Anlehnung an die Mehrfachweltentheorie tut,[30] spricht ihnen aber für diese Welt genausowenig Realität zu. Durch die Relativitätstheorie sei klar geworden, daß Begriffe wie „jetzt“ oder „Zeitfluß“ in der Physik sinnlos seien. Die völlige Symmetrie der Zeit innerhalb der Physik entlarve solche Vorstellungen als bloße Einbildungen.[31] Die im makroskopischen Bereich dennoch nicht zu leugnende zeitliche Asymmetrie sei bloß eine andere Beschreibungsstufe mikroskopischer Asymmetrie. Davies, der andernorts die Chaostheorie vertritt, bleibt an dieser Stelle dennoch einem deterministischen Verständnis verhaftet. Zwar leugnet er im Einklang mit Folgerungen aus der Chaostheorie die Zeitmodi; er betont aber die Symmetrie mikroskopischer Strukturen, was völliger Unbestimmbarkeit widerspricht.

Andere Chaostheoretiker betonen zwar auch die zeitliche Symmetrie auf mikroskopischer Ebene, verweisen makroskopisches Hintereinander jedoch nicht in die Psychologie, sondern sehen Chaos als Grund für geschichtliche Entwicklung, die allerdings rein naturwissenschaftlich verstanden wird. R. Breuer und G. Haaf

---

[26] Thomas/ Leiber, Determinismus und Chaos, 150.

[27] Siehe Thomas/ Leiber, Determinismus und Chaos, 194–196.

[28] Thomas/ Leiber, Determinismus und Chaos, 196.

[29] Davies P., Gott und die moderne Physik, München 1989 (= Goldmann TB 11476), 175.

[30] Davies P. C. W./ Brown J. R. (Hg.), Der Geist im Atom. Eine Diskussion der Geheimnisse der Quantenphysik, Basel 1988, 108.

[31] Davies, Gott und die moderne Physik, 169.

zum Beispiel[32] betonen die selbstorganisierende Kraft des Chaos, das spontan Strukturen bilden und neue Ordnungen herstellen kann. Sie nehmen Gedanken Prigogines und Eigens auf, gestehen aber anders als Prigogine mikroskopischen Strukturen keine zeitliche Asymmetrie zu. Prigogine seinerseits sieht – wie gezeigt – gerade in chaotischen dissipativen Systemen, die er nicht nur auf makroskopische Systeme beschränkt,[33] die naturwissenschaftliche Möglichkeit, die asymmetrische Struktur von Zeit und Geschichte naturwissenschaftlich zu erklären, wobei Chaos die Grundlage für Prigogines und Stengers' realistische Deutung der Quantentheorie abgibt.

3.6.3 Chaos-Gott

Die Chaostheorie und die sich an sie anschließende Theorie der Selbstorganisation läßt Naturwissenschaftler, die ihre Weltbildentwürfe auf den Chaosbegriff stützen, den Schöpfungsbegriff für überflüssig erklären, da sie den Grund des Werdens in das Chaos selbst verlegen. So braucht zum Beispiel nach Davies für die Entstehung der Materie kein göttliches Eingreifen angesetzt zu werden,[34] da Materie aus der Raumkrümmung und der Raum aus dem Nichts erwachsen könnten. Der „Schöpfer" sei „im Bereich der natürlichen physikalischen Vorgänge" zu finden, sodaß „Gott mit der Sache nichts zu tun" habe.[35] Wenn überhaupt, so komme für eine Schöpfung durch Gott nur die Erschaffung der Raum-Zeit selbst in Frage. Da – wie schon seit Augustinus bekannt sei – ein solcher Gott selbst außerhalb der Zeit stehen müßte, könne er keine Person sein. Denn zum Personsein gehörten Tätigkeiten wie denken oder empfinden, die an Zeit gebunden seien. Da Gott aber außerhalb der Zeit anzusetzen sei, könne er folglich nicht als Person angesprochen werden.[36] Davies sieht ein spontan aus dem Nichts entstehendes Universum an die Stelle Gottes getreten[37] und fordert deshalb für die Naturwissenschaften religiöse Kompetenz ein. Die Naturwissenschaften seien es, die für religiöse Fragen den begrifflichen Rahmen vorgäben.[38] Nur in diesem Sinn gesteht Davies trotz seiner Leugnung des Schöpfergottes einen allumfassenden Geist zu, der als natürlicher

---

[32] Breuer R./ Haaf G., Ein ordentliches Chaos, in: Geo Wissen. Chaos und Kreativität, Hamburg 1990, 33–60, 47, und Breuer R., Der kreative Pfeil, in: Geo Wissen. Chaos und Kreativität, Hamburg 1990, 62–63.

[33] „Eine der wesentlichen Erkenntnisse ... ist, daß die Idee von Chaos und Instabilität mit der thermodynamischen Irreversibilität in Übereinstimmung gebracht werden kann, wenn wir versuchen, den Zweiten Hauptsatz in einer Version auszudrücken, die für Atome und Moleküle gilt" (Coveney P./ Highfield R., Anti-Chaos. Der Pfeil der Zeit in der Selbstorganisation des Lebens, Reinbek 1992, 385).

[34] Davies, Gott und die moderne Physik, 52.

[35] Davies, Gott und die moderne Physik, 66.

[36] Davies, Gott und die moderne Physik, 176f.

[37] Davies, Gott und die moderne Physik, 278.

[38] Davies, Gott und die moderne Physik, 280.

an die Stelle des alten übernatürlichen Gottes trete,[39] da er selbst als ein Teil des Universums anzusprechen und als „abstraktes, holistisches Organisationsmuster“[40] aus dem – naturwissenschaftlich verstandenen – Chaos entstanden sei.

Das Chaos nimmt bei Davies die Stelle des Schöpfergottes ein, der traditionellerweise der Natur gegenübergestellt wird. Nicht mehr der transzendente Gott, sondern ein Ordnungsprinzip in der Natur übernimmt die Rolle des „Schöpfers“. Das Chaos bekommt die Funktion, die der göttlichen Freiheit in einer Schöpfungstheologie zugeordnet wird, nämlich aus sich die Natur in ihre Mannigfaltigkeit zu entlassen. Die religiöse Kompetenz, die sich Davies als Naturwissenschaftler zuschreibt, fußt auf der vorgängigen Angleichung Gottes an Naturgrößen. Der Geist, den er als natürlichen Gott sieht, ist als holistisches Organisationsmuster mit der naturwissenschaftlichen Methodik eruierbar, er ist aber nicht mehr als eine meßbare Größe. Nur wenn Gott auf die Ebene quantifizierbarer Größen reduziert wird, kann die Physik die religiöse Kompetenz der Theologie für sich in Anspruch nehmen. Davies geht zwar nicht so weit wie Tipler, der Theologie gleich zur Subdisziplin der Astronomie machen möchte. Dennoch spricht er ihr die primäre Kompetenz für religiöse Fragen ab. Die naturwissenschaftliche Alternative, die er anbietet, reduziert Erfahrung – auch Gotteserfahrung – allerdings auf quantifizierbare Größen.

Neben solchen Versuchen, mittels Chaos eine schöpferische Komponente in die Natur selbst zu verlegen, wird der Chaosbegriff heute oft Anlaß zu „pseudoreligiöse[n] Spekulationen“[41]. Besonders die Computerbilder, mit deren Hilfe fraktale Geometrie visualisiert werden kann, sind als Darstellungen des schöpferischen Prinzips verstanden worden. Mit esoterischer Musik unterlegt und mit Interpretationen vermischt, werden sie bisweilen als „Seelenbalsam“ ausgegeben.[42] Die Chaostheorie scheint die Enthüllung des Geheimnisses des Schöpferischen überhaupt zu sein, was einige veranlaßt zu glauben, das Geheimnis der Natur darin naturwissenschaftlich faßbar vor Augen zu haben.

Unter der Wirkung solcher Versuche, das Chaos als Erklärung für religiöse Aussagen zu verwenden,[43] greifen auch etablierte Kirchen auf das Chaos zurück und versuchen, es in herkömmliche Theologie zu integrieren. So bescheinigt das „Deutsche Pfarrerblatt“ der Chaostheorie „evangelische Kraft“ und möchte mit der Aussage, daß Gott nichtlinear handelt, eine „Chaostheologie“ begründen.[44] Solche Argumentation befindet sich jedoch auf derselben Ebene wie der Versuch, Gott als naturwissenschaftliche Größe zu etablieren. Denn Gottes Freiheit dadurch charakterisiert zu glauben, daß er nichtlinear handelt, gibt vor, mit dieser Aussage die Freiheit Gottes schon erfaßt zu haben. In Wirklichkeit reduziert eine solche

---

[39] Davies, Gott und die moderne Physik, 286.

[40] Davies, Gott und die moderne Physik, 294.

[41] Brügge P., Der Kult um das Chaos. 3., in: Der Spiegel 47/ Nr. 41 (1993) 240–252, 246.

[42] Ebenda.

[43] Vgl. auch die Integrations-Versuche J. Böhmes.

[44] Zit. nach: Brügge, Der Kult um das Chaos. 3., 241.

„Chaostheologie“ den Gottesbegriff jedoch auf ein naturwissenschaftlich faßbares Datum und klammert Erfahrung, die über bloße Quantifizierbarkeit hinausgeht, einfach aus. Dadurch mag zwar eine Nähe zwischen Theologie und Chaostheorie angesprochen scheinen, doch reduziert sich bei solchem Vorgehen Theologie auf eine Einzelwissenschaft und gibt ihre Eigenständigkeit auf.

3.6.4 Zur Methode

Die Überzeugung von Davies, mit Hilfe der Grundlagenforschung eher als traditionelle Religionen den Daseinssinn erforschen zu können, – eine Auffassung, die er an anderer Stelle ein wenig abschwächt –[45] zeigt die Absicht einiger Chaostheoretiker, die aus ihrer Theorie Folgen für das Gottesverständnis ableiten. Die Forderung, daß die „Naturwissenschaft in religiösen Fragen auch ein Wort mitzureden“[46] habe, macht den Anspruch sichtbar, daß naturwissenschaftliche Methodik als übergeordnetes wissenschaftliches Vorgehen gleichsam korrektive Funktion für die Religionen auszuüben habe. Das Kriterium bildet der „natürliche Gott“, den Davies an die Stelle des alten Gottes der Religionen setzen möchte.

Trotz dieses reduktionistischen Ansatzes möchte Davies nicht als bloßer Reduktionist verstanden werden. Naturwissenschaften könnten zwar nichts über Moral sagen,[47] seien aber holistische Disziplinen. Und erst die Zusammenschau beider Blickwinkel, des reduktionistischen und des holistischen, könne helfen, den Sinn des Daseins zu verstehen.[48] Denn Reduktionismus und Holismus seien komplementäre Paradigmen, die sich nicht widersprechen.[49] Sieht man jedoch genauer zu, so fällt auf, daß der Holismus, von dem Davies spricht, wiederum nur eine Wirklichkeitssicht innerhalb des naturwissenschaftlichen Paradigmas ist. Mit dem Chaosbegriff und den sich anschließenden Theorien der Selbstorganisation scheint ein Weltverständnis gefunden, das über das reduktionistische der alten Naturwissenschaften hinausgeht. Vergessen bleibt dabei allerdings, daß mit der Betonung des *deterministischen* Chaos die neue Theorie in den Rahmen der quantifizierenden Methode gestellt wird und über diese nicht hinausreicht. Gerade darin liegt wissenssoziologisch einer der Gründe für den Erfolg der Chaostheorie und für die Möglichkeit ihrer Ausweitung auf die Wirklichkeit überhaupt. Die schöpferische Instabilität, die die Chaostheorie als Novum präsentiert, bleibt rückgebunden an eine berechenbare Ordnung, die die anfänglich beinahe anarchisch erscheinende Wirklichkeit doch als in Ordnungsstrukturen eingebettet erweist.[50] Obwohl sich Davies gegen ein bloß reduktionistisches Naturkonzept

---

[45] Davies, Gott und die moderne Physik, 26 und 294.

[46] Davies, Gott und die moderne Physik, 280.

[47] Davies, Gott und die moderne Physik, 293.

[48] Davies, Gott und die moderne Physik, 294.

[49] Davies, Prinzip Chaos, 282.

[50] Brügge, Der Kult um das Chaos. 3., 245.

wehrt, befinden sich die angemahnten holistischen Momente im naturwissenschaftlichen Begriffs- und Methodenrahmen. Der Holismus, der den Reduktionismus komplementär ergänzt, unterliegt also trotz aller Versuche, in ihm Ersatz für geisteswissenschaftliches Vorgehen zu sehen, dem methodischen Reduktionismus der Naturwissenschaften. So rechnet es H. von Ditfurth Davies als Leistung an, daß dieser in seinem Buch „Gott und die moderne Physik" „stets im Rahmen naturwissenschaftlicher Argumentation" verbleibe.[51] Daß nunmehr Geisteswissenschaft und Philosophie mit naturwissenschaftlichen Mitteln betrieben werden könnten, sieht von Ditfurth darin bestätigt, daß sich die Naturwissenschaften dank der neuen – holistischen – Ansätze nicht mehr nur mit der Materie beschäftigen. In Davies' Buch erblickt er einen Beweis dafür, daß die Naturwissenschaften „nichts Geringeres als die Fortsetzung der Metaphysik mit anderen Mitteln"[52] seien. Hier wird den Naturwissenschaften eine Rolle zugewiesen, die sie nur vermeintlich übernehmen können. Denn der holistische Aspekt, der die ehemals geisteswissenschaftlichen Problemkreise scheinbar zu integrieren erlaubt, grenzt die nicht-naturwissenschaftliche, aber deswegen nicht weniger berechtigte Wirklichkeitssicht völlig aus und schränkt die Wirklichkeit auf quantifizierbare Größen ein.

Den Versuch, aus chaostheoretischen Ansätzen eine Weltanschauung zu machen,[53] illustriert die Anwendung der Chaostheorie auf mehrere Wirklichkeitsbereiche und die Übertragung ihrer Theorien in verschiedene Wissenschaftsdisziplinen. Der Anspruch, die Chaostheorie könne Geschichtswissenschaft, Ästhetik, Soziologie oder Ökonomie neu zu verstehen lehren,[54] geht auf die Meinung zurück, die Chaostheorie sei als universale Wissenschaft, die holistisches Denken integriert habe, für alles zuständig. Beispielsweise glaubt S. Wehowsky[55] in Anlehnung an N. Luhmann, daß sich Gesellschaften selbst organisieren, daß also nicht ein Gemeinsinn die Gesellschaft zusammenhalte, sondern diese ein selbstreferentielles, aber offenes System darstelle, das sich von der Umwelt abschottet und durch fortschreitende Ausdifferenzierung auf diese reagiert. Gesellschaft organisiert sich selbst und bildet aus dem Chaos Ordnungsstrukturen, was die Chaostheorie zu einer adäquaten Gesellschaftstheorie zu machen scheint. Ähnlich wie H. Haken sein Lasermodell auf gesellschaftliche Wirklichkeit transponiert, wird chaostheoretisches Vokabular auf gesellschaftliche Problemstellungen übertragen.[56] Damit suggerieren Chaostheoretiker soziologische Kompetenz.

---

[51] von Ditfurth H., Vorwort. Naturwissenschaft als Fortsetzung der Metaphysik mit anderen Mitteln, in: Davies P., Gott und die moderne Physik, München 1989 (= Goldmann TB 11476), 7–11, 10.

[52] von Ditfurth, Vorwort, 11.

[53] Brügge P., Der Kult um das Chaos. 2., in: Der Spiegel 47/ Nr. 40 (1993) 232–241, 239.

[54] Brügge, Mythos aus dem Computer. 1., 161.

[55] Wehowsky S., Die unvernünftige Gesellschaft, in: Geo Wissen. Chaos und Kreativität, Hamburg 1990, 152–161.

[56] Brügge, Der Kult um das Chaos. 3., 244.

Wenn alles zum Fraktal erklärt wird, kann selbst Unsterblichkeit „bewiesen" werden. So meint der Nobelpreisträger G. Binnig, durch das fraktale Ineinander von allem in allem sei wegen der Fortpflanzung Unsterblichkeit möglich, wie sie in jedem fraktalen Bild vorhanden sei, das sich selbst fortwährend reproduziert und sich doch selbst ähnlich bleibt.[57] In gleicher Weise verspricht auch D. Ruelle in seinem Buch „Zufall und Chaos" die „wahre Bedeutung" von Sexualität zu kennen, die nach ihm darin besteht, „daß es eine gewisse Regelmäßigkeit im Universum gibt und daß folglich genetische Rekombination nützlich ist"[58]. Die globale Zuständigkeit der Chaostheoretiker in den diversen Bereichen beruht darauf, daß sie das Zusammentreffen von Ordnung und Unordnung mathematisch zu erfassen versuchen. Da Ordnungsstrukturen, die sich von Unordnung abheben, in verschiedenen Zusammenhängen auftreten, scheint die Chaostheorie die Theorie der Wahl zu sein, solche Phänomene erklären zu können. Daß dabei jedoch die Wirklichkeit oft zunächst auf mathematische Erfaßbarkeit reduziert werden muß, bleibt meist unberücksichtigt, sodaß es den Anschein hat, als sei alles chaostheoretisch verstehbar. So scheint sich eine Klammer zu ergeben, die Literaturinterpretationen, ästhetische Komponenten und das Bauprinzip eines Blattes oder die Struktur eines Kristalles verbindet.

Die optische Darstellbarkeit fraktaler Strukturen und deren Schönheit haben dazu geführt, daß die Chaostheorie auch für Nicht-Mathematiker hohe Akzeptanz aufweist, zumal mit ihrer Hilfe Naturbeherrschung offenbar auch mit kreativen Elementen zu vereinbaren ist. Dagegen darf neben der bereits erwähnten Methodenindifferenz solcher Globaltheorien auch nicht übersehen werden, daß es schon innerhalb der Chaostheorie äußerst fraglich ist, ob es überhaupt eine Identität von Fraktalen und dem mathematisch faßbaren Chaos gibt. So renommierte Vertreter der Chaostheorie wie O. Rössler und H.-O. Peitgen gestehen, daß es für eine solche Identität keinen Beweis gebe.[59] Darüber hinaus mißtrauen namhafte Kenner der Materie – wie zum Beispiel C. Sparrow – der Realitätsrelevanz der seltsamen Attraktoren und erwägen, ob diese nicht Artefakte seien, die das Computerprogramm selbst generiert.[60] Brügge kommt zu dem Schluß, daß ein „unbekannt großer Anteil" dessen, was als Chaos in den verschiedenen Wirklichkeitsbereichen ausgegeben wird, „vor allem ein Erzeugnis der Numerik [sei] – Computerchaos"[61]. Da die Chaostheoretiker jedoch behaupten, Strukturen der Realität selbst zu erfassen, sieht Brügge die Gefahr, daß mit dem Chaosbegriff ein Mythos aufgebaut werde,[62] der dadurch entsteht, daß über die Unsicherheiten in der Beweisführung hinweg eine Theorie präsentiert wird, die nicht nur im Feld bisheriger Naturwissenschaft, sondern auch in geisteswissenschaftlichen und religiösen

---

[57] Ebenda.

[58] Ruelle D., Zufall und Chaos, Berlin 1992, 160.

[59] Brügge, Der Kult um das Chaos. 2., 241.

[60] Siehe: Brügge, Der Kult um das Chaos. 2., 238.

[61] Brügge, Mythos aus dem Computer. 1., 164.

[62] Brügge, Mythos aus dem Computer. 1., 157.

Bereichen Kompetenz beansprucht. Ein solcher Mythos gelangt leicht in den Status einer Weltanschauung, deren Vertreter zwar einerseits betonen, nur auf den exakten Naturwissenschaften zu fußen, sich durch methodische Grenzüberschreitungen jedoch zu universal zuständigen Wissenschaftlern machen. Diesen ist allerdings die Wirklichkeit unter der Hand zum quantifizierbaren Rest geschrumpft, der keineswegs mit der Wirklichkeit, wie sie in der Alltäglichkeit erfahren wird, ident zu setzen ist.

3.7 Zusammenfassung

Vor dem Hintergrund der Frage nach dem Verhältnis von Naturwissenschaften, Philosophie und Theologie ging es im zweiten Abschnitt darum zu untersuchen, wie diese Relation in theologischen Modellen verstanden wird. Die unterschiedlichen Konzeptionen haben erkennen lassen, daß neben Entwürfen, die eine strikte Trennung einfordern, auch Anknüpfungspunkte gesucht werden und es Versuche gibt, Theologie und Naturwissenschaften mit Hilfe einer einheitlichen Methodik zusammenzufassen: Neben der methodischen wird auch eine inhaltliche Verbindung gesucht, meist über den Zeitbegriff. Ein rein chronologisch gefaßter Zeitbegriff scheint eine einheitliche Natur- und Geschichtstheorie zu ermöglichen, die über Gott genauso handelt wie über Teilchenphysik. Es hat sich jedoch herausgestellt, daß eine solche Einheitstheorie nur mittels falscher Analogiebildungen und Kategorienverwechslungen zu gewinnen ist und daher das Identitätsmodell genausowenig zu halten ist wie ein Differenzmodell.

Im dritten Abschnitt ging es nun darum, die Perspektive zu wechseln und nicht mehr aus theologischer, sondern aus naturwissenschaftlicher Sicht nach eventuellen Verbindungslinien zwischen Theologie und Naturwissenschaft zu suchen. Die einzelnen, meist von namhaften Physikern präsentierten Weltbildentwürfe enthalten auch Stellungnahmen zum Gottesbegriff. Großteils wird ein göttliches Wesen akzeptiert, wenn auch dessen Erscheinungsbild im jeweiligen Weltbild naturwissenschaftlich geprägt ist. Methodische Verkürzungen stellen einen naturwissenschaftlich faßbaren Gott vor Augen, der aus einem theologischen Blickwinkel, welcher über quantifizierendes Denken hinausweist, als unzulänglich erscheinen muß.

3.7.1 Methodischer Reduktionismus

Die vorgestellten naturwissenschaftlichen Theorien lassen sich durchwegs als Einheitstheorien charakterisieren, die darauf aufbauen, daß die naturwissenschaftliche Methode auf andere Wirklichkeitsbereiche ausgeweitet wird. Es geht den erwähnten Physikern darum, die Wirklichkeit darauf zu reduzieren, daß diese ihrer Methodik angemessen ist und daß sie die Realität mit dieser Methode erfassen können. Als die einzig wissenschaftliche und sinnvolle Methode gilt die naturwissenschaftliche, da sie die Beweisbarkeit der gewonnenen Thesen garantiert. Ein solcher methodischer Reduktionismus stellt ein Bild der Wirklichkeit vor Augen, das sich einerseits als einheitliches erweist und andererseits keine Wirklichkeitsbereiche dem wissenschaftlichen Zugang vorzuenthalten scheint. Die Einheitlichkeit kommt allerdings dadurch zustande, daß die Realität allein unter dem Blickwinkel der Meßbarkeit betrachtet und folglich ein Bild der Wirklichkeit präsentiert wird, das dieser Vorgabe entspricht. Wirklichkeitsmomente, die sich solcher Betrachtungsweise entziehen, bleiben ausgeblendet und können daher nicht zur Sprache kommen.

Während zum Beispiel S. Hawking die in der Folge seiner kosmologischen Theorien lautwerdende Frage nach Gott nicht ausdrücklich leugnet, sondern freistellt, Gott zum Äquivalent physikalischer Gesetzmäßigkeit zu machen, möchte B. Kanitscheider religiöse Phänomene auf physikalisch und chemisch erklärbare Gehirnströme reduzieren. Kanitscheider bekennt sich offen zu einem toleranten Szientismus und sieht darin die Möglichkeit, ein umfassendes Weltbild zu gewinnen. Auf ähnliche Weise gibt sich auch Tipler explizit als Reduktionist zu erkennen, der der Physik und den Informationswissenschaften die Fähigkeit zuspricht, die Aufgaben, die bisher Religionen wahrgenommen haben, zu übernehmen. Einen weniger expliziten als vielmehr impliziten Reduktionismus vertreten Prigogine und Stengers. Sie möchten nicht einen streng reduktionistischen Weg verfolgen, sondern meinen, völlig neue Sichtweisen der Wirklichkeit entdeckt zu haben, die nicht-naturwissenschaftliche Erfahrungen nunmehr naturwissenschaftlich begreifen lassen. Dennoch bleibt ihr Vorgehen methodisch reduktionistisch, da sie von der physikalischen und chemischen Zugangsweise zur Natur keine Abstriche machen, sondern gerade diese propagieren. Die Ergebnisse werden im Anschluß daran lebensweltlich aufgeladen, und nur dadurch kann der Eindruck entstehen, als könne ihre neue Theorie der Selbstorganisation auch die Phänomene erfassen, die bisher nur in den Geisteswissenschaften zur Sprache kamen.

Implizit reduktionistisch gehen auch Chaostheoretiker vor, wenn sie Grundprinzipien ihrer Theorie auf alle möglichen anderen Wissenschaftsbereiche wie Soziologie, Ökonomie oder Kunsttheorie anwenden. Für die dort erforschten Inhalte wird eine mathematische Methodik vorgeschlagen, die angemessener sei als die in den jeweiligen Wissenschaften entwickelten Sichtweisen. Aber nicht nur methodisch eingeschränkte Sonderbereiche werden für die Chaostheorie reklamiert, sondern auch weltanschauliche Fragen wie die nach Schöpfung und Tod. Probleme der Bewertung – etwa von Kunstwerken – möchte die Chaostheorie ebenso methodisch in den Griff bekommen. Das bedeutet, daß die mathematische Methode wegen der Entdeckungen in der fraktalen Geometrie und der Gesetze deterministisch chaotischer Vorgänge nunmehr der adäquate Zugangsweg zur Wirklichkeit als ganzer sein soll.

Capras „neues Denken" besteht ebenfalls darin, eine einheitliche Ebene zu etablieren, die Religion und Naturwissenschaft integriert. Er meint, daß das von ihm propagierte rhythmische Systemdenken dasselbe Denken sei wie östliche Mystik, die alle Gegensätze zusammenschaut. Capra reduziert die Wirklichkeit auf ein naturwissenschaftlich faßbares Substrat. In dieser Hinsicht ist er methodischer Reduktionist. Darüber hinaus aber sucht er eine Verbindung mit religiöser

Mystik, der er zugesteht, viele Erkenntnisse heutiger Naturwissenschaft intuitiv vorweggenommen zu haben. Da er eine Verknüpfung beider Denkweisen anstrebt, muß Capra eine einheitliche Ebene finden, auf der er beide Denkweisen verbinden kann. Das gelingt nur im Rückbezug auf Alltagserfahrungen, mit denen er sowohl naturwissenschaftliche als auch mystische Aussagen unterlegt. Dabei geschieht jeweils eine methodisch illegitime Verschiebung, da der methodisch eng begrenzte naturwissenschaftliche Bereich so dargestellt wird, als entspreche er der Perspektive alltäglicher Wirklichkeitserfahrung. Auch mystischem Denken wird nicht entsprochen, weil so getan wird, als sei dieses ebenfalls alltägliches Denken.

Anders als Capra, aber dennoch reduktionistisch geht auch von Weizsäcker vor. Seine allgemeine Theorie des Erkennens, die zugleich eine einheitliche Wirklichkeitskonzeption ist, geht von der Quantentheorie als der Universaltheorie überhaupt aus. Diese kann alles integrieren, was objektiv erkennbar ist. Einzig Gott selbst nimmt er aus, denn dieser sei keine objektivierbare Größe, sondern nur über den Weg der Meditation zu erreichen. Von Weizsäckers Reduktionismus macht anders als die meisten anderen Reduktionisten vor Gott halt. Die nichtgöttliche Wirklichkeit wird allerdings als unter eine einzige Theorie – die Weltformel – subsumierbar bestimmt.

Vergleicht man diese reduktionistischen Entwürfe mit den beschriebenen theologischen Modellen, so ist festzustellen, daß sie weitgehend dem Identifikationsmodell entsprechen. Der Ansatz von Theologen, die naturwissenschaftliches Reden über Natur und Gott innerhalb einer gemeinsamen Sprache für möglich halten, ohne daß Wirklichkeit verkürzt wird, entspricht dem Ansinnen vieler Naturwissenschaftler, eine einheitliche Theorie der Realität auf der Basis naturwissenschaftlicher Methodik aufzustellen. Auf theologischer Seite wird mit der Rezeption solcher Autoren Wissenschaftlichkeit zu erlangen versucht, die sich auf der Ebene des vorherrschenden naturwissenschaftlichen Diskurses bewegt. Von den Vertretern der naturwissenschaftlichen reduktionistischen Weltbilder wird das Ziel einer Einheitstheorie der Wirklichkeit, die Natur, Mensch und Gott auf mathematischer Basis zusammenzuschauen erlaubt, als erreicht angesehen. Daß sich Theologie als eigenständige Wissenschaft dabei selbst aufgibt, zeigt zum Beispiel die von Theologen wie Pannenberg mit Sympathie bedachte „Physik der Unsterblichkeit" Tiplers, der der Theologie nur noch zubilligt, eine Subdisziplin der Astronomie abgeben zu können. Für die Naturwissenschaften bedeutet eine solche Kompetenzüberschreitung, die naturwissenschaftlich nicht adäquat faßbare Bereiche zum vornehmlichen Arbeitsgebiet für die mathematisch-quantifizierende Methode erklärt, daß nur ein Zerrbild der Realität zum Vorschein kommen kann. Differenzierte Wirklichkeit läßt sich von einer Einheitswissenschaft, die durch einen vorgängigen Gegenstandsentwurf gekennzeichnet ist, nicht adäquat erfassen und darstellen.

3.7.2 Naturwissenschaft als vermeintliche Erbin von Philosophie und Theologie

Die von den angeführten naturwissenschaftlichen Weltbildern intendierte Einheitswissenschaft trägt zwei Charakterzüge: Zum einen wird Gott zu einer naturwissenschaftlichen Größe gemacht. Nur von Weizsäcker behält der Transzendenz einen Eigenbereich vor, den er vor naturwissenschaftlichem Zugriff bewahrt wissen will. Auch Capras Aussage, Gott sei als Metapher zu verstehen, läßt den unmittelbaren Kurzschluß von einzelwissenschaftlichen Ergebnissen auf Gott nicht zu. Capra gesteht die metaphorische Verwendung des Gottesbegriffs in naturwissenschaftlichen Theorien allerdings nur zu, wenn so viele kontextuelle Bestimmungen gesammelt sind, daß die Sprache beim Versuch, diese auszudrücken, versagt. Es geht Capra um die Einheitstheorie des „neuen Denkens", die sogar den Gottesbegriff aufnehmen kann, wenn auch nicht als exakten naturwissenschaftlichen Terminus. Nicht nur daran, sondern auch an der Aufnahme mystischer Begriffe in die eine Universalwissenschaft, die Capra mit naturwissenschaftlichem Vorzeichen propagiert, sieht man die methodische Vermischung, die dem „neuen Denken" zugrunde liegt.

Zum anderen wird die Naturwissenschaft als Erbin von Theologie und Philosophie eingesetzt. Denn die Wirklichkeitsbereiche, die bislang von diesen Wissenschaften betreut wurden, werden der Physik unterstellt. Die Naturwissenschaft bekommt quasi theologische und philosophische Züge. Diese erwecken den Anschein, als sei die Naturwissenschaft in der Lage, Theologie und Philosophie abzulösen und dabei deren Gegenstandsbereich zu erben. Mit der Behauptung, die Physik könne die alten ungelösten Probleme endgültig lösen, wird der Anspruch erhoben, diese Wissenschaften so ablösen zu können, daß sie ersatzlos zu streichen sind. Wenn Tipler meint, Theologie könne nur als Subdisziplin der Astronomie überleben, so fordert er Ähnliches wie Prigogine, Stengers, Kanitscheider, von Ditfurth und andere, die behaupten, die moderne Naturwissenschaft sei die Fortführung der Metaphysik mit anderen – gemeint ist: exakten – Mitteln. Die Abschaffung von Theologie und Philosophie beziehungsweise Metaphysik als selbständigen Disziplinen kann jedoch nicht darüber hinwegtäuschen, daß die Problemstellungen und Fragen unter der Hand völlig andere geworden sind. Die Identsetzung der Disziplinen unter naturwissenschaftlichem Index führt dazu, daß die Wirklichkeit nur mehr unter dem eingeschränkten Blickwinkel naturwissenschaftlichen Vorgehens zum Vorschein kommt. Das bedeutet, daß ganze Wirklichkeitsbereiche ausfallen und andere nicht in ihrer Vollgestalt zur Sprache kommen können. Gott unter dem Leitsatz der Quantifizierbarkeit zu sehen kann genausowenig religiöser Erfahrung gerecht werden wie ein rein chronologischer Zeitbegriff der menschlichen Erfahrung von Geschichtlichkeit, von zeitlich-anthropologischen Konstanten – wie Altern – oder von Entscheidungszeit des Freiheitssubjekts Mensch.

Der eingeschränkte Wirklichkeitsbegriff solcher Weltbilder kann auch durch die Betonung des Analogiebegriffs innerhalb der Physik nicht beseitigt werden. Neben der wichtigen Funktion der Analogie für die physikalische Forschung selbst[1] betont zum Beispiel A. Tiemann die Bedeutung des Analogiebegriffes für *„ein einheitliches Verständnis der Natur"*[2], das eine Annäherung zwischen Geistes- und Naturwissenschaften bringen soll.[3] Die für ihn zentrale Frage lautet, ob solche Analogien Konstrukte des menschlichen Geistes oder ob sie in der Realität vorhanden seien.[4] Ähnlich wie die Vertreter theologischer oder physikalischer Einheitstheorien löst Tiemann diese Frage dadurch auf, daß er ein naturalistisches Menschenbild vorstellt. Tiemann beruft sich auf die evolutionäre Erkenntnistheorie, die vom Grundsatz ausgeht, daß der Erkenntnismechanismus und die Wirklichkeit übereinstimmen,[5] möchte also Erkennen auf biologische Vorgänge reduzieren. Freilich muß Tiemann zugeben, daß eine konkrete Reduktion zur Zeit nicht möglich ist, weil die experimentellen Möglichkeiten zu gering und „das System des menschlichen Erkenntnisapparates für eine kausal-deterministische Analyse zu komplex" sind.[6] Der Tendenz nach bleibt Tiemann jedoch auf einem biologistischen Standpunkt, da sein Analogiekonzept die kategoriale Differenz zwischen Naturwissenschaft und philosophischer Erkenntnistheorie nicht anerkennt und das Gelingen des Analogieschlusses bloß von technischen und systemtheoretischen Gegebenheiten abhängig macht.

Trotz des methodischen Reduktionismus, der zu einem eingeschränkten Wirklichkeitsbegriff führt, sind die vorgestellten physikalischen Weltbilder von einem hohen Anspruch getragen. Ihre Vertreter geben sich nämlich nicht damit zufrieden, eine begrenzte Weltsicht anzubieten, sondern meinen, die eigentliche und gültige Wirklichkeitssicht zu haben. Solche Ansprüche werden an methodologischen Stellen der Entwürfe zwar meist geleugnet, und die methodische Beschränktheit des eigenen Standpunktes wird zwar manchmal betont. In der konkreten Durchführung werden den Universalwissenschaften Theologie und Philosophie aber ihre Eigenständigkeit abgesprochen oder die zeitgemäße Ablösung der Metaphysik durch die Naturwissenschaften gefordert. Schon im Ausdruck „Einheitswissenschaft" wird der Anspruch manifest, die gültige Wirklichkeitssicht zu besitzen. Darüber hinaus geben Physiker wie Tipler sogar vor, die neuen Naturwissenschaften könnten die Funktion von Religion ohne Abstriche übernehmen.[7]

---

1 Siehe dazu auch: Klinger W., Die wissenschaftstheoretische Bedeutung der Analogiebildung, dargestellt am Beispiel der Transportphänomene der „Wärmeleitung", „Elektrizitätsleitung" und „Diffusion", in: Liedtke M. (Hg.), Kulturethologie. Über die Grundlagen kultureller Entwicklungen. Dem Begründer der Kulturethologie Professor Otto Koenig (1914–1992), München 1994, 150–165.

2 Tiemann A., Analogie. Analyse einer grundlegenden Denkweise in der Physik, Thun 1993 (= Reihe Physik 11), 103.

3 Tiemann, Analogie, 104.

4 Tiemann, Analogie, 124.

5 Ebenda.

6 Tiemann, Analogie, 125.

7 Vgl. Tipler, Physik der Unsterblichkeit, 407.

Da derartige Weltsichten, die auf explizitem oder implizitem methodischen Reduktionismus fußen, davon ausgehen, daß die von ihnen erfaßte Wirklichkeit die ganze Realität sei, zieht die reduktive Methode einen reduzierten Wirklichkeitsbegriff nach sich. Der methodische wird zu einem ontologischen Reduktionismus. Das naturwissenschaftliche Realitätsverständnis gilt nicht als eine neben anderen (methodisch differenten) Auffassungen von Natur, Mensch und Gott. Vielmehr bringen in oben vorgestellten Weltbildern Physiker die Exklusivität ihrer Realitätssicht direkt oder indirekt zum Ausdruck. Wenn jedoch trotz Kategorienverwechslungen und falschen Analogiebildungen, die Inhalte alltäglicher Erfahrung importieren, so getan wird, als repräsentierten die vorgestellten Entwürfe eine bloß auf Quantifizierung und Meßbarkeit fußende Natursicht, und zudem vorausgesetzt wird, daß sich darin Wirklichkeit erschöpfe, so liegt die Gefahr der Mythologisierung nahe. Mutschler und Brügge haben – wie oben gezeigt – darauf hingewiesen, daß die Vorgabe, alltägliche Erfahrung sei quantitativ restlos faßbar, und der Versuch, solchen Aussagen durch den unausgewiesenen Import nicht-quantifizierter oder nicht-quantifizierbarer Erfahrung zu entsprechen, hinter aufgeklärtes Denken in den Mythos zurückfallen.[8] Wirklichkeitsaussagen werden durch Kategorienverwechslungen gestützt, die sauberer Methodik zuwiderlaufen.

3.7.3 Zur univoken Verwendung des Zeitbegriffs in der propagierten Einheitswissenschaft

Die im Anschluß an die theologischen Modelle einer Verbindung zwischen Naturwissenschaft und Theologie vorgebrachte Kritik am zugrundeliegenden Zeitbegriff gilt – in abgewandelter Form – auch für die vorgestellten naturwissenschaftlichen Einheitstheorien. Die Versuche, den Zeitbegriff auf eine einzige Bedeutung zu reduzieren, und zwar Zeit auf ihre chronologische Form zu beschränken, können der menschlichen Zeiterfahrung nicht gerecht werden. Zudem schleichen sich alltägliche Formen der Zeiterfahrung, die nicht in meßbare chronologische Zeit auflösbar sind, in die vermeintlich nur naturwissenschaftlich gefaßten Weltbilder ein. Wie deutlich geworden ist, gehen zum Beispiel Prigogine und Stengers davon aus, daß die Irreversibilität des Zeitpfeils auf der Erfahrungsdifferenz zwischen Vergangenheit und Zukunft beruht. Physikalisch ausweisbar ist zwar die Irreversibilität, nicht jedoch die Tatsache, daß die Richtung von der Vergangenheit in die Zukunft weist und nicht umgekehrt. Dieses Datum müssen sie trotz ihrer Behauptung, eine rein naturwissenschaftliche Theorie für die Irreversibilität der Zeit zu bieten, alltäglicher Erfahrung entnehmen, ohne es als quantifizierbare Größe ausweisen zu können.

---

[8] Mutschler besonders hinsichtlich einiger Vertreter der Theorie der Selbstorganisation und Brügge in bezug auf so manche Chaostheoretiker. P. Janich hat bereits früher darauf hingewiesen, daß Physik allgemein die Entstehung neuer Mythen begünstige, also nicht mehr bloß Mythen abbaue (Janich P., Zweck und Methode der Physik aus philosophischer Sicht, Konstanz 1973 [= Konstanzer Universitätsreden 65]).

Tiplers Konzept der subjektiven Zeit, die er der Eigenzeit entgegensetzt, stellt ebenfalls einen Versuch dar, auf physikalischem Weg über herkömmliche physikalische Zeit hinauszukommen. Die im Omegapunkt anhebende subjektive Zeit hat zwar kein Ende, ist aber mathematisch beschreibbar. Ebenso ohne Ende ist die imaginäre Zeit im Entwurf Hawkings, der sogar eine Erinnerung an die Zukunft kennt. Im Gegensatz zu Prigogine meint Hawking, die Richtung der Zeit sei mittels imaginärer Zahlen berechenbar. Sein Vergleich der Richtungen zwischen psychologischem, thermodynamischem und imaginärem Zeitpfeil stützt sich folgerichtig auf ein biologistisches Menschenbild, das Zeit auf Gehirnfunktionen reduziert. Trotz des Ansinnens, die Ewigkeit von Mensch und Natur adäquat zu denken, erliegen Hawking und Tipler der Versuchung, sie nur quantitativ zu erfassen, und entsprechen damit bloß einer biologistischen Anthropologie. Von Weizsäckers Versuch, den Zeitbegriff der Physik und die Zeit des Bewußtseins zusammenzudenken und mittels der quantentheoretischen Zusammenschau von System und Beobachter zu verbinden, bleibt ebenso auf Physik beschränkt. Erlebte Zeit ist in seinem Entwurf, in dem er zum Beispiel Gegenwart bloß als ausdehnungslosen Punkt zwischen Vergangenheit und Zukunft versteht, nicht adäquat gefaßt. In den angeführten Entwürfen kommt alltägliches Zeiterleben nicht hinreichend zur Sprache.

Den an die Zeitkonzeption gebundenen Kausalitätsbegriff stellt die Chaostheorie in Frage. Zwar bleiben das Zuvor und das Danach noch aufrecht, doch die Tatsache, daß chaotische Systeme nur mehr der schwachen, jedoch nicht mehr der starken Kausalitätskonzeption entsprechen, bringt eine Verschiebung berechenbarer Ursache-Wirkung-Verhältnisse mit sich. Der Rahmen des Determinismus im Sinne schwacher Kausalität besteht freilich weiter. Aber für die Naturwissenschaften bringen chaotische Systeme eine ähnliche Problematisierung des Kausalitätsbegriffes mit sich, wie sie die Quantentheorie durch den Aufweis der Grenzen der Meßbarkeit vor Augen gestellt hat. Während sich in der Quantentheorie die gleichzeitige Meßbarkeit von Ort und Impuls eines Teilchens als prinzipiell nicht praktikabel herausstellt, bleiben in der Chaostheorie das Kausalitätsprinzip in seiner schwachen Form und die klassische Physik gültig. Für das Zeitproblem bedeutet dies, daß etwa durch Bifurkationen die lineare Entwicklung eines Systems nicht gewährleistet ist und daher eindeutige Vorherbestimmungen für Einzelwerte nicht mehr möglich sind. Zeitliches Nacheinander ist einem Ursache-Wirkung-Verhältnis nicht mehr einfach parallelzusetzen.

Eine völlige Auflösung der Zeitrichtung mittels Auflösung der Kausalitätsvorstellung bietet Capras Entwurf, in dem die Boot-strap-Theorie eine Verknüpfung von allem mit allem als naturwissenschaftliche Grundgegebenheit voraussetzt. Während Hawking zwar auch eine der Zeitrichtung widersprechende Verknüpfung der einzelnen Zeitmodi kennt, aber die Zeitrichtung als solche nicht leugnet, möchte Capra im Anschluß an Chew die Zeitkategorie überhaupt aufgelöst wissen. Kontinuierliche Zeit ist kein Moment der neuen Physik mehr. Wovon dabei aber völlig abgesehen wird, ist die Zeiterfahrung, in der der Mensch steht, bevor er fachwissenschaftlich an die Wirklichkeit herangeht.

4. Naturwissenschaftliches Denken im Verhältnis zu philosophischem und theologischem Denken

Die Analyse schöpfungstheologischer Entwürfe ließ Grundtypen unterscheiden, wie die Relation zwischen Naturwissenschaften und Theologie von seiten gegenwärtiger Theologen explizit bestimmt oder implizit gedacht wird. Die unterschiedlichen Vorschläge, die eine Aufgliederung in Modelle nahelegten, forderten allerdings auch die Kritik an ihren Voraussetzungen heraus, und zwar Kritik am Zeitbegriff, der meist als Bindeglied zwischen beiden Bereichen vorgestellt wurde. Darüber hinaus mußte festgestellt werden, daß in einigen Entwürfen das Methodenproblem übergangen oder einseitig gelöst worden ist.

Die Untersuchung gegenwärtiger naturwissenschaftlicher Ansätze mit weltanschaulichem Anspruch hat ergeben, daß der Gottesbegriff teilweise abgelehnt, meist jedoch akzeptiert und gleichzeitig im Vergleich zu seiner herkömmlichen Bedeutung transformiert wird. Eine solche Transformation hatte auch schon A. Einstein verlangt, der die Theologen aufforderte, endlich von ihrem Konzept eines persönlichen Gottes Abstand zu nehmen. Dann – so meint er in „Aus meinen späten Jahren" – könne die wissenschaftliche Erkenntnis dieser wahren Religion des Menschen förderlich sein.[1] Ähnlich wie in der gegenwärtigen Situation waren solche Themen schon in der klassischen Moderne der Physik kontrovers. So verteidigte E. Schrödinger die Physik vor dem Vorwurf, sie lehne einen persönlichen Gott ab, indem er betonte, daß Gott innerhalb der Physik nicht vorkommen könne, weil alles Persönliche im voraus aus dem physikalischen Weltbild eliminiert worden sei.[2] Offenbar wird am jeweiligen Gottesbegriff die unterschiedliche Verhältnisbestimmung von Theologie und Naturwissenschaften sichtbar. Das haben auch die obigen Analysen zum Gottesbegriff in heutigen naturwissenschaftlichen Entwürfen bestätigt.

Im folgenden soll versucht werden, eine Verhältnisbestimmung zwischen Naturwissenschaften, Philosophie und Theologie vorzunehmen, die sowohl den Unterschied der Methoden und die Differenz der Wirklichkeitsbegriffe der einzelnen Wissenschaften als auch die Tatsache ernst nimmt, daß die angeführten Wissenschaften auf Welt bezogen sind. Wie die obigen Ausführungen gezeigt haben, wird es dabei vor allem darum gehen müssen, auf die jeweilige Methodik der verschiedenen Wissenschaften einzugehen. Denn die Beurteilung der Tragfähigkeit eines bestimmten methodischen Vorgehens schreibt vor, welche Ansprüche mit einer Wissenschaft verknüpft und welche Form des Wirklichkeitsbezuges behauptet werden können. Die unterschiedenen Modelle weisen eine bestimmte methodische Grundentscheidung auf, die das Verhältnis der Wissenschaften untereinander festlegt. Das heißt, daß die methodische Vorentscheidung wesentlich mitbestimmt, wie die Relation der Naturwissenschaften zu Philosophie und Theologie aussieht.

---

1 Zit. nach: Dürr H.-P. (Hg.), Physik und Transzendenz. Die großen Physiker unseres Jahrhunderts über ihre Begegnung mit dem Wunderbaren, Bern 1988, 77f.

2 Zit. nach: Dürr., Physik und Transzendenz, 169f.

Deshalb werde ich im folgenden zunächst das Problem der Verbindung der unterschiedlichen Wissenschaften auf methodischer Ebene zu einem Dilemma verschärfen. Da der Ausweg aus diesem – wie ich im ersten Unterabschnitt zu zeigen versuche – mit Hilfe einer Einheitswissenschaft nicht gelingt, zumal deren Vertreter reduktionistisch vorgehen, stelle ich im zweiten Unterabschnitt weitere Versuche vor, Naturwissenschaften, Philosophie und Theologie zu verklammern, und unterziehe sie einer Kritik. Im Anschluß daran mache ich einen Vorschlag, wie eine Verhältnisbestimmung aussehen könnte, die sich weder Methodenverwechslungen oder falsche Analogiebildungen noch unsachgemäße Kompetenzzuschreibungen vorwerfen lassen muß. Wie leicht einzusehen ist, kann hier kein allgemeines wissenschaftstheoretisches Konzept entworfen werden. Vielmehr sollen vor allem die Relationen bestimmt werden, die für den Naturbegriff und das Naturverständnis der einzelnen Wissenschaften von Belang sind.

Bislang wurden Philosophie und Theologie nicht genau unterschieden, sondern gemeinsam den Naturwissenschaften gegenübergestellt. Dies schien deshalb gerechtfertigt zu sein, weil die Wirklichkeitssicht dieser beiden Wissenschaften methodisch ähnlich fundiert ist, jedoch derjenigen der Naturwissenschaften nicht entspricht. Darauf stützte sich ein Großteil der Kritik am Anspruch mancher Physiker, sie könnten mit ihrer Wissenschaft Theologie und Philosophie sowie deren Weltverständnisse beerben. Weil es aber im folgenden nicht mehr nur darum geht, Vermittlungsversuche durch Kritik abzuwehren, sondern darum, eine gangbare Verhältnisbestimmung zu versuchen, wird auch auf den methodischen Unterschied zwischen Theologie und Philosophie besonderer Wert gelegt.

4.1 Methodendifferenz und Einheit der Wirklichkeit

Im folgenden Unterabschnitt unterziehe ich die in den vorgestellten Modellen implizit oder explizit geforderte Einheitswissenschaft einer gesonderten Kritik in methodologischer Hinsicht. Dadurch wird sichtbar, daß die Verklammerung zwischen Naturwissenschaften, Philosophie und Theologie auf einer solchen Basis nicht gerechtfertigt ist, weil die Methode der Einheitswissenschaft nicht eine ist, die die Methoden der einzelnen Wissenschaften integriert, sondern mit der naturwissenschaftlichen Methode ident ist. Akzeptiert man diesen Sachverhalt und anerkennt man zugleich wechselseitige Einflüsse der Wissenschaften, so gerät man jedoch in das Dilemma, einerseits die Differenz der Methoden anerkennen zu müssen und andererseits von einer gemeinsamen Basis für die angeführten Wissenschaften ausgehen zu sollen.

4.1.1 Zur Methode der Einheitswissenschaft von Theologie, Philosophie und Naturwissenschaften

Die im dritten Abschnitt behandelten naturwissenschaftlichen Modelle gehen davon aus, daß Gott ein Problem naturwissenschaftlichen Denkens ist. Die Gottesfrage wird vor dem Hintergrund naturwissenschaftlichen Vorgehens neu gestellt und aus dem Blickwinkel eines Weltbildes beantwortet, das mittels naturwissenschaftlicher Methode gewonnen worden ist. Die methodische Voraussetzung naturwissenschaftlichen Bemühens ist bekanntlich Galileis Forderung, alles Meßbare zu messen und alles noch nicht Quantifizierbare quantifizierbar zu machen. Gott erscheint unter solcher Voraussetzung als quantifizierbare Größe, wenn ihm überhaupt Beachtung geschenkt wird. Entweder er scheidet als nichtquantifizierbares Etwas aus dem Bereich möglichen naturwissenschaftlichen Zugriffs überhaupt aus, oder aber er wird eine naturwissenschaftliche Größe. Dann ist Gott ein Teil der naturwissenschaftlich begriffenen Wirklichkeit.

Solchem Denken vorausgesetzt ist die Vorentscheidung, daß Gott mit derselben Methode wie Natur erfaßt werden kann. Die Vorgehensweise bei der Erforschung der Natur wird mit der Art des forschenden Zugehens auf Gott ident gesetzt. Wie Atome Bausteine des Naturbildes des Naturwissenschaftlers sind, so ist es auch Gott. Die Identifikation der Methoden bringt eine einheitliche Blickrichtung beim Herangehen an die Wirklichkeit mit sich und macht die erforschten Objekte zu Größen, die auf derselben Wirklichkeitsebene angesiedelt sind. Nicht auf diese Wirklichkeitsebene Projizierbares wird aus dem Bereich möglicher Forschungsgegenstände ausgeklammert. Je nachdem, wie man Gott einstuft, wird er entweder Gegenstand naturwissenschaftlicher Auseinandersetzung oder verliert wegen der Unmöglichkeit, ihn zu objektivieren, naturwissenschaftliche Relevanz.

Parallel zur Einstufung des Gottesbegriffs verläuft die Stellungnahme der Naturwissenschaftler zur Möglichkeit der Theologie. Entweder ist Gott Gegenstand der Physik oder einer anderen Naturwissenschaft; dann ist die Theologie überflüssig, weil sich herausgestellt hat, daß ihr zentraler Gegenstand anderweitig besser erforscht werden kann. Oder Gott ist nicht Gegenstand der Physik; dann wird ebenso das Ende der Theologie gefordert, weil alles nicht-präzise – gemeint nicht-naturwissenschaftliche – Denken eigentlich nicht Wissenschaft heißen könne. Theologie muß folglich zur Naturwissenschaft werden, soll sie eine Daseinsberechtigung haben.

Von seiten der Naturwissenschaftler wird die Methodeneinheit des quantifizierenden Vorgehens für jede Wissenschaft gefordert. Als Kompensation für die möglichen Ängste, daß Wirklichkeitsbereiche dadurch einseitig – nämlich bloß quantifizierend – behandelt würden oder daß dadurch Teile der Wirklichkeit überhaupt keine Beachtung mehr fänden, werden die modernen Forschungsrichtungen der Naturwissenschaften ins Treffen geführt. Alles, was Freiheit, Kreativität, Indeterminismus und vor allem Zeit, Geschichte und Gott betreffe, könne mittlerweile durch die Quanten-, Relativitäts- und Chaostheorie sowie die Theorie der Selbstorganisation erklärt werden. Mit der Abkehr vom Determinismus seien die Naturwissenschaften in der Lage, die bisher den Geisteswissenschaften vorbehaltenen Phänomene zu erschließen, und zwar besser als diese, da nunmehr Präzision, Klarheit und Beweisbarkeit, die den Geisteswissenschaften fehlten, gewährleistet seien.

Diese methodischen Voraussetzungen bilden das naturwissenschaftliche Pendant zu Entwürfen des theologischen Identitätsmodells. Wie im entsprechenden Unterabschnitt gezeigt, gehen Vertreter dieses Modells davon aus, daß die angesprochenen Ergebnisse neuester Naturwissenschaftszweige in theologische Argumentationsstränge eingebaut werden und als theologisch adäquate Wirklichkeitsbeschreibungen dienen können. Naturwissenschaften und Theologie interagieren in solchen Modellen deshalb ohne Schwierigkeiten, weil sie sich auf ein und derselben methodischen Ebene bewegen. Theologen übernehmen Ergebnisse naturwissenschaftlicher Forschung und Naturwissenschaftler Theologumena. Dabei scheinen Naturwissenschaftler den Anspruch zu haben, Erben der Theologie zu sein, Theologen hingegen sind offenbar am Weg zum Naturwissenschaftler immer noch ängstlicher als die Naturwissenschaftler bei ihrer Mutation zu Theologen. Sie begnügen sich wegen mangelnder naturwissenschaftlicher Kompetenz eher mit der Arbeit, eine geordnete Zusammenschau naturwissenschaftlich fundierter Gottesrede zu bieten und diese mit der Heiligen Schrift zu synchronisieren.

Die methodische Identifikation von Naturwissenschaften und Theologie kann zum einen von den Naturwissenschaften betrieben werden. Die Folge davon ist, daß Gott – wie gesagt – der Name für eine naturwissenschaftliche Größe oder eine Systemeigenschaft wird. Zum anderen lassen sich die theologischen Varianten des Identitätsmodells meist von den Naturwissenschaften vorgeben, was als göttlich zu gelten habe, und überantworten theologische Aussagen naturwissenschaftlicher Beweisführung. Die Aufgabe der eigenen Methodik führt zu einer Einschränkung der Wissenschaften auf eine Einheitswissenschaft, wie sie explizit von C. F. von Weizsäcker angestrebt, implizit aber auch von anderen Naturwissenschaftlern beabsichtigt wird. Vertreter des theologischen Identitätsmodells schließen sich de facto solchen Bestrebungen an und reduzieren die eigene wissenschaftliche Vorgehensweise auf diese einheitliche Methode: Theologische Aussagen von seiten der Naturwissenschaften sind durch dieselbe Methode fundiert wie Forschungsergebnisse von Theologen. Die Zurückführung von Naturwissenschaften und Theologie auf eine Einheitswissenschaft, deren Methodik für beide Wissenschaftsbereiche als geeignet erscheint, ist methodischer Reduktionismus. Das bedeutet, daß Entwürfe, die verschiedene methodische Ansätze vereinheitlichen und methodisch unterschiedliche Wissenschaften auf eine Einheitswissenschaft verkürzen, als methodisch reduktionistisch zu beschreiben sind. Die obigen Untersuchungen haben sowohl gezeigt, daß die naturwissenschaftlichen Entwürfe einem Identitätsmodell zuzuordnen sind, als auch sichtbar gemacht, daß diese – wie das theologische Identitätsmodell – von methodischen Zusammenführungen ausgehen. Beide Modellvarianten verfolgen reduktive Methodenansprüche.

Methodischer Reduktionismus kann unterschiedliche Gestalt annehmen. Es ist möglich, daß zwei Wissenschaften auf eine dritte, ihnen nicht eigene Methode zurückgeführt werden. Aber auch die Reduktion der einen auf die andere Wissenschaft ist möglich. Im Falle der vorliegenden naturwissenschaftlichen und theologischen Entwürfe handelt es sich um den zweiten Fall. Sowohl Theologen, die versuchen, sich auf dieselbe Ebene wie die Naturwissenschaften zu stellen, als auch theologisierende Naturwissenschaftler gehen davon aus, daß die naturwissenschaftliche Methode die Basis wissenschaftlichen Vorgehens für beide Wissenschaften abgeben kann. Wenn auch nicht immer eine völlige Identifizierung behauptet wird, so werden doch von theologischer Seite die Ergebnisse zum Beispiel der Physik unhinterfragt übernommen. Dadurch werden Fakten in einen neuen methodischen Rahmen gestellt, dem sie nicht entstammen. So scheint es bei erstem Zusehen zu einer neuen Methodik zu kommen, die naturwissenschaftliche und theologische Vorgehensweisen einfach mischt. In der Folge wird die Eigenart theologischen Denkens jedoch meist aufgegeben, sodaß sich das quantifizierende und metrisierende Denken durchsetzt.

Daß sich Wirklichkeit jedoch nicht in den Ergebnissen einzelwissenschaftlicher Forschung erschöpft, zeigt die Tatsache, daß sowohl Theologen als auch Naturwissenschaftler bei solchem reduktiven Vorgehen nicht im behaupteten methodischen Rahmen bleiben, sondern naturwissenschaftliche Aussagen universalwissenschaftlich aufladen. Übertragungen dieser Art zeigen einerseits, daß Naturwissenschaftler offenbar immer wieder nicht-naturwissenschaftliche Erfahrung beanspruchen, um ihren Ansatz aufrechtzuerhalten. Andererseits erweist sich das einheitswissenschaftliche Vorgehen unter naturwissenschaftlichem Vorzeichen als vorherrschende Doktrin des Identitätsmodells. Denn am Anspruch, naturwissenschaftlich vorzugehen, wird festgehalten.

Der Reduktionismus, der eine naturwissenschaftliche Einheitswissenschaft zu seinem Ziel hat, kennt zwei verschiedene Stoßrichtungen. Zum einen wird versucht, alles, was durch die naturwissenschaftliche Methode nicht erfaßbar ist, als unwirklich zu negieren und als unwissenschaftlich abzutun. Dies hat zur Voraussetzung, daß solcher Einheitswissenschaft ein Wissenschaftsverständnis zugrunde liegt, das als Wissenschaft bloß gelten läßt, was naturwissenschaftlicher Methode folgt. In diesem Sinn ist Theologie, insofern sie sich weigert, selbst Naturwissenschaft zu werden, keine Wissenschaft. Denn alles Nicht-Objektive, also etwa Gott, ist nicht Gegenstand von Wissenschaft. Diese wird zum Synonym für naturwissenschaftliche Methode.

Zum anderen versuchen Vertreter der Einheitswissenschaft, das bislang naturwissenschaftlicher Methode nicht Zugängliche als Gegenstand der Naturwissenschaften auszuweisen. Durch Verfeinerung des eigenen Ansatzes sollen Naturwissenschaften fähig gemacht werden, bislang den Geisteswissenschaften vorbehaltene Themenbereiche naturwissenschaftlich aufzuschließen.

Diese beiden Grundtendenzen[3] paaren sich im reduktiven Denken mit weitgehenden Ansprüchen. Naturwissenschaft als solche stellt allein und von sich aus noch nicht den Anspruch, die Wirklichkeit in ihrer Gesamtheit erfaßt zu haben. Wird die naturwissenschaftliche Vorgehensweise aber zur einzig gültigen wissenschaftlichen Methode erhoben und werden andere als unwissenschaftlich abge-

---

[3] Vgl. Vetter H., Wirklichkeit – Wandel eines Begriffs, in: Pöltner G./ Vetter H. (Hg.), Naturwissenschaft und Glaube, Wien 1984, 41–55.

lehnt, so gelten nur diejenigen Ergebnisse als authentische Erfassung der Wirklichkeit, die mit Hilfe ebendieser Methode gewonnen wurden.

Die naturwissenschaftliche Methode als die allein wissenschaftliche und erstrebenswerte einzuschätzen macht den nicht selbst wieder naturwissenschaftlich begründbaren Anspruch sichtbar, der sich hinter einer solchen Haltung verbirgt. Das behauptete Anrecht, allein Wirklichkeitsrelevanz zu besitzen, ist eine externe Entscheidung, die sich nicht auf naturwissenschaftliche Binnenargumente stützen kann. Dennoch werden solche Ansprüche gestellt, wenn sie auch nicht immer reflektiert werden. Die Meinung, durch die Anwendung der naturwissenschaftlichen Methode die alten philosophischen Fragen nunmehr in den Griff bekommen zu können und die theologischen Probleme auf eine Ebene prinzipieller Beweisbarkeit zu heben, zeugt von solcher Grundhaltung.

Derartig hohe Ansprüche sind – wie schon die Einzelanalysen gezeigt haben – alles andere als unproblematisch. Zum einen wird die Entscheidung, in der intendierten Einheitswissenschaft nur die naturwissenschaftliche als die authentische Methode gelten zu lassen, nicht weiter begründet. Der Erfolg der Technik und der Anwendungen der Forschungsergebnisse aus Physik, Chemie und Biologie zeigen heute nicht nur ihre Schattenseiten, sondern bieten auch keinen Beweis dafür, daß solche Sicht nicht schon von vornherein ein verarmtes Naturbild zur Grundlage hat. Es ist keinesfalls erwiesen, daß nicht Theologie weitere und möglicherweise ganz andere Momente der Natur zur Sprache bringen kann, wenn sie zum Beispiel Natur als Schöpfung zu verstehen sucht. Ebenfalls ist damit nicht gezeigt, daß nicht auch eine genuine Philosophie der Natur diese anders, aber dennoch gültig sichtbar machen kann.

Zum anderen sind selbst die Naturwissenschaften nicht fraglos als Einheit in methodischer Hinsicht anzusprechen, geschweige denn Natur- und Geisteswissenschaften unter die intendierte Einheitswissenschaft zu subsumieren. N. Bischof hat herausgearbeitet, daß dem reduktiven Denken von Physik und Chemie verschiedene heuristische Ideen zugrunde liegen.[4] Während die Physik eine paradigmatische Wissenschaft sei und nach der Ordnung frage, gehe die Biologie vergleichend vor und frage nach der Organisation der Natur. Nach Bischof gibt es folglich nicht nur *eine* Form, sondern „zwei Prototypen der Naturforschung"[5], die nicht aufeinander rückführbar sind. Auch der Verknüpfungsversuch – mit Hilfe der Selbstorganisationstheorie – zwischen diesen beiden Natursichten, die seit dem Aufgeben entelechialer Vorstellungen keine Klammer mehr haben, kann nicht gelingen. Denn Selbstorganisation bleibt nach Bischof wegen ihres naturwissenschaftlichen Anspruchs dem Ordnungsdenken der Physik verpflichtet, das biologischem Vorgehen gerade entgegensteht.[6] Reduktionistisches Denken, das zudem den Anspruch erhebt, einziges authentisch wissenschaftliches Denken zu

---

[4] Bischof N., Ordnung und Organisation als heuristische Prinzipien des reduktiven Denkens, in: Meier H. (Hg.), Die Herausforderung der Evolutionsbiologie, München ^{2}1989 (= SP 997), 79–127.

[5] Bischof, Ordnung und Organisation, 122.

[6] Bischof, Ordnung und Organisation, 125.

sein, kann also nicht nur nicht die geforderte Einheitswissenschaft abgeben, die Natur- und Geisteswissenschaften einschließlich Theologie integriert, sondern kann offenbar auch nicht innerhalb des naturwissenschaftlichen Bereiches als methodisch einheitliche Denkform gelten. Die referierten Ansprüche der Vertreter solcher reduktionistischer Ansätze sind überzogen und können durch die eigene Wissenschaft nicht eingelöst werden.

Wenn Entwürfe, die eine Identifikation der Naturwissenschaften mit Philosophie und Theologie voraussetzen, die Ansprüche, die ihre Vertreter erheben, nicht einlösen können, so scheint es nahezuliegen, sie zugunsten des Differenzmodells aufzugeben. Dieses hat Bedacht auf die methodische Eigenständigkeit der Theologie im Gegenüber zu den Naturwissenschaften und setzt anders als Physik oder Chemie eigenständig theologisch an, ohne sich naturwissenschaftliche Vorgaben machen zu lassen. Die Analyse des theologischen Differenzmodells hat jedoch gezeigt, daß seine Vertreter eine Theologie der Natur einfordern, die sich von den Ergebnissen moderner Einzelwissenschaften unberührt zeigt. Naturwissenschaftliche Daten werden als irrelevant abgetan.

Aber nicht nur die Abkehr von den Naturwissenschaften ist diesem Modell eigen, sondern auch eine kritische Haltung der Philosophie gegenüber. Während das reduktionistische Denken der Einheitswissenschaft Philosophie und Offenbarungstheologie auf die naturwissenschaftliche Methode verpflichten möchte, sind Vertreter des Differenzmodells nicht nur gegen die Einzelwissenschaften, sondern im Gefolge Barths auch gegen eine Philosophie der Natur skeptisch eingestellt. Abgesehen von einigen philosophischen Schulen, die für die eigene Disziplin nur einzelwissenschaftliche Methodik gelten lassen wollen, möchte sich Philosophie gewöhnlich des Gegenstandsentwurfes enthalten, den die einzelnen Naturwissenschaften voraussetzen, und logisch vor der naturwissenschaftlichen, reduzierenden Methodik ansetzen. So verstandene Philosophie ist folglich nicht reduktionistisch im obigen Sinn. Dennoch lehnen die angeführten Vertreter des theologischen Differenzmodells nicht nur naturwissenschaftliche Methodik, sondern auch solches philosophisches Vorgehen ab. Der Grund liegt darin, daß sie für die Theologie in Anspruch nehmen, offenbarungstheologisch vorzugehen, während Philosophie Offenbarung als Quelle eigenen Wissens einklammert.

Neben der Skepsis gegenüber jeder sogenannten „natürlichen Theologie" handelt sich nach dem Differenzmodell vorgehende Offenbarungstheologie im besonderen Schwierigkeiten im Hinblick auf ihre Verstehbarkeit ein. Wenn die Ansprechpartner solcher Theologie auch nicht primär Naturwissenschaftler sind, so kann sie naturwissenschaftlichen Ergebnissen dennoch nicht aus dem Weg gehen. Physik, Chemie, Informatik usw. bestimmen die heutige Lebenswelt derart, daß sie auf die Wirklichkeitserfahrung des einzelnen großen Einfluß ausüben. Vertreter des theologischen Differenzmodells haben also die Schwierigkeit, ihre Aussagen mit solcher Wirklichkeitserfahrung zu vermitteln, um sich verständlich zu machen. Trotz des berechtigten Bestehens auf der Eigenständigkeit theologischer Methodik, scheint schon aus Verständlichkeitsgründen ein Bezug zu den Ergebnissen moderner Naturwissenschaft notwendig. Soll solche Theologie nicht nur Binnenwissenschaft bleiben, sondern auch Relevanz für christliche Verkündigung in der modernen Lebenswelt besitzen, so scheint – wie K. Schmitz-Moormann bemerkt –[7] eine Auseinandersetzung mit den Naturwissenschaften als unumgänglich. Die zentrale Frage bleibt freilich das Wie solcher Auseinandersetzung.

4.1.2 Das Dilemma

Die methodischen Schwierigkeiten, zu denen sowohl eine Einheitswissenschaft als auch Versuche nach dem Vorbild des Differenzmodells führen, läßt das Dilemma sichtbar werden, in dem eine Bestimmung des Verhältnisses zwischen Theologie und Naturwissenschaften steht. Als die eine Seite des Dilemmas zeigt sich, daß das Abgehen von der Methodendifferenz zu reduktionistischen Weltsichten führt, die trotz methodischer Verkürzung den Anspruch erheben, Natur unverkürzt und im Prinzip vollständig zur Sprache zu bringen. Daß dieser Anspruch jedoch nicht gehalten werden kann, hat den Grund darin, „daß die Thematisierung von Natur durch Naturwissenschaft nur eine eingeschränkte ist"[8]. Wie G. Böhme mit anderen betont, unterscheidet sich die Thematisierung der Natur durch die Naturwissenschaften kategorial von anderen Arten, Natur zum Thema zu machen.[9] Während die Naturwissenschaften die Natur in ihrer gesetzlichen Äußerlichkeit voraussetzten, könne Natur auch im Hinblick auf ihr Selbstsein betrachtet werden, weil der Mensch auf Grund seiner Leiblichkeit selbst Natur sei.[10] Darüber hinaus ist jedoch auch auf alternative Naturkonzepte – etwa an das Goethes – zu verweisen, die eine zur physikalischen alternative Natursicht vertreten.[11] Die Meinung, die Naturwissenschaften seien der einzige Zugang zu Natur, wird darüber hinaus durch den Hinweis Böhmes relativiert, daß die Naturwissenschaften immer noch von einer faktischen Natur ausgehen, obwohl diese immer mehr zum Produkt des Menschen wird und somit „sozialwissenschaftliche Begriffe und Fragestellungen" in der Naturbetrachtung rechtens nicht mehr länger auszuschließen wären.[12]

---

[7] Schmitz-Moormann K., Möglichkeiten und Perspektiven des Schöpfungsglaubens in einer evolutiven Welt, in: Schmitz-Moormann K. (Hg.), Schöpfung und Evolution. Neue Ansätze zum Dialog zwischen Naturwissenschaften und Theologie, Düsseldorf 1992 (= SKAB 145), 76–95, 83.

[8] Böhme G., Was ist Natur? Charaktere der Natur aus der Sicht der modernen Naturwissenschaft, in: Böhme G., Natürlich Natur. Über Natur im Zeitalter ihrer technischen Reproduzierbarkeit, Frankfurt/ M. 1992 (= es N. F. 680), 56–76, 61.

[9] Ebenda.

[10] Vgl. Böhme G., Leib: Die Natur, die wir selbst sind, in: Böhme G., Natürlich Natur. Über Natur im Zeitalter ihrer technischen Reproduzierbarkeit, Frankfurt/ M. 1992 (= es N. F. 680), 77–93.

[11] Vgl. Picht, Begriff der Natur, 37–54.

[12] Böhme, Was ist Natur?, 62; vgl. Böhme G., Künstliche Natur, in: Böhme G., Natürlich Natur. Über Natur im Zeitalter ihrer technischen Reproduzierbarkeit, Frankfurt/ M. 1992 (= es N. F. 680), 181–199.

Sollen die verschiedenen Zugangsmöglichkeiten zu Natur nicht eingeebnet werden und Natur nicht einseitig in den Blick kommen, so ist die Methodendifferenz aufrechtzuerhalten. Die Rede von einer „integrierenden Interpretation" der Ergebnisse der Naturwissenschaften greift folglich zu kurz und übersieht die Unterschiede in der jeweiligen Vorgehensweise der Wissenschaften: Weder die Philosphie[13] noch die Theologie[14] können sich über die herausgestellte Methodendifferenz ungestraft hinwegsetzen und kurzerhand eine Einheitsperspektive der Wirklichkeit präsentieren, die obiger Kritik standhält. Die angesprochenen methodischen Unterschiede verlangen ihre Berücksichtigung.

Die zweite Seite des Dilemmas besteht in der Meinung, daß die Erfahrungsarten, die wegen der Methodendifferenz in den unterschiedlichen Wissenschaften je anders sind, sich auf dieselben Dinge bezögen.[15] Die Dinge, auf die die unterschiedlichen Wissenschaften Bezug nehmen, sind nicht mißzuverstehen als bloße Bezugspunkte verschiedener Perspektiven. Die formalen Unterschiede in den Methoden, die einen jeweils bestimmten Erfahrungsbegriff festlegen, haben nämlich inhaltliche Bedeutung. Das heißt, daß die Wirklichkeit der Theologie eine andere ist als die der Naturwissenschaften; die beiden Wissenschaften haben nicht bloß eine unterschiedliche Sicht derselben Welt, sondern basieren auf unterschiedlichen Wirklichkeitsbegriffen.

Dennoch zeigt die Geschichte des Verhältnisses zwischen Naturwissenschaften und Theologie, daß es offenbar um dieselbe Welt geht, auch wenn die Wirklichkeitsbegriffe differieren. Sonst hätten die Ablösung des geozentrischen durch das heliozentrische Weltbild oder die Evolutionstheorie nicht solche innertheologische Turbulenzen ausgelöst. Außerdem verlangt theologisches Denken aus innerer Dynamik heraus Verkündigung in der Welt, die heute weitgehend von naturwissenschaftlich bestimmten profanen Weltbildern dominiert wird. Es ist die Relevanz der Theologie für die moderne technisierte Welt ebenso gefordert wie die Abschaffung der Immunität der Theologie den naturwissenschaftlichen Forschungsergebnissen gegenüber.

Will man eine Lösung dieses Dilemmas versuchen, ist man darauf angewiesen, das Verhältnis der Methoden der verschiedenen Wissenschaften zu bestimmen und zu fragen, welche Erfahrungsweisen den jeweiligen Methoden zugrunde liegen. Methodendifferenz auf der einen und die Einheit der Welterfahrung auf der anderen Seite stehen zur Disposition oder verlangen eine Vermittlung, wenn das

---

13 So Johannes Paul II., Schmerzliches Mißverständnis im „Fall Galilei" überwunden. Ansprache von Johannes Paul II. an die Päpstliche Akademie der Wissenschaften am 31.10.1992, in: L'Osservatore Romano. Dt. Ausg. 22/ Nr. 46/ Beil. XXXVIII (1992) 9f., 9. Der Papst weist die Rolle der Synthese und Integration des Wissens der Philosophie zu, verwischt die methodische Differenz zwischen Philosophie und Einzelwissenschaften, hält aber die Differenz zwischen Vernunft und Offenbarung aufrecht.

14 Track J., Überlegungen zum christlichen Gottesverständnis im Horizont des Dialogs von Theologie und Naturwissenschaft, in: Dietzfelbinger H./ Mohaupt L. (Hg.), Gott – Geist – Materie. Theologie und Naturwissenschaft im Gespräch, Hamburg 1980 (= Zur Sache 21), 87–124, 110 und 122.

15 Krüger G., Religiöse und profane Welterfahrung, Frankfurt/ M. 1973 (= WuG gewi. Reihe 53/54), 50.

Dilemma nicht gewaltsam zugunsten einer Seite aufgelöst werden soll. Es geht also darum, auf methodischer Ebene aufzuklären, wie das Verhältnis zwischen Theologie, Philosophie und Einzelwissenschaften gedacht, welcher Konnex auf logisch-begrifflicher Ebene hergestellt werden kann, ohne daß man sich nur auf Absichtserklärungen oder Plädoyers beschränkt. Das Verhältnis zwischen Philosophie und Einzelwissenschaften hat R. Wisser so umschrieben: „*Wissenschaftiches Forschen* und *philosophisches Fragen* sind Zweierlei, selbst wenn sie einander nicht einerlei sein sollten."[16] Und A. Kolb hat die Relation zwischen Naturwissenschaften und Theologie folgendermaßen gekennzeichnet: „Glaube und Wissen sind *ver*schieden, aber nicht *ge*schieden."[17] Beide versuchen, die jeweiligen Relate durch eine sprachliche Klammer, die auf einem Wortspiel basiert, zusammenzubinden. Zu fragen ist, wie diese sprachlichen Klammern methodologisch nachzuvollziehen sind.

4.2 Vermittlungsinstanz und Methodenrelation

Das angesprochene Dilemma zwischen der geforderten Methodendifferenz und der postulierten Einheit der Wirklichkeit, die naturwissenschaftliche und theologische Aussagen verbinden soll, hat verschiedene methodologische Überlegungen ausgelöst. Die Ablehnung sowohl der klaren Identifikation als auch der Differentsetzung der beiden Wissenschaftsbereiche ließ nach einer Vermittlungsinstanz suchen, die beiden Anforderungen gerecht wird. Während J. Track die Trennung mit Hilfe des Konzepts einer „dimensionalen Beziehung"[1] zu überwinden versucht, sieht Johannes Paul II. im Begriff der Kultur die gesuchte Klammer. Der Papst betont einerseits die Besonderheit sowohl der Einzelwissenschaften als auch der Theologie, möchte aber, daß die gemeinsame Kultur die Brücke zwischen beiden Belangen schlägt. Er hat das Bild vor Augen, daß beide Bereiche den je anderen als „eigene Dimension einer gemeinsamen menschlichen Kultur"[2] unterstützen. Johannes Paul II. bedient sich wie Track des Ausdrucks „Dimension" für das unterschiedliche Vorgehen der Wissenschaften, sieht jedoch über Track hinaus in der gemeinsamen Kultur den Ort einer möglichen Begegnung. Der Glaube müsse mit Hilfe der „Inkulturation"[3] genauso in die menschliche Kultur integriert werden

---

16 Wisser R., „Natur liebt es sich zu verbergen" (Heraklit). Natur und Naturverständnis als philosophisches Problem, in: ZRGG 44 (1992) 51–69, 54.

17 Kolb A., Glauben und Wissen, in: Kolb A. (Hg.), Glaube – Wissen – Zukunft. Festakt und Symposion zum 400-Jahr-Jubiläum der Katholisch-Theologischen Fakultät der Karl-Franzens-Universität Graz im Jahre 1985, Graz 1987, 185–200, 194.

1 Track, Überlegungen, 108.

2 Johannes Paul II., Schreiben an George V. Coyne S. J., Direktor des Vatikanischen astronomischen Observatoriums, in: Schmitz-Moormann K. (Hg.), Schöpfung und Evolution. Neue Ansätze zum Dialog zwischen Naturwissenschaften und Theologie, Düsseldorf 1992 (= SKAB 145), 149–160, 155. Der Brief ist mit 1.6.1988 datiert.

3 Johannes Paul II., Schreiben, 160.

wie die Ergebnisse der Einzelwissenschaften. Da jedoch weder der Kulturbegriff definiert noch eine sachliche Verhältnisbestimmung geboten werden, kann der Ansatz einer „Inkulturation“ nicht schon als Lösung des Dilemmas angesehen werden. Es fehlt eine methodologisch ausgearbeitete Verhältnisbestimmung.

Im folgenden möchte ich nun Ansätze prüfen, die nicht nur eine mögliche Vermittlungsinstanz andeuten – wie zum Beispiel Johannes Paul II. mit dem Kulturbegriff –, sondern ausdrücklich die verschiedenen Methoden in Relation setzen. Den Begriff der Methode verwende ich nicht in dem strengen Sinn, wie es H.-G. Gadamer tut, wenn er nur der Einzelwissenschaft, nicht aber der Philosophie Methode zuschreibt. Methode meint hier ganz allgemein die Vorgehensweise einer Wissenschaft.

4.2.1 Natürliche Theologie: Gott als Klammer

Die Disziplin der „natürlichen Theologie“ wird oft als Verbindungsstück zwischen der Offenbarungstheologie und den Naturwissenschaften angesetzt. Sie ist die philosophische Disziplin, die beide Bereiche vermitteln soll. Man meint, die natürliche Theologie sei die Integrationsinstanz, die den garstigen Graben zwischen beiden Bereichen aufheben kann. Die an ein Komplementaritätsmodell erinnernde Aussage, daß die „ganze, volle Wahrheit ... beide Aspekte [umfasse]: den transzendenten Gott des Glaubens *und* den immanenten, natürlichen Gott der Naturwissenschaft“[4], wird komplettiert durch die Meinung, daß die natürliche Theologie diese Verbindung bewerkstelligen könne. S. M. Daecke weist ihr die Rolle zu, der Theologie und den Naturwissenschaften gemeinsam zu sein.

Der Mensch und die Naturwissenschaften als Mitschöpfer Gottes und zugleich als Ergebnisse der Evolution, die diese weiterführen, zeigen durch ihre Tätigkeit, daß das Göttliche nicht nur eine transzendente Wirklichkeit ist, sondern zugleich etwas Natürliches, das in den Naturwissenschaften ansichtig wird. Daecke trägt die Differenz der Instanzen in den Gottesbegriff hinein und unterscheidet – wie das obige Zitat zeigt – den „transzendenten Gott des Glaubens“ vom „immanenten, natürlichen Gott der Naturwissenschaft“. Die Klammer, die beide Bereiche verbinden soll, ist Gott, der je anders in den Blick kommt.

Das Problem eines solchen Ansatzes besteht einmal darin, daß nun nicht mehr nur *eine* Relation zu klären ist, nämlich die zwischen Offenbarungstheologie und den Naturwissenschaften, sondern *zwei* Bezüge zu bestimmen sind: die Relation zwischen Offenbarungstheologie und natürlicher Theologie sowie die zwischen natürlicher Theologie und den Naturwissenschaften. Was das zweite der angeführten Verhältnisse betrifft, so ist zum Beispiel Daecke bemüht, die Naturwissenschaften als Wissenschaften herauszustellen, die selbst schon natürliche Theologie

4 Daecke S. M., Naturwissenschaft als sicherer Weg zu Gott? Die neue Begegnung von Wissenschaft und Religion, in: Daecke S. M. (Hg.), Naturwissenschaft und Religion. Ein interdisziplinäres Gespräch, Mannheim 1993, 207–229, 224.

sind. Er spricht von der „natürlichen Theologie der Naturwissenschaften"[5] und meint damit eine „‚natürliche', vernünftige Gotteserfahrung"[6]. Das evolutive Gottesbild der Naturwissenschaften sei ernst zu nehmen und nicht als unangemessen abzulehnen.

Weil die Naturwissenschaften in der Lage seien, zu einem Gottesbegriff zu kommen, legt sich für ihn ihre Verknüpfung mit der natürlichen Theologie nahe. Das Gottesbild der Naturwissenschaften sagt nach Daecke freilich keine ewigen Wahrheiten aus. Es gehe nur um einen „natürlichen" und nur um einen „vergänglichen Gott"[7], den die Naturwissenschaften erforschen. Mit dieser Meinung träfen sich die Naturwissenschaftler mit den modernen Kritikern der natürlichen Theologie: Diese könne nämlich nicht mehr von der Denknotwendigkeit, sondern nur mehr von der Denkmöglichkeit Gottes handeln.[8] Und eine solche stelle das evolutive Gottesbild jedenfalls dar.

Ein solcher Ansatz überschätzt allerdings die Naturwissenschaften. Wie in der Kritik der naturwissenschaftlichen Gottesvorstellungen gezeigt, ist der Gottesbegriff wegen der Definition der Naturwissenschaft als quantifizierender, messender und experimenteller Vorgehensweise nicht deren Gegenstand. Wird er allerdings zu einem solchen gemacht, handelt es sich um Transformationen theologischer Begriffe in die Naturwissenschaften auf Grund falscher Analogiebildungen oder um Extrapolationen in naturwissenschaftsfremde Denkkategorien. Gott ist von den Naturwissenschaften allein nicht als Größe der Evolution ausweisbar. Deshalb kann eine natürliche Theologie nicht Aufgabe der Naturwissenschaften sein, zumal philosophisches Vorgehen schon durch die naturwissenschaftliche Methode unmöglich gemacht wird. Das bedeutet aber, daß die Relationsbestimmung, die Daecke zwischen den Naturwissenschaften und der philosophischen Disziplin der natürlichen Theologie vornimmt, äußerst problematisch ist.

Die zweite Relation, die Daecke zu klären hat, wenn er die natürliche Theologie als Verbindung zwischen Naturwissenschaften und Theologie einschieben möchte, ist der Bezug zwischen natürlicher und Offenbarungstheologie. Die natürliche Theologie der Naturwissenschaften sei für die Offenbarungstheologie unerläßlich, weil sonst Gott in der Natur nicht situierbar sei. Umgekehrt brauche die natürliche Theologie aber auch die Offenbarungstheologie, sonst sei sie nämlich nicht in der Lage, das Geheimnisvolle in der Natur als Gott zu identifizieren.[9]

---

[5] Daecke S. M., Gott der Vernunft, Gott der Natur und persönlicher Gott. Natürliche Theologie im Gespräch zwischen Naturphilosophie und Worttheologie, in: Bresch C./ Daecke S. M./ Riedlinger H. (Hg.), Kann man Gott aus der Natur erkennen? Evolution als Offenbarung, Freiburg / Br. 1990 (= QD 125), 135–154, 153.

[6] Daecke, Gott der Vernunft, 150.

[7] Daecke, Gott der Vernunft, 148.

[8] Daeckes Versuch, die natürliche Theologie neu zu fassen, möchte sich wohl auch als interkonfessionell gangbarer Weg präsentieren. Die katholische Position wird abgeschwächt, und der protestantischen Seite wird natürliche Theologie als Tätigkeit der Naturwissenschaften selbst vorgestellt.

[9] Daecke, Gott der Vernunft, 153.

Seltsamerweise traut Daecke einer *Theologie* der Natur nicht zu, über Gott in der Natur sinnvoll zu reden, wenn sie Gott nicht naturwissenschaftlich festmacht. Die natürliche Theologie, die er als naturwissenschaftiches Unterfangen charakterisiert, muß Gott zum Gegenstand naturwissenschaftlicher Forschung machen, damit offenbarungstheologisch sinnvoll von Gott und Natur gesprochen werden kann. Genau solche Forderungen setzen sich jedoch unreflektiert über den Unterschied in der Methode der Wissenschaften hinweg. Eine naturwissenschaftliche Größe läßt sich nicht einfach als Gott festmachen, ohne daß Offenbarungstheologie auf eine Naturwissenschaft reduziert wird.

Natürliche Theologie wird zu einer Vermittlungsinstanz gemacht, die eigentlich keine Vermittlungsinstanz ist: Sie wird als genuin philosophische Disziplin abgesetzt und zu einer naturwissenschaftlichen gemacht. Damit dennoch Gott vorkommt, wird den Naturwissenschaften wider deren methodische Selbstbeschränkung die Fähigkeit zuerkannt, über Gott zu reden. Der dort gewonnene Gottesbegriff, dem Daecke die Vorstellung vom „natürlichen" Gott unterlegt, steht dem Gott der Wortoffenbarung gegenüber. Daß der eine mit dem anderen ident zu setzen ist, bleibt bloßes Postulat, das sachlich nicht eingelöst wird. Der Gottesbegriff kann nicht die Rolle der gesuchten Klammer erfüllen, da die beiden Gottesbegriffe, von denen Daecke ausgeht, bloß die unaufgelöste Differenz zwischen Naturwissenschaften und Offenbarungstheologie wiederholen. Der Versuch, die unterschiedlichen Methoden mit Hilfe der natürlichen Theologie in Relation zu setzen, endet bei der Reduktion natürlicher Theologie auf Naturwissenschaften und bei der bloßen Behauptung, das Differenzmodell sei überwunden. Der bloße Audruck „Gott" als verbindende Klammer kann die beiden Bereiche nicht zusammenhalten.

4.2.2 Der Naturwissenschaftler als Klammer

Anders als Daeckes Versuch, den Gottesbegriff als Klammer zu verwenden, möchte W. Bickel die Trennung zwischen Naturwissenschaften und Theologie – ähnlich wie L. Scheffczyk in seinem Komplementaritätsmodell –[10] mit der Vereinigung beider Bereiche im Naturwissenschaftler beenden. Die Grundlage seines Vorhabens ist die Überzeugung, daß „weder ontologisch durch objektiv getrennte Wirklichkeitsbereiche noch erkenntnistheoretisch durch eindeutig zu unterscheidende Erkenntnisfähigkeiten des Menschen"[11] eine Trennung zwischen Naturwissenschaften und Theologie vorgegeben sei. Bickel löst mit dieser Aussage das oben angeführte Dilemma dadurch auf, daß er einerseits die Einheit beider Wissenschaftsbereiche betont und andererseits leugnet, daß es verschiedene Zugangsweisen zur Wirklichkeit gibt. Bezeichnenderweise spricht er allerdings nicht

---

[10] Siehe Pkt. 2.3.2.

[11] Bickel W., Das ganze Phänomen. Zum Verhältnis von Naturwissenschaft und Kirche, in: Daecke S. M. (Hg.), Naturwissenschaft und Religion. Ein interdisziplinäres Gespräch, Mannheim 1993, 179–205, 187.

von einer Methodeneinheit, sondern verlagert das Problem in eine Diskussion der Erkenntnisfähigkeiten des Menschen. Bickel möchte die Methodendifferenz durch einen Überstieg auf die menschliche Erkenntnisfähigkeit lösen. Sicher hat der Naturwissenschaftler, auf den sich Bickels Aussagen beziehen, nicht zwei erkenntnistheoretisch differenzierbare Fähigkeiten, auf die Natur zuzugehen. Das sagt aber noch nichts darüber, ob er nicht seine Erkenntnisfähigkeit verschieden nutzt. Es ist ja denkbar, daß der Naturwissenschaftler seine Erkenntnisfähigkeit spezifisch einsetzt, und zwar abhängig von einer Entscheidung, die sachlich vor seinem konkreten Forschen die Zugangsweise zur Wirklichkeit einschränkt, um dadurch zu größerer Meisterschaft in einem Bereich zu gelangen.

Bickels Vorschlag, der sich in seiner Konzentration auf die Erkenntnisfähigkeit schon andeutet, liegt in einem Rückgang auf den Naturwissenschaftler als Person. Er sieht die Vorbehalte mancher Theologen gegen die Naturwissenschaften darin begründet, daß diese Theologen bloß mit den Augen des Wissenschaftstheoretikers an die Naturwissenschaften herangingen. Dort werde nur der „harte Kern" der Naturwissenschaften sichtbar, der nicht schon das Gesamtphänomen vorstellen könne. Die Einschränkung der Naturwissenschaften auf die experimentell überprüfbare Erfahrung, sodann auf die mathematische Theorie, die Prognosen erlaubt, und schließlich auf Begriffe, die solche Erfahrung mit der mathematischen Theorie verbinden, sei nicht die Vollgestalt der Naturwissenschaften.[12]

Was eine solche Einschätzung nämlich ausspare, sei einmal die Kunst der Forschung: Die subjektiven Empfindungen und die Leitvorstellungen der Forscher blieben unberücksichtigt. Zum anderen wiesen Forschungsergebnisse immer eine gewisse Bedeutung auf, und zum dritten sei auch die Möglichkeit der Anwendung dieser Ergebnisse mitzureflektieren.[13] Bickel hebt besonders auf diese seiner Meinung nach vernachlässigten Aspekte ab und möchte das interdisziplinäre Gespräch auf sie aufbauen.

Ein solches Gespräch, wie es Bickel vorschlägt, geht von der Überzeugung aus, daß die Naturwissenschaften durch den Naturwissenschaftler als solchen zu den angeführten zusätzlichen Attributen gelangen. Dies ist jedoch nicht der Fall. Denn nicht die naturwissenschaftliche Methode führt zu den Überlegungen über Anwendung, Bedeutung und Schönheit von Forschungsergebnissen. Solche Reflexionen führt vielmehr der Naturwissenschaftler aus, wenn er gerade nicht Naturwissenschaft treibt. Dies läßt sich am Beispiel der Bedeutung an Hand von Bickels Text gut zeigen. Bickel meint, die Naturwissenschaften seien nie frei von Interpretationen und seien deshalb eigentlich philosophische Disziplinen.[14] Daß „in solche Deutungen immer auch persönliche ästhetische, metaphysische, religiöse Überzeugungen einfließen"[15], liege auf der Hand. Jeder Naturwissenschaftler führe in sich einen Dialog, was zeige, daß die Physik immer schon philoso-

[12] Bickel, Das ganze Phänomen, 194.

[13] Ebenda.

[14] Bickel, Das ganze Phänomen, 195.

[15] Ebenda.

phisch sei. Der Naturwissenschaftler sei jedoch nicht nur ein Philosoph, sondern zudem auch ein Künstler, da er kreativ Gedanken schaffe und mit der Schönheit von Gleichungen zu tun habe.[16] Die Interpretationen, die nach Bickel durchwegs subjektiv gefärbt sind, schließt das naturwissenschaftliche Paradigma, dem es wesentlich um objektive Erkenntnis zu tun ist, jedoch schon im Ansatz aus. Freilich deutet der Naturwissenschaftler seine Ergebnisse, er tut dies jedoch nicht als Naturwissenschaftler, sondern als Person, die sich von den engen methodischen Vorgaben der Naturwissenschaften gelöst hat. Gleichsam in Personalunion verbindet er sein Forschersein und sein Nicht-Nur-Forscher-Sein, das ihn nicht nur im Labor, sondern auch in der Alltäglichkeit einholt. Überzeugungen ästhetischer, metaphysischer und religiöser Art, von denen Bickel spricht, gründen nicht im naturwissenschaftlichen Paradigma, dem sich der Naturwissenschaftler während seiner naturwissenschaftlichen Forschungen unterwirft, sondern in seinem Personsein, das es ihm ermöglicht, zu seiner Forschungstätigkeit in Distanz zu treten und über sie zu reflektieren. Intuitives Erkennen von Zusammenhängen und innere Erfahrung, an denen Bickel die religiöse Erfahrung der Naturwissenschaftler festmacht,[17] zeichnen den Naturwissenschaftler nicht als Naturwissenschaftler aus, sondern gehören zur Erkenntnisstruktur des Menschen ganz allgemein. Das heißt natürlich nicht, daß diese Erkenntnisfähigkeiten nicht auch dem Naturwissenschaftler bei seinem Vorgehen dienlich wären. Nur sind sie keine naturwissenschaftlichen Spezifika.

Offenbar ist es die Absicht Bickels, den Begriff der „harten" Naturwissenschaften „aufzuweichen" und allgemein menschliche Vollzüge als genuin naturwissenschaftliche vorzustellen. Die Schwierigkeit bei einem solchen Unternehmen liegt allerdings darin, daß damit der Naturwissenschaftsbegriff umgedeutet werden muß, und zwar so, daß der naturwissenschaftlichen Methode Gewalt angetan wird. Ihre „Härte" – um mit Bickel zu sprechen – wird ihr dadurch genommen, daß die Personalität des Naturwissenschaftlers in die Naturwissenschaft selbst integriert wird. Alles, was ein Naturwissenschaftler denkt, führe – so wird behautpet – zu naturwissenschaftlichen Ergebnissen. Eine solche Voraussetzung geht allerdings an der Tatsache vorbei, daß sich Naturwissenschaft gerade dadurch konstituiert, daß sie menschliche Vollzüge ausklammert und zudem nur ein ganz bestimmtes Denken zuläßt, nämlich das durch die Charakteristika des Experimentierens, Messens, Rechnens und Zählens geprägte. Nicht daß der Naturwissenschaftler beides tut, nämlich naturwissenschaftlich forschen und über sich und die Welt reflektieren, ist bestritten, wohl aber daß letzteres in ersterem begründet und daher selbst noch einmal Naturwissenschaft sei.

Bickel sucht im Gegensatz zu Vertretern der natürlichen Theologie – wie etwa Daecke – die Klammer nicht in Gott, sondern im Naturwissenschaftler. Die Verbindung im Forscher selbst anzusetzen gelingt jedoch deshalb nicht zufriedenstellend, weil dieser nicht dadurch Philosoph und Glaubender ist, daß er Naturwissen-

---

[16] Bickel, Das ganze Phänomen, 197.

[17] Bickel, Das ganze Phänomen, 200.

schaftler ist, sondern als Naturwissenschaftler die Glaubensfrage gerade ausklammert. Solange er Naturwissenschaft treibt, kommt Gott als wissenschaftliche *Hypothese* nicht vor. Gott ist auch kein *Ergebnis* naturwissenschaftlicher Forschung. Die methodische Aufweichung, die Bickel versucht, ist nur der Blick auf die Personalunion von Naturwissenschaftler und Alltagsmensch, der der Naturwissenschaftler auch ist – bei der Befriedigung seiner basalen Bedürfnisse genauso wie bei der reflexiven Einholung dessen, was er als Naturwissenschaftler tut. Ein Naturwissenschaftler ist nie nur Naturwissenschaftler. Bloß dann, wenn seine anderen Vollzüge als rein naturwissenschaftliches Vorgehen gesehen werden könnten, vermöchte er die gesuchte Klammer abzugeben, die methodologischer Prüfung standhält.

4.2.3 Verankerung im Dritten

Ähnlich wie W. Bickel versucht auch P. Bühler eine anthropologische Verbindung zwischen den beiden Wissenschaftsbereichen herzustellen. Dennoch setzt er anders an. Bühler ist davon überzeugt, daß ein Transfer von Verfahrensweisen quer durch die Wissenschaften nicht sinnvoll durchgeführt werden kann. Seine Erfahrungen mit dem konkreten interdisziplinären Gespräch am „Institut de recherches herméneutiques et systématiques“ (IRHS) der Universität Neuchâtel haben gezeigt, daß es immer wieder zu solchen Übertragungen kommt, wenn man nicht einen anderen Ansatz sucht. Damit die Gesprächspartner nicht immer in denselben Fehler verfallen, wurde ein hermeneutischer Ansatz ausgearbeitet, der auf themenzentrierte Interaktionen setzt.[18] Ausgehend von der Überzeugung R. Thoms, wonach jede Wissenschaft ihre grundlegende Aporie („aporie fondatrice“) habe, wird das interdisziplinäre Gespräch auf solche Aporien gelenkt.[19] Im Gespräch soll sich eine offene Wechselwirkung der Begriffe ergeben, die solche Grundaporien zum Vorschein bringt. Zum Beispiel werden die beiden Begriffspaare „Vernunft“ – „Unvernunft“ und „Glaube“ – „Unglaube“ so in Relation gesetzt, daß die Einzelbegriffe mit den jeweiligen Ausdrücken des anderen Paares in Bezug treten können und so ein Beziehungsgeflecht entsteht.[20]

Bühler möchte nicht Inhalte auf formaler Basis in Beziehung setzen, um dadurch dem methodisch nicht stimmigen Verfahrensweisen-Transfer zu entgehen. Vielmehr geht es ihm darum, grundlegende Relationen aufzubauen. Besonders ist es ihm dabei um Bezüge in den Problemfeldern Wissensaneignung – Lebensbewältigung oder Erforschung des Lebendigen – Sinngebung des Lebens zu tun.[21] Diese Absichten bringen ihn in die Nähe des Ansatzes von Bickel. Denn die Fra-

---

[18] Bühler P., Der Beitrag der Hermeneutik zum Thema „Wissenschaft und Glaube“, in: ThZ 50 (1994) 152–168, 159.

[19] Bühler, Beitrag der Hermeneutik, 158f.

[20] Bühler, Beitrag der Hermeneutik, 162.

[21] Bühler, Beitrag der Hermeneutik, 164.

gen nach solchen Relationen sind keine naturwissenschaftlichen Probleme, sondern philosophische. Anders als Bickel ist sich Bühler dieses Faktums bewußt und meint nicht, solche Debatten seien noch naturwissenschaftlich zu lösen. Bühler akzeptiert, daß an einem solchen interdisziplinären Gespräch Naturwissenschaftler mitdiskutieren; er weiß aber, daß sie während des Gesprächs nicht Naturwissenschaft treiben.

Ausgangspunkt dieses Ansatzes ist das Bemühen, ein Gespräch zwischen Naturwissenschaftlern und Theologen zu ermöglichen. Bühler hat allerdings nicht den Anspruch einer formalen und methodologischen Klärung des Verhältnisses beider Wissenschaftsbereiche, sondern möchte eine Hermeneutik des gemeinsamen Gesprächs aufbauen. Es geht ihm erst in einem zweiten Schritt darum, auf der Grundlage dieses Gesprächsansatzes Gemeinsamkeiten der Disziplinen zu eruieren. Bühler ist sich dessen bewußt, daß die Wirklichkeit, wie sie Theologie vor Augen stellt, und die Wirklichkeit, wie sie die Naturwissenschaften sichtbar machen, nicht dieselbe sind, sondern daß es eine „naturwissenschaftliche" und eine „theologische Wirklichkeit" gibt.[22] Der Bezug beider Wirklichkeiten ist seiner Meinung nach nicht durch einen einfachen Kurzschluß herzustellen, sondern nur durch einen Rückgang auf etwas Drittes, das mit den grundlegenden Aporien beider Wissenschaftsbereiche zu tun hat.[23] Das gesuchte Dritte ist diejenige Wirklichkeit, in der die beiden angesprochenen Wirklichkeiten ihre Verankerung haben. Dieser dritte Wirklichkeitsbegriff, den Bühler nach C. Perelman auch „réel commun" nennt, stellt für ihn den Ort dar, „von dem die verschiedenen Arbeits- und Forschungsansätze ausgehen und wo darum auch das entsprechende ‚ontologische' Interesse der Debatte verankert ist"[24]. An anderer Stelle bestimmt Bühler das gemeinsame Dritte als die Anthropologie, die ontologische Fragen nach sich ziehe.[25] Die gemeinsame und übergeordnete Wirklichkeit verbindet bei Bühler Theologie und Naturwissenschaften so, daß eine direkte Bezugnahme nicht möglich ist. Vielmehr ist die Verankerung in einem Dritten die Vermittlungsinstanz, die aufzusuchen ist, wenn es um das Gemeinsame geht.

Ein Hauptproblem dieses Ansatzes besteht darin, daß das Dritte, die gemeinsame übergeordnete Wirklichkeit, die Bühler als den Beitrag der Hermeneutik in die Diskussion einbringt, offenbar weder von den Theologen noch von den Naturwissenschaftlern als solchen sprachlich gefaßt werden kann. Jede Wissenschaft hat nach Bühler ja einen abgeleiteten und eingeschränkten Wirklichkeitsbegriff. Zwar mag das konkrete Gespräch im Rückgang auf die Verankerung im Dritten besser funktionieren als methodologische Sachdiskussionen, was aber dabei offenbar nicht geklärt wird, ist, in welcher Funktion die am Gespräch Beteiligten eigentlich reden; offenbar nicht als Theologen beziehungsweise als Naturwissenschaftler. Aber selbst wenn dieses Problem geklärt wäre, bliebe immer noch zu

---

[22] Bühler, Beitrag der Hermeneutik, 165.

[23] Ebenda.

[24] Ebenda.

[25] Bühler, Beitrag der Hermeneutik, 164.

fragen, wie die behauptete Verankerung denn zu denken sei. Was heißt in diesem Zusammenhang „Verankerung“? Offenbar sind solche Fragestellungen philosophischer Natur und verlangen trotz oder gerade wegen des anfänglichen Ausschlusses doch eine Bezugnahme auf die Verfahrensweisen der Wissenschaften. Sonst kann nicht geklärt werden, wie die Zusammengehörigkeit und auch die Trennung beider Bereiche zu sehen sind.

Bühler möchte das angedeutete Dilemma lösen, indem er die Methodenfrage ausklammert und sich darauf stützt, daß es eine einheitliche Wirklichkeit gibt, die Naturwissenschaften und Theologie verklammert. Bemerkenswert ist, daß er dabei auf die Ontologie als basale Vermittlungswissenschaft stößt. Sie dient dazu, die verschiedenen Wirklichkeitsbereiche und ihren Zusammenhang zu klären. Es wird allerdings nur behauptet, daß den einzelnen Wissenschaften ein je anderer Wirklichkeitsbegriff zugrunde liegt. Für Bühler liegt der Grund dafür nicht in verschiedenen Erkenntnisfähigkeiten wie bei Bickel, sondern in einer unterschiedlichen Deutung oder Interpretation der Wirklichkeit. Zu fragen ist nun, worin der Grund der verschiedenen Deutungen oder Wirklichkeitssichten, die selbst wieder Wirklichkeit konstituieren, liegt. Es könnte sich ja ergeben, daß es selbst zwischen den Deutungsvarianten, die Naturwissenschaften und Theologie bieten, sachlich ausweisbare Zusammenhänge gibt, die möglicherweise sogar in einem Fundierungsverhältnis zueinander stehen.

Ein weiteres Problem sehe ich darin, daß Bühler seine Hermeneutik auf dem Vorbild der Systemtheorie aufbaut. Er nennt es selbst ein „Modell der Systemik“[26]. Eine Hermeneutik allerdings nur auf systemtheoretischen Begriffen wie Rückkoppelung und Selbstorganisation aufzubauen, führt zu Einschränkungen, die Bühler selbst zu bedenken gibt, aber aufgefangen zu haben glaubt.[27] Die technische Ordnung und die Bestimmung des Gespräches als System lassen zuwenig Raum für die Fremdartigkeit der einzelnen Wissenschaft gegenüber der anderen. Die vorgängige Einschränkung des Gesprächs läuft Gefahr, neuerdings Regeln einzuführen, die auf naturwissenschaftlicher Grundlage der Systemtheorie basieren, obwohl der enge Wirklichkeitsbegriff der Naturwissenschaften im Gespräch überstiegen werden soll. Das von Bühler gesuchte Dritte läuft Gefahr, wiederum nur naturwissenschaftlich gefaßt zu werden. Bühler hätte mit einer solchen Einschränkung zwar das Problem gelöst, wie über dieses Dritte zu reden ist, hätte es aber dadurch als eigenständiges Drittes aufgelöst.

Weder der Gottesbegriff allein noch der Rückgang auf den Naturwissenschaftler konnten die gesuchte Klammer zum Vorschein bringen, die das Dilemma zwischen Methodendifferenz und einheitlicher Wirklichkeit zu lösen vermag. Im hermeneutischen Ansatz bei Bühler wird von der einen, dritten Wirklichkeit gesprochen, und zugleich werden die unterschiedlichen Wirklichkeiten der Wissenschaften anerkannt. Es ist aber noch nicht hinreichend geklärt, wie das Verhältnis der einen Wirklichkeit zu den verschiedenen Wirklichkeiten zu denken ist. Dazu

26 Bühler, Beitrag der Hermeneutik, 160.

27 Ebenda.

dürfte nicht über das Problem verschiedener Verfahrensweisen hinweggegangen werden, und es sollte nicht dabei sein Bewenden haben, daß bloß Regeln für ein Gespräch aufgestellt werden, und das nur auf systemtheoretischer Grundlage.

4.2.4 Sekundäre Sinnaufladung

Die Verankerung in einem Dritten – bei P. Bühler in der Wirklichkeit, von der sich theologische und philosophische Wirklichkeit ableiten – hat die Frage laut werden lassen, in der Sprache welcher Wissenschaft über diese Wirklichkeit zu reden sei. H.-D. Mutschler weist die Vermittlungsebene der Philosophie zu. Philosophie könne die Verklammerung von Naturwissenschaften und Theologie vornehmen, weil sie weder mit Theologie gleichzusetzen sei noch auf Naturwissenschaft reduziert werden könne. Philosophie nimmt weder die Wortoffenbarung als Erkenntnisquelle auf, noch ist ihre Vorgehensweise die reduzierende Methode der Naturwissenschaften.

Offen geblieben ist mit der erfolgten Bestimmung der Philosophie als Vermittlungsinstanz allerdings die Frage, welche Aufgabe dadurch der Philosophie genau zuwächst. Nach Mutschler ist es die Fähigkeit der Deutung naturwissenschaftlicher Ergebnisse. Im Gegensatz zu den Naturwissenschaften kann die Philosophie nach Mutschler Sinn erschließen.[28] Sie bewegt sich nicht auf der Ebene bloßer Gesetzlichkeit, sondern vermag jenseits der eingeschränkten Wirklichkeitssicht der Naturwissenschaften Natur in ihren Sinnbezügen zu erschließen. Für ihn ist der Deutungsrahmen der Philosophie der weitere Horizont, vor dem die Wirklichkeit in einer weniger eingeschränkten Form zum Vorschein kommt als im engen Rahmen der Physik oder der Biologie.

Mit der Einführung der Philosophie in die Verhältnisbestimmung von Naturwissenschaften und Theologie geht es neuerlich um die Relationen der Philosophie zu den anderen Disziplinen und um deren vermittelnde Funktion. Mutschler steht sachlich den Fundierungsmodellen nahe. Anders als W. Pannenberg bemüht er sich jedoch nicht, eine direkte Verbindung zwischen Theologie und den Naturwissenschaften herzustellen. Während Pannenberg sofort *theologische* Gründe für die Beständigkeit und Gültigkeit von Naturgesetzen sucht und sie in der Treue Gottes findet, möchte Mutschler einen anderen Konnex aufzeigen. Er setzt dazu nicht zwei, sondern drei Ebenen an:[29] Zum einen sieht er in den Naturwissenschaften die „Ebene der ‚Gesetzlichkeit'" verkörpert, auf der von den praktischen Interessen, um die es den Menschen im Umgang mit den Ergebnissen der Naturwissenschaften geht, abgesehen wird. Sodann setzt er – wie gesagt – eine „Ebene der ‚Sinnerschließung'" an, auf der die Ergebnisse der Naturwissenschaften in praktischer Perspektive gedeutet werden und dadurch einen Sinn bekom-

[28] Mutschler, Physik – Religion – New Age, 41.

[29] Ebenda.

men. Auf der letzten Stufe, nämlich auf der „Ebene der ‚Sinnerfüllung'", wird diese Deutung auf religiöse Horizonte hin ausgedehnt.

Die Ergebnisse naturwissenschaftlicher Forschung, die auf der ersten Ebene angesiedelt werden, sind „*nur Möglichkeiten* von Sinnerschließung"[30]. Für Mutschler können die Ergebnisse der Physik nicht für sich stehenbleiben, weil der Mensch immer danach verlangt, sie seinen Interessen nutzbar zu machen. Wirtschaftliche oder sogenannte höhere Interessen – wie das Interesse an der Unsterblichkeit der Seele oder der Gattung – seien nicht suspendierbar, sondern verlangten die Interpretation der zunächst sinn-losen Ergebnisse naturwissenschaftlicher Forschung. Der Mensch sei „*genötigt*, die physikalischen Gesetze im Hinblick auf [seine] Interessen zu interpretieren und damit hermeneutisch ‚aufzuladen'"[31]. Die gemeinte Aufladung durch Sinn bringe die Gesetze erst in einen Sinnzusammenhang und mache ihre Bedeutung sichtbar. Diese Aufgabe sei das Geschäft der Philosophie. Nach Mutschler unterliegt der Mensch gleichsam einem Zwang zur Philosophie, die vornehmlich dazu da ist, aus dem Blickpunkt praktischer Interessen einen Sinnzusammenhang des naturwissenschaftlich Gewonnenen herzustellen.

Während P. Bühler die naturwisssenschaftliche und die theologische Wirklichkeit als von der dritten Wirklichkeit abgeleitet erklärt, aber neben diesem Abhängigkeitsverhältnis keinen weiteren sachlichen Nexus aufgewiesen hat, sieht Mutschler einen „*logischen* Zusammenhang zwischen diesen Ebenen"[32]. Dieser von ihm festgestellte Konnex stellt sich als asymmetrische Relation heraus. Abgesehen davon, daß keine Ebene aus einer oder zwei anderen herleitbar ist, setzt nach Mutschler die religiöse Ebene die philosophische voraus. Die religiöse Deutung hat immer schon mit gedeuteter Welt zu tun und kann deshalb nicht direkt auf die Naturwissenschaften Bezug nehmen. Den Grund dafür sieht Mutschler darin, daß die Sprache der Naturwissenschaften die Mathematik ist. Diese hat keine anthropologische Relevanz, weil sie im Bereich der Quantität verbleibt und daher keine qualitativen Bezüge eröffnet. Die religiöse Sprache hingegen könne nur an Vorstellungen anknüpfen, die „bereits anthropologisch geladen"[33] seien. Die Relationen, die sich ergeben, sind also dadurch charakterisiert, daß Ergebnisse naturwissenschaftlicher Forschung zunächst auf philosophischer Ebene gedeutet werden müssen und erst als solcherart gedeutete theologischer Interpretation zugänglich werden.

Besonders wichtig in Mutschlers Ansatz ist sein Versuch, einen logischen Zusammenhang zwischen den unterschiedenen Ebenen aufzuzeigen. Seine klare Trennung der Bereiche und seine Ablehnung einer Vermischung der Ebenen stellt die Notwendigkeit der Scheidung der Methoden heraus. Die Suche nach dem Zusammenhang der Ebenen nivelliert deren Unterschiede nicht, sondern ist bemüht,

---

30 Mutschler, Physik – Religion – New Age, 39.

31 Ebenda.

32 Mutschler, Physik – Religion – New Age, 45.

33 Ebenda.

sie in Verbindung zu setzen und ihre Zusammenhänge aufzuschließen. Dennoch ist die Verhältnisbestimmung der Ebenen, die er vornimmt, problematisch. Besonders der zugrunde gelegte Sinnbegriff ist zu hinterfragen.

Mutschlers Konzept der Sinnaufladung physikalischer und biologischer Daten fußt nämlich auf dem Begriff des praktischen Interesses. Der Sinn, den die Ergebnisse naturwissenschafticher Forschung durch Deutung erhalten, orientiert sich an praktischen Bezügen. Diese werden näher charakterisiert als wirtschaftliche oder religiöse Absichten des Deutenden. Eine solche Interpretation läuft jedoch Gefahr, funktionale Inanspruchnahme zu begünstigen, die sich in technischer oder wirtschaftlicher Nutzung der Natur erschöpft. Das bedeutet: Nicht nur „wirtschaftliche Sicherung"[34], sondern auch religiöse Absichten gehen jeder Deutung voraus und prägen diese. Wird Natur jedoch vornehmlich vor dem Hintergrund ihrer Praxisrelevanz gesehen, so wird sie von vornherein vereinnahmt und kann nicht von sich aus Sinnstrukturen zum Vorschein bringen. Gerade Fragen der Ökologie zeigen die Problematik eines solchen Ansatzes. Wenn nämlich die Anwendbarkeit und die praktische Relevanz über den Sinn oder Unsinn von Natur entscheiden, ist diese nicht nur in ihrer Eigenständigkeit in Frage gestellt, sondern auch der Möglichkeit beraubt, davon ausgenommene Sinnstrukturen zu verstehen zu geben. Das Interesse des Menschen wird zum Kriterium philosophischer Bedeutsamkeit von Natur gemacht.

Die nachträgliche Sinnerschließung, die Mutschler im Sinn hat, kann nur ein eingeschränktes Naturbild wiedergeben. Denn die auf Quantität beschränkte naturwissenschaftliche Methode setzt der Art, wie Natur zur Sprache kommen kann, klare Grenzen. Der Gegenstandsentwurf, den naturwissenschaftliche Methodik impliziert, gibt dem Naturbild bereits seinen Rahmen vor: Natur ist nur quantifizierbare Größe. Wenn zu dieser Einschränkung die von außen an die Natur herangetragene Interpretationsleitlinie – die Frage, wie Natur in Dienst zu nehmen sei – hinzukommt, ist eine möglichst zweckfreie Naturbetrachtung von vornherein vereitelt. Wird eine solcherart einseitig auf Interessenserfüllung aufbauende Philosophie der Natur zur Grundlage theologischer Interpretation gemacht, steht Natur nur mehr im Horizont der Verfügbarkeit für weitere theologische Reflexion zur Verfügung. Einer Theologie des dominium terrae wäre dadurch der Weg zumindest geebnet, wenn nicht vorgezeichnet.

Wollen Philosophie und Theologie einer solchen Engführung entkommen, so kann eine Philosophie der Natur nicht umhin, selbständig anzusetzen. Dabei muß sie über die dargestellte nachträgliche Sinnaufladung naturwissenschaftlicher Ergebnisse hinausgehen und versuchen, die Sinn- und Bedeutungsstrukturen der Natur jenseits einzelwissenschaftlichen Zugriffs und interessegeleiteter Sinnzuschreibung zu erheben. Es müßte Naturerfahrung aufgeschlossen werden, die vor naturwissenschaftlicher Gegenstandsfestsetzung erfolgt und dafür offen ist, wie sich Natur selbst zu verstehen gibt. Die dabei ermittelten Bedeutungen und Sinnstrukturen von Natur müßten Grundlage für eine Theologie der Natur sein, die auf

---

[34] Mutschler, Physik – Religion – New Age, 39.

eine Philosophie der Natur aufbaut. Da kann der interessegeleitete Blick auf Natur nicht der einzige sein, sonst vermag Natur nie jenseits des Horizontes technischer Verwertbartkeit als „das von sich Vor-Kommende oder Auf-Gehende“[35] begriffen werden, das sich selbst zu verstehen gibt.

Eng an die Betonung des praktischen Interesses während der Sinnaufladung ist die Beschränkung auf die Anthropologie geknüpft. Wenn Mutschler begründet, wieso Theologie nicht direkt auf Naturwissenschaften aufbauen könne, betont er, daß Theologie immer auf anthropologisch gedeuteten Wirklichkeitssinn Bezug nehme. Die eingeforderten Sinnstrukturen werden an den Menschen gebunden, während Natur in ihrer Eigenbedeutung keine Beachtung findet. Solange der Mensch die sinngebende Instanz ist oder Sinn sich nur im steten Bezug zum Menschen definiert, bleibt Natur bloße Umwelt des Menschen. Theologisch relevant ist jedoch auch der Selbstsinn der Natur, der beispielsweise bei der Frage nach der Erlösung der Natur Wichtigkeit erlangt. Eine Theologie der Natur würde Natur zu eng fassen, bezöge sie sich nur auf die Gestalt, die ihr praktisches Interesse verleiht.

Weiter ist zu fragen, ob sich eine Theologie der Natur immer auf eine Philosophie der Natur beziehen muß. Daß bei direkter Übernahme der Ergebnisse der Einzelwissenschaften Reduktionismen unvermeidlich sind, habe ich zu zeigen versucht. Es wäre jedoch denkbar, daß Theologie sich vornehmlich weder auf die naturwissenschaftlich gefaßte noch auf die durch philosophische Sinnaufladung anthropologisch bedeutsame Natur bezieht, sondern die Relation zu vorwissenschaftlicher Naturerfahrung erfordert. Die dabei in den Blick kommende Natur steht ebenso immer schon in einem Sinnhorizont, da sie verstandene Natur ist. Solches Naturverständnis kann, muß aber nicht darüber hinaus philosophisch reflektiert sein.

4.2.5 Ergebnis

Die vorangegangene Suche nach einer tragfähigen Relationsbestimmung der verschiedenen methodischen Ansätze von Naturwissenschaften, Philosophie und Theologie hat deutlich gemacht, daß es nicht nur darum geht, sowohl der Methodendifferenz auf der einen als auch einer gemeinsamen Wirklichkeit auf der anderen Seite gerecht zu werden. Diese beiden nicht zu hintergehenden Grundbestimmungen, die sich als Dilemma präsentieren, dürfen nicht einseitig gewichtet werden, wenn man nicht von vornherein Einseitigkeiten in Kauf nehmen möchte. Die methodische Differenz wird weder durch die Klammer eines Gottesbegriffs aufrechterhalten, der aus einer auf Naturwissenschaften beschränkten natürlichen Theologie folgt, noch durch die Spange des Naturwissenschaftlers. Wird allerdings ein solcher Kurzschluß vermieden, so zeigt sich, daß jede Methode ihren je eigenen Wirklichkeitsbegriff zu Tage fördert. Die naturwissenschaftlichen Mo-

[35] Scherer G., Welt – Natur oder Schöpfung?, Darmstadt 1990, 115.

delle oder Bühlers Ansatz haben dies deutlich gemacht. Zu fragen war in der Folge nach dem Verhältnis dieser Wirklichkeiten. Dabei ging es allerdings nicht mehr bloß um einfache Relationen, sondern um Fundierungsverhältnisse. Mutschler drückte diese Einsicht mit dem Wort vom „*logischen* Zusammenhang" der von ihm konstatierten Ebenen aus. Während Bühler nur allgemein von einer dritten Wirklichkeit sprach, in der die anderen beiden verankert seien, aber nicht zeigte, in welcher Sprache über diese Wirklichkeit zu reden wäre, bringt Mutschler das philosophische Denken ins Spiel. Er findet in der Philosophie das Instrumentarium, das es erlaubt, von der dritten Wirklichkeit zu reden und so auch einen logischen Zusammenhang der Wirklichkeiten zu suchen.

Ein Versuch, die einzelnen Methoden in Relation zu stellen, wird zurückverwiesen auf das jeweilige Wirklichkeitsverständnis, das diesen implizit zukommt. Deshalb beziehen sich die Ausführungen zur Methodenfrage wie von selbst auf das Problem des Wirklichkeitsbegriffes zurück. Dieser ist nämlich, so hat sich gezeigt, je nach Vorgehensweise und Methode der jeweiligen Wissenschaft differenziert. Der Konnex zwischen bestimmter Methode und zugehörigem Wirklichkeitsverständnis, der nicht aufzulösen ist, scheint zu ermöglichen, daß Bezüge von Wirklichkeiten indirekt Fundierungsverhältnisse zwischen den Methoden offenlegen. Die Konzentration auf den Wirklichkeitsbegriff verspricht also, auch die Methodenfrage zu erhellen. Deshalb liegt es nahe, in einem ersten Schritt zu untersuchen, wie durch die verschiedenen Methoden Wirklichkeit in den Blick kommt und was als Wirklichkeit jeweils zum Vorschein kommt. In einem zweiten Schritt geht es darum zu fragen, ob ein Wirklichkeitsbegriff die begriffliche Einschränkung eines anderen sein kann und ob dadurch ein Fundierungsverhältnis grundgelegt ist.

Da mit den diversen Realitätsbegriffen die verwendeten Methoden korrespondieren – wie der Durchgang durch die Einzelmodelle gezeigt hat –, ist neben der Bestimmung der Methodenrelation auch das Verhältnis der Wirklichkeitsbegriffe zu klären. Die Korrespondenz von Methode und dazugehöriger Realitätssicht verweist auf die Notwendigkeit, sowohl das Verhältnis der verschiedenen Methoden als auch das der differenten Wirklichkeitsbegriffe zu beachten, wenn es um das Verhältnis von Naturwissenschaften, Philosophie und Theologie geht.

4.3 Wirklichkeits- und Methodenbegriff

Da im letzten Unterabschnitt sichtbar geworden ist, daß mit der Methodendifferenz auch eine Differenz im Wirklichkeitsverständnis einhergeht, soll in den folgenden Überlegungen zunächst die Differenz der Wirklichkeitsbegriffe untersucht werden, die für die verschiedenen Wissenschaften charakteristisch sind. Anschließend gehe ich auf den Begriff der Lebenswelt zurück und stelle diese als methodisch uneingeschränkte Wirklichkeit vor, die die wissenschaftliche Reflexion über Natur fundiert. Danach werden Philosophie und Theologie daraufhin untersucht, auf welche Art und Weise sie auf die Lebenswelt Bezug nehmen. Dabei wird deren – im Gegensatz zu den Naturwissenschaften – unterschiedliche Methode sichtbar werden. Abschließend bringe ich einen Vorschlag, wie auf der Grundlage der durchgeführten Analysen das Verhältnis zwischen Theologie und Naturwissenschaften gedacht werden könnte.

4.3.1 Differenz der Wirklichkeitsbegriffe

Den Naturwissenschaftlern – namentlich den Physikern des 20. Jahrhunderts – stellte sich das Problem der Wirklichkeit angesichts der Erweiterung der Dimensionalität durch A. Einstein. Es wurde fraglich, ob die vierdimensionale Welt die reale Welt oder ob sie bloß eine von der Mathematik idealisierte Welt ist. Schon O. Becker weist darauf hin, daß beide Interpretationen möglich sind,[1] und lehnt eine Absolutsetzung des naturwissenschaftlichen Weltverständnisses ab, indem er zeigt, daß die Interpretationsfrage nicht wiederum durch naturwissenschaftliche Operationen entschieden werden kann. Das bedeutet, daß die Frage nach der Realität innerhalb der Naturwissenschaften eine problematische ist und eine Entscheidung darüber, ob das der jeweils letzten naturwissenschaftlichen Theorie zugrundeliegende Wirklichkeitsbild das authentische ist, nicht gefällt werden kann, wenn streng naturwissenschaftlich argumentiert wird. Der Grund dafür liegt darin, daß die methodische Beschränkung, die naturwissenschaftliches Vorgehen erst ermöglicht, selbst nicht wiederum Gegenstand der konkreten Naturwissenschaft ist. Die Entscheidung zur naturwissenschaftlichen Methode, die Naturwissenschaft erst in Gang bringt, geht dieser voraus.

Der vergebliche Versuch, das naturwissenschaftliche Weltbild als die zureichende und deshalb nicht zu ergänzende Sicht der Wirklichkeit zu etablieren, verweist auf ein Wirklichkeitsverständnis außerhalb des enggefaßten methodischen Rahmens. Denn das Kriterium für die Entscheidung der Frage, ob die naturwissenschaftliche Hinsicht die korrekte sei, kann – wie gesagt – nicht selbst wiederum ein naturwissenschaftliches Problem sein, wenn ein zirkuläres Denken vermieden werden soll. Auch wenn man den Anspruch einschränkt und nicht von der Wirklichkeit als ganzer spricht, sondern sich nur auf die Natur beziehen möchte, bleibt die Schwierigkeit bestehen, daß naturwissenschaftlich nicht entschieden werden kann, ob die naturwissenschaftliche Sicht der Natur diese schon erschöpfend in den Blick bekommt.

Naturwissenschaftlicher Natursicht stehen Naturverständnisse gegenüber, die ebenso beanspruchen, Natur zu erkennen beziehungsweise zur Sprache zu bringen, sich aber nicht naturwissenschaftlicher Methodik verschrieben haben. Natur ist eine andere, wenn sie sich – worauf R. Wisser hinweist –[2] dem feststellenden Denken der Naturwissenschaften zu stellen hat, eine andere, wenn ihr Gegenüber eine fragende, eher philosophische Haltung einnimmt.

---

1 Becker O., Größe und Grenze der mathematischen Denkweise, Freiburg/ Br. o. J., 46f.

2 Wisser, „Natur liebt es sich zu verbergen“, 60.

Offenbar gibt es verschiedene Perspektiven, in denen sich Natur zeigt. Werden die verschiedenen Natursichten, die sich aus den differenten Perspektiven ergeben, aufeinander bezogen, so läuft man Gefahr, auf verschiedenen Ebenen aneinander vorbeizureden. Die divergierenden Hinsichten bringen nämlich – wie ersichtlich geworden ist – ein je anderes Verständnis von Wirklichkeit zum Vorschein, das nicht ohne weiteres auf ein wieder anderes Wirklichkeitsbild bezogen werden kann. Zwar wird jedesmal von „Natur" gesprochen, der gleichlautende Begriff meint allerdings jeweils etwas anderes.

Verschiedene Natursichten können auch nicht auf eine authentische Natursicht reduziert werden, da der Naturbetrachter nicht perspektivelos auf die Natur Bezug nehmen kann. Die Differenz zwischen naturwissenschaftlichem Zugriff auf Natur und etwa ästhetischem Naturverständnis kann nicht aufgehoben werden, da es den absoluten Standpunkt nicht gibt, von dem aus alle Sichten integriert werden können, sodaß sich das gültige Naturbild gewinnen ließe. „‚Natur' gibt es nicht schon immer ... Daß es sie gibt, und als was sie bestimmt ist, ‚sich zeigt', ist abhängig von einem spezifischen Blick auf die Welt."[3] Offenbar zeigt sich Natur immer nur in einer bestimmten Perspektive, die davon abhängt, in welcher Weise auf sie Bezug genommen wird. „Das, was sie ist bzw. als was sie uns erscheint, bestimmt sich nach dem Verhältnis, das wir zu ihr einnehmen."[4] Es gibt nicht die Natur schlechthin, sondern verschiedene Gestalten der Natur, die sich aus dem Bezug ergeben, in dem man zu Natur steht.

Der Natur können, wie G. Böhme es nennt, verschiedene „Charaktere" zugesprochen werden.[5] In physiognomischer Weise wird ein intuitiv erfaßter Gesamteindruck Ausgangspunkt für Aussagen, die Natur zu charakterisieren versuchen; „es wird gesagt, was im Prinzip von ihr zu erwarten ist."[6] Solche Charakterzüge werden sowohl in wissenschaftlichen als auch in lebensweltlichen Erfahrungen offenbar. Was die naturwissenschaftliche Seite betrifft, so haben solche Charakterzuweisungen die „Funktion von Heuristiken", sind jedoch „keine Aussagen der Naturwissenschaft selbst".[7] Vielmehr handelt es sich bei diesen Zuschreibungen um Vorstellungen, die den Rahmen vorgeben, innerhalb dessen Hypothesen erst entworfen werden können. Folglich sind sie selbst nicht wiederum Hypothesen,

---

[3] Baumgartner H. M., Metaphysik der Natur. Natur aus der Perspektive spekulativer und kritischer Philosophie, in: Honnefelder L. (Hg.), Natur als Gegenstand der Wissenschaften, Freiburg/ Br. 1992 (= Grenzfragen 19), 237–266, 264. Der Hinweis darauf, daß die Natursicht vom Blick auf die Natur abhängig ist, muß nicht schon zu Baumgartners Position führen, die Naturphilosophie als eine kritische Metaphysik nach dem Vorbild Kants aufzufassen.

[4] Honnefelder L., Natur-Verhältnisse. Natur als Gegenstand der Wissenschaften. Eine Einführung, in: Honnefelder L. (Hg.), Natur als Gegenstand der Wissenschaften, Freiburg/ Br. 1992 (= Grenzfragen 19), 9–26, 9.

[5] Böhme, Was ist Natur?, 62ff.

[6] Böhme, Was ist Natur?, 67.

[7] Ebenda.

die mit Hilfe von Experimenten überprüft werden,[8] sondern Voraussetzungen für das naturwissenschaftliche Vorgehen.

Eine solche Unterscheidung der Naturcharaktere bedeutet, daß der naturwissenschaftliche Zugriff auf die Natur keineswegs die einzige Möglichkeit von Natursicht abgibt, sondern darüber hinaus selbst wesentlich von nicht-naturwissenschaftlichen Momenten bestimmt ist. Zum einen gibt es nicht nur den messenden Zugang zur Natur, sondern auch andere. G. Böhme zum Beispiel verweist auch auf das „Atmosphärische in der Naturerfahrung", das etwa den dichterischen Zugang zur Natur wesentlich prägt, für die naturwissenschaftliche Natursicht aber nicht konstitutiv ist.[9] Daneben haben auch das Naturerlebnis oder spekulative Zugänge zur Natur ihre je eigene Bedeutung. Zum anderen bringt ein vorgängiger Entwurf die Naturwissenschaft erst auf ihren Weg. Der Charakter der Meßbarkeit und Wiederholbarkeit beziehungsweise Überprüfbarkeit wird der Natur zugewiesen, bevor noch mit den konkreten Experimenten und Theoriebildungen angefangen wird. Sie bilden gleichsam die prinzipiellen Leitlinien, an denen sich das naturwissenschaftliche Unternehmen ausrichtet.

Auch wenn man einsieht, daß die Natur nicht eine einheitliche und homogene Größe ist, sondern es verschiedene „Charaktere" der Natur gibt, so bleibt die Frage dennoch bestehen, ob hinter den einzelnen Naturauffassungen die *eine* Natur sichtbar gemacht werden kann; das heißt, ob sich nicht die Naturwirklichkeit im Gegensatz zum Anschein, daß sich je nach Naturcharakter eine je andere Wirklichkeit zeigt, doch auf eine einheitliche Wirklichkeit reduzieren ließe, die all diesen Charakteren zugrunde liegt. Die Auffassung, es gebe die eine dahinterliegende Wirklichkeit, die die Nivellierung der verschiedenen Methoden erlaubt, führt zu Kurzschlüssen. Denn die gesuchte Einheitswissenschaft bedient sich im konkreten Fall nicht einer neuen Super-, sondern der naturwissenschaftlichen Methode und bleibt dem naturwissenschaftlichen Wirklichkeitsbegriff verhaftet. Nun läßt sich die christliche Rede von der Schöpfung nicht hinreichend in der Sprache der naturwissenschaftlichen Vernunft verständlich machen.[10] Der Versuch, Theologie und Naturwissenschaften auf eine vorgängige einheitliche Wirklichkeit zu beziehen, ist – bislang wenigstens – gescheitert. Die vorliegenden Ansätze ebnen die charakteristischen Spezifika des jeweiligen Wirklichkeitsverständnisses vielmehr ein und agieren zumindest versteckt reduktionistisch.

Die Rede von den verschiedenen Perspektiven muß folglich weiter differenziert werden. Es gibt nicht die *eine* Wirklichkeit, die erreichbar ist, wenn die un-

---

8 Böhme, Was ist Natur?, 66.

9 Böhme G., Atmosphärisches in der Naturerfahrung, in: Böhme G., Atmosphäre. Essays zur neuen Ästhetik, Frankfurt/ M. 1995 (= es N.F. 927), 66–84. Zum Problem des Atmosphärischen siehe auch Böhmes Beitrag „Atmosphäre als Grundbegriff einer neuen Ästhetik" im selben Band (pp. 21–48).

10 Vgl. Fischer J., Kann die Theologie der naturwissenschaftlichen Vernunft die Welt als Schöpfung verständlich machen?, in: FZPhTh 41 (1994) 491–514. Fischer wendet sich vehement gegen den Versuch, Theologie und Naturwissenschaften auf dieselbe, eine Wirklichkeit bezogen sein zu lassen: „Ich halte dieses Unternehmen schon im Ansatz für verfehlt ..." (493).

terschiedlichen Perspektiven addiert werden und es zu einer Zusammenschau der partikularen Sichtweisen kommt. Vielmehr liegen den vermeintlich nur als Perspektiven erscheinenden Zugängen zu Natur Erfahrungsweisen zugrunde, die Wirklichkeit verschieden konstituieren. Die in den Naturwissenschaften konstituierte Realität etwa beschränkt sich auf mathematisch Faßbares und Meßbares. Als solche hat sie Eigendynamik, die es erlaubt, von einem naturwissenschaftlichen Weltbild zu sprechen. Die im Vorfeld konkreten naturwissenschaftlichen Vorgehens festgelegte Methode bestimmt, was in diesem vorgegebenen Rahmen als wirklich zu gelten hat. Das Nichtquantifizierbare scheidet als das bloß Subjektive aus, von dem höchstens ein mathematisch faßbares Surrogat für gesichert und daher wirklich gehalten wird. Die methodisch-formale Beschränkung der Erfahrung ist inhaltlich wirksam:[11] Was als Wirklichkeit in Frage kommt, bestimmt der vorgängige Gegenstandsentwurf, den die Methode impliziert.

Die Differenz der verschiedenen Weltbilder hat also nicht bloß historische, sondern sachlich-methodische Gründe. Nicht nur die Entwicklung selbständiger Wissenschaften zu ziemlich abgeschlossenen Bereichen macht die Differenz der Wirklichkeitsbegriffe aus, sondern auch die den einzelnen Disziplinen zukommende genuine Struktur der Realitätsauffassung. Die Art, wie methodisches Vorgehen festgelegt ist, bestimmt wesentlich, was als Wirklichkeit zum Vorschein kommt. Da einzelwissenschaftliches Wirklichkeitsverständnis von methodischer Vorentscheidung geleitet wird, sind Wirklichkeitsbegriffe je nach der Art dieser methodischen Vorentscheidung different. Der unreflektierte Wechsel von einem Realitätsverständnis in das andere und der Versuch, von der *einen* Wirklichkeit zu sprechen, verweigern sich dieser Differenz und versuchen, verschieden strukturierte Wirklichkeitsbegriffe unter eine gemeinsame Form zu zwingen. Die methodisch einheitliche Wissenschaft, also Einheitswissenschaft in obigem Sinn, setzt *eine* Methode absolut und insinuiert dadurch, daß die durch diese Methode eingeschränkte Wirklichkeit die Wirklichkeit überhaupt sei. Das führt zu einer Verarmung von Erfahrung und zur Reduktion von Wirklichkeit.

4.3.2 Lebenswelt und methodische Reduktion

Auf der Ebene der Naturwissenschaften zeigt sich eine derartige Einschränkung der Erfahrung in der Schwierigkeit, die methodisch ausgeschlossene Wirklichkeit in die jeweilige Wissenschaft zu integrieren. Oft wird versucht, mit Hilfe der Begriffe des Subjektiven beziehungsweise des Objektiven dieser Scheidung Herr zu werden. Entweder wird das Subjektive als das Nicht-Wissenschaftliche ausgeschieden oder als das ins Objektive Transformierbare einzelwissenschaftlich vereinnahmt. H. Vetter weist darauf hin, daß solche Übertragungen implizit Voraussetzungen enthalten, die es zu hinterfragen gilt.[12] Das Objektive, in diesem Sinn

[11] Krüger, Religiöse und profane Welterfahrung, 54.

[12] Vetter, Wirklichkeit, 50.

das von der Einzelwissenschaft problemlos Faßbare, wird als das Eigentliche angesehen. Das so verstanden objektiv Greifbare konstitutiert den Wirklichkeitsbegriff, der als Kriterium für Realität fungiert. Höchstens gehirnphysiologische Erklärungen über reizverarbeitende Gehirntätigkeiten stellen die so verstandene Wirklichkeit in Frage. Das problematische Subjektive wird derart zu Objektivem gemacht, daß all die Dimensionen verlorengehen, die dem Kriterium der vorweg festgemachten Wirklichkeitssicht nicht entsprechen. Die Einzelwissenschaft hingegen gibt sich den Anschein, Einheitswissenschaft zu sein, die alle Gegenstandsbereiche zu umfassen in der Lage ist.

Die andere Strategie, Wirklichkeit zu vereinheitlichen, besteht – wie gesagt – darin, dem Subjektiven im Sinne des menschlich Individuellen abzusprechen, Inhalt wissenschaftlicher Reflexion sein zu können; dieses verliert dadurch „objektive Diskursfähigkeit“[13]. Dadurch bekommt es den Makel des Unwirklichen, weil es in den Bereich des Vagen und Unsicheren verbannt wird. Als Wirklichkeit bleibt nur die nunmehr homogene einzelwissenschaftliche Wirklichkeit übrig. Zu beachten ist, daß beide Male ein jeweils anderer Begriff von Subjektivität vorliegt.[14] Im ersten Fall meint „subjektiv“ das Individuelle und Menschliche, das möglichst unter wissenschaftliche Gesetzmäßigkeit zu bringen ist. Im zweiten Fall wird genau dieser Bereich zu Subjektivem im Sinne des bloßen Meinens – im Gegensatz zu wissenschaftlichem Wissen – abgestempelt. Bleibt im ersten Fall ein Surrogat des primär nicht einzelwissenschaftlich Faßbaren übrig, so wird im zweiten Fall lebensrelevante Wirklichkeit einfach als unwirklich abgetan.

Macht man jedoch keine dieser beiden Reduktionismen mit und knüpft man an die obige Einsicht an, daß es nicht die eine Einheitswirklichkeit gibt, von der höchstens verschiedene Perspektiven zu gewinnen sind, so steht man vor der Schwierigkeit, von Wirklichkeit*en* sprechen zu müssen. Es hat den Anschein, als sei Wirklichkeit als singulare tantum zerfallen. Für einen Dialog zwischen Theologie, Philosophie und Naturwissenschaften scheint jeder Weg versperrt zu sein. In der Tat kann kein Dialog, der auf der Grundlage einer Einheitswissenschaft geführt werden soll, stattfinden. Denn auf der wissenschaftlichen Ebene von Naturerfahrung treten divergierende Wirklichkeitsbegriffe auf, die sich nicht vereinheitlichen lassen, ohne den methodisch bedingten Differenzen im Wirklichkeitsverständnis durch eine falsche Harmonisierungstendenz Gewalt antun zu wollen. Lebensrelevante Erfahrungen müßten sonst eingeschränkt oder als unwirklich abgetan werden.

Wenn auch ein Dialog auf diese direkte Weise, die über methodische Differenzen hinwegsieht, nicht möglich ist, so ist doch nicht die Dialogmöglichkeit überhaupt geleugnet. Auch wird dem Konzept doppelter Wahrheit nicht das Wort geredet. Zu fragen bleibt nämlich, was der Ebene wissenschaftlicher Wirklichkeitsauffassung, die differente Wirklichkeitsbegriffe hervorbringt, zugrunde liegt. Wissenschaft beginnt ja weder aus sich noch ist sie voraussetzungslos. Vielmehr

---

[13] Vetter, Wirklichkeit, 46.

[14] Vgl. Vetter, Wirklichkeit, 47.

fußt sie auf einem Weltbezug, der noch nicht in reflexiver Ausdrücklichkeit erfolgt. Naturwissenschaftler, Philosophen und Theologen bewegen sich nie nur in ihrer Wissenschaft, sondern sind immer schon eingebettet in ein vorwissenschaftliches Wirklichkeitsverständnis. Wenn hier von vorwissenschaftlichem Wirklichkeitsverständnis gesprochen wird, so ist „vorwissenschaftlich" nicht als zeitlicher Begriff mißzuverstehen. Vielmehr ist er logisch und im Sinne von sachlicher Fundierung gemeint: Die menschliche Erfahrung, die wissenschaftlicher Einschränkung dessen, was als gesicherte Erfahrung gelten kann, logisch vorausliegt, ist die Grundlage, von der aus sich Wissenschaft konstituieren kann.

Die lebensweltliche Erfahrung, auf die sowohl Naturwissenschaftler als auch Philosophen und Theologen verwiesen bleiben, ist nicht schon die wissenschaftlich reflektierte Erfahrung, sondern ein Selbst- und Weltverständnis, in dem „jegliches in konkret-ganzheitlicher, thematisch unverkürzter Weise, d. i. als Gesamtphänomen, zur Erscheinung"[15] kommt. In sie ist auch der Naturwissenschaftler eingebettet, wenn er nicht gerade als Naturwissenschaftler mit dem für die eigene Wissenschaft spezifischen Gegenstandsentwurf und mit der seiner Wissenschaft eigenen Methode arbeitet, die den unmittelbaren Weltbezug der Lebenswelt wesentlich einschränkt. Die lebensweltliche Erfahrung ist nicht nur die Basis für die wissenschaftliche Reflexion, sondern auch Grundlage dafür, sich im alltäglichen Weltvollzug zurechtzufinden.[16] Das Wahrgenommene ist nämlich nicht neutrales Faktum oder Sinnesmaterial, das losgelöst von jedwedem Sinn oder jedweder Bedeutung erst zu verarbeiten beziehungsweise mit Sinn zu unterlegen ist, sondern ist immer schon etwas Bedeutsames. Es ist immer schon verstanden *als etwas.* Wahrnehmen ist kein Registrieren von Daten, sondern bedeutet: „etwas *als* so oder so *Bedeutsames* gegenwärtig haben"[17].

Die Bedeutsamkeit als Charakteristikum vorwissenschaftlicher Erfahrung eignet nicht nur der Alltagserfahrung, sondern umfaßt – wie Pöltner zeigt – auch außergewöhnliche Erfahrungen wie Glück oder Unglück. Dazu kommen tradierte Erfahrungen, religiöse Einsichten, popularwissenschaftliche Erkenntnisse, die lebensrelevant und bedeutsam geworden sind, und anderes mehr.[18] Es tauchen im Erfahrungswissen also sowohl naturwissenschaftlich gewonnene Inhalte und Religiöses sowie Philosopheme auf. Diese Inhalte sind jedoch aus dem wissenschaftlichen Zusammenhang gelöst und in einen nicht reflektierten Lebensvollzug eingebettet.[19] Ihnen allen ist gemein, daß sie nicht ausdrücklich gemacht sind,

---

15 Pöltner, Evolutionäre Vernunft, 186.

16 Zur Kritik an Husserls Begriff der „Lebenswelt" sowie zur Differenz von Lebens- und Weltzeit siehe Blumenberg H., Lebenszeit und Weltzeit, Frankfurt/ M. 1986.

17 Pöltner, Evolutionäre Vernunft, 187.

18 Ebenda.

19 Zum Problem des Eingehens wissenschaftlicher Erkenntnisse in die Lebenswelt, das sich im Ansatz Mutschlers gestellt hat, siehe weiter unten. Hier geht es nur darum, Lebenswelt zu charakterisieren, insofern sie Ausgangspunkt für methodischen Zugriff wird, nicht jedoch schon darum zu zeigen, wie das Absinken methodisch gewonnener naturwissenschaftlicher Fakten in die Lebenswelt zu denken ist.

sondern in nicht reflektierter Form vorliegen und methodischem Zugriff vorausliegen. Sie haben sich nicht gelöst aus der vormethodischen Bedeutsamkeit, da sie nicht fraglich sind und so in den vorreflexiven Bedeutungszusammenhang eingebettet bleiben. Die Inhalte vorwissenschaftlichen Denkens sind noch nicht oder nicht mehr durch methodisch geprägte Perspektiven bestimmt. Sie differieren folglich auch nicht darin, daß es verschiedene Sichtweisen gibt, die etwas erst zu einem Gegenstand im strengen Wortsinn machen und dasselbe – wegen verschiedener Konzeptionen von Gegenständlichkeit – zu unterschiedlichen Gegenständen konstituieren können. Das in der Lebenswelt immer schon Verstandene ist das „*Ge*kannte", aber noch nicht das reflexiv und ausdrücklich „*Er*kannte".[20] Das bloß Gekannte wird, wenn es seine Selbstverständlichkeit verliert, fraglich und fordert dabei das Erkennen heraus. Entscheidend ist nun, vor welchem Hintergrund das in der Lebenswelt Erfahrene fraglich wird. Daran entscheidet sich nämlich, in welcher Hinsicht das Gekannte reflektiert wird. Der Blick, mit dem das vorreflexiv Gekannte befragt wird, bestimmt die Art und Weise, wie es Gegenstand der Reflexion wird.

Auf der Ebene, die logisch, aber nicht notwendig zeitlich vor wissenschaftlicher Reflexion angesiedelt ist, hebt sich die Trennung in unterschiedliche Wirklichkeiten auf. Ohne daß es sich um den Gegenstand einer wie auch immer verstandenen Einheitswissenschaft handelt – da Wissenschaftlichkeit auf dieser Ebene keinen Ort hat –, zeigt sich Wirklichkeit in der Lebenswelt als die eine. Da die Welt noch nicht ausschnittweise und in ganz bestimmter methodischer Hinsicht befragt wird und folglich keine durch Reflexion begrenzte Gestalt hat, zerfällt sie noch nicht in verschiedene Wirklichkeiten.

Für die Frage nach dem Verhältnis von Naturwissenschaften, Theologie und Philosophie ist entscheidend, woraufhin diese Wissenschaften die Lebenswelt in den Blick nehmen. Denn davon hängt es ab, wie Wirklichkeit durch das wissenschaftliche Vorgehen konstituiert wird. Im Fall der Naturwissenschaften wird die Lebenswelt in einer doppelten Hinsicht eingeschränkt. Zum einen schälen die verschiedenen Naturwissenschaften spezielle Bereiche aus der Lebenswelt heraus, die für sie relevant erscheinen, und blenden andere Bereiche teilweise oder völlig aus. Zum anderen ist der Weg beziehungsweise die Blickrichtung wissenschaftlicher Zuwendung an den herausgeschälten Bereich dafür verantwortlich, wie dieser zur Sprache kommt.

Während das Materialobjekt den Ausschnitt der Erfahrungswelt festlegt, ist das Formalobjekt die Methode, mit deren Hilfe der gewählte Ausschnitt behandelt wird.[21] Das bedeutet, daß der eingeschränkte Gegenstandsbereich nochmaliger Einschränkung unterliegt, sofern die jeweilige Methode nur eine ganz bestimmte Fragehinsicht zuläßt. Diese blendet per definitionem andere Sichtweisen aus und bildet eine Abstraktion der unmittelbaren und durch keine bestimmte Methode eingeschränkten lebensweltlichen Erfahrung. Die naturwissenschaftliche Methode,

---

[20] Pöltner, Evolutionäre Vernunft, 188.

[21] Vgl. Koltermann, Grundzüge, 9.

die dadurch bestimmt ist, daß nur Quantifizierbares, Meßbares und experimentell Wiederholbares von Belang sind, hat folglich im Vergleich zu lebensweltlicher Erfahrung eine bloß partielle Fragehinsicht. Nur Teile der durch das Materialobjekt ohnehin schon begrenzten Lebenswelt werden Gegenstand wissenschaftlichen Zugriffs. Zudem ist die naturwissenschaftliche Fragehinsicht abstrakt, da sie von der Konkretheit lebensweltlicher Erfahrung eine bestimmte Hinsicht abzieht und sich von der uneingeschränkten Zugangsart entfernt.

Die „*abstrakt-partielle* Fragehinsicht“[22] der Naturwissenschaften legt fest, wie der Gegenstand beschaffen ist, und entwirft folglich ein Wirklichkeitsbild. Nur das der Methode Entsprechende wird als Gegenstand relevant und macht naturwissenschaftliche Wirklichkeit aus. Hier zeigt sich neuerlich die Verknüpfung von Methode und Wirklichkeitsbegriff. Die Methode legt fest, was für eine bestimmte Wissenschaft als seiend zu gelten hat und was in der Folge aus der Sicht ebendieser Wissenschaft als wirklich angesehen wird. Die Methode bestimmt den Gegenstand. Anders als in der lebensweltlichen Erfahrung, die vom Erfahrungsinhalt geprägt ist, hat man es in den Naturwissenschaften mit Gegenständen zu tun, deren Gegenständlichkeit von der Methode bestimmt ist. Nicht mehr das Erfahrene, wie es sich in der Lebenswelt zeigt, kommt in den Blick, sondern der durch die Methode geprägte Gegenstand, der im Vergleich zu jenem reduzierte Gestalt hat. Der durch die Methode eingeschränkte Gegenstandsbereich, der die Naturwissenschaften als Einzelwissenschaften charakterisiert,[23] ist bestimmt durch den „apriorischen Gegenstandsentwurf“[24], den die Methode impliziert. Dieser legt die Bedingungen dafür fest, ob und wie etwas zum Gegenstand der jeweiligen Wissenschaft wird.

Die Methode der Naturwissenschaften entwirft also im voraus, was als Gegenstand in Betracht kommt. Dahinter stecken ein bestimmtes Erkenntnisinteresse und eine bestimmte Erkenntnisabsicht, die festlegen, woraufhin lebensweltliche Erfahrung untersucht werden soll. Das Erkenntnisziel ist schon im vorhinein festgelegt und erwächst nicht aus der Lebenswelt, in der das Erfahrene uneingeschränkt bleibt, auch wenn es zur Frage wird. Vielmehr ist schon im Vorfeld konkreten naturwissenschaftlichen Vorgehens abgezirkelt, was als Gegenstand in Frage kommt und wie desssen Gegenständlichkeit strukturiert ist. Das die Methode bestimmende Interesse reduziert die in den Blick genommene Wirklichkeit auf Gegenstände, die diesen Vorgaben entsprechen. Das bedeutet, daß die naturwissenschaftliche Methode reduktiv ist. Solch *„methodischer Reduktionismus“*[25] hat seine Ursache nicht erst im bewußten Ausblenden von Wirklichkeitsbereichen oder Ergebnissen, wenn Naturwissenschaftler versuchen, eine Naturphilosophie zu bieten, die allen Wirklichkeiten gerecht wird. Nicht erst der Versuch ist reduktionistisch, typisch Menschliches wie Freiheit als naturwissenschaftliche Größe

---

[22] Pöltner, Evolutionäre Vernunft, 189.

[23] Koltermann, Grundzüge, 8.

[24] Pöltner, Evolutionäre Vernunft, 190.

[25] Pöltner, Evolutionäre Vernunft, 189.

auf die Ebene naturwissenschaftlichen Wirklichkeitsverständnisses zu stellen und zu behaupten, Freiheit sei von dort aus hinreichend verstanden. Vielmehr sind Naturwissenschaften auf Grund ihrer Methode schon im Ansatz reduktiv, wenn man ihr Wirklichkeitsverständnis lebensweltlicher Erfahrung gegenüberstellt. Schon die Fragehinsicht naturwissenschaftlichen Vorgehens reduziert den Gegenstand. Diesen als der lebensweltlichen Erfahrung äquivalent zu halten hieße, Wirklichkeitsmomente auszublenden und ein reduziertes Wirklichkeitsbild als hinreichend hinzustellen, also reduktionistisch vorzugehen. Demgegenüber liegt in der Methode der Naturwissenschaften aber gerade deren Meisterschaft und der Grund des Erfolges, den moderne Naturwissenschaften zu verzeichnen habe. Die Methode ist auch nicht problematisch, solange die begrenzte Natursicht, die sie impliziert, bewußt bleibt. Erst die Behauptung, das Wirklichkeitsverständnis der Naturwissenschaften sei das einzig relevante und der Maßstab für Naturerkenntnis, stellt einen Anspruch dar, der rechtens nicht aufrechterhalten werden kann. Denn schon der im Vorfeld entworfene Gegenstandsbegriff, den die naturwissenschaftliche Methode hervorbringt, schränkt Erfahrung ein und führt zu einem reduktiven Wirklichkeitsbild.

Das Erkenntnisziel, das den Gegenstandsentwurf wesentlich bestimmt, prägt das Wirklichkeitsverständnis. Wenn also etwa die Aufgabe der Physik in der *„Technikermöglichung“*[26] gesehen wird, so wirkt dieses Ziel auf das Wirklichkeitsverständnis der Physik zurück. Alles für die Technik nicht Relevante fällt aus dem Wirklichkeitsrahmen heraus oder wird nur insofern als wirklich anerkannt, als es irgendwie technisch nutzbar gemacht werden kann. J. Track spricht deshalb von der „operationalisierten Erfahrung der Naturwissenschaft“[27]. Nimmt man den Wirklichkeitsbegriff der Naturwissenschaften ernst, der sich aus der erwähnten Erkenntnishinsicht ergibt, so kann etwa nicht mehr sinnvoll versucht werden, das physikalische Gesetzesdenken mit Metaphysik zu koppeln. Physik läßt sich nämlich nicht einfach als Spezifikation einer Substanzmetaphyik begreifen,[28] da sich Physik nicht mit Substanzen im Sinn der klassischen Ontologie befaßt, sondern sich auf das „mathematisch-funktionale Verhältnis metrisierbarer Eigenschaften des Seienden“ bezieht.[29] Wenn also J. Track – im Widerspruch zu seiner Behauptung von der „operationalisierten Erfahrung“ der Naturwissenschaften – und die Vertreter von Analogiemodellen behaupten, naturwissenschaftliche Einsichten seien analogiefähig,[30] so verkennen sie, daß der Funktionszusammenhang von quantifizierten Eigenschaften, der mathematisch formuliert wird, mit univoken Aussagen beschrieben wird. Univozität folgt aus der abstrakt-partiellen Hinsicht

---

[26] Janich, Zweck und Methode der Physik, 17.

[27] Track, Überlegungen, 99.

[28] Mutschler H.-D., Physik und Neothomismus. Das ontologische Grundproblem der modernen Physik, in: ThPh 68 (1993) 25–51, 47.

[29] Mutschler, Physik und Neothomismus, 32.

[30] Track, Überlegungen, 110 und 123.

und ist Voraussetzung für die naturwissenschaftliche Präzision.[31] Die Exaktheit der Naturwissenschaften ist durch den Ausschluß der Analogie und des Verweischarakters der verwendeten Sprache erkauft. Genauso ist das unmittelbare Aufzeigen von finaler Kausalität in den modernen Naturwissenschaften unmöglich, weil die mathematische Methode als solche teleologische Momente ausklammert.[32]

Versuche, einheitswissenschaftlich die Verschiedenheit der Wirklichkeitsverständnisse zu verwischen, kommen folglich nicht umhin, mit denselben Begriffen Verschiedenes zu bezeichnen und dadurch Bezüge herzustellen, die gleichsam auf Etikettenschwindel basieren. Die Lebenswelt kann nicht gleichgesetzt werden mit Inhalten, deren Konstitution vom vorgängigen Gegenstandsentwurf methodisch-abstrakt vorgezeichnet ist.

4.3.3 Naturphilosophie

Der Gegenstandsentwurf, von dem die Naturwissenschaften ausgehen, ist nicht wiederum selbst Gegenstand der jeweiligen Naturwissenschaft, sondern die diese ermöglichende Voraussetzung. Denn der Gegenstandsbereich einer Naturwissenschaft ist nicht aus dieser selbst zu gewinnen.[33] Vielmehr wird er im Vorfeld konkreten wissenschaftlichen Vorgehens abgesteckt, indem die Methode festgelegt wird, mit deren Hilfe Erfahrung reflektiert wird. Da die naturwissenschaftlichen Methoden reduktiv sind, stellt sich die Frage, ob die durch die Naturwissenschaften ausgeblendete Wirklichkeit überhaupt Gegenstand wissenschaftlicher Reflexion sein kann. Gefragt ist eine Wissenschaft, die sich nicht damit begnügt, Sinnesdaten zu registrieren, sondern auch der Erfahrung Rechnung trägt, die vorwissenschaftliches Verstehen impliziert.[34] Lebensweltlich verstandene Wirklichkeit als solche zur Sprache kommen zu lassen und sie nicht durch einen Gegenstandsentwurf einzuschränken wäre die Aufgabe solcher Wissenschaft.

Reduktionistisch vorgehende Naturwissenschaftler hingegen leugnen die Möglichkeit einer solchen Wissenschaft. Sie tun alles, was nicht in den Gegenstandsentwurf ihrer Wissenschaft paßt, als bloß subjektiv ab und sprechen so der Lebenswelt ab, als solche und daher uneingeschränkte wissenschaftliche Relevanz zu besitzen. Oder sie reduzieren das „bloß" Subjektive auf ein objektivierbares Surrogat, das das zugehörige lebensweltliche Phänomen entstellt. Eine solche Abqualifizierung des Nicht-Objektivierbaren (im Sinn einzelwissenschaftlicher Objektivität) entspringt einem Anspruch, der Wissenschaft auf die Art methodischen Vorgehens einschränkt, das den Naturwissenschaften zugrunde liegt. Daß sich dieser Anspruch, einzig naturwissenschaftliche Methodik entspreche den Kriterien

---

[31] Mutschler, Physik und Neothomismus, 43.

[32] Mutschler, Physik und Neothomismus, 39.

[33] Mutschler, Physik und Neothomismus, 26.

[34] Krüger, Religiöse und profane Welterfahrung, 83.

der Wissenschaftlichkeit, nicht von selbst versteht, ist einsichtig. Denn schon diese Forderung selbst ist nicht wieder wissenschaftlich ausweisbar, sondern Ergebnis *vor*wissenschaftlicher Entscheidung.

Mit dem Aufweis, daß Naturwissenschaften auf Bedingungen fußen, die außerhalb ihrer selbst angesiedelt sind, ist allerdings noch nicht gezeigt, daß es auch wissenschaftliche Weltorientierung gibt, die nicht naturwissenschaftlich vorgeht. Es ist einsichtig, daß das „bloß“ Subjektive oder die Lebenswelt nicht in gleicher Weise Thema wissenschaftlicher Untersuchung sein können wie ein naturwissenschaftliches Objekt. Sonst wäre die eben aufgezeigte Differenz zwischen lebensweltlicher und naturwissenschaftlicher Wirklichkeit wiederum nivelliert. Soll das in der Lebenswelt Erfahrene als solches zur Sprache kommen können, ist offenbar eine andere Methode beziehungsweise eine andere Zugangsweise vonnöten. Denn der Weltbezug, in dem auch der Naturwissenschaftler immer schon steht, kennt nicht nur die auf Meßbarkeit hin entworfene Welt, sondern ereignet sich darüber hinaus in Freiheit, Geschichte und Sprache.[35] Werden diese nicht schon vorweg durch die Unschärferelation, den physikalisch-chemisch beschriebenen Zeitpfeil und – nach dem geläufigen Kommunikationsmodell – als bloßer In- und Output beschrieben, sondern als vorwissenschaftliche Erfahrung zur Sprache gebracht, so stellt man fest, daß es sich dabei nicht um bloß privatsprachliches Meinen handelt. Vielmehr ist eine Verständigung über die in der Lebenswelt verstandene Wirklichkeit möglich, ohne daß dabei in Beliebigkeit abgeglitten würde. Die Reflexion über das Verstehen der Wirklichkeit, die nicht implizit durch die naturwissenschaftliche Methode und deren eingeschränkte Sichtweise konstituiert wird, kann auf den Begriff gebracht und an den Erfahrungen der einzelnen ausgewiesen werden. Die dabei gepflogene Art der Wissenschaft ist freilich eine andere als die der Naturwissenschaften, weil die Methode nicht auf das Messen, Quantifizieren und Experimentieren abstellt, sondern zum Beispiel auch geschichtlich Einmaliges in den Blick nimmt. Die Differenz zwischen naturwissenschaftlicher und an der Lebenswelt ausgerichteter Zuwendung zu Wirklichkeit ist nicht die zwischen Wissenschaft und Nicht-Wissenschaft, sondern eine „Differenz im Begriff der Wissenschaft“[36] selbst. Naturwissenschaften geben nicht das Paradigma für Wissenschaftlichkeit überhaupt ab, sondern repräsentieren eine ganz bestimmte Art von Wissenschaft, die nicht die allein gültige ist.

Bleibt der naturwissenschaftliche Gegenstandsentwurf außer Betracht und reflektiert man über die lebensweltliche Erfahrung, so zeigt sich, daß das unmittelbar Erfahrene in einem Verstehenszusammenhang steht. Die Welt ist als immer schon verstandene in einem Zusammenhang erschlossen, der auch das, was gewöhnlich Natur genannt wird, miteinschließt. „Darum muß die Welt, in welcher der Mensch sein faktisches Dasein vollzieht, seine Lebenswelt, notwendig eine Deutung der Natur enthalten.“[37] Diese Naturdeutung, die auf Naturerfahrung Be-

---

[35] Vetter, Wirklichkeit, 54.

[36] Vetter, Wirklichkeit, 52.

[37] Scherer, Welt, 5.

zug nimmt, die noch nicht einzelwissenschaftlich bestimmt ist, setzt keinen durch Methode geprägten Entwurf voraus, sondern läßt sich auf die lebensweltlichen Naturerfahrungen ein. Diese können allerdings nur dann uneingeschränkt in den Blick kommen, wenn nicht a priori festgelegt wird, in welcher abstrahierenden Hinsicht auf sie Bezug genommen werden soll. Anders gesagt: Soll das in der Lebenswelt Erfahrene uneingeschränkt zur Sprache kommen, darf nicht im Vorfeld wissenschaftlicher Bezugnahme ein Formalobjekt definiert werden. Erst dann kann Natur als Natur und nicht als schon in einem Gegenstandsrahmen festgelegte Wirklichkeit die Reflexion herausfordern. Das bedeutet, daß der entsprechende Zugangsweg erst gefunden werden muß. Gegenstandskonstitutive Vorwegentwürfe sind dagegen kontraproduktiv.

Die Wissenschaft, die nach klassischer Definition von einem Formalobjekt absieht, ist die Philosophie.[38] Philosophie ist offen auch für die Fragen, die durch die reduktive Methode einzelwissenschaftlicher Wirklichkeitsentwürfe ausgeschlossen werden. Vielmehr setzt sie logisch vor methodischer Reduktion an und versucht, die Fragehinsicht als universelle aufrechtzuerhalten. Das bedeutet, daß sie nicht im nachhinein die von den verschiedenen Wissenschaften gelieferten Einzelaspekte gleichsam in einer Gesamtschau zu einem Ganzen zusammenstellt. Dabei würden wiederum nur reduktive Fragehinsichten aneinandergereiht. Im Gegensatz dazu geht es Philosophie darum, Wirklichkeit zur Sprache zu bringen, wie sie sich vor den unterschiedlichen Entwürfen von Gegenständlichkeit zeigt. Sie nimmt also Bezug auf die Lebenswelt als die Grundlage, die einzelwissenschaftliches reduktives Vorgehen erst ermöglicht, und auf Lebenswelt als die Instanz, von der einzelwissenschaftlich abstrahiert wird. Da Philosophie – wenigstens von ihrem Ansatz her – etwas als es selbst zur Sprache bringen möchte, ist die Fragehinsicht der Philosophie uneingeschränkt. Insofern Philosophie keine den Wirklichkeitsbegriff einengende Methode hat, weil sie über das in der Lebenswelt Erfahrene als solches reflektiert und sie durch keine eingeschränkte Fragehinsicht begründet wird, ist ihre Fragehinsicht eine *„fundamentale"*[39]. Philosophisches Fragen enthält sich einzelwissenschaftlicher Einschränkungen, die die Naturwissenschaften durch eng gesteckte Fragehinsichten und schmale Gegenstandsbereiche vornehmen. Dagegen wird in der Philosophie das Gesamtphänomen als solches und in Hinsicht auf es selbst in den Blick genommen, sodaß es von sich selbst her fraglich werden kann.

Eine solche Fragestruktur philosophischen Denkens führt in der Naturphilosophie zu einem anderen Naturbild, als es einzelne Naturwissenschaften oder deren Zusammenschau liefern können. Die fundamentale Fragehinsicht läßt Natur anders zum Vorschein kommen als quantifizierendes Denken. Natur wird in der Philosophie nämlich ohne im vorhinein verfügten methodischen Rahmen zum Thema. Das führt auch zu einer anderen Form von Kausalität innerhalb der Philosophie. Während Naturwissenschaften die eigene Methode und den eigenen Ge-

---

[38] Koltermann, Grundzüge, 10.

[39] Pöltner, Evolutionäre Vernunft, 192.

genstandsentwurf nicht mit den Mitteln der eigenen Wissenschaft begründen können und deshalb auf eine außer-naturwissenschaftliche Erklärung ihrer selbst angewiesen sind, ist die Frage nach der Philosophie schon ein philosophisches Problem. Da Naturwissenschaften in dem von ihnen in Anspruch genommenen Rahmen verhaftet bleiben, ist ihre Erklärungsstruktur auf Gegenstände im Sinne des eigenen Wirklichkeitsverständnisses eingeschränkt. Der Inhalt naturwissenschaftlicher Auseinandersetzung ist auf den naturwissenschaftlichen Gegenstand beziehungsweise das naturwissenschaftliche Objekt beschränkt. Folglich kann Gegenständliches – immer im Sinn des erwähnten naturwissenschaftlichen Gegenstandsentwurfes verstanden – nur mit Gegenständlichem erklärt werden, das wiederum auf Gegenständliches zurückgeführt wird.[40] Philosophie ist dagegen nicht an so definierte Gegenständlichkeit gebunden, sondern kann diese hinter- oder nach deren Bedingungen fragen, hat also nicht die Vorgabe eines unhinterfragten Gegenstandsentwurfes zu seiner Grenze. Philosophischem Fragen steht Natur nicht als eingeschränkter Gegenstand gegenüber, sondern als Phänomen, das immer schon in einem Verstehenszusammenhang eingebettet ist, der dem Realitätsbegriff der Naturwissenschaften nicht verhaftet ist.

4.3.4 Theologie der Natur und natürliche Theologie

Soll das Verhältnis zwischen Theologie und Naturwissenschaften auf methodischer Ebene zu klären versucht werden, so ist die Frage nach dem Naturbegriff innerhalb der Theologie von entscheidender Bedeutung. Freilich ist in diesem Kontext nicht zuerst der Naturbegriff in seinen mannigfachen innertheologischen Bedeutungen von Belang,[41] sondern Natur, verstanden als die von Gott geschaffene Wirklichkeit. Da diese jedoch nicht bloß in protologischen Aussagen zur Sprache kommt, sondern das Geschaffene durch die Lehre von der creatio continua ebenso an Heilsgeschichte rückgebunden ist und diese die Zeit ist, in der sich Erlösung ereignet, ist der Naturbegriff auch soteriologisch bedeutsam. Diejenigen theologischen Disziplinen, die vornehmlich in einer Verhältnisbestimmung von Theologie und Naturwissenschaften in Betracht zu ziehen sind, sind folglich die Schöpfungstheologie und eine soteriologisch verstandene Theologie der Natur. Während erstere in verschiedenen, nicht nur konfessionell unterschiedlichen Modellen ausgearbeitet wurde, die sich – wie die obigen Analysen gezeigt haben – auf verschiedene Weise auf moderne Naturwissenschaften beziehen, sind Vertreter einer Theologie der Natur darauf bedacht, streng offenbarungstheologisch über Natur zu reflektieren und sich von Versuchen natürlicher Theologie abzusetzen. Ökologische und evolutionsbiologische Fragestellungen veranlassen sie nicht dazu, sich auf einzelwissenschaftliche oder philosophische Argumentationen ein-

---

40 Vgl. Pöltner, Evolutionäre Vernunft, 194f.

41 Vgl. die kurze Aufzählung der verschiedenen Naturbegriffe innerhalb der Theologie unter Pkt. 1.

zulassen. Vielmehr geben sie ihre Antworten aus der Sicht der Offenbarungstheologie. Oft im Rückgriff auf K. Barth wird die von Zerstörung bedrohte Natur in einen soteriologischen Kontext gestellt, der nicht in Parallele zu naturwissenschaftlichen Konzepten der nach vorne offenen Natur konzipiert wird, sondern die Bedeutung der Gegenwart für eine theologische Sicht der Natur hervorhebt.[42]

Schöpfungstheologien und Theologien der Natur haben einen spezifischen Zugang zum Phänomen der Natur, wenn sie sich nicht naturwissenschaftlicher Methode anschließen und damit den Weg zu einer Einheitswissenschaft freizumachen meinen. Besonders Vertreter des Identitätsmodells geben eine eigenständige theologische Natursicht preis und passen sich quantifizierendem Denken an oder laden dessen Ergebnisse im nachhinein ontologisch auf. Auf der anderen Seite fordern Naturwissenschaftler die Subsumierung der Theologie unter das methodische Paradigma zum Beispiel der Physik.[43] Wie sichtbar geworden ist, verkürzt eine Theologie, die sich nur naturwissenschaftliche Daten als Wirklichkeit vorgeben läßt, diese und kann deshalb nicht beanspruchen, eine Weltdeutung aus der Glaubenserfahrung heraus zu bieten. Denn Glaube verlangt eine Deutung der Wirklichkeit als ganzer, zumal das bloß Gegenständliche weltanschauliche Fragestellungen nicht abdecken kann. Die durch den naturwissenschaftlichen Gegenstandsentwurf beschränkte Wirklichkeit und die aufgewiesene Kausalitätsstruktur, die Gegenständliches immer nur auf wiederum Gegenständliches bezieht, schließen Gott aus wissenschaftlichem Diskurs gänzlich aus oder möchten ihn auf ein berechenbares Faktum reduzieren.[44] Gott wird so selbst zum Gegenstand innerhalb des begrenzten Gegenstandsrahmens der Naturwissenschaften und ist entweder zu erklärender Gegenstand oder der Gegenstand, auf den hin ein anderer erklärt wird.

Religiöse Weltdeutung gibt sich jedoch nicht mit einem partiellen Weltausschnitt zufrieden, sondern möchte Gesamtdeutung sein, die Lebensorientierung ermöglicht und sogar über den Tod hinausgeht. Umgekehrt ist religiöse Erfahrung nicht mathematisch hinreichend zur Sprache gebracht. Das attestieren an entsprechender Stelle auch Naturwissenschaftler wie Capra, ohne sich jedoch zu enthalten, an anderer Stelle aus naturwissenschaftlichen Theorien mystische Erfahrungen abzuleiten oder jene als theologische Beschreibungen vorzustellen.[45] Solange Theologie Weltdeutung bleiben möchte, kann sie nicht umhin, naturwissenschaftliche Objektivierung, wie sie durch die Anwendung partiell-abstrakter Methoden entsteht, zu hinterfragen. Theologie läßt sich also nicht auf eine Einzelwissenschaft reduzieren, solange sie Reflexion der Glaubenserfahrung im Sinne uneingeschränkter Gottes- und Welterfahrung bleiben möchte, sondern deckt um-

---

[42] Vgl. die in Pkt 2.1 behandelten Ansätze von Dembowski und Bayer.

[43] Vgl. Tipler, Physik der Unsterblichkeit, 26 und 403f.

[44] In extremer Ausprägung begegnet solches Unterfangen wiederum bei Tiplers Bemühen, Gott mit dem mathematisch faßbaren Omegapunkt zu identifizieren.

[45] Vgl. die Identifikation des Heiligen Geistes mit naturwissenschaftlichen Größen (etwa als physikalisches Feld bei Pannenberg) oder die Gleichsetzung Gottes mit der Evolution (bei Jantsch).

gekehrt methodische Reduktion auf und versucht manchmal darüber hinaus, diese theologisch zu fundieren.[46]

Ähnlich wie der Philosophie geht es der Offenbarungstheologie nicht um methodisch eingegrenzte Objekte, sondern um die diesen zugrundeliegenden lebensweltlichen Gesamtphänomene. Auch Theologie enthält sich eines Gegenstandsentwurfes und partieller Methodik, um Wirklichkeit uneingeschränkt zur Sprache zu bringen. Im Unterschied zur Philosophie, die wie Theologie eine nicht bloß auf die Ebene der Gegenständlichkeit fixierte Begründungsstruktur aufweist, läßt sich Theologie Offenbarung vorgeben, und zwar in einem zweifachen Sinn:

Zum einen ist Theologie als „fides quaerens intellectum" der auf wissenschaftlicher Ebene reflektierte Glaube, der in seiner Vernünftigkeit erschlossen werden soll. Im Zusammenhang einer christlichen Schöpfungstheologie bedeutet dies, daß Natur als eine zur Sprache kommt, die vom dreifaltigen Gott erschaffen wurde und in bleibendem Schöpfungsakt erhalten wird. Die Glaubenden erfahren schon in der noch nicht reflexiv aufgeschlossenen, aber immer schon verstandenen Lebenswelt sich und die sie umgebende Welt als von Gott geschaffen und bewahrt. Im Rahmen einer soteriologisch ausgerichteten Theologie der Natur wird Natur in der Spannung von schon erfolgter Erlösung und deren noch ausstehender Vollendung zum Thema. Natur ist wie der Mensch erlösungsbedüftig. Diese Erfahrung ist ihrerseits wiederum – wie im Kapitel über die Philosophie erwähnt – geprägt von religiösen Traditionen, in der Schrift niedergelegten Glaubensüberzeugungen, vielleicht ausgezeichneten Transzendenzerfahrungen usw.

Zum anderen ist Theologie aber auch Deutung lebensweltlicher Erfahrung vor dem Horizont geoffenbarter Wahrheit, wie sie in inspirierten Schriften niedergelegt, interpretiert, von der Glaubensgemeinschaft möglicherweise als verbindlich herausgestellt und durch Tradition überliefert ist. Erfahrung wird auf theologisch bereits Eingesehenes hin transparent gemacht und vor dem Deutungshorizont geoffenbarter Wahrheit interpretiert. Solches Vorgehen scheint bei erstem Zusehen einzelwissenschaftlichem zu gleichen; Wirklichkeit scheint sich einem vorweg festgelegten Erkenntnisinteresse unterwerfen zu müssen. Bei näherer Betrachtung zeigen sich jedoch folgende Unterschiede: Offenbarungstheologie verdankt sich nicht einem Gegenstandsentwurf, der im Vorfeld ihres eigenen wissenschaftlichen Unternehmens definiert, was Wirklichkeit ist und was nicht beziehungsweise inwieweit lebensweltliche Erfahrungen Gegenstand des eigenen wissenschaftlichen Zugriffs werden können. Vielmehr beläßt recht verstandene Theologie der Erfahrung ihren „Widerfahrnischarakter"[47] und nivelliert geschichtlich Bedeutsames oder Außerordentliches nicht schon im Vorfeld zu wiederholbarer Gesetzmäßigkeit. Erfahrung wird nicht auf Gegenständliches eingeschränkt, sondern das Gesamtphänomen hinsichtlich seiner selbst zur Sprache gebracht. Wirklichkeit als solche und daher uneingeschränkte wird zwar vor einen spezifischen Deutungs-

[46] Beispielhaft hat dies Pannenberg mit seinem Versuch gezeigt, die Kontingenz von Naturgesetzen aufzuweisen und sie theologisch rückzubinden (siehe Pkt. 2.4.4).

[47] Track, Überlegungen, 99.

horizont gestellt, aber es wird nicht festgelegt, was als seiend anzuerkennen ist und was nicht. Nicht ein schon vorweg festgelegtes Erkenntnisinteresse entwirft, worüber und wie über dieses reflektiert wird. Vielmehr werden Widersprüche und die Theologie selbst in Frage stellende Probleme wie etwa die Leid-Frage und das Theodizee-Problem Inhalte theologischer Reflexion.

Während Naturwissenschaften sowohl von der partiellen Methode als auch vom damit einhergehenden apriorischen Gegenstandsentwurf geprägt sind, enthalten sich Philosophie und Theologie dieser. Philosophie hat darüber hinaus keine Vorgaben im Auslegungshorizont lebensweltlicher Erfahrung, während Theologie sich einen solchen von Offenbarung vorgeben läßt. Freilich ist dieser nicht völlig fixiert, weil die Eckpunkte, von denen her und auf die hin eine Weltdeutung versucht wird, selbst wiederum in der jeweiligen geschichtlichen Situation neu vergegenwärtigt und gedeutet werden müssen. Die ausgedeutete lebensweltliche Erfahrung wirkt zurück auf die im Glauben angenommenen Fundamente und übersetzt deren Inhalte je neu in die jeweilige geschichtliche Situation, die ihrerseits wiederum als Moment der Heilsgeschichte gesehen wird. In diesem Sinn ist Glaube zwar nicht überholbar,[48] aber dennoch je neu anzueignen.

Anders geartet als das philosophische ist das theologische Selbstverständnis im Hinblick auf die Vorläufigkeit des Wissens und in bezug auf die Zugänglichkeit der Erfahrung.[49] Die Vorläufigkeit des Glaubenswissens hat ihren Grund nicht bloß in der Begrenztheit menschlicher Erkenntnisfähigkeit, sondern über philosophisches und einzelwissenschaftliches Denken hinaus in der geglaubten Überzeugung, daß das als unbeschränkte Schau verheißene Wissen im Sinne der „visio beatifica" erst im Eschaton verwirklicht sein wird. In solche Glaubensüberzeugungen lassen weder Naturwissenschaftler, die die Grenzen ihrer Wissenschaft kennen und ernst nehmen, noch Philosophen ihr Wissen eingebettet sein. Während lebensweltliche Erfahrung philosophischer Reflexion prinzipiell zugänglich ist, ist darüber hinaus der für die Glaubenserfahrung fundamentale Glaube nach theologischer Lehre Gnadengabe, also nicht für jeden prinzipiell erreichbar, sondern durch personale Gabe bedingt.

Trotz der angeführten Differenzen zwischen Philosophie und Theologie ist Theologie keine Einzelwissenschaft, da sie keine eingeschränkte Methode hat und nicht eine für sie relevante Welt konstituiert, der sie sich verschreibt. Theologie stellt sich wie Philosophie einer fundamentalen Fragehinsicht und läßt so Erfahrung als solche fraglich werden. Ihr Deutungshorizont ist nicht voraussetzungslos, untersteht aber – wie Theologie selbst – den Bedingungen der eigenen Geschicht-

---

[48] Dolch H., Glaube und Wissen. Grundsätzliche Überlegungen, in: Dolch H., Grenzgänge zwischen Naturwissenschaft und Theologie. Gesammelte Aufsätze, Paderborn 1986, 73–88, 88.

[49] Siehe Dolch, Glaube und Wissen, 86f.

lichkeit. Gerade darin unterscheidet sich Theologie vom Gesetzesdenken naturwissenschaftlicher Provenienz, das Geschichtlichkeit ausblendet.[50]

Die oben angeführten zwei Momente theologischer Reflexion, nämlich das Transparent-Machen der *Glaubens*erfahrung auf Vernünftigkeit hin und die Deutung lebensweltlicher Erfahrung vor dem Horizont erfolgter Offenbarung, sind miteinander verknüpft. Denn Glaubenserfahrung ist immer mitbestimmt vom Vorverständnis aus dem Glauben gedeuteter Wirklichkeit, und umgekehrt ist die lebensweltliche Erfahrung eines Gläubigen nie glaubensfreie Erfahrung, die erst durch theologische Deutung etwa ein Glaubensattribut dazuerwirbt. So verstandener offenbarungstheologischer Erschließung der Wirklichkeit wird oftmals eine andere Form der Theologie gegenübergestellt, nämlich die sogenannte „natürliche Theologie". Natürliche Theologie hat den Anspruch, unter Ausblendung der Schrift-Offenbarung allein durch Vernunft Gott aus der Natur erkennen zu können. Sie wird allerdings konfessionell kontrovers beurteilt. Während Luther in der Vernunft des Teufels Hure sieht und der frühe Barth mit seiner dialektischen Theologie jede Form natürlicher Theologie ablehnt, bekennt sich das 1. Vatikanische Konzil im zweiten Kapitel der Dogmatischen Konstitution „Dei Filius" zur Möglichkeit der Gotteserkenntnis durch das natürliche Licht der menschlichen Vernunft.[51] Mit Bezug auf Röm 1,19f. wird dem „naturale humanae rationis lumen" Gotteserkenntnis zugesprochen, die die eine Ordnung der Erkenntnis ausmacht, der die „fides divina" gegenübersteht (DH 3015). Zwischen den beiden Erkenntnisordnungen wird allerdings kein Gegensatz gesehen („nec verum vero umquam contradicere"), vielmehr – so das Konzil – befruchten sich fides und ratio wechselseitig („opem quoque sibi mutuam ferunt") (DH 3017–3019).

Die von der römisch-katholischen Kirche am 2. Vatikanischen Konzil im ersten Kapitel der Dogmatischen Konstitution „Dei Verbum" unter Nr. 6 wiederholte Position (DH 4206) und die Gegenposition der reformatorischen Kirchen wirken bis in die gegenwärtigen Auseinandersetzungen um das Verhältnis von Theologie und Naturwissenschaften fort.[52] In der natürlichen Theologie wird dennoch von Vertretern beider Seiten die Chance gesehen, einen tragfähigen Konnex zwischen Naturwissenschaft und Theologie herzustellen, beziehungsweise wird in ihr diese Verbindung als schon verwirklicht gesehen.[53] Während katholische Schöpfungstheologen Gotteserkenntnis attestieren, sprechen reformatorische

---

[50] Zum Versuch, mit naturwissenschaftlicher Methode Geschichte zu fassen, siehe die obige Kritik an derartigen Entwürfen im Zusammenhang mit der Selbstorganisationstheorie und dem darin entwickelten Begriff des Zeitpfeiles (Pkt. 3.2.2).

[51] „Eadem sancta mater Ecclesia tenet et docet, Deum, rerum omnium principium et finem, naturali humanae rationis lumine e rebus creatis certo cognoscere posse ..." (DH 3004) Siehe auch DH 3005: „Huic divinae revelationi tribuendum quidem est, ut ea, quae in rebus divinis humanae rationi per se impervia non sunt, in praesenti quoque generis humani condicione ab omnibus expedite, firma certitudine et nullo admixto errore cognosci possint."

[52] Zur neueren Diskussion um die natürliche Theologie siehe: Bresch C./ Daecke S. M./ Riedlinger H. (Hg.), Kann man Gott aus der Natur erkennen? Evolution als Offenbarung, Freiburg/ Br. 1990 (= QD 125).

[53] Vgl. Pkt. 4.2.1.

Theologen oft davon, daß die natürliche Theologie nur einen „natürlichen Gott" erreichen könne, der erst durch die Offenbarungstheologie als der Gott des Glaubens zu identifizieren sei.[54]

Vor der konfessionellen Differenz in bezug auf die Frage, ob der Gott der natürlichen Theologie schon ohne die fides divina als Gott des Glaubens zu erkennen sei, ist eine Schwierigkeit zu bedenken, vor der Vertreter aller Konfessionen stehen, nämlich die Frage, wie natürliche Theologie im Hinblick auf ihre Methode zu verstehen ist. Der Versuch, sie als Scharnier zwischen Offenbarungstheologie und Naturwissenschaften anzusetzen, ginge fehl, da das Methodenproblem nur verschoben wäre und natürliche Theologie zwei differente Methoden zu integrieren hätte. Apriorischer Gegenstandsentwurf und Bezugnahme auf uneingeschränkte Lebenswelt können jedoch nicht zugleich verwirklicht werden. Wie oben gezeigt, vermag die natürliche Theologie die gesuchte Klammer zwischen Naturwissenschaften und Offenbarungstheologie nicht abzugeben.

Soll sie allerdings sinnvoll sein, ist zu fragen, als was sie in methodischer Hinsicht genau anzusetzen ist. Natürliche Theologie als Ansammlung naturwissenschaftlicher Einzelergebnisse zu verstehen ist nicht zielführend, da die naturwissenschaftlichen Gegenstandsentwürfe Gott entweder methodisch eliminieren oder zu einer mathematischen Größe limitieren. Deshalb ist es nicht zweckmäßig, „Evolution als Offenbarung" zur Grundlage einer natürlichen Theologie zu machen, solange Evolution als naturwissenschaftliche Größe verstanden wird.[55] Theologisch unmittelbar relevante Reflexion über Wirklichkeit kann sich nicht vorweg ihren Gegenstand selbst konstitutieren, sonst liefe sie Gefahr, dem Vorwurf begegnen zu müssen, sie bilde sich den Gott selbst, den sie zu erforschen vorgibt, treibe also Götzendienst. Die Zugangsweise, die Lebenswelt als sie selbst fraglich werden läßt, ist im Gegensatz dazu die philosophische. Natürliche Theologie muß folglich als philosophische, nicht jedoch als einzelwissenschaftliche Disziplin bestimmt werden. Die Gestalt der menschlichen Vernunft, die in der natürlichen Theologie begegnet, ist nicht eine durch partiell-abstrakte Methode eingeschränkte, sondern in fundamentaler Hinsicht fragende philosophische Vernunft. Für den Naturbegriff, der in natürlicher Theologie begegnet, bedeutet dies, daß er ebenso ein philosophischer, nicht jedoch ein einzelwissenschaftlich begrenzter ist. Da natürliche Theologie per definitionem nicht mit Offenbarungstheologie zusammenfällt, ist die methodische Alternative nur diejenige zwischen einzelwissenschaftlicher und philosophischer Vorgehensweise. Die Analyse hat gezeigt, daß natürliche Theologie – unbeschadet der konfessionellen Differen-

---

[54] Z. B. Daecke, Gott der Vernunft, 148.

[55] So der Untertitel des eben zitierten Buches von C. Bresch, S. M. Daecke und H. Riedlinger. Im selben Band versucht V. Mortensen, Evolution nicht mehr rein naturwissenschaftlich zu sehen, sondern er stilisiert die Evolutionstheorie zu einem „evolutionären Epos" (Mortensen V., Theologie der Natur als natürliche Theologie, in: Bresch C./ Daecke S. M./ Riedlinger H. [Hg.], Kann man Gott aus der Natur erkennen? Evolution als Offenbarung, Freiburg/ Br. 1990 [= QD 125], 117– 134, bes. 117–129).

zen – nicht als naturwissenschaftliche, sondern nur als philosophische Disziplin sinnvoll ist.

4.3.5 Lebenswelt als Verbindung von Naturwissenschaften und Theologie

Mit der Verhältnisbestimmung von Philosophie, natürlicher Theologie und den Naturwissenschaften ist die Relation zwischen den Naturwissenschaften und der Offenbarungstheologie noch nicht hinreichend erklärt. Denn *Offenbarungs*theologie ist ja keine philosophische Disziplin wie die natürliche Theologie, obwohl sie wie Philosophie von einem die Wirklichkeit einengenden Gegenstandsentwurf absieht. Wegen der durch die Kategorie der Offenbarung nochmals anderen Methodik der Offenbarungstheologie ist deren Verhältnis zu den Naturwissenschaften gesondert zu untersuchen.

Genausowenig wie die methodische Zusammenführung von Naturwissenschaften und *natürlicher* Theologie hat sich nach der Untersuchung der entsprechenden Methodenrelation eine Einheitswissenschaft zwischen *Offenbarungs*theologie und Naturwissenschaften als tragfähig erwiesen. Dennoch – so habe ich behauptet – gibt es einen Konnex zwischen Naturwissenschaften und Offenbarungstheologie. Da die gesuchte Verbindung nicht in der Etablierung einer Einheitswissenschaft bestehen kann, ist eine Verbindung nur bei Aufrechterhaltung einer uneingeschränkten Methodendifferenz denkbar. Deshalb ist die Verhältnisbestimmung, die in der Offenbarungstheologie eine negative Norm für die Naturwissenschaften sieht, problematisch.[56] Der durch den Gegenstandsentwurf eingeschränkte Wirklichkeitsbegriff der Naturwissenschaften und die dazugehörende Methode auf der einen Seite und das Fehlen eines Formalobjektes in der Offenbarungstheologie auf der anderen Seite machen es unmöglich, daß Aussagen, die von beiden Bereichen scheinbar über dasselbe geäußert werden, gegeneinander ausgespielt werden. Es mögen zwar die gleichen Begriffe verwendet werden, die der jeweiligen Begrifflichkeit zugrundeliegende Wirklichkeitssicht ist jedoch durch die Methodendifferenz so unterschiedlich, daß trotz scheinbar identischer Begriffe je Verschiedenes gemeint und ausgesagt wird.

Sätze über Ergebnisse naturwissenschaftlicher Forschung – etwa Aussagen über die Schönheit physikalischer Formeln – haben keinen inner-naturwissenschaftlichen Charakter. Das heißt, sie sind keine naturwissenschaftlichen Sätze, sondern haben ihren Kontext außerhalb der Einzelwissenschaften. Formulierungen, die Ziele naturwissenschaftlicher Bemühungen zur Sprache bringen, und Sätze über mathematisch ausformulierte Ergebnisse naturwissenschaftlicher Forschung weisen auf den sie fundierenden Bereich der Lebenswelt hin. Solche Aussagen haben ihren Sinnhorizont nicht in der Einzelwissenschaft, sondern im Le-

[56] So Rahner, Die Hominisation als theologische Frage, 20. Rahner fügt aber sogleich hinzu: „Man muß sich jedoch darüber klar sein, daß mit diesem Begriff einer ‚negativen Norm' eine adäquate Bestimmung des Verhältnisses zwischen beiden Erkenntnisweisen noch nicht gegeben ist."

benskontext, in dem der Naturwissenschaftler als Person, nicht aber als Naturwissenschaftler steht.

Sätze, die fachsprachlich formulierte Ergebnisse naturwissenschaftlicher Forschung in die Lebenswelt zu integrieren suchen, sind für die Bestimmung des Verhältnisses von Naturwissenschaften und Offenbarungstheologie besonders relevant. Denn sie sind der Ort, an dem die Verknüpfung konkret vollzogen wird. Zu untersuchen ist freilich, was bei einer solchen Transformation auf der Begriffsebene vor sich geht. Wenn die obigen Untersuchungen richtig sind, nach denen Offenbarungstheologie schon von ihrer Vorgehensweise her bemüht ist, lebensweltliche Erfahrung uneingeschränkt zur Sprache zu bringen, so wäre eine bloße Übernahme naturwissenschaftlicher Sätze in die Offenbarungstheologie eine unzulässige μετάβασις εἰς ἄλλο γένος. Werden naturwissenschaftliche Aussagen und theologische Sätze in eine Theorie integriert, so prallen zwei verschiedene Wirklichkeitskonzeptionen aufeinander, die sich korrekterweise nicht mit denselben Begriffen fassen lassen. Es geht dabei nicht nur darum, daß die eine Konzeption im Vergleich zur anderen bloß ein Materialobjekt anderen Umfangs hat. So weist zum Beispiel J. Track Gott, sofern er keine Hyothese naturwissenschaftlicher Welterklärung ist, in einem größeren theologischen Wirklichkeitsfeld, das sich nur quantitativ, aber nicht qualitativ vom naturwissenschaftlichen unterscheidet, einen Platz zu.[57] Das hat zur Folge, daß das mengentheoretisch kleinere Materialobjekt gemeinsames Gegenstandsfeld von Theologie und Naturwissenschaften ist. Die Analyse der verschiedenen Methoden hat dagegen gezeigt, daß der Unterschied zwischen den Wissenschaften nicht in einem quantitativen Mehr oder Weniger besteht, sondern daß vielmehr die methodischen Differenzen zu einem Verständnis führen, das die jeweilige Wirklichkeit als ganze anders versteht. Die insinuierte Schnittmenge von Gegenständen ist eigentlich keine Schnittmenge, weil nicht Gleiches mit Gleichem verglichen wird, zumal schon die Auffassung, was Gegenständlichkeit überhaupt sei, differiert.

Daraus folgt, daß pure naturwissenschaftliche Aussagen *als solche* theologisch nicht relevant sind. Sehr wohl haben naturwissenschaftliche Sätze aber theologische Bedeutsamkeit, wenn sie in einen lebensweltlichen Kontext gelangen. So haben zum Beispiel die berühmten „drei Kränkungen“ (der Wechsel vom geo- zum heliozentrischen Weltbild, die Evolutionstheorie und die Entdeckung des Unbewußten), die alle drei naturwissenschaftlichen beziehungsweise einzelwissenschaftlichen Forschungsergebnissen entstammen, nicht als rein einzelwissenschaftliche Theorien theologische Wichtigkeit erlangt, sondern eben als „Kränkungen“. Ergebnisse naturwissenschaftlicher Forschung sind philosophisch oder theologisch dann relevant, wenn sie den bloß einzelwissenschaftlichen Kontext verlassen und vor dem lebensweltlichen Sinnhorizont Bedeutsamkeit erlan-

---

[57] Track glaubt zum Beispiel, daß Theologie es mit dem ganzen Kreis der Wirklichkeit zu tun hat, während die Naturwissenschaften nur einen bestimmten Sektor davon erfaßten, den er als beiden gemeinsames Gegenstandsfeld bestimmt (Track, Überlegungen, 99). Vgl. Fischer, Kann die Theologie, 502.

gen. Naturwissenschaftliche Ergebnisse als solche sind allem Anschein nach zunächst lebensweltlich neutral.

Die Einbettung naturwissenschaftlicher Forschungsergebnisse in die Lebenswelt gestaltet sich offenbar als „Sinnerschließung", weil es nötig ist, die sinneutralen naturwissenschaftlichen Ergebnisse „hermeneutisch ‚aufzuladen'"[58]. Die Übersetzung vermeintlich sinnarmer oder gar sinneutraler Ergebnisse in den lebensweltlichen Sinn- und Bedeutungshorizont macht naturwissenschaftliche Ergebnisse theologischer Reflexion zugänglich. Die Anwendung naturwissenschaftlicher Gesetze in der Technik und die dadurch eingeleitete Umgestaltung der Lebenswelt durch angewandte Naturwissenschaft weisen manifest auf solche Sinnaufladungen hin. Technische Entwicklungen nehmen entscheidenden Einfluß auf Lebenszusammenhänge, Weltwahrnehmung, Arbeit, Wissenschaft und Lebenspraxis. So verändern Naturwissenschaften und Technik die Erfahrungen in der Lebenswelt, die die Grundlage für theologische Reflexionen bilden.

Betrachtet man aber nicht den Einfluß, den Naturwissenschaften über den Umweg der Technik auf die Lebenswelt und in der Folge auf die Offenbarungstheologie ausüben, sondern analysiert man den Vorgang der Sinnaufladung naturwissenschaftlicher Forschungsergebnisse selbst, so zeigt sich ein Doppeltes. Zum einen wird sichtbar, daß eine Verknüpfung naturwissenschaftlicher Ergebnisse mit Offenbarungstheologie über den Vorgang der Sinnaufladung faktisch in der Nutzbarmachung von naturwissenschaftlichen Erkenntnissen für lebensweltliche Ziele erfolgt. Zum anderen hat man den Eindruck, als seien die Ergebnisse naturwissenschaftlicher Forschung sinneutral und erhielten ihre Bedeutung für die Lebenswelt erst durch ihre Anwendung.

Sinneutral aber, so hat die Wissenschaftskritik angesichts der ökologischen Krise gezeigt, sind Naturwissenschaften nicht. Ihre Ergebnisse sind zwar großteils vielfältig technisch verwertbar, aber weder die technische Umsetzung noch das naturwissenschaftliche Ergebnis ist selbst bloßes sinneutrales Mittel. Wenn es nämlich stimmt, daß die naturwissenschaftliche Methode ihre Gestalt einer partiellen Vorgehensweise vom logisch vorhergehenden Erkenntnisinteresse erhält, so geht der mit diesem Interesse einhergehende Sinnbegriff in das naturwissenschaftliche Wirklichkeitsverständnis mit ein. Darüber hinaus hat die Absicht, Natur auf ihre Gesetzlichkeit hin zu erforschen, die technische Verwertung ermöglichen soll, Auswirkungen auf die Natur selbst: Zum Beispiel zerstört die Wissenschaft von der Natur, wie sie sich in den modernen Naturwissenschaften ausgeprägt hat, mit ihrer zergliedernden Vorgehensweise Natur, ist also keineswegs neutral.[59] Die Ergebnisse der Naturwissenschaften stehen nämlich im Sinnhorizont des Erkenntnisinteresses, das ihrer Methode zugrunde liegt.

Das Problem besteht darin, daß der angesprochene Sinnhorizont durch den Gegenstandsentwurf und die einschränkende Methode selbst ein eingeschränkter ist. Wird nun ein naturwissenschaftliches Forschungsergebnis in die Lebenswelt

---

[58] Mutschler, Physik – Religion – New Age, 39.

[59] Picht, Begriff der Natur, 9f.

transferiert, so läuft man Gefahr, dessen nur beschränkten Sinnhorizont zu universalisieren und fälschlicherweise zu glauben, einen universalen Sinnhorizont erreicht zu haben, wie er in der Reflexion auf die Lebenswelt als ganze ausdrücklich wird. Der Sinn, den naturwissenschaftliche Natur im Kontext lebensweltlicher Bezüge erhält, bleibt dem Rahmen des Gegenstandsentwurfes der Naturwissenschaften verhaftet. So kann etwa die Sinnaufladung der Unschärferelation in lebensweltlichem Kontext nicht mit dem Sinn von Freiheit, wie sie in vornaturwissenschaftlicher Erfahrung zugänglich ist, identifiziert werden.[60] Die Sinnaufladung erreicht die Weite des lebensweltlichen Sinnhorizontes nicht.

Die Transferierung naturwissenschaftlich festgestellter Fakten läuft nicht nur Gefahr, von verkürzten Sinnhorizonten auszugehen, sondern ist auch anfällig dafür, diesen Prozeß anthropologisch zentrierten Sinnvorgaben zu unterwerfen. In Mutschlers Terminologie fällt zum Beispiel die Betonung der Praxisrelevanz auf, die nicht gegen Funktionalität und wirtschaftliche Nutzbarkeit abgehoben wird.[61] Das weist darauf hin, daß das Erkenntnisinteresse, das am Anfang naturwissenschaftlicher Methodik steht und selbst Sinnstrukturen transportiert, verstärkt wird, wenn Ergebnisse naturwissenschaftlicher Forschung in lebensweltliche Kontexte eingebunden werden. So wird die Sinnstruktur von naturwissenschaftlich verstandener Natur, die in lebensweltliche Zusammenhänge gebracht wird, anthropologisch determiniert. Die Problematik solcher Fremdbestimmung zeigt vornehmlich die ökologische Krise: Eine Neutralisierung der naturwissenschaftlich gefaßten Natur macht Natur zum bloßen Mittel ohne eigenen Sinn, das durch die sinngebende Instanz Mensch mit Sinn aufgeladen wird. Das Interesse des Menschen wird somit zum Kriterium der Bedeutsamkeit von Natur, nicht jedoch kann Natur von sich her Sinnstrukturen zum Vorschein bringen.

Für die Offenbarungstheologie, die Natur im lebensweltlichen Kontext zu Gesicht bekommt, bedeutet dies, daß zwar eine mit Sinn unterlegte Natur zu ihrem Reflexionsinhalt wird, daß aber der Sinn der Natur anthropologisch verengt ist. Natur ist nicht von ihr selbst her, sondern vom Menschen und den Interessen her verstanden, die dieser mit der Natur verfolgt. Theologisch heißt das aber, daß Natur nicht von dem Sinn her in den Blick kommt, den sie als von Gott geschaffene Natur logisch vor einer Sinngebung durch den Menschen besitzt. Offenbar kann – trotz lebensweltlicher Relevanz – eine Sinnaufladung naturwissenschaftlich beschränkter Natur nicht theologisch maßgeblichen Gesamtsinn stiften. Weil also der Sinn anthropologisch verengt verstandener Natur bloß ein partikularer ist, stellt sich die Frage, wie universale Sinnstrukturen aufgeschlossen werden können, wenn sie von einer naturwissenschaftlichen Natursicht nicht zu erreichen sind.

Offenbar ist auf die Ebene zurückzugehen, die logisch vor einzelwissenschaftlichem Naturverständnis angesiedelt ist. Im Bereich der Lebenswelt, die ich als

---

[60] Vgl. Fischer, Kann die Theologie, 494–503.

[61] Vgl. die Termini „praktisches Interesse“, „praktische Bedürfnisse“, „philosophisch-praktische Perspektiven“ (Mutschler, Physik – Religion – New Age, 39 und 41).

die sowohl den Naturwissenschaften als auch der Offenbarungstheologie gemeinsame Erfahrungsgrundlage aufgewiesen habe, kann Natur als Grundphänomen unverkürzt und als solches fraglich werden. Vorwissenschaftliche Naturerfahrung eröffnet einen Sinnhorizont, der keinen methodischen Einschränkungen unterliegt, sondern im fundamentalen Fragehorizont steht. Methodisch unverkürzte Naturerfahrung geschieht in lebensweltlicher Erfahrung. Dort begegnet Natur nicht nur als vom Menschen mit Partikularsinn unterlegte Instanz, die praktischen Interessen unterliegt, sondern als Natur, die sich von sich selbst her zu verstehen gibt[62] und verstanden wird, ohne daß auf sie spezifisch methodisch zugegriffen wird. Als solche steht sie in einem fundamentalen Sinnhorizont, der jeder Sinnaufladung zuvorkommt. Das heißt aber, daß der Natur ihr Sinn nicht primär vom Menschen vorgegeben wird, sondern daß ihr Eigen-Sinn zum Vorschein kommen kann. Natur kann von sich aus als beglückend oder als bedrohlich erfahren werden, ist also weder sinneutral noch bekommt sie ihren Sinn nur durch den Menschen zugesprochen.

Wissenschaftlich aufzuschließen ist vorwissenschaftlich verstandene und unverkürzte Natur nicht mit Hilfe eines Gegenstandsentwurfs, dem sie eingepaßt wird, sondern mit Hilfe einer möglichst fundamentalen Fragehinsicht, in der sich Natur von sich her zeigen kann. Offenbarungstheologie als Theologie der Natur bewegt sich – wie im vorhergehenden Unterabschnitt herausgestellt – wenigstens von ihrem Anspruch her in dieser Fragehaltung. Sie sollte sich also nicht damit bescheiden, bloß auf naturwissenschaftliche Erkenntnisse zurückzugreifen, die im nachhinein mit Sinn aufgeladen werden, sondern sollte unabhängig von solchen Implementierungen naturwissenschaftlicher Ergebnisse genuin *theologisch* ansetzen, und zwar mit der ihr eigenen wissenschaftlichen Verfahrensweise einer fundamentalen, aber nicht partiellen Fragehinsicht. Erst dann kann einsichtig werden, daß Natur nicht das primär vom Menschen Gemachte und Hergestellte ist, sondern als Schöpfung gedeutet werden muß. Denn solange Natur ihren Sinn nur durch Sinnaufladung oder Sinngebung von seiten des Menschen erhält, kann ihr eigener Sinn nicht zur Geltung kommen, der dem Menschen vorgegeben ist und – theologisch gesehen – im Schöpfergott seinen Ursprung hat.

Es ist also festzuhalten, daß eine Verbindung zwischen Naturwissenschaften und Offenbarungstheologie nicht auf der Ebene der Methoden gesucht werden kann, sondern auf die Ebene der Lebenswelt verwiesen ist. Daten und Fakten als Ergebnisse naturwissenschaftlicher Forschung müssen in den Kontext der Lebenswelt integriert werden, um offenbarungstheologisch relevant zu werden. Solche Integration kommt zustande, wenn naturwissenschaftlich erschlossene Sachverhalte mit Bedeutungen unterlegt werden, die sie in lebensweltliche Sinnbezüge stellen. Da solche Sinnaufladung immer perspektivisch – nämlich aus der Sicht von praktischen menschlichen Interessen – erfolgt, hat Offenbarungstheologie, wenn sie nur über so interpretierte Natur reflektiert, Natur zwar über den eingeschränkten Rahmen naturwissenschaftlicher Natursicht hinaus, aber immer noch

[62] Vgl. Scherer, Welt, 115.

nicht als sie selbst im Blick. Erst im Rückgang auf die in der Lebenswelt von sich selbst her ansichtige Natur kann Offenbarungstheologie über den Sinn der Natur reflektieren, wie er nicht vom Menschen gegeben, sondern diesem vorgegeben ist.

Die Verknüpfung der Naturwissenschaften mit Offenbarungstheologie ist über die lebensweltliche Vermittlung naturwissenschaftlich gewonnener Erkenntnisse gegeben. Werden diese in die Sinnstrukturen vornaturwissenschaftlichen Naturverstehens integriert, so können sie theologisch bedeutsam werden, sofern Offenbarungstheologie lebensweltliche Erfahrung reflektiert. Die dabei Platz greifenden Sinnaufladungen sind für eine solche Einbeziehung naturwissenschaftlicher Fakten notwendig. Freilich sind die Ergebnisse naturwissenschaftlicher Forschung, die mit Sinn aufgeladen werden, selbst nicht sinneutral, da Erkenntnisinteressen die Art des methodischen Vorgehens mitbestimmen und so das Gegenstandsverständnis der jeweiligen Wissenschaft prägen. Folglich handelt es sich bei den Sinnaufladungen oftmals um Transformationen implizit und unausdrücklich in den Ergebnissen naturwissenschaftlichen Bemühens vorhandenen Sinns in lebensweltlich relevante Bedeutung. Sofern Offenbarungstheologie Sinnstrukturen lebensweltlicher Erfahrung zu ihrem Inhalt hat, den sie auf Offenbarung hin und von Offenbarung her reflektiert und interpretiert, werden mit Sinn aufgeladene naturwissenschaftliche Sachverhalte offenbarunstheologisch relevant. Die zugrundeliegende Natursicht ist jedoch immer noch eine partikulare, da Natur, die der Mensch mit Sinn auflädt, nicht die Natur ist, die von sich aus ihren Sinn zu erkennen gibt.

5. Naturwissenschaftliche, philosophische und theologische Zeit

Die Untersuchungen der theologischen und naturwissenschaftlichen Ansätze zu einer möglichen Verbindung der beiden Wissenschaften haben gezeigt, daß der Konnex immer wieder mit Hilfe des Zeitbegriffs gesucht wird. Nun hat aber die Bestimmung des Verhältnisses von Theologie und Naturwissenschaften, die ich an Hand der unterschiedlichen Methoden und der divergierenden Wirklichkeitsbegriffe vorgenommen habe, vor Augen geführt, daß eine Einheitswissenschaft nicht sinnvoll gefordert werden kann. So stellt sich die Frage, ob *„Zeitlichkeit* als Voraussetzung aller Observablen ebenso wie aller Observatoren jedem Meßprozeß wie jedem Erkenntnisvorgang als deren Bedingung und Ausgangsverfassung (gleichsam transzendental) vorgegeben ist“[1]. Durch die „Historisierung der Natur“[2] von seiten der Naturwissenschaften, die als Abrücken vom statischen Denken gesehen wird, einerseits und durch die Betonung der Heilsgeschichte innerhalb der Theologie andererseits wird ein gemeinsamer Zeithorizont angestrebt. Dem steht allerdings die obige Erkenntnis entgegen, daß der Gegenstandsentwurf der Naturwissenschaften zu einem anderen Wirklichkeitsbegriff führt als der von Philosophie und Offenbarungstheologie. Zeit als Objekt von Physik, Chemie oder Biologie führt demnach zu einem anderen Zeitbegriff als eine theologische Zeitanalyse.

Im folgenden greife ich zunächst auf das Problem der Ein- oder Mehrdeutigkeit des Zeitbegriffs zurück[3] und frage nach dem Verhältnis von naturwissenschaftlichem, philosophischem und theologischem Zeitbegriff im Hinblick auf den im vierten Abschnitt konstatierten Methodenunterschied zwischen diesen Wissenschaftsbereichen. Im Anschluß daran analysiere ich die Zeitbegriffe im einzelnen und zeige deren Differenz am Beispiel des Ausdrucks „altern“ auf.

5.1 Zur Frage nach der Ein- oder Mehrdeutigkeit des Zeitbegriffs

Da sich die behandelten naturwissenschaftlichen Ansätze als Entwürfe des Identitätsmodells erwiesen haben, die reduktionistisch vorgehen, ist Zeit, sofern sie Gegenstand von Naturwissenschaften ist, als quantifizierbare Größe im Blick. Problematisch wird dieses Zeitverständnis dann, wenn es als das eigentliche oder al-

---

1 Rudolph E., Komplementarität und Zeit. Philosophische Anmerkungen zur Genese eines modernen interdisziplinären Problems, in: Link C. (Hg.), Die Erfahrung der Zeit. Gedenkschrift für Georg Picht, Stuttgart 1984, 98–109, 109.

2 Lepenies W., Historisierung der Natur und Entmoralisierung der Wissenschaften seit dem achtzehnten Jahrhundert, in: Markl H. (Hg.), Natur und Geschichte, München 1983 (= Schriften der Carl-Friedrich-von-Siemens-Stiftung 7), 263–288. Vgl. auch Sprandel R., Die Geschichtlichkeit des Naturbegriffes: Kirche und Natur im Mittelalter, in: Markl H. (Hg.), Natur und Geschichte, München 1983 (= Schriften der Carl-Friedrich-von-Siemens-Stiftung 7), 237–261, der keinen ontologischen, sondern nur einen methodischen Unterschied zwischen Natur und Kultur sieht.

3 Vgl. oben Pkt. 2.5.3 und Pkt. 3.7.3.

leinige auf Wirklichkeit überhaupt ausgeweitet wird. Eine Aussage über Zeit, die mit naturwissenschaftlicher Methode gewonnen wurde, als allgemeinen Satz über Zeit zu behaupten führt zur Gegenfrage: „Darf man einen physikalischen Satz über endliche Systeme auf das Weltganze übertragen?“[4] Wegen des eingeschränkten Gegenstandsentwurfes der Naturwissenschaften würde eine solche Universalisierung des einen Zeitbegriffes wesentliche Zeitdimensionen ausblenden und Zeit eingeschränkt in den Blick nehmen.

Die Übertragung des naturwissenschaftlichen Zeitbegriffs auf lebensweltliche Bereiche reduziert mannigfaltige Zeiterfahrung auf die Erfahrung einer Größe, deren Charakteristikum ihre Meßbarkeit ist. Zeit wird in diesem Fall als univoker Begriff verstanden, der auf alle Wirklichkeitsbereiche angewendet werden kann. Daß Zeit aber nicht bloß als etwas Quantifizierbares, sondern in verschiedenen Gestalten erfahren wird, bleibt unbeachtet. Philosophische und theologische Reflexionen über Zeit bringen andere Zeitformen zur Sprache, die sich nicht auf Quantifizierbarkeit beschränken und mathematisch nicht hinreichend dargestellt werden können. Offenbar reicht nämlich ein univoker, von den Naturwissenschaften vorgegebener Begriff nicht aus, um das Zeitphänomen in seinen verschiedenen Dimensionen auch nur annähernd auszuleuchten. Vielmehr wird schon im Ansatz eine adäquate Bezugnahme auf das Zeitproblem vereitelt.

K. Rahner lehnt eine univoke Engführung des Zeitbegriffs kategorisch ab, wenn er meint, daß Zeit „offenbar keine Modalität [sei], die in einem univoken Sinn überall gegeben ist, wo sich etwas ereignet, sondern eine Modalität, die sich analog innerlich abwandelt mit der Wirklichkeit, deren Zeit sie ist“[5]. Rahners Vorschlag, den Analogiebegriff zur Erklärung der verschiedenen Zeitbegriffe zu verwenden, wird heute jedoch nicht mehr fraglos akzeptiert. Denn zum einen scheint mit der Ablösung neuthomistischer Philosophie ein Analogiebegriff, der sich im wesentlichen auf einen statisch gefaßten Substanzbegriff stützt, nicht mehr fähig zu sein, gerade einen Begriff wie „Zeit“ adäquat zu erklären.[6] Zum anderen gilt es, das Verhältnis einer selbst dynamisierten Natur und deren Zeitbegriff mit theologisch verstandener Zeit in Bezug zu setzen. Dabei wird Rahners These, daß der Zeitbegriff kein univoker sei, dennoch leitend bleiben müssen, wenn man nicht hinter das schon erreichte Ergebnis dieser Abhandlung zurückfallen will, wonach die Methodendifferenz zwischen Theologie und Naturwissenschaften nicht zu nivellieren ist.

---

4 Pöggeler O., Temporale Interpretation und hermeneutische Philosophie, in: Pöggeler O., Neue Wege mit Heidegger, Freiburg/ Br. 1992, 115–141, 117.

5 Rahner, Zeitbegriff, 319.

6 Mutschler, Physik und Neothomismus, 50.

5.2 Naturwissenschaftliches Zeitverständnis

Die Analyse der naturwissenschaftlichen Entwürfe und des theologischen Identitätsmodells hat ergeben, daß der Zeitbegriff dort univok verwendet wird und so als Grundbegriff der gesuchten Einheitswissenschaft fungiert. Eine nähere Untersuchung des naturwissenschaftlichen Zeitbegriffes wird allerdings zeigen, daß er selbst nicht einheitlich ist. Man kann nämlich bereits innerhalb der Physik von Zeit*en* sprechen. Darüber hinaus muß eruiert werden, inwieweit physikalische Zeitvorstellungen mit philosophischen Grundkonzeptionen korrelieren und ob ein bestimmter naturwissenschaftlicher Zeitbegriff immer eine ihm entsprechende Ontologie erfordert oder nicht.

5.2.1 Zeit und Zeiten in den Naturwissenschaften

Die Umwälzung des Zeitbegriffes innerhalb der Physik, die A. Einstein mit der speziellen und mit der allgemeinen Relativitätstheorie ausgelöst hat, setzte absoluten Zeitvorstellungen ein Ende und zeigte die Abhängigkeit der Zeit vom jeweiligen Bezugssystem auf. Mit der These, daß sich nichts schneller als mit Lichtgeschwindigkeit fortbewegen könne, ergeben sich aus der speziellen Relativitätstheorie Folgen für das Verständnis von Vergangenheit und Zukunft, die so angesetzt werden, daß sie der „gegenwärtige Augenblick“ trennt, der umso länger dauert, je weiter der Ort der Ereignisse von dem des Beobachters entfernt ist. Wegen der Grenze der Lichtgeschwindigkeit gibt es eine „scharfe raumzeitliche Grenze zwischen den Ereignissen, von denen wir erfahren können, und solchen, von denen wir nicht mehr erfahren können, und eine andere Grenze zwischen den Ereignissen, auf die wir noch einwirken können, und denen, auf die wir nicht mehr einwirken können“[1]. Für den Beobachter eines Bezugssystems gibt es eine Grenze dafür, was ihm prinzipiell noch als Vergangenes oder Zukünftiges zugänglich ist; jenseits dieser Grenze haben Vergangenheit und Zukunft keine Relevanz mehr. Was die Gleichzeitigkeit betrifft, so ist ein Bezugssystem formulierbar, für das sie Geltung hat.[2] Freilich ist im Alltag ein solches Bezugssystem nicht zu definieren. Dies nicht bloß deswegen nicht, weil die Zeitdifferenzen bei den alltäglichen Geschwindigkeiten keine Bedeutung haben, sondern auch deshalb nicht, weil die Alltagserfahrung nicht nur als physikalische Empirie ausgegeben werden darf.

Zeit hat Grenzen, wie von der Physik behauptet wird. Sogenannte Singularitäten bilden die Demarkationslinien physikalischer Zeit, da sie deren Anfang und

---

[1] Heisenberg W., Wandlungen in den Grundlagen der Naturwissenschaft, Stuttgart [10]1973, 173.

[2] Heisenberg W., Physik und Philosophie, Frankfurt/ M. 1970 (= Weltperspektiven 2; Ullstein TB 249), 94.

Ende sind, die nicht selbst wiederum in der Zeit stehen.[3] Die sich zwischen solchen Grenzen erstreckende Zeit hingegen wird innerhalb der Physik zum großen Teil als symmetrisch bestimmt. Sowohl Mechanik als auch Elektrodynamik sind bezüglich der Zeitumkehr invariant.[4] Ob dies auch für die Teilchenphysik gilt, ist für J.-P. Blaser noch nicht geklärt,[5] während Prigogine sowohl in der Relativitäts- als auch in der Quantentheorie zeitsymmetrische Theorien sieht und mit seiner Selbstorganisationstheorie auf Symmetriebrüche hinweist.

Das Problem der Zeitkonzepte sowohl der Relativitäts- als auch der Quantentheorie sehen Prigogine und Stengers trotz der revolutionären Veränderung des physikalischen Zeitverständnisses – vornehmlich durch die spezielle Relativitätstheorie – darin, daß physikalische Zeit keine Richtung aufweist. Die zeitliche Umkehrung kausaler Prozesse[6] und die mathematische Möglichkeit, Zeit auch nach rückwärts zu rechnen, haben sie veranlaßt, nach Strukturen zu suchen, die Zeit im Rahmen der Naturwissenschaften als gerichtete erscheinen lassen. Abgesehen vom zweiten Hauptsatz der Thermodynamik glauben sie, mit dem Brüsselator und mit chemischen Uhren zeigen zu können, daß Naturwissenschaften heute in der Lage sind, Zeit als gerichtete zu beschreiben. Wie die obigen Ausführungen gezeigt haben, sind sie allerdings gezwungen, die konkrete Richtung wiederum der Alltagserfahrung zu entnehmen und für ihren Entwurf vorauszusetzen. Strukturelle Differenzen der verschiedenen Zeitmodi, die in der klassischen Physik nicht zugelassen sind,[7] finden auch in der Theorie der Selbstorganisation nicht die erwünschte innerphysikalische Klärung. Vielmehr ist ihre Konzeption des eindeutig gerichteten Zeitpfeiles auf außerphysikalische Zeiterfahrung verwiesen.

Die Hoffnung, eine physikalische Zeittheorie zu finden, die solche Mankos beseitigt, beruht auf einer „vereinigten Theorie von Quantenfeldtheorien und Thermodynamik, aus der sich irreversible Prozesse ableiten lassen“[8]. Gesucht wird also die vereinigte Theorie von linearer Quantenmechanik und nichtlinearer relativistischer Gravitationstheorie, die eine physikalische Klärung des Zeitproblems bringen soll. K. Mainzer erwartet sich von einer solchen Theorie offenbar wiederum eine Einheitstheorie der Zeit, die sowohl der Tatsache Rechnung trägt, daß Zeit von Bewußtsein abhängig ist, als auch seiner Überzeugung, daß dieses seinerseits wiederum ein Produkt der Evolution, also der Zeit, sei.[9] Daß er Kant

---

[3] Lüscher E., Zusammenfassende Bemerkungen zur physikalischen Zeitdefinition, in: Die Zeit. Dauer und Augenblick, München ²1990 (= Veröffentlichungen der Carl-Friedrich-von-Siemens-Stiftung 2; SP 1024), 365–368, 366f.

[4] Blaser J.-P., Die Zeit in der Physik, in: Die Zeit. Dauer und Augenblick, München ²1990 (= Veröffentlichungen der Carl-Friedrich-von-Siemens-Stiftung 2; SP 1024), 1–15, 10.

[5] Blaser, Zeit, 15.

[6] Heisenberg W., Das Naturbild der heutigen Physik, Hamburg 1970 (= rororo 8), 34.

[7] Picht G., Die Zeit und die Modalitäten, in: Picht G., Hier und Jetzt. Philosophieren nach Auschwitz und Hiroshima. 1., Stuttgart 1980, 362–374, 366.

[8] Mainzer K., Zeit. Von der Urzeit zur Computerzeit, München 1995 (= Beck'sche Reihe; Wissen 2011), 125.

[9] Mainzer, Zeit, 126.

evolutionstheoretisch, also naturwissenschaftlich, uminterpretiert und daß er Zeit einfach mit Evolution identifiziert, zeigt, daß Mainzer ein zirkuläres und einseitig naturwissenschaftliches Konzept vorschwebt. Evolution wird der Erklärungsrahmen für Bewußtsein und Zeit.

Für das Verhältnis zwischen Naturwissenschaften und Theologie ist die Frage entscheidend, ob solche Zeitkonzeptionen eindeutige ontologische Voraussetzungen zu ihrer Grundlage haben. Da physikalische Theoriebildung „auf dem Hintergrund bestimmter wissenschafts- und erkenntnistheoretischer Vor-Urteile [geschieht], die selbst wiederum auf einer bestimmten Ontologie beruhen“[10], ist zu fragen, ob das Verhältnis zwischen physikalischer Theoriebildung und Ontologie ein eindeutiges ist. Die unterschiedlichen weltanschaulichen Folgerungen, die aus modernen physikalischen Theorien gezogen werden, weisen darauf hin, daß Sinnaufladungen im obigen Sinn auf verschiedene Art und Weise erfolgen können. Offenbar ist für die Art der Schlüsse nicht die Struktur des jeweiligen Naturgesetzes verantwortlich, sondern der Bezugsrahmen, in den naturwissenschaftliche Ergebnisse gestellt werden und der selbst nicht wiederum naturwissenschaftliches Faktum ist. „Physikalische Theorien sind generell mit verschiedenen metaphysischen Konzeptionen vereinbar.“[11]

Nach M. Stöckler gibt es folglich „eine sinnvolle Abtrennung einer Theorie *über* Raum und Zeit von den Theorien über spezielle Prozesse *in* Raum und Zeit“[12]. Obwohl Stöckler die Differenz beider Bereiche betont, sieht er die physikalische Zeit als den „allgemeinen Rahmen“ an, der die subjektive Zeiterfahrung freisetzt.[13] Demgegenüber ist jedoch zu betonen, daß die alltägliche subjektive Zeiterfahrung die Grundlage für physikalisches Zeitverständnis ist. Daß die Zeit gerichtet ist, ist nicht Ergebnis physikalischer Forschung, sondern eine Erfahrung, der die Physik bislang nicht gerecht wird. Sogar die Selbstorganisationstheorie muß sich die konkrete Richtung des Zeitpfeils vorgeben lassen, weil sie sie nicht naturwissenschaftlich erklären kann. Die lebensweltliche Zeiterfahrung wird nicht erst durch die Physik freigesetzt, vielmehr bezieht sich diese auf jene zurück und bleibt auf sie verwiesen. So muß auch Stöckler attestieren, daß eine Theorie der Zeiterfahrung bei einer Theorie des Bewußtseins, nicht aber bei den Gleichungen der Physik ansetzen muß.[14] Nicht Zeit als physikalischer Parameter, sondern erlebte Zeit ist der Ausgangspunkt für den Zugang zum Problem der Zeit.

---

[10] Lukoschik B., Natur- und Weltbild der modernen Physik. Analysen zur Naturphilosophie Werner Heisenbergs, in: Mesotes 4 (1994) 251–266, 261.

[11] Stöckler M., Zeittheorien in der modernen Physik, in: Information Philosophie 22/ Hft. 4 (1994) 36–46, 44.

[12] Stöckler M., Ereignistransformationen. Relativierungen des Zeitbegriffs in der Physik des 20. Jahrhunderts, in: Baumgartner H. M. (Hg.), Das Rätsel der Zeit. Philosophische Analysen, Freiburg/ Br. 1993 (= Alber-Reihe Philosophie), 149–177, 174.

[13] Stöckler, Ereignistransformationen, 176; Stöckler, Zeittheorien, 45.

[14] Stöckler, Zeittheorien, 45.

Gegen den Einheitsrahmen, den die physikalische Zeit abgeben soll, richtet sich auch W. Deppert, der gegen einen *„chronometrischen Universalismus“*[15] mehrere Systemzeiten etabliert wissen möchte. Am Problem der Zeitmessung[16] zeigt Deppert, daß Klassen verschiedener periodischer Äquivalenz ihre je eigene Systemzeit haben, deren Maßeinheit wiederum dieser Klasse entnommen wird. Gegen die Gefahr inadäquater Metrisierungen tritt Deppert für mehrere Systemzeit*en* ein.[17] Da der Anwendungsbereich einer solchen Systemzeit zugleich der Anwendungsbereich für die Gesetze dieses Systems ist, ergeben sich aus der Einführung verschiedener Zeiten auch mehrere Gesetzlichkeitsstrukturen. Jedes System hat seine Zeit und seine Gesetze.

Zwar weist Deppert den Allgemeingültigkeitsanspruch einer universalen physikalischen Zeit zurück, er muß aber zugeben, daß die Begrifflichkeit, der die Verallgemeinerungen bezüglich der Systemzeiten entspringen, die physikalische ist und daß die Systeme selbst der physikalischen Welt angehören.[18] Folglich sind Systemzeiten nicht geeignet, außerphysikalische Zeiterfahrung zu umfassen, zumal Deppert neben den *„ontologischen* Zeitbegriffen“, aus denen er die verschiedenen empirischen oder potentiell empirischen Zeitbegriffe abgeleitet sieht, auch den *„erkenntnislogischen Zeitbegriff“* kennt, den er als den nicht-empirischen Anteil des Zeitbegriffs versteht.[19] Dieser ist, da nicht-empirisch, nicht naturwissenschaftlich einholbar, bezeichnet außerwissenschaftliche Zeitqualitäten wie Gerichtetheit oder die Zeitmodi. Innerhalb der Naturwissenschaften soll es zwar verschiedene Systemzeiten geben, aber diese umfassen nicht ihrerseits die nicht-empirischen Komponenten, die für die Etablierung solcher Systemzeiten notwendig sind. Nicht nur verschiedene Zeitbegriffe auf der Systemebene gilt es anzuerkennen, sondern auch die Tatsache, daß es eine Zeitebene gibt, die nicht-empirisch ist, aber die Systemzeiten mitbedingt.

5.2.2 Zeit und Evolution

Die Aufsplitterung der Zeit in Zeiten wird auch in evolutiven Zeitkonzeptionen vertreten. Dort wird darüber hinaus versucht, die verschiedenen Zeitformen in ein Verhältnis zu bringen und sie als Formen der evolutiven Entwicklung von Zeit vorzustellen. Dadurch aber werden die Zeitformen wiederum in ein zeitliches Nacheinander gebracht. Einen derartigen Versuch hat A. M. K. Müller unternom-

---

15 Deppert W., Die Alleinherrschaft der physikalischen Zeit ist abzuschaffen, um Freiraum für neue naturwissenschaftliche Forschungen zu gewinnen, in: Baumgartner H. M. (Hg.), Das Rätsel der Zeit. Philosophische Analysen, Freiburg/ Br. 1993 (= Alber-Reihe Philosophie), 111–148, 117.

16 Siehe dazu auch Janich P., Die Protophysik der Zeit. Konstruktive Begründung und Geschichte der Zeitmessung, Frankfurt/ M. 1980.

17 Deppert, Alleinherrschaft, 126f.

18 Deppert, Alleinherrschaft, 133.

19 Deppert, Alleinherrschaft, 146f.

men, indem er Ansätze von Picht und von von Weizsäcker weiterentwickelt hat. Müller übernimmt von Picht die These, nach der die Zeit der Universalhorizont der Wirklichkeit sei: „Die Zeit ist ... der universale Horizont von Welt."[20] Müller spezifiziert diese These, indem er Zeit als den übergreifenden Horizont des gesamten Kommunikationszusammenhanges[21] oder als den *„universalen Horizont alles Geschöpflichen"*[22] bestimmt. Auch verweist er darauf, daß jede Zeiterfahrung wieder in der Zeit geschieht, daß es also keine zeitlose Position der Zeiterfahrung geben kann.[23]

Wenn Zeit der alles umfassende Horizont ist, also auch Natur umfaßt, so ist sie zugleich das Verbindungsstück zwischen Natur und Geschichte. So meint Müller: „... was man bisher Geschichte nannte, ist in der Zeit; was man bisher Natur nannte, ist in der Zeit; mit anderen Worten: *in der ‚Natur', die alles umschließt, was in der Zeit ist, wird Natur zur Geschichte und Geschichte zur Natur* ..."[24] Die Verbindung zwischen Natur und Geschichte, die über die Universalisierung des Zeithorizontes bewerkstelligt wird, macht es Müller möglich, auch eine Verbindung zwischen Naturwissenschaften und Theologie herzustellen. Heilsgeschichtlich verstandene Theologie und Naturwissenschaften, die die mit Geschichte identifizierte Natur zu ihrem Gegenstand haben, stehen vor dem gemeinsamen Horizont der Zeit, die nach Müller das gemeinsame Scharnier zwischen beiden Wissenschaften bildet.[25]

Das Problem, zu dem ein solcher Ansatz führt, besteht darin, daß die Universalstruktur der Zeit, von der Müller und Picht ausgehen, keine Unterscheidung zwischen Zeit und Nicht-Zeit erlaubt.[26] Wenn Zeit mit Sein ident gesetzt wird[27]

---

[20] Picht, Begriff der Natur, 448; vgl. Picht, Begriff der Natur, 325f.: „Alles, was in der Natur ist, ist in der Zeit. Alles, was im Subjekt ist, ist in der Zeit. Die Zeit ist also der universale Horizont, der das Subjekt und seine Objektsphäre übergreift. Sowohl die Einheit der Natur wie die Einheit des Subjektes hat ihren Grund in der Einheit der Zeit." Vgl. auch Picht, Die Zeit und die Modalitäten, 362: „Alles, was ist, ist in der Zeit." und „In diesem Sinne ist die Einheit der Zeit der universale Horizont für alles, von dem wir sagen können, daß es ist, daß es gewesen ist, und daß es sein wird."

[21] Müller A. M. K., Auf dem Wege zu einem gemeinsamen Horizont von Naturwissenschaft und Theologie, in: Müller A. M. K., Wende der Wahrnehmung. Erwägungen zur Grundlagenkrise in Physik, Medizin, Pädagogik und Theologie, München 1978, 157–206, 176.

[22] Müller A. M. K., Geschöpflichkeitsdefizite in Naturwissenschaft und Theologie, in: Müller A. M. K., Wende der Wahrnehmung. Erwägungen zur Grundlagenkrise in Physik, Medizin, Pädagogik und Theologie, München 1978, 207–267, 240.

[23] Müller A. M. K., Das unbekannte Land. Konflikt-Fall Natur, Stuttgart 1987 (= Radius-Bücher), 307.

[24] Müller, Das unbekannte Land, 305.

[25] Müller, Wende der Wahrnehmung, 132.

[26] Vgl. Theunissen M., Die Einheit im Denken Georg Pichts. Zu seinem Buch „Hier und Jetzt", in: Link C. (Hg.), Die Erfahrung der Zeit. Gedenkschrift für Georg Picht, Stuttgart 1984, 356–368, 367, der gegen Picht das Folgende vorbringt: „Die Wahrheit ist, daß wir das Andere der Zeit, wenn wir es auch *nicht zum Differenten verfestigen* dürfen, doch *als Differierendes festhalten* müssen."

[27] Müller, Wende der Wahrnehmung, 135.

und zwischen Naturzeit und Geschichtszeit nicht mehr unterschieden werden kann, so braucht es nur *eine* Wissenschaft, die sich mit Zeit auseinandersetzt. Picht und Müller führen allerdings eine innere Differenzierung der Zeit ein und verweisen auf deren Modalitäten Vergangenheit, Gegenwart und Zukunft. Picht identifiziert die Zeitmodi mit den modalen Kategorien der Notwendigkeit, Wirklichkeit und Möglichkeit.[28] Mit der Identifizierung des Vergangenen mit dem Notwendigen, des Gegenwärtigen mit dem Wirklichen und des Zukünftigen mit dem Möglichen möchten Picht und – in dessen Gefolge – auch Müller[29] die Irreversibilität der Zeit begrifflich fassen. Das Vergangene als das Notwendige kann man nicht mehr ungeschehen machen. Dennoch geht es in den folgenden Zustand ein und bestimmt diesen mit. Die Notwendigkeit des Vergangenen besteht darin, daß „nichts, was vergangen ist, vergeht"[30]. Das heißt, daß Zeit asymmetrisch und in die Zukunft hinein offen ist, allerdings so, daß Vergangenes notwendig in Zukunft fortbestehen muß, daß deshalb aber trotzdem die Möglichkeiten der Zukunft nicht verschwinden, da das Vergangene keine völlige Determination bewirkt. Die Richtung der Zeit, die sich durch die Verschränkung der Modalitäten in einem Nacheinander ergibt, macht die Irreversibilität aus.

Die Einheit der Zeit versucht Picht zu denken, indem er eine Differenz in den Zeitbegriff selbst einführt. Er unterscheidet die „‚*phänomenale*' Zeit"[31] von der „‚*transzendentalen*' Zeit"[32]. Die Einheit ersterer möchte er mit Hilfe letzterer begreiflich machen. Die Bedingung der Möglichkeit der phänomenalen Zeit ist die transzendentale. Picht kann diesen Möglichkeitsbegriff allerdings nicht wiederum als zeitlichen Modus der Zukunft fassen, sonst würde er die Einheit dreier Modi mit einem dieser Modi erklären. Um trotz dieser weiteren Differenzierung innerhalb des Zeitbegriffs die Einheit der Zeit nicht aufzugeben, bestimmt Picht phänomenale und transzendentale Zeit nicht als zwei Zeiten, sondern als „zwei nicht auf einander reduzierbare Gestalten einer und derselben Zeit"[33]. Die Bedingung der Möglichkeit, die Einheit der phänomenalen Zeit erfahren zu können, sieht Picht in der zugleich erfahrenen transzendentalen Zeit und der in dieser Erfahrung manifest werdenden Differenz beider Zeitgestalten. Wie in einem weiteren Schritt die Einheit der transzendentalen Zeit zu verstehen ist, will Picht offenhalten, und zwar im Hinblick auf Offenbarung, die er mit der Zukunft auf transzendentaler Ebene in Verbindung bringt.[34]

Picht begibt sich in die Gefahr des unendlichen Regresses, den er durch das Offenhalten der Frage zwar durchbrechen möchte. Er zeichnet aber durch die Be-

---

[28] Picht, Die Zeit und die Modalitäten, 371.

[29] Müller A. M. K., Die präparierte Zeit. Der Mensch in der Krise seiner eigenen Zielsetzungen, Stuttgart ^{2}1973, 287f.

[30] Picht, Die Zeit und die Modalitäten, 370.

[31] Picht, Die Zeit und die Modalitäten, 373.

[32] Picht, Die Zeit und die Modalitäten, 374.

[33] Ebenda.

[34] Ebenda.

tonung des Modus der Zukunft auf transzendentaler Ebene wiederum *einen* Modus aus, obwohl er die Einheit gleichberechtigter Zeitmodi sucht. Darüber hinaus transponiert er die Differenzierung in Modi bloß auf eine höhere Ebene. Soll aber eine transzendentale Erklärung für die Einheit der Zeit Sinn geben, dann reicht es nicht aus, das zu Erklärende mit denselben Differenzstrukturen bloß auf die transzendentale Ebene zu heben. Denn so erreicht Picht nur eine Verlagerung des Problems, da sich auf der höheren Ebene die Frage nach der Einheit der Zeit erneut stellt.

Abgesehen von den Schwierigkeiten seines transzendentalphilosophischen Ansatzes, bietet Pichts Konzeption die Möglichkeit, Projektionsformen von Zeit zu unterscheiden. Eine solche Projektion sieht er in der Einschränkung der Zeit auf den Modus der Gegenwart, die durch die Quantifizierung der Phänomene erreicht wird. „Die Quantifikation der Phänomene ist das Verfahren, das wir anwenden müssen, um sie in den als ewige Gegenwart vorgestellten Raum projizieren zu können.“[35] Erst eine solche Projektion macht das Aufstellen von physikalischen Gesetzen möglich, die von der jeweiligen geschichtlichen Situation unabhängig sind, da sie Zeit aller qualitativen Bestimmungen beraubt. Sofern die Naturwissenschaften eine solche Projektion vornehmen, beschränken sie Zeit auf die meßbare Zeit und erreichen dadurch, daß Zeit als abstraktes Quantum gesehen wird, das man sich aneignen oder das man in Verfügung halten kann. In diesem Sinn disponible und qualitätslose Zeit ist die Zeit, die an Zeitmessern abgelesen wird.[36] Diese Zeit ist weiterhin die Grundlage für die Idee des Fortschritts, da ihr Ablauf auf einen meßbaren Parameter bezogen werden muß, an Hand dessen gesagt werden kann, daß sich Fortschritt ereignet, der sich objektiv, gemeint ist: meß- und überprüfbar, ausweisen läßt.[37]

A. M. K. Müller übernimmt die These von der Projizierbarkeit der Zeit von G. Picht und baut sie seinerseits weiter aus. Daß die physikalische Zeit die auf den Modus der Gegenwart reduzierte Zeit ist, die die Wiederholbarkeit der Ereignisse in Form von Experimenten gewährleistet und daher eine Übersetzung in den jeweiligen geschichtlichen Kontext durch eine Hermeneutik nicht nötig hat, sieht Müller in ihrer einfachen Indizierung.[38] Das heißt, daß der Unterschied zwischen Vergangenheit, Gegenwart und Zukunft für die Physik nicht relevant ist, sofern eine experimentelle Überprüfung jederzeit möglich ist und dabei die Zeitmodi Vergangenheit und Zukunft in den Hintergrund treten. Müller nennt die „Abblendung der hermeneutischen Zeitrichtung“[39] eine spezielle Form der

---

35 Picht, Begriff der Natur, 448.

36 Picht G., Unter dem Diktat der physikalischen Zeit, in: Picht G., Hier und Jetzt. Philosophieren nach Auschwitz und Hieroshima. 2., Stuttgart 1981, 377–383, 378.

37 Picht G., Die Idee des Fortschritts und das Problem der Zeit, in: Picht G., Hier und Jetzt. Philosophieren nach Auschwitz und Hiroshima. 1., Stuttgart 1980, 375–389, 380.

38 Müller, Die präparierte Zeit, 191 und 194.

39 Müller, Die präparierte Zeit, 378.

„Präparierung“ von Zeit.[40] Die Art der Präparierung beziehungsweise Projektion, die Zeit auf den Modus der Gegenwart reduziert, zeichnet nach Müller den naturwissenschaftlichen Zeitbegriff aus.[41] Nicht der umfassende Zeithorizont liegt den Naturwissenschaften zugrunde, sondern ein eingeschränkter. *„Die physikalische Zeit ist ... eine bestimmte Präparierung der Fülle der Zeit*, impliziert also dort, wo sie herrscht, eine experimentelle Situation.“[42]

Zur Erklärung der Präparation von Zeit wählt Müller eine zweistellige Zeitmatrix. In dieser werden die drei Zeitmodi zu zweistelligen Elementen verknüpft, es gibt also nicht bloß *einen* Zeitmodus allein, vielmehr ist jeder mit einem anderen oder mit sich selbst verbunden. Die dadurch entstehenden neun Zeitmodiverschränkungen (VV, VG, VZ, GV, GG, GZ, ZV, ZG, ZZ)[43] machen nach Müller den ganzen Zeithorizont aus, also die transzendentale Zeit im Sinne Pichts, auf den sich Müller bezieht.[44] Wird Zeit hingegen auf nur einige dieser zweistelligen Verknüpfungen reduziert, so spricht Müller von „Präparierung“. Das erlaubt ihm, von verschiedenen Präparierungen zu reden, die typisch sind für die jeweiligen Zugangsweisen zu Wirklichkeit. Der Bereich der phänomenalen Zeit im Sinne Pichts zum Beispiel beschränkt sich auf die Dreiergruppen VG, GG, ZG sowie GV, GG, GZ.[45] Die Verschränkungen der ersten Dreiergruppe wiederum bestimmt Müller als den Zeitbereich der Kunst[46] und diejenigen des zweiten Tripels als den Zeitrahmen der Naturwissenschaften[47]. Die Modiverschränkungen, die der phänomenalen – im Sinne von sichtbaren – Welt nicht angehören, also VV, VZ, ZV und ZZ, behält Müller den Bereichen Geschichte, Glaube und Religion vor.[48]

Mit dieser Einteilung erreicht Müller eine Trennung verschiedener Bereiche und deren Zeitbegriffe. Einzig die Verschränkung GG, also die Gegenwart der Gegenwart, ist in der Gruppe sowohl des naturwissenschaftlichen als auch des Zeitbegriffes der Kunst vertreten, eine unmittelbare Verbindung zwischen naturwissenschaftlicher und theologischer Zeitvorstellung ist nach Müller nicht denkbar. Dennoch möchte er mit seinem Modell einen einheitlichen Zeithorizont vorstellen. Was die einzelnen Zeitbegriffe zusammenhält, ist allerdings nur die Struktur der Matrix. Zwar kommen in allen Bereichen die verschiedenen Zeitmodi

---

40 Müller A. M. K., Naturgesetz, Wirklichkeit, Zeitlichkeit, in: Müller A. M. K., Wende der Wahrnehmung. Erwägungen zur Grundlagenkrise in Physik, Medizin, Pädagogik und Theologie, München 1978, 100–156, 141.

41 Müller A. M. K., Zeit und Evolution, in: Altner G. (Hg.), Die Welt als offenes System. Eine Kontroverse um das Werk von Ilya Prigogine, Frankfurt/ M. 1986 (= Fischer TB 4168), 124–160, 146; Müller, Naturgesetz, Wirklichkeit, Zeitlichkeit, 139.

42 Müller, Die präparierte Zeit, 240.

43 „V“ steht für Vergangenheit, „G“ für Gegenwart und „Z“ für Zukunft.

44 Müller, Auf dem Wege, 198.

45 Ebenda und Müller, Zeit und Evolution, 133.

46 Müller, Zeit und Evolution, 131.

47 Müller, Zeit und Evolution, 128.

48 Müller, Zeit und Evolution, 134.

vor, ihre Verknüpfungsweise ist jedoch jeweils verschieden. Nach Müller ist nur die Mystik der ganzheitlichen Erfahrung fähig, da sie Zeit nicht präpariert, sondern alle neun Verknüpfungen umfaßt und Zeit deshalb ungebrochen erfahren läßt.[49]

So einleuchtend Müllers These von den unterschiedlichen Zeitbegriffen von Naturwissenschaften und Theologie auch sein mag, sie führt trotzdem in einen Begründungszirkel. Müller setzt nämlich nicht bloß eine zweistellige Matrix an, sondern versteht diese nur als eine Entwicklungsstufe innerhalb der Evolution der Verknüpfungsformen der drei Zeitmodi. Aus der einstelligen Matrix hat sich nach Müller die zweistellige evolutiv entwickelt, und aus dieser wird sich eine dreistellige Matrix herausbilden, die 27 Verknüpfungsmöglichkeiten der Modi bietet. Bislang kann für eine solche Matrix – so Müller – noch keine Entsprechung aufgezeigt werden, die Evolution ist offenbar noch nicht soweit.[50] Zwischen den verschiedenen Zeitplateaus setzt Müller jeweils eine Fulguration an, durch die eine höhere Verknüpfungsebene erreicht wird.

Dies bedeutet, daß es eine *„Evolution der Natur der Zeit in der Zeit"*[51] gibt. Zeit entwickelt sich nach Müller in der Zeit, es läuft eine *„Evolution der Zeit selbst"*[52] ab. Die These von der Evolution des gesamten Zeitgefüges beruht auf zwei Annahmen. Zum einen setzt sie voraus, daß der Kosmos als ganzer und mit all seinen Zeithorizonten der Evolution unterliegt;[53] und zum anderen geht diese These davon aus, daß der Kosmos ein „maximal offenes System" ist, das heißt, daß die Ausdifferenzierung des Zeitgefüges eine Entwicklung hin zu immer höherstelligen Matrizen ist.[54] Abgesehen davon, daß diese Voraussetzungen nicht bewiesen sind, manövriert sich Müller in die Schwierigkeit, Zeit mit Zeit zu erklären. Zwar spricht er im Zusammenhang mit den Fulgurationen von einem „Ur-Grund von Nicht-Zeit"[55], der die Fulgurationen hervorruft. Dennoch versucht Müller, Zeit so zu erklären, daß er sie auf Evolution zurückführt. Zeit evolviert selbst. Da Evolution für ihn jedoch Ausdruck zeitlicher Veränderung und Höherentwicklung ist, stellt er mit der These von der Evolution der Zeit diese neuerlich in einen Zeithorizont. Die Frage, was diese Zeit wiederum sei, bleibt völlig unbeantwortet. Müller klärt nicht, ob diese Zeit ebenfalls Modi oder sogar Verknüpfungen von V, G und Z aufweist. Da Evolution aber ein naturwissenschaftlicher

---

49 Müller, Das unbekannte Land, 365f.

50 Müller, Zeit und Evolution, 142.

51 Müller A. M. K., Geschöpflichkeitsdefizite in Naturwissenschaft und Theologie, in: Müller A. M. K., Wende der Wahrnehmung. Erwägungen zur Grundlagenkrise in Physik, Medizin, Pädagogik und Theologie, München 1978, 207–267, 266.

52 Müller, Das unbekannte Land, 27.

53 Die Zeit der Evolution, in der sich Zeit entwickelt, ist gerichtet, entspricht also nicht der „schwachen", sondern der „starken Zeitlichkeit" im Sinne von M. Eigen (Eigen M., Evolution und Zeitlichkeit, in: Link C. [Hg.], Die Erfahrung der Zeit. Gedenkschrift für Georg Picht, Stuttgart 1984, 215–237).

54 Müller, Zeit und Evolution, 143.

55 Müller, Das unbekannte Land, 452.

Begriff ist und der diesem zugrundeliegende Zeitbegriff ein präparierter ist, wie Müller selbst behauptet, ist die Zeit, in der die Zeit sich als ganze entwickelt, einem beschränkten Horizont, nämlich dem naturwissenschaftlichen, verpflichtet. Es ist aber nicht einsichtig, wie dieser beschränkte Zeitrahmen den Horizont für Zeit im allgemeinen, mit all den anderen Verknüpfungsformen der drei Zeitmodi, abgeben können soll. Die Gesamtgestalt wird auf einen ihrer Teile reduziert. Dies kann wohl nicht die Grundlagenkritik sein, die er der Theologie verordnen möchte, damit diese fähig werde, „theologisch von den Gegenständen der exakten Forschung zu handeln“[56]. Denn die Zirkularität seiner Zeittheorie läßt diese im naturwissenschaftlichen Bereich verbleiben. Theologisch weitergedacht, wird dann Jesus Christus für Müller zum *„Beschleuniger“*[57] für die Zeiterfahrung seiner Umgebung. Er erscheint als Katalysator für die Evolution der Zeit, also als ein Motor für die Zeit, in der sich Zeit entwickelt. Auch Jesus Christus kommt nur als naturwissenschaftliche Größe zur Sprache, sofern er der Zeit der Evolution verhaftet bleibt.

5.3 Die Differenz der Zeitbegriffe, illustriert am Beispiel des Alterns

Zeit und ihre Struktur sich entwickeln zu lassen, wie es Müller tut, führt – wie sichtbar geworden ist – zu einem Begründungszirkel, der naturwissenschaftlich verstandene Zeit zwar in einen größeren Zusammenhang einreiht, diesen aber wieder auf den naturwissenschaftlichen Begriff der Evolution zurückführt. Werden nun Manifestationen zeitlicher Veränderung vor dem Hintergrund einer solchen Zeittheorie erklärt, so ist die Auskunft eine naturwissenschaftliche. Diese ist jedoch – wenn die obigen Analysen richtig sind – so geartet, daß das Phänomen in eingeschränkter Weise zur Sprache kommt. Naturwissenschaftliche Zeitaussagen sind also im Vergleich zum ganzen Phänomen reduktiv. Daß dies der Fall ist, läßt sich am Beispiel des Alterns zeigen. Altern als Manifestation der Zeit wird, wenn es bloß biologisch gefaßt wird, unterbestimmt, was ein Vergleich mit einer philosophischen Betrachtung des Alterns zum Vorschein bringt.

Die biologische Sicht des Alterns beschreibt dieses vornehmlich mit „Leistungseinbußen in der Organtätigkeit“ und mit „Veränderungen besonders im Zellstoffwechsel“.[1] Die Beschränkung des Interesses auf die Funktionalität von Organen und den Bereich der Mikrobiologie kann naturgemäß keine Aussagen über die psychologischen oder philosophischen Dimensionen des Alterns geben. So sind die Theorien über die Ursachen des Alterns ebenfalls biologisch. R.

---

[56] Müller A. M. K., Über philosophischen Umgang mit exakter Forschung und seine Notwendigkeit, in: Müller A. M. K./ Pannenberg W., Erwägungen zu einer Theologie der Natur, Gütersloh 1970, 7–31, 8.

[57] Müller A. M. K., Geschöpflichkeit als Herausforderung an Naturwissenschaft und Theologie, in: Müller A. M. K., Leid – Glaube – Vernunft. Signale der Geschöpflichkeit, Stuttgart 1982, 59–91.

[1] Koltermann, Grundzüge, 365.

Koltermann führt eine Klassifizierung der Alterstheorien durch und kommt auf drei grundsätzliche Modelle:[2] Die „Abnutzungs- und Fehlerkatastrophentheorie" versteht die Leistungsminderung als Abnutzung. Der Abbau nicht regenerierbarer Gewebe steht allerdings – nach Koltermann – in keinem Verhältnis zum Grad des Leistungsabfalles, sodaß weitere Ursachen angeführt werden müssen. Solche sehen Vertreter der „Theorie des programmierten Alterns" in einem oder mehreren Genen, die die Alterssymptome steuern. Altern ist nach dieser Theorie genetisch programmiert. Im Unterschied zu letzterer sehen Vertreter der „Theorie von der biologischen Uhr" nur die Ausdifferenzierung verschiedener Zellen zu einem Organ als genetisch programmiert an. Altern ist dann im Gegenteil zur Programmierung gerade das Fehlen eines Programms für die ausdifferenzierten Zellen.

Allen drei Modellen ist gemeinsam, daß sie auf materieller Ebene argumentieren und vornehmlich vom Defizit biologisch faßbarer Funktionen handeln. Ein solcher Forschungsansatz, der vom Maß der Leistungsfähigkeit ausgeht, wurde auch die Grundlage für die psychologische Altersforschung, die sich besonders auf den Abfall der Kognitionsfähigkeiten im Alter spezialisierte. Kritik an Intelligenzkonzeptionen sowie neue Ergebnisse in der Persönlichkeitsforschung und soziologische Untersuchungen zum Phänomen des Alterns haben die Defizitmodelle in Frage gestellt. Auch Koltermann möchte eine positive Sicht des Alterns bieten, indem er eine „teleologische" Sinnfindung propagiert, die in der „Aufarbeitung des bisherigen Lebens", der „Annahme der Einschränkungen im Alter" und der „Vorbereitung auf den Tod" besteht.[3] Sein Vorschlag bewegt sich allerdings nicht mehr auf naturwissenschaftlicher, sondern bereits auf philosophischer Ebene. Dennoch fragt Koltermann sich nicht, was das Altern sei, sondern möchte mit seiner Konzeption des Dreischritts von „Rückblick, Anblick, Ausblick" ein Modell der Sinnfindung im Alter entwerfen, ohne im voraus Altern als philosophischen Begriff geklärt zu haben.

Innerhalb der Naturwissenschaften tritt der Begriff des Alterns an anderer prominenter Stelle auf. Meist wird nämlich die spezielle Relativitätstheorie Einsteins am sogenannten „Zwillingsparadox" veranschaulicht. Danach sind Zwillinge, „die von einem Punkt der Erde zu verschiedenen Raumflügen starten und später an den Ausgangspunkt zurückkehren, verschieden gealtert ..., sowohl untereinander als auch verglichen mit den auf der Erde zurückgebliebenen Zeitgenossen"[4]. Der Begriff des Alterns, der dieser Aussage zugrunde liegt, fußt einzig auf dem Begriff der Meßbarkeit. Denn dieses Beispiel erfüllt seine Funktion völlig unabhängig davon, ob es sich um alternde Zwillinge oder um Uhren handelt, die nach den Raumflügen verschiedene Zeit anzeigen. Deshalb wird das

---

[2] Koltermann, Grundzüge, 367–370.

[3] Koltermann, Grundzüge, 380–382.

[4] Dehnen H., Empirische Grundlagen und experimentelle Prüfung der Relativitätstheorie, in: Audretsch J./ Mainzer K. (Hg.), Philosophie und Physik der Raum-Zeit, Mannheim ^{2}1994, 182–220, 189.

Zwillingsparadox auch „Uhrenparadox“ genannt.[5] Es geht nur darum, daß verschiedene Zeiten gemessen werden, nicht jedoch darum, was Altern für die konkreten Menschen – in diesem Beispiel die zwei Zwillinge – bedeutet. Ihr Alter ist im Beispiel bloßer Indikator für die Unterschiede quantifizierbarer Veränderung.

Wie bereits Prigogine und Stengers moniert haben, ist die spezielle Relativitätstheorie sowohl zeitinvariant als auch zeitsymmetrisch, das heißt, daß die Zwillinge – aus lebensweltlicher Perspektive – auch jünger werden könnten. „Nur aufgrund der Erfahrung, daß alle Lebewesen altern, wird diese Möglichkeit ausgeschlossen.“[6] Ähnlich wie die Selbstorganisationstheorie[7] setzt also auch die spezielle Relativitätstheorie alltägliche Erfahrung voraus, wenn es um die konkrete Richtung des Zeitpfeils geht. Für das Altern bedeutet dies aber – wie Mainzer attestiert –, daß der „zeitgerichtete und irreversible Alterungsprozeß ... durch die Spezielle Relativitätstheorie nicht erklärt“[8] wird. Das heißt weiter, daß innerhalb der speziellen Relativitätstheorie nicht nur die Bedeutung des Alterns für eine Person und die damit einhergehenden weltanschaulichen Fragen ausgeklammert bleiben, sondern darüber hinaus auch die bloße Richtung des Zeitpfeils nicht definiert ist, die zu den Selbstverständlichkeiten alltäglicher Zeiterfahrung zählt. Das Frappierende und Unglaubliche, das aus der physikalischen Theorie folgt, beschränkt sich allein auf gemessene Zeit.

Altern jenseits von meßbarer Veränderung und nicht eingeschränkt darauf wird in der Philosophie – als Beispiel sei E. Levinas genannt – thematisch.[9] Levinas faßt Altern weder als meßbare Größe noch als organische Veränderung auf, sondern versteht es als „‚passive Synthese‘ der Zeit“[10]. Damit meint er, daß das Altern von niemandem vollzogen wird, sich aber stets vollzieht. Es steht jenseits von Retention und Protention des Bewußtseins und weist so auf eine Passivität hin, die nicht in Aktivität umgewandelt werden kann. Altern vollzieht sich jenseits des Selbstvollzuges durch das Subjekt. Zeit kann nicht umgekehrt werden, sie ist weder durch das Bewußtsein manipulierbar noch dem Wollen des Ich un-

---

5 Vgl. Dehnen, Empirische Grundlagen, 189: „Das ‚Zwillingsparadoxon‘ (oder auch Uhrenparadoxon) ist nicht Science-Fiction, sondern Realität!“.

6 Mainzer, Zeit, 48.

7 Siehe Pkt. 3.2.

8 Mainzer, Zeit, 48.

9 Zum Zeitbegriff bei Levinas siehe zum Beispiel: Krewani W., Zum Zeitbegriff in der Philosophie von Emmanuel Levinas, in: Meyer W./ Orth E. W./ Boehm R./ Krewani W., Studien zum Zeitproblem in der Philosophie des 20. Jahrhunderts, Freiburg/ Br. 1982 (= Phänomenologische Forschungen 13), 107–127; Wenzler L., Nachwort. Zeit als Nähe des Abwesenden. Diachronie der Ethik und Diachronie der Sinnlichkeit nach Emmanuel Levinas, in: Levinas E., Die Zeit und der Andere, Hamburg [2]1989, 67–92; Wenzler L., Berührung durch Trennung. Die Zeitstruktur des religiösen Verhältnisses bei Emmanuel Lévinas, in: PhJ 100 (1993) 301–316.

10 Lévinas E., Wenn Gott ins Denken einfällt. Diskurse über die Betroffenheit von Transzendenz, Freiburg/ Br. 1985, 92 [87]. Vgl. auch Lévinas, Wenn Gott, 112 [141]; Lévinas E., Jenseits des Seins oder anders als Sein geschieht, Freiburg/ Br. 1992 (= Alber-Reihe Philosophie), 50 [18], und Wenzler, Berührung durch Trennung, 314.

terworfen. So kann auch kein Akt der Erinnerung Vergangenes wiederherstellen oder die Zeitrichtung umkehren.[11]

Die unumkehrbar verlorene Zeit betrifft das Ich gerade deshalb, weil sie nicht wieder eingeholt werden kann.[12] Das Ich ist sich im Altern nicht mehr präsent, sondern wird sich unerbittlich selbst entzogen. Da das Ich altert, ist es nicht notwendig mit den eigenen Zeitgestalten ident, vielmehr gibt es die Möglichkeit der Selbstentfremdung über die eigene Lebensgeschichte hin. Die „Subjektivität des Alterns"[13] zeichnet sich durch die Selbstentzogenheit aus, gegen die prinzipiell nicht anzukommen ist. Das Ich ist nie mehr das Ich, das es war, und das wird als Plage erfahren;[14] nicht als die Plage der Minderung der eigenen Leistungsfähigkeit, die biologisch beschreibbar ist, sondern als die Plage, daß das Ich sich selbst verliert. Im Altern erfährt das Ich seine Leiblichkeit als Vergänglichkeit. Der Leib ist nicht bloß der naturwissenschaftlich objektivierbare Körper, sondern auch der Leib, der das Ich selbst ist. Ungefragt hat das Ich mit dem Verlust seiner selbst zu kämpfen, ein Kampf, der sich jedoch paradoxerweise im Ich selbst abspielt und dessen Ausgang feststeht. Das Ich muß sterben.

Da das Ich altert, erfährt es seine Vergänglichkeit und erkennt seine Sterblichkeit. Altern als der Verlust von sich selbst, der nicht revidierbar ist, wird als das beständige Abschiednehmen erfahren. Der Leib in seiner Verletzlichkeit ändert seinen Bezug zur Welt, das Ich nimmt als alterndes von dieser Welt beständig Abschied.[15] Daß das Ich im letzten dagegen nichts unternehmen kann, weil sich der Tod weder durch Retention noch durch Protention in den Griff bekommen läßt, zeigt die Unverfügbarkeit des Todes, der zwar hinausgeschoben, aber nicht beseitigt werden kann. Das Altern steht ebenso wie der Tod jenseits der Verfügungsmacht des Ich, dieses kann – im Sinn seiner Annäherung an den Tod – nicht nicht altern. Die Unverfügbarkeit des Alterns und dessen Charakter des Abschiednehmens lassen Levinas das Altern als ein Adieu bestimmen,[16] und zwar in doppelter Bedeutung. Einmal bedeutet „adieu" den Abschiedsgruß und verweist auf das Abschiednehmen des Ich von der Welt. Zum anderen ist dieser Ausdruck auch als „à-Dieu" interpretierbar, meint also die Annäherung an Gott, der jenseits dessen erfahrbar wird, was für das Ich verfügbar ist.

Im Gegensatz zu den beiden Beispielen, wie in Biologie und Physik das Phänomen des Alterns zur Sprache kommt, nämlich als Veränderung der Organfunktionen oder als Ersatz für meßbare Veränderung, wird am Beispiel von Levinas' Umgang mit dem Begriff des Alterns sichtbar, daß dieses nicht nur eine naturwissenschaftliche Kategorie ist. Vielmehr erlangt es für den einzelnen auch dadurch

---

11 Lévinas, Wenn Gott, 246 [29].

12 Lévinas, Jenseits des Seins, 126 [67].

13 Lévinas, Jenseits des Seins, 129 [69].

14 Lévinas, Jenseits des Seins, 124 [66].

15 Lévinas, Wenn Gott, 103 [134].

16 Zum Beispiel: Lévinas, Wenn Gott, 145 [169] und 103 [134]. Vgl. Wenzler, Nachwort, 86, und Wenzler, Berührung durch Trennung, 315.

Bedeutung, daß es etwas Unverfügbares ist, die eigene Existenz in Frage stellt, einen Ich-Verlust beschreibt und Leiblichkeit, Vergänglichkeit und Sterblichkeit zum Problem werden läßt. Diese Fragen können durch naturwissenschaftliche Antworten allein nicht ruhiggestellt werden, sondern verlangen über die Behandlung des Alterns als Funktions- oder Meßproblem hinaus eine Reflexion, die Sinnstrukturen und weltanschauliche Fragestellungen einschließt. Werden solche methodisch ausgeschlossen, so kann das Altern, das ein Phänomen ist, das unmittelbar mit der Frage nach der Zeit verbunden ist, nur reduktiv behandelt werden. Der alternde Mensch wird bloß als nicht mehr optimal funktionierendes Organ-System gesehen oder zum Uhrenersatz gemacht. Der bloß naturwissenschaftliche Umgang mit einer konkreten Zeitgestalt erweist sich neuerlich als unzureichend. Sollen nicht schon aus methodischen Gründen Momente des gesamten Phänomens ausgeblendet bleiben, bedarf es eines explizit philosophischen und in der Folge spezifisch theologischen Ansatzes.

5.4 Philosophisches Zeitverständnis

Die philosophische Behandlung des Zeitproblems, so hat sich am Beispiel der Frage nach dem Altern als nach einem Zeitphänomen gezeigt, kann sich mit der reduktiven Methode eines naturwissenschaftlichen Ansatzes nicht zufriedengeben. Denn andernfalls kommen die weltanschaulichen Fragen nach der Vergänglichkeit, der Bedeutung des Todes für den konkreten Lebensvollzug, des Selbstverlustes oder der Gottesfrage nicht zur Sprache. Zeit kann rein naturwissenschaftlich prinzipiell nicht in ihrer vollen Bedeutung erfaßt werden, da bestimmte Dimensionen schon vorweg ausgeblendet werden.

Da naturwissenschaftliche Zeitbestimmungen Zeit nur als quantitative bestimmen, geht es nicht an, den Zeitbegriff auf den naturwissenschaftlichen zu beschränken, obwohl dieser häufig als Verbindungsglied zwischen Naturwissenschaften und Philosophie sowie in weiterer Folge auch mit Theologie angesetzt wird. Die Untersuchung der oben angeführten Ansätze, auf naturwissenschaftlichem Weg Zeit zu begreifen, hat nämlich ein Doppeltes gezeigt: Zum einen sind physikalische und biologische Ansätze auf lebensweltliches Zeiterleben verwiesen. So bleibt zum Beispiel die Richtung des Zeitpfeiles naturwissenschaftlich unbestimmt und ist bloß dem Zeiterleben außerhalb der Naturwissenschaften zu entnehmen. Zum anderen können die naturwissenschaftlichen Konzeptionen, die Zeit von der Metrisierung her verstehen, die Zeitdimensionen, in denen sich das spezifisch Menschliche manifestiert, nur unzureichend ausleuchten.

Will es Philosophie nicht mit einer solchen Unterbestimmung der Zeit auf sich beruhen lassen, ist sie genötigt, im Hinblick auf die in den Naturwissenschaften ausgeblendeten Dimensionen eigenständig an das Zeitproblem heranzugehen und die genuin philosophische Frage nach der Zeit zu stellen, die über den Horizont des Meßbaren hinausfragt. Dabei ist es nicht dienlich, das naturwissenschaftliche Vorverständnis in nichtnaturwissenschaftliche Bereiche zu projizieren. Die Behauptung, daß Zeit in der *„vorwissenschaftlichen* [gemeint ist vornaturwissenschaftlichen; R. E.] *Wahrnehmung* in der Form von Änderungen des Ortes, an dem sich Körper oder (idealisierte) Massenpunkte befinden"[1], erfahren werde, unterliegt naturwissenschaftlicher Engführung. Denn idealisierte Massenpunkte sind naturwissenschaftliche Abstraktionen, die in der Erlebniswelt gerade nicht vorkommen.

Setzt man nicht naturwissenschaftich, sondern philosophisch an, so stößt man angesichts der Entwicklung von Naturwissenschaften und Technik auf das Phänomen des Fortschritts, das sich auch als ein Problem naturwissenschaftlichen Zeitverstehens herausstellt. Wie G. Picht aufgezeigt hat,[2] ist der Entwurf, der Zeit auf eine quantifizierbare Größe reduziert, Bedingung dafür, Fortschritt als Fortschreiten in der Zeit überprüfen zu können. Das Fortschreiten auf der mit Maßeinheiten unterlegten Zeitlinie, die als Zeitpfeil und folglich als endlos begriffen wird, macht es möglich, an eine immer bessere Zukunft zu glauben und auf sie hinzuarbeiten, da Zeit für solche von außen an die Zeit herangetragenen Ziele instrumentalisierbar ist, wenn sie bloße Quantität ist. Die Quantifizierung der Zeit zu einem Mehr oder Weniger an Zeit, die man für eine Tätigkeit braucht, bedeutet, daß diese schneller oder langsamer erfolgt. Zeitgewinn ist in der Folge durch Beschleunigung des in der Zeit zu vollziehenden Vorgangs zu erreichen. So sind die Beschleunigung der Herstellung und der Kommunikation Maximen heutigen gesellschaftlichen und wirtschaftlichen Bemühens.

Der philosophischen Frage hingegen, die daran anknüpft, geht es um die Intention, die hinter solcher auf Quantität eingeschränkter Zeitauffassung steckt. Der Befund, daß es um das Verlangen nach Todesüberwindung und Unsterblichkeit geht, die der Mensch mit dem Aufstellen einer Fortschrittsutopie und mit der Beschleunigung der Prozesse bis zum alles umfassenden Zugleich erreichen möchte,[3] ist das Ergebnis philosophischer Reflexion, nicht jedoch Ergebnis naturwissenschaftlicher Forschung. Ebenso handeln daran anschließende Überlegungen über das Ende der Geschichte, wie sie J. Baudrillard vorgelegt hat,[4] nicht über Tatsachen, die naturwissenschaftlich erhoben werden können, sondern interpretieren technische und gesellschaftliche Entwicklungen.

Die Differenz zwischen dem naturwissenschaftlichen und einem Zeitbegriff, der den Naturwissenschaften und der Technik zugrunde liegt und den Fortschrittsgedanken ermöglicht, kann näher bestimmt werden. E. Pöppel zum Beispiel schlägt vor, „den physikalischen Zeitbegriff (sei es der Newton's, Einstein's oder Prigogine's) aus dem primären Zeiterleben als ein *sekundäres Konstrukt* abgeleitet

---

[1] Mainzer K., Philosophie und Geschichte von Raum und Zeit, in: Audretsch J./ Mainzer K. (Hg.), Philosophie und Physik der Raum-Zeit, Mannheim ^{2}1994 (= Grundlagen der exakten Naturwissenschaften 7), 11–51, 19.

[2] Siehe oben.

[3] Heintel P., Zur Beschleunigung der Zeit, in: Panda-Magazin 1/93 (1993) 24f.

[4] Vgl. Baudrillard J., Die Abschreckung der Zeit, in: Tumult 9 (1987) 109–118; Baudrillard J., Das Jahr 2000 findet nicht statt, Berlin 1990; Baudrillard J., Zeit und Kommunikation. Jean Baudrillard im Gespräch mit Eckhard Hammel, in: Information Philosophie 22/ Hft. 5 (1994) 12–16.

anzusehen"[5]. Genauso wie der geisteswissenschaftliche Zeitbegriff etwa der Geschichtswissenschaften, den Pöppel als semantischen Zeitbegriff bestimmt, sieht er auch den naturwissenschaftlichen als das Ergebnis einer Abstraktion. Darin ähnelt seine Auffassung der A. M. K. Müllers. So wie dieser bindet auch Pöppel seine Zeittheorie an ein naturwissenschaftliches Grundkonzept zurück. Zwar scheidet er den physikalischen Zeitbegriff vom Zeitverständnis des *„primären Zeiterlebens"*, meint jedoch, daß dieses „insbesondere in den Neurowissenschaften einschließlich der Psychologie untersucht" werde.[6] Auf der Ebene des „primären Zeiterlebens" können nach Pöppel Gesetze formuliert werden, die neurophysiologischen und experimental-psychologischen Charakter haben.[7] Da Pöppel auf der naturwissenschaftlichen Ebene verbleibt, kann die Differenz zwischen erlebter Zeit und physikalischer Zeit nur als ein inner-naturwissenschaftlicher Unterschied gewertet werden. Zwar geht Pöppel davon aus, daß die Psychologie die Grundwissenschaft ist, auf der die Natur- und Geisteswissenschaften basieren, ordnet sie jedoch zugleich den Neurowissenschaften, also naturwissenschaftlichen Disziplinen, zu. Damit verbleibt er dem naturwissenschaftlichen Begriffsrahmen verpflichtet.

Obwohl R. Kühn von der *„Zeit der Affektion"*[8] spricht, in der er die ursprüngliche Zeit erblickt, ist dieser Begriff bei ihm nicht psychologisch zu verstehen. Vielmehr handelt es sich nach Kühn um die „Selbstaffektion des Lebens"[9], die diesseits „ekstatischer" Ausgriffe auf die Welt, die ein externes Vorher und Nachher erzeugen, den Übergang von Sicherleiden und Sicherfreuen als Lebensvollzug markiert. Eine Zeitkonzeption dieser Art, die auf ihre Stringenz hin erst zu prüfen wäre, läßt den naturwissenschaftlichen Aspekt des Zeitbegriffs völlig beiseite und beschränkt sich auf die Frage nach der Zeit im Zusammenhang menschlichen Lebens. Spezifisch Menschliches mit Bezug auf den Zeitbegriff macht auch D. Sturma geltend, wenn er darauf aufmerksam macht, daß eine Person keinen zeitneutralen Standpunkt einnehmen kann, und auf den „handlungstheoretischen Zeitpfeil" hinweist, der dem Verhältnis zwischen Gegenwart und Zukunft eine Richtung gibt.[10] Zwar wird mit solchen Positionen indirekt gegen die Vereinnahmung des Zeitbegriffs durch die Naturwissenschaften Stellung bezogen, die Frage nach dem Zusammenhang zwischen philosophischem und naturwissenschaftlichem Zeitbegriff wird allerdings nicht gestellt.

---

[5] Pöppel E., Erlebte Zeit und Zeit überhaupt, in: Die Zeit. Dauer und Augenblick, München [2]1990 (= Veröffentlichungen der Carl-Friedrich-von-Siemens-Stiftung 2; SP 1024), 369–382, 380.

[6] Pöppel, Erlebte Zeit und Zeit überhaupt, 382.

[7] Pöppel, Erlebte Zeit und Zeit überhaupt, 376.

[8] Kühn R., Zeitekstase und ursprüngliche Zeit. Zum Problem der „lebendigen Gegenwart", in: Existentia 3–4 (1993–94) 157–173, 160.

[9] Ebenda.

[10] Sturma D., Person und Zeit, in: Forum für Philosophie Bad Homburg (Hg.), Zeiterfahrung und Personalität, Frankfurt/ M. 1992 (= stw 986), 123–157, bes. 141.

Soll eine solche Relationsbestimmung versucht werden, so legt sich zunächst eine begriffliche Fassung der verschiedenen Zeitbegriffe nahe. H. M. Baumgartner zum Beispiel schlägt eine Dreiteilung vor. Er unterscheidet die „Naturzeit“, die er auch „physikalische“, „objektive“ oder „universale“ Zeit nennt, von der „Erlebniszeit“, die bei ihm auch „psychologische“, „subjektive“ oder „Eigenzeit“ heißt, und diese wiederum von der „Personzeit“, über die er auch als „historische“ beziehungsweise „Geschichtszeit“ spricht.[11] Diese drei Zeittypen lassen sich unterscheiden, weil sich jeder von ihnen einer spezifischen Zeiterfahrung verdankt.[12] Während die Naturzeit auf der Meßbarkeit der Veränderung basiert, geht es in der psychologisch verstandenen Zeit um den Erlebniszusammenhang eines Individuums, sofern es nicht nur im universalen Zeitraster der meßbaren Zeit aufgeht. Der Begriff der Geschichts- oder Personzeit wiederum basiert auf der Erfahrung, daß der Mensch als Person in Freiheit Taten setzt, die geschichtlich bedeutsam sind.

Was die Naturzeit von den anderen Zeitformen trennt, ist unter anderem der Universalhorizont der Quantifizierung. Erst mit dessen Wegfall ist der Blick auf die qualitativen Unterschiede von Einzelzeiten, die nicht wiederum an Messungen rückgebunden sind, frei. Somit ist auch von Einzelzeiten und überhaupt von der Zeit im Plural zu sprechen. Die Differenzen solcher Zeiten sind nicht mehr jene verschiedener Maße, sondern qualitative. Individuelle Unterschiede lassen ein Sprechen von „Eigenzeit“[13] zu, und die qualitativen Differenzen in der Zeiterfahrung sind – wie N. Elias und H. Novotny gezeigt haben –[14] psychologisch und soziologisch aufweisbar. Die verschiedenen Zeittypen, die Baumgartner aufschließt, basieren auf differenten Zeiterfahrungen. Diese allerdings bauen wiederum auf verschiedenen Erfahrungskonzeptionen auf, die die unterschiedlichen Wissenschaften zu ihrer Voraussetzung haben. Während innerhalb der Naturwissenschaften Zeit nur im Typ der metrischen Zeit Geltung beanspruchen kann, sind philosophisch sowohl die Eigenzeit des Individuums als auch die Zeit als Geschichtszusammenhang relevant. Was die Eigen- oder Erlebniszeit betrifft, von der Baumgartner spricht, besteht ihre philosophische Bedeutung allerdings nicht in ihrer psychologisch interpretierten Form, die neurowissenschaftlich begründet wird – etwa im Sinne Pöppels –, sondern in der Eigenständigkeit individueller Zeitformen, die naturwissenschaftlich nicht hinreichend faßbar sind. So kann etwa philosophisch vom unterschiedlichen Sich-Zeitigen von Personen gesprochen werden, deren zeitliche Selbstentfaltung keinem einheitlichen Parametersystem

---

[11] Baumgartner H. M., Zeit und Zeiterfahrung, in: Baumgartner H. M. (Hg.), Zeitbegriffe und Zeiterfahrung, Freiburg/ Br. 1994 (= Grenzfragen 21), 189–211. Zu dieser Unterscheidung vgl. Schaeffler R., Art. Zeit, Zeitlichkeit. II. Philosophisch, in: $LThK^2$ 10 (1965) 1326–1329, bes. 1328f.

[12] Baumgartner, Zeit und Zeiterfahrung, 206.

[13] Novotny H., Eigenzeit. Entstehung und Strukturierung eines Zeitgefühls, Frankfurt/ M. [3]1990.

[14] Elias N., Über die Zeit, Frankfurt/ M. 1984 (= Arbeiten zur Wissenssoziologie 2); Novotny H., Eigenzeit. Entstehung und Strukturierung eines Zeitgefühls, Frankfurt/ M. [3]1990.

unterworfen werden kann, will man die sich dabei manifestierende Individualität nicht nivellieren.

Was den Unterschied zwischen Naturzeit im naturwissenschaftlichen Sinn und Geschichtszeit betrifft, so ist mit E. Ströker auf die Differenz zwischen Singularität[15] und Individualität hinzuweisen.[16] Tritt ein geschichtliches Ereignis ein, ist diese Zeitstelle kein Zeitpunkt im metrischen Sinn.[17] Denn ein solches Ereignis ist zwar chronometrisch lokalisierbar, hat seine Bedeutung aber in der kleineren oder größeren Zäsur, die mit ihm einhergeht. Durch die Zäsur, die ein geschichtliches Ereignis setzt, wird die geschichtliche Konstellation oder Lage eine andere. Die Zeit hat eine qualitative Änderung erfahren, indem das Vorher und das Nachher des Ereignisses durch dieses eine andere Qualität erhalten haben, das heißt, daß das geschichtliche Ereignis das Zuvor und das Danach auf seine Weise neu determiniert. Deshalb ist ihm Individualität zuzusprechen, zumal der Geschichtszusammenhang als ganzer neu qualifiziert wird. Ein naturwissenschaftlich erfaßtes Ereignis in der Natur verbleibt im Rahmen der Naturgesetze. Es ist ein Einzelfall, der die Naturgesetze nicht ändert, sondern mit deren Hilfe beschrieben wird. Für die Naturwissenschaften ist die Eigenqualität gerade dieses singulären Ereignisses nicht relevant, vielmehr wird von ihm abgesehen. Das Ereignis wird zum Einzelfall, der den als invariabel bestimmten Gesetzen gehorcht. Die Naturgesetze ihrerseits sind – sofern sie als gültig ausgewiesen sind – im Gegensatz zum Geschichtszusammenhang nicht veränderlich, während Geschichtszusammenhänge solche Allgemeingültigkeit nicht besitzen, zumal sie steter Veränderung unterliegen. Die metrisierbaren Zeitstellen wiederum bleiben qualitätslos und können folglich durch ein Ereignis keine qualitative Veränderung erfahren.

Der Umschlag eines geschichtlich relevanten Ereignisses in eine bloße, qualitätslose Zeitstelle vollzieht sich dann, wenn man sich auf die Ebene der Quantität begibt und das geschichtliche Ereignis immer weiter zeitlich zerteilt. Ab einer bestimmten Teilungsstufe kann die nunmehr metrisierte Zeitspanne, auch wenn sie vor dem Horizont der Geschichtszeit betrachtet wird, weder ihr Vorher noch ihr Nachher so determinieren, daß sie eine spezifische Bedeutung bekämen.[18] Eine solche Zeitspanne ist nur mehr in der Naturzeit lokalisierbar, allerdings hat sie keine geschichtliche Qualität mehr.

Der durchgeführte Vergleich zwischen naturwissenschaftlichem und philosophischem Zeitverständnis hat zweierlei gezeigt: Zum einen ist sichtbar geworden, daß die Anwendung des metrischen Zeitbegriffs in philosophischen Fragestellungen zu reduktionistischen Ergebnissen führt, und zum anderen wurde einsichtig,

---

15 Singularität ist hier nicht im Sinne einer physikalischen Singularität wie des Big Bang oder schwarzer Löcher verstanden, sondern Einzelfall eines naturwissenschaftlich gefaßten Ereignisses in der Natur.

16 Ströker E., Zeit erfahren – Zeit bestimmen. Temporale Strukturen in Natur und Geschichte, in: Baumgartner H. M. (Hg.), Das Rätsel der Zeit. Philosophische Analysen, Freiburg/ Br. 1993 (= Alber-Reihe Philosophie), 181–212, 203.

17 Dazu und zum Folgenden siehe: Ströker, Zeit erfahren – Zeit bestimmen, 198ff.

18 Ströker, Zeit erfahren – Zeit bestimmen, 208.

daß Zeitqualitäten philosophisch reflektierbar, nicht aber naturwissenschaftlich faßbar sind. Obwohl der naturwissenschaftliche Zeitbegriff oft als der universale bezeichnet wird, kann er nicht als der umfassende gelten. Er ist nur in dem Sinn universal, als er, da er ein metrischer ist, keine Qualitäten unterscheiden läßt und folglich alle Zeitphänomene *einem* Parameter gemäß (nach dem der Quantität) indiziert werden können. Allerdings kommen die Zeitphänomene dann nur als gemessene in den Blick, von allen qualitativen Unterschieden wird abstrahiert, sie werden reduktionistisch auf Meßbares zurückgeführt.

Die Möglichkeit, über Eigenzeit und verschiedene Zeiten – nicht im Sinn verschiedener Zeitebenen, sondern in der Bedeutung verschiedener Zeitgestalten auf derselben Reflexionsebene – zu sprechen, zeichnet die Philosophie aus. Wenn dabei auch die Präzision der Meßbarkeit verloren geht, so wird hingegen der Mannigfaltigkeit unterschiedlicher Zeitgestalten Genüge getan. Zeitqualitäten können in ihrer Differenz zum Ausdruck gebracht werden. Damit wird dem Zeiterleben eher entsprochen. Das bedeutet aber, daß sich das Postulat, der naturwissenschaftliche Zeitbegriff könne als die gemeinsame Hintergrundfolie für eine Einheitswissenschaft zwischen Philosophie und Naturwissenschaften fungieren, nur dann halten kann, wenn man sich mit einem reduktionistischen Konzept begnügt.

5.5 Theologisches Zeitverständnis

Genausowenig wie es eine Zeittheorie gibt, die Naturwissenschaften und Philosophie gemeinsam ist, läßt sich eine einheitliche Zeittheorie aufstellen, die das naturwissenschaftliche und das theologische Zeitverständnis integrieren kann. Theologisches Zeitverstehen bringt eine neue Dimension ein, die sowohl den Naturwissenschaften unzugänglich als auch philosophischer Reflexion vorenthalten ist. Zwar gibt es Bemühungen, die Zeiterfahrung auf philosophischer Ebene für die Glaubensfrage fruchtbar zu machen, indem man Zeiterfahrung als Glaubenserfahrung aufschließt, solche Unternehmungen bleiben aber im Bereich der Philosophie. B. Casper zum Beispiel nimmt den Levinasschen Ethik-Ansatz auf und weist auf eine Zeitgestalt hin, die in die transzendentale Apperzeption nicht eingeht, sondern menschliche Immanenz transzendiert. Das Ich erfährt Gott im Angesicht des Anderen, der nicht in die synchrone Zeitstruktur des Ich eingeordnet werden kann, sondern das Ich jenseits der Zeitmöglichkeiten des Ich in Verantwortung versetzt. Diese scheint die Möglichkeiten des Ich zu überfordern, bleibt aber als zu verwirklichender Anspruch bestehen. Das heißt: „Die Zeiterfahrung des Glaubens trägt sich als Erfahrung der Möglichkeit des Unmöglichen zu im Felde der mitmenschlichen Verantwortung."[1] Anders konzipiert G. Picht seine Rede von Gott. Er verwendet Gott als Negativbegriff in bezug auf die Welt. Seine Naturphiloso-

---

[1] Casper B., Zeiterfahrung und Glaubenserfahrung, in: Gauly H. u. a. (Hg.), Im Gespräch: der Mensch. Ein interdisziplinärer Dialog. Joseph Möller zum 65. Geb., Düsseldorf 1981, 29–42, 40.

phie ist als eine Art negativer Theologie konzipiert,[2] die Art dieser Theologie ist jedoch genausowenig ein offenbarungstheologischer Ansatz wie der Caspers. Das bedeutet, daß die Zeitbegriffe, die beiden Versuchen zugrunde liegen, philosophische, nicht aber genuin offenbarungstheologische sind.

Geht man nicht im Sinne einer natürlichen Theologie, sondern offenbarungstheologisch vor, so ist im christlichen Kontext der Rückgang auf Jesus Christus unumgänglich. Das sich in Inkarnation, Tod und Auferstehung ereignende Christusgeschehen stellt die Zeiterfahrung dessen, der die durch dieses Geschehen angebrochene neue Wirklichkeit im Glauben annimmt, in einen neuen Verständnishorizont, der weder naturwissenschaftlich noch philosophisch eingeholt werden kann. „Weil die Z[eit; R. E.] in der inkarnator. Existenz des Logos endgültig u. bleibend ‚angenommen' ist u. der Logos in ihr sein eigenes göttl. Wesen darstellt, ist das Wesen der angenommenen Z. theol. von daher zu bestimmen u. nicht als ‚ontologisch' der Annahme vorgängige Wirklichkeit."[3] Das Christusgeschehen, das sich nach dem Neuen Testament selbst an historisch ausgezeichneter Stelle ereignet, nämlich als die Zeit der Erwählung des Volkes Israel erfüllt ist, bestimmt Geschichte neu. Es ist „für alle Welt ein ‚Jetzt' konstituiert, das alle Zeiten ‚nach' Christus wesentlich und bleibend bestimmt"[4]. Dieses Ereignis hat je neu *„präsentische* Bedeutung"[5] für das Sein in der Geschichte, aber auch für deren Ende im Eschaton bei der Wiederkunft Jesu Christi. Die Heilsmacht des Christusgeschehens, das die Erlösung der gesamten Welt zu seinem Ziel hat, betrifft alle Zeiten, sie ist stets gegenwärtig und läßt sich nicht als historisch vergangenes Geschehen aus der Bedeutung, die es für jede Zeit hat, verdrängen.

Schon aus diesen Andeutungen wird sichtbar, daß Zeit im theologischen Sinn nicht als Dahinfließen oder als bloßes „gleichmäßiges Weiterfließen einer letztlich leeren, nichtigen Selbstaufhebung des je jetzt Bestehenden" verstanden werden kann.[6] Sie ist vielmehr personale Zeit, aber „nie bloß eine quantitative Größe"[7], wie es die naturwissenschaftliche Zeitkonzeption nahelegt. Wird Theologie ein nur quantifizierendes Zeitverständnis unterlegt, so können die theologischen Konsequenzen nicht zur Sprache gebracht werden, die sich aus der Angewiesenheit der christlichen Offenbarungstheologie auf das Christusgeschehen ergeben. Dies hat für die Bewertung der schöpfungstheologischen Modelle, die naturwissenschaftliche Zeitkonzeptionen in die Schöpfungstheologie übernehmen, besondere Relevanz. Wird nämlich quantifizierte Zeit zur Grundlage des Schöpfungsgesche-

---

2 Theunissen, Die Einheit im Denken Georg Pichts, 368.

3 Darlapp A., Art. Zeit, Zeitlichkeit. V. Theologisch, in: LThK[2] 10 (1965) 1332–1334, 1332.

4 Schulte R., Zeit als Glaubenserlebnis. Aspekte christlich-theologischer Einsicht, in: Baumgartner H. M. (Hg.), Zeitbegriffe und Zeiterfahrung, Freiburg/ Br. 1994 (= Grenzfragen 21), 217–269, 249.

5 Ebenda.

6 Darlapp, Zeit, 1332.

7 Kurz P. K., Eines Menschen Zeit, in: StZ 119/ Hft. 1 (1994) 49–63, 62.

hens gemacht und gilt diese als der Universalhorizont von Wirklichkeit überhaupt, so muß Gott selbst als zeitlich meßbare Größe angesehen werden. Sofern er nämlich Wirklichkeit ist, fällt er unter den angenommenen Zeithorizont. Nach christlichem Verständnis ist der Schöpfer jedoch Souverän über die Zeit, da er als der geglaubt wird, der Zeit geschaffen hat. Zeit ist nicht der Rahmen, innerhalb dessen sich Schöpfung ereignet, sondern selbst geschaffen,[8] das heißt, daß Zeit in Gott ihren Ursprung hat, der selbst nicht der Zeit unterworfen ist. Der Schöpfungsakt ist daher „kein Präteritum"[9], sondern als creatio continua jeder Zeit gleich nahe.

Die Neuqualifizierung, die der Glaubende durch das Christusgeschehen für die Zeit gekommen sieht, ist charakterisiert als Heilszeit und die Geschichte, die Gott in der Zeit mit den Menschen auf Erlösung hin gestaltet, ist für den Christen unwiderruflich Heilsgeschichte, auch wenn begrenzte konkrete Ausformungen der Geschichte solcher Auffassung hohnsprechen. Diese Geschichte ist für den Glaubenden so qualifiziert, daß sie eine gerichtete Geschichte ist.[10] Denn Gott selbst hat sich für den Menschen und dessen Heil entschieden. Die von Gott auf Erlösung hin ausgerichtete Zeit bekommt kairologischen Charakter, da sie für den einzelnen Entscheidungszeit wird, sofern er sich aus Freiheit zu diesem Ziel entscheidet oder sich der von Gott zugesagten und erhofften Erlösung verweigert. Geschichte ist die Zeit, in der Gott und Mensch aus Freiheit Entscheidungen treffen, die diese Zeit ihrerseits qualifizieren.[11] Der Mensch entscheidet sich, ob er die von Gott getroffene Entscheidung zur Erlösung annimmt oder nicht, durch die die Geschichte im ganzen auf die Wiederkunft Jesu Christi ausgerichtet ist.

Diese Richtung der Geschichte hat nicht die Qualität eines Zeitpfeiles, der in naturwissenschaftlichem Kontext Zeit eine Richtung gibt. Naturwissenschaftlich verstandene Zeitpfeile möchten bloß die Asymmetrie des Zeitflusses markieren und über die mathematische Unmöglichkeit hinweghelfen, zum Beispiel in der speziellen Relativitätstheorie die Zeitrichtung eindeutig vorzugeben. Die in Zeitpfeiltheorien begegnenden Zeitpunkte weisen jedoch keine kairologische Struktur auf, sondern sind – abgesehen von ihrer Angewiesenheit auf vorwissenschaftliche Erfahrung – in bezug auf personale Entscheidungen in der Zeit neutral, da sie qualitätslos sind. Theologisch verstandene Entscheidungszeit hingegen ist gerade nicht qualitätslos, sondern als kairologische Zeit eminent als qualitative bestimmt.

Einen weiteren Hinweis auf die Differenz zwischen naturwissenschaftlichem und theologischem Zeitverständnis kann die Zeitstruktur geben, die in der Sakramententheologie vor Augen tritt. Nach christlichem Glauben ereignet sich im Sakrament das Kreuzes- und Auferstehungsgeschehnis, das sich historisch ereignet

---

[8] Vgl. schon Augustinus, Confessiones, XI, 14, 17: „Nullo ergo tempore non feceras aliquid, quia ipsum tempus tu feceras" (Zit. nach der Ausgabe: Flasch K., Was ist Zeit? Augustinus von Hippo. Das XI. Buch der Confessiones. Historisch-philosophische Studie. Text – Übersetzung – Kommentar, Frankfurt 1993).

[9] Schulte R., Zeit und Ewigkeit, in: CGG 22 (1982) 117–186, 169. Vgl. Schulte, Zeit als Glaubenserlebnis, 237.

[10] Schulte, Zeit und Ewigkeit, 177f.

[11] Vgl. Schulte, Zeit und Ewigkeit, 177.

hat, hier und heute. „Wenn Sakrament geschieht, dann geschieht, was geschehen ist, jetzt, konkret je heute; dann nehmen die Betreffenden an dem teil und lassen es *mit* und *in* sich geschehen, was sich im Kreuzesgeschehen *für* alle ereignete.“[12] Christlich verstanden, handelt es sich nicht um eine Wiederholung des damaligen Geschehens oder um bloße Gedächtnisfeiern. Vielmehr geht es in der Vergegenwärtigung oder Repräsentation des Kreuzes- und Auferstehungsereignisses im Sakrament einerseits um die Anamnese des historischen Ereignisses durch Gott selbst und andererseits um die erinnernde Zustimmung des Menschen, dieses Heilsereignis in sich geschehen und sich an ihm beteiligen zu lassen. In den Sakramenten geschieht das Kreuzesereignis konkret und jetzt. Es geschieht, was geschehen ist, mit und in den konkreten Menschen heute.[13]

Die an den Sakramenten ablesbare und im Glauben verankerte Zeitstruktur ist für den Nicht-Glaubenden paradox. Denn zu erklären, wie ein historisches und vergangenes Ereignis jetzt geschieht, sich jedoch nicht im Sinne einer Wiederholung neu ereignet und auch nicht bloß als vergangenes Ereignis erinnert wird, ist innerhalb der Naturzeit kaum möglich. Selbst ein Modell der Zeitmodiverschränkung, wie es A. M. K. Müller vorgelegt hat, wird sakramentaler Zeitstruktur nicht gerecht. Das als GV bezeichnete Glied der Zeitmatrix, das die Struktur des Sakramentes, in dem sich ein historisches Geschehen jetzt ereignet, wohl am ehesten wiedergibt, wird von A. M. K. Müller der „präparierten“ Zeit der Naturwissenschaften zugewiesen. Solchermaßen präparierte Zeit zeichnet sich aber gerade dadurch aus, daß die historische Dimension zugunsten einer allgemeinen Gesetzlichkeit ausgeschlossen wird, in der Freiheitsentscheidungen als solche keinen Platz haben. Sakramentale Zeit ist jedoch nicht naturwissenschaftliche Zeit.

Eine weitere Differenz zwischen naturwissenschaftlichem und theologischem Zeitbegriff kommt dann zum Vorschein, wenn man theologisch Heilsgeschichte, in der Sakramente ihren spezifischen Platz innehaben, eschatologisch zu Ende denkt. Die durch das Christusgeschehen endgültig auf Erlösung hin ausgerichtete Geschichte, die christlich in der Folge als Heilsgeschichte zu denken ist, unterliegt der Spannung schon geschehener Erlösung und noch ausständiger Vollendung dieses Heilsgeschehens. Die präsentische Eschatologie, deren Charakteristika sowohl das Schon als auch das Noch-Nicht sind, steht in einem Verhältnis von Gegenwart und Zukunft, in dem die Zukunft proleptisch mit der Gegenwart verbunden ist. Die Wirklichkeit der für das Ende der Zeiten und die Wiederkunft Jesu Christi verheißenen Erlösung ist anteilhaft in der Zeit der Kirche hier und jetzt real. Die Gegenwart der Zukunft im Modus heilsgeschichtlicher Zeitstruktur ist biblisch durch die Zusage der Nähe der Gottesherrschaft ausgedrückt.

---

[12] Schulte, Zeit als Glaubenserlebnis, 254.

[13] Schulte, Zeit als Glaubenserlebnis, 256f.

Diese universale Zeitstruktur kehrt jedoch auch – wie M. Theunissen zeigt – in der Lebensgeschichte des Christen wieder.[14] Theunissen erkennt in den Aussagen von Lk 11, 9–10 und Mt 7, 7–8, wonach der Bittende empfängt, der Suchende findet und dem Anklopfenden aufgetan wird, die eben beschriebene Zeitkonzeption wieder. Die proleptische Struktur ist darin ersichtlich, daß davon ausgegangen wird, daß allein das Bitten schon zum Empfangen führt: Es ist das gewöhnliche Hintereinander beider Ereignisse aufgehoben. Dennoch wird die Differenz der Ereignisse nicht nivelliert. Zwar empfängt der Bittende schon dadurch, daß er bittet, doch verschwinden das Empfangen und mit ihm die Zukunft nicht. Vielmehr wird die *„Gegenwärtigkeit der Zukunft selbst"*[15] behauptet. Diese Zeitstruktur ist getragen vom Glauben, der einer solchen Bitte zugrunde liegt. Die Aussage vom Gewähren der Bitte allein durch das Bitten hat nur Sinn, wenn sie das Vertrauen des Bittenden voraussetzt, daß die Bitte das bedingungslose Gewähren nach sich zieht. Dieses Vertrauen ist im Glauben an die Macht Gottes verwirklicht, nicht jedoch im Vertrauen auf die Macht eines Menschen.[16] Verständlicher wird dieser Glaube, wenn die Dimension der Vergangenheit mit einbezogen wird. Denn das Vertrauen auf die Macht Gottes gründet sich auch auf die Taten, die Gott in der Geschichte an seinem Volk gesetzt hat.[17] Die reale Präsenz der Zukunft in der Form der Erfüllung der in der Gegenwart gestellten Bitte fußt auf dem Glauben an die Macht Gottes, die dieser in der Vergangenheit schon erwiesen hat. Dieser Glaube an die Macht Gottes versetzt den Zeitzusammenhang wiederum in den Kontext der Erlösung. Im uneingeschränkten Vertrauen auf Gott und seine Macht, das im Glauben wurzelt, wird der Mensch aus dem Zwangszusammenhang befreit, im Handeln eigenmächtig die Wünsche, die in den Bitten Gott gegenüber Ausdruck finden, erfüllen zu müssen. Im Glauben ist der Mensch in diesem Sinn *von sich* befreit. Zugleich ist damit aber auch eine Befreiung des Menschen *zu sich* gegeben, da er im Vertrauen auf Gott ohne den Zwang, alles eigenmächtig einlösen zu müssen, neue Handlungsfreiheit zurückgewinnt.[18]

Wiederum zeigt sich, daß unter den Bedingungen christlichen Glaubens Zeitstrukturen offenbar werden, die naturwissenschaftliches Denken nicht kennt. Abgesehen davon, daß ein deterministisches Weltbild modernen naturwissenschaftlichen Einsichten nicht mehr genügt, können seine Implikationen, daß nämlich Zukunft aus der Gegenwart vorausberechnet werden könne, keine Erklärungsgrundlage für die reale Präsenz der Zukunft in der Gegenwart im obigen Sinn bieten. Denn dort fehlen personale Kategorien, die im Vollzug des Vertrauens und Glaubens unabdingbar sind, die ihrerseits Bedingung für die darge-

---

[14] Theunissen M., Ὁ αἰτῶν λαμβάνει. Der Gebetsglaube Jesu und die Zeitlichkeit des Christseins, in: Theunissen M., Negative Theologie der Zeit, Frankfurt/ M. ^{2}1992 (= stw 938), 321–377, 327.

[15] Theunissen, Gebetsglaube, 331.

[16] Theunissen, Gebetsglaube, 335f.

[17] Theunissen, Gebetsglaube, 363.

[18] Theunissen, Gebetsglaube, 337 und 364f.

stellte Zeitstruktur sind. Doch auch ein naturwissenschaftliches Weltbild, das davon ausgeht, daß die Notwendigkeit naturaler Vorgänge durch Zufallskategorien ergänzt werden müsse, oder etwa das anthropische Prinzip übernimmt, kann die Zeitstruktur der Bitte, die durch das Bitten allein schon gewährt ist, nicht hinreichend erklären. Denn auch hier fehlt ein Zeitbegriff, der über Quantitätsmerkmale hinausgeht und die Glaubensvollzüge in ihrer zeitlich qualifizierten Struktur erfaßt.

Der Versuch, einige Charakteristika der verschiedenen Zeitbegriffe herauszustellen, hat wesentliche Unterschiede zwischen dem naturwissenschaftlichen, philosophischen und theologischen Zeitbegriff sichtbar gemacht. Vergleicht man diese Zeitbegriffe miteinander, so zeigt sich, daß die trotz aller Erkenntnisse der modernen Physik auf Quantität fußende naturwissenschaftliche Zeitkonzeption weder spezifisch philosophische noch spezifisch theologische Zeitstrukturen erfassen kann. Philosophisches und – von diesem noch einmal differierendes – theologisches Zeitverstehen decken sich nicht mit dem naturwissenschaftlichen und können folglich auch nicht auf dieses zurückgeführt werden, ohne daß sie ihre je eigene Struktur verlieren.

Es hat sich herausgestellt, daß sich – wenigstens was das Verhältnis von Naturwissenschaften, Philosophie und Theologie betrifft – Methodenbegriff und Zeitbegriff nicht entkoppeln lassen. Die Verschiedenheit der untersuchten Methoden korrespondiert mit der Differenz der Zeitbegriffe. Weiterhin hat sich gezeigt, daß die Beschränkung auf einen Zeitbegriff, der allen drei Wissenschaftsbereichen gerecht werden kann, genausowenig gelingt wie der Versuch, eine einheitliche Methode zu etablieren. Deshalb muß der Versuch, einen semantisch einheitlichen Zeitbegriff zum Scharnier zwischen Naturwissenschaften und Theologie zu machen, als gescheitert betrachtet werden. Ein einheitlicher Zeitbegriff kann keine Einheitswissenschaft begründen, solange auf ein reduktionistisches Konzept verzichtet werden soll. Denn weder ist eine Einheitswissenschaft aus methodischen Gründen herstellbar, noch ist der Zeitbegriff ein einheitlicher.

Schluß

Angestoßen von den naturwissenschaftlichen Versuchen, über Gott auf naturwissenschaftliche Art und Weise zu reden, ist die Frage nach dem Verhältnis von Naturwissenschaften und Theologie heute wieder neu zu stellen. Theologie und auch Philosophie sind herausgefordert, zu den Bestrebungen Stellung zu nehmen, die eine Einheitswissenschaft auf der Grundlage naturwissenschaftlicher Methode propagieren, mit deren Hilfe sie Probleme lösen möchten, die ehemals der Philosophie und der Theologie vorbehalten waren. Die Entwicklung der Selbstorganisations- und der Chaostheorie, die mit dem Zeitpfeil operieren, wurde die Basis für die Interpretation heilsgeschichtlicher Aussagen mit Hilfe naturwissenschaftlicher Sichtweisen.

Die Analyse schöpfungstheologischer Entwürfe, die dem Naturbegriff ebenso verpflichtet sind wie die einzelnen Naturwissenschaften, hat gezeigt, daß innertheologisch verschiedene Modelle zu unterscheiden sind, die die Relation zwischen Theologie und Naturwissenschaften unterschiedlich bestimmen. Neben den Extrempositionen des Differenz- und – diesem entgegengesetzt – des Identitätsmodells habe ich Mediations- und Fundierungsmodelle unterschieden. Während die Betonung der Differenz naturgemäß ein Gespräch zwischen Naturwissenschaften und Theologie zu einem sinnlosen Unterfangen macht, bringt ein Identitätsmodell ein derartiges Gespräch dadurch zum Erliegen, daß es dieses für nicht notwendig erklärt, da beide Wissenschaften ohnehin eine Einheit bilden. Die nähere Untersuchung der weiter zu differenzierenden Mediations- und Fundierungsmodelle hat ergeben, daß die Aussagen über die Unterschiede und Gemeinsamkeiten, die solche Modelle verbinden, wesentlich mit methodischen Problemen in Zusammenhang stehen: Die Frage nach dem Verhältnis von Naturwissenschaften und Theologie – so hat sich gezeigt – ist auf der Ebene der Methodenrelation zu klären, nicht aber auf der von Gleichklängen von Begriffen. Denn gemeinsame Begriffe sind, je nachdem, ob sie in naturwissenschaftlichen, philosophischen oder theologischen Kontexten verwendet werden, semantisch different. Wenn aber gleichlautende Ausdrücke zum Bindeglied der angesprochenen Wissenschaften gemacht werden, obwohl sie unterschiedliche Referenten haben, ist die gesuchte Einheit nur eine scheinbare. Neben den Methodenproblemen hat in den vorgestellten Modellen der Zeitbegriff, der in verschiedenen Entwürfen als Verbindungsstück verwendet wird, besondere Bedeutung eingenommen.

Einen Rückverweis auf die Methodenfrage hatte auch die anschließende Untersuchung moderner naturwissenschaftlicher Entwürfe, die sich der Gottesfrage stellen oder Theologie sogar beerben möchten, zu ihrem Ergebnis. Eine Analyse des Gottesbegriffs, der sich aus den untersuchten Entwürfen erheben ließ, zeigte die reduktionistische Verkürzung auf, der er in diesen Konzeptionen unterliegt. Die methodische Grundlage dieser Engführung, die den Gottesbegriff zu einem naturwissenschaftlichen macht, ist das Bestreben nach einer Einheitswissenschaft, die Naturwissenschaften, Philosophie und Theologie auf der Ebene naturwissenschaftlicher Methodik integrieren möchte. Ähnlich wie in den theologischen Modellen erweist sich auch in den naturwissenschaftlichen Ansätzen der Zeitbegriff als das Mittel, mit dessen Hilfe eine solche Einheitswissenschaft realisiert werden soll, wobei der Zeitbegriff selbst im Sinne naturwissenschaftlicher Methodik univok verwendet wird.

Die anschließend durchgeführte Verhältnisbestimmung zwischen naturwissenschaftlichem, philosophischem und theologischem Denken sollte eine Klärung der methodischen Relationen zwischen diesen Wissenschaftsbereichen bringen, bevor näher auf die Frage eingegangen werden konnte, ob von einem univoken Zeitbegriff rechtens gesprochen werden kann. Die Untersuchung der Methodenrelation hat ergeben, daß die unterschiedlichen Denkweisen, die den Wissenschaften zugrunde liegen, zu verschiedenen Wirklichkeitsbegriffen führen, die sich nicht einfach identsetzen lassen. Naturwissenschaften, Philosophie und Theologie sprechen nicht von demselben, auch wenn sie gleichlautende Begriffe verwenden. Es hat sich gezeigt, daß schon mit der Wahl der Methode ein bestimmter Gegenstandsbegriff einhergeht und festlegt, in welcher Gestalt Wirklichkeit in der jeweiligen Wissenschaft zur Sprache kommt. Ob eine partielle und abstrakte Fragehinsicht das wissenschaftliche Vorgehen bestimmt oder nicht, entscheidet darüber, ob Wirklichkeit eingeschränkt oder als Inhalt lebensweltlicher Erfahrung reflektiert wird, die keinem vorgängigen Gegenstandsentwurf unterworfen ist. Wegen der daraus resultierenden Differenz der Wirklichkeitsbegriffe in den einzelnen Wissenschaften erscheint die Methodendifferenz als unaufgebbar, wenn nicht in einer Einheitswissenschaft reduzierte Wirklichkeit als deren Vollgestalt ausgegeben werden soll.

Daß deshalb dennoch der Bezug zwischen Naturwissenschaften, Philosophie und Theologie nicht – im Sinne eines Differenzmodells – unmöglich gemacht ist, zeigt sich daran, daß Ergebnisse naturwissenschaftlichen Bemühens sehr wohl philosophische und theologische Bedeutung haben. Sofern sie in die Sphäre der Lebenswelt Eingang finden, mit Sinn unterlegt werden und Bedeutung für den Lebensvollzug erlangen, haben sie philosophische und bei reflektierter Lebensorientierung aus dem Glauben auch offenbarungstheologische Relevanz. Wegen ihrer methodischen Selbständigkeit und ihrem je eigenständigen Wirklichkeitsbegriff können sich Philosophie und Theologie freilich nicht darauf beschränken, in ihrem Bemühen, Natur als uneingeschränkte zur Sprache zu bringen, einzig auf solche Transformationen naturwissenschaftlicher Forschungsergebnisse Bezug zu nehmen. Vielmehr geht es darum, daß sie darüber hinaus methodisch eigenständig ansetzen und Natur auch jenseits der praktischen Umsetzung naturwissenschaftlicher Daten und Gesetze wissenschaftlich reflektieren. Erst dann können sich Naturphilosophie und Schöpfungstheologie in ihrer je genuinen Eigenständigkeit entfalten und kann reduktionistisches Naturdenken überwunden werden.

Die Differenzierung der Methoden- und Wirklichkeitsbegriffe der einzelnen Wissenschaften stellte das Problem des Zeitbegriffs und seiner Funktion als eines Bindegliedes zwischen Naturwissenschaften und Theologie in ein neues Licht. Es war zu klären, ob der Zeitbegriff trotz der Aufrechterhaltung der Methodendifferenz zwischen Naturwissenschaften und Theologie vermitteln kann. Wie die Untersuchung einiger Aspekte naturwissenschaftlichen, philosophischen und theologischen Zeitverständnisses gezeigt hat, bleibt der Zeitbegriff bei Methodenänderungen nicht konstant, sondern verändert sich je nach Vorgehensweise. Der Zeitbegriff kann also nicht dazu dienen, eine Einheitswissenschaft unter Einschluß von Naturwissenschaften, Philosophie und Theologie zu etablieren, weil jede dieser Wissenschaften unter dem Ausdruck „Zeit“ etwas anderes versteht.

Literatur

Das folgende Literaturverzeichnis enthält das in dieser Arbeit zitierte Schrifttum. Lexika, Reihen und Zeitschriften werden abgekürzt nach: Schwertner S. M., Theologische Realenzyklopädie. Abkürzungsverzeichnis, Berlin ^{2}1994. Dort nicht verzeichnete Literatur wird im vollen Wortlaut wiedergegeben.

Aichelin H./ Liedke G. (Hg.), Naturwissenschaft und Theologie. Texte und Kommentare, Neukirchen-Vluyn ^{3}1975 (= Grenzgespräche 6).

Altner G., Naturvergessenheit. Grundlagen einer umfassenden Bioethik, Darmstadt 1991.

Altner G. (Hg.), Ökologische Theologie. Perspektiven zur Orientierung, Stuttgart 1989.

Altner G., Die Überlebenskrise in der Gegenwart. Ansätze zum Dialog mit der Natur in Naturwissenschaft und Theologie, Darmstadt 1987.

Altner G. (Hg.), Die Welt als offenes System. Eine Kontroverse um das Werk von Ilya Prigogine, Frankfurt/ M. 1986 (= Fischer TB 4168).

Altner G., Wer ist's, der alles dies zusammenhält? Das Gespräch zwischen Theologie und Naturwissenschaften im Lichte von Prigogines »Dialog mit der Natur«, in: Altner G. (Hg.), Die Welt als offenes System. Eine Kontroverse um das Werk von Ilya Prigogine, Frankfurt/ M. 1986 (= Fischer TB 4168), 161–171.

Angerstorfer A., Der Schöpfergott des Alten Testaments. Herkunft und Bedeutungsentwicklung des hebr. Terminus <bara> „schaffen", Frankfurt/ M. 1979 (= RSTh 30).

Auer J., Die Welt – Gottes Schöpfung, Regensburg ^{2}1983 (= KKD 3).

Bacon F., Valerius Terminus. Von der Interpretation der Natur mit den Anmerkungen von Hermes Stella. Englisch-deutsch, Würzburg 1984 (= Elementa-Texte 2).

Barth K., Kirchliche Dogmatik. 3/ 1., Zollikon ^{2}1947.

Baudrillard J., Die Abschreckung der Zeit, in: Tumult 9 (1987) 109–118.

Baudrillard J., Das Jahr 2000 findet nicht statt, Berlin 1990.

Baudrillard J., Zeit und Kommunikation. Jean Baudrillard im Gespräch mit Eckhard Hammel, in: Information Philosophie 22/ Hft. 5 (1994) 12–16.

Baumgartner H. M., Metaphysik der Natur. Natur aus der Perspektive spekulativer und kritischer Philosophie, in: Honnefelder L. (Hg.), Natur als Gegenstand der Wissenschaften, Freiburg/ Br. 1992 (= Grenzfragen 19), 237–266.

Baumgartner H. M. (Hg.), Das Rätsel der Zeit. Philosophische Analysen, Freiburg/ Br. 1993 (= Alber-Reihe Philosophie).

Baumgartner H. M., Zeit und Zeiterfahrung, in: Baumgartner H. M. (Hg.), Zeitbegriffe und Zeiterfahrung, Freiburg/ Br. 1994 (= Grenzfragen 21), 189–211.

Baumgartner H. M. (Hg.), Zeitbegriffe und Zeiterfahrung, Freiburg/ Br. 1994 (= Grenzfragen 21).

Bayer O., Schöpfung als Anrede. Zu einer Hermeneutik der Schöpfung, Tübingen ^{2}1990.

Becker O., Größe und Grenze der mathematischen Denkweise, Freiburg/ Br. o. J.

Bickel W., Das ganze Phänomen. Zum Verhältnis von Naturwissenschaft und Kirche, in: Daecke S. M. (Hg.), Naturwissenschaft und Religion. Ein interdisziplinäres Gespräch, Mannheim 1993, 179–205.

Bischof N., Ordnung und Organisation als heuristische Prinzipien des reduktiven Denkens, in: Meier H. (Hg.), Die Herausforderung der Evolutionsbiologie, München ^{2}1989 (= SP 997), 79–127.

Blaser J.-P., Die Zeit in der Physik, in: Die Zeit. Dauer und Augenblick, München ^{2}1990 (= Veröffentlichungen der Carl-Friedrich-von-Siemens-Stiftung 2; SP 1024), 1–15.

Blumenberg H., Lebenszeit und Weltzeit, Frankfurt/ M. 1986.

Böhme G., Atmosphäre als Grundbegriff einer neuen Ästhetik, in: Böhme G., Atmosphäre. Essays zur neuen Ästhetik, Frankfurt/ M. 1995 (= es N.F. 927), 21–48.

Böhme G., Atmosphärisches in der Naturerfahrung, in: Böhme G., Atmosphäre. Essays zur neuen Ästhetik, Frankfurt/ M. 1995 (= es N.F. 927), 66–84.

Böhme G., Leib: Die Natur, die wir selbst sind, in: Böhme G., Natürlich Natur. Über Natur im Zeitalter ihrer technischen Reproduzierbarkeit, Frankfurt/ M. 1992 (= es N. F. 680), 77–93.

Böhme G., Natürlich Natur. Über Natur im Zeitalter ihrer technischen Reproduzierbarkeit, Frankfurt/ M. 1992 (= es N. F. 680).

Böhme G., Künstliche Natur, in: Böhme G., Natürlich Natur. Über Natur im Zeitalter ihrer technischen Reproduzierbarkeit, Frankfurt/ M. 1992 (= es N. F. 680), 181–199.

Böhme G., Was ist Natur? Charaktere der Natur aus der Sicht der modernen Naturwissenschaft, in: Böhme G., Natürlich Natur. Über Natur im Zeitalter ihrer technischen Reproduzierbarkeit, Frankfurt/ M. 1992 (= es N. F. 680), 56–76.

Bosshard S. N., Erschafft die Welt sich selbst? Die Selbstorganisation von Natur und Mensch aus naturwissenschaftlicher, philosophischer und theologischer Sicht, Freiburg/ Br. ^{2}1987 (= QD 103).

Bosshard S. N., Das Verhältnis des katholischen Denkens zur modernen Naturwissenschaft, in: Coreth E./ Neidl W. M./ Pfligersdorffer G. (Hg.), Christliche Philosophie im katholischen Denken des 19. und 20. Jahrhunderts. 3., Graz 1990, 862–876.

Bresch C./ Daecke S. M./ Riedlinger H. (Hg.), Kann man Gott aus der Natur erkennen? Evolution als Offenbarung, Freiburg/ Br. 1990 (= QD 125).

Breuer R., Der kreative Pfeil, in: Geo Wissen. Chaos und Kreativität, Hamburg 1990, 62–63.

Breuer R./ Haaf G., Ein ordentliches Chaos, in: Geo Wissen. Chaos und Kreativität, Hamburg 1990, 33–60.

Briggs J./ Peat F. D., Die Entdeckung des Chaos. Eine Reise durch die Chaos-Theorie, München 1993 (= dtv Sachbuch 30349).

Brügge P., Mythos aus dem Computer. 1., in: Der Spiegel 47/ Nr. 39 (1993) 156–164.

Brügge P., Der Kult um das Chaos. 2., in: Der Spiegel 47/ Nr. 40 (1993) 232–241.

Brügge P., Der Kult um das Chaos. 3., in: Der Spiegel 47/ Nr. 41 (1993) 240–252.

Brun R. B., Schöpfungslehre und Herrlichkeit, in: IKaZ 21 (1992) 349–360.

Bühler P., Der Beitrag der Hermeneutik zum Thema „Wissenschaft und Glaube“, in: ThZ 50 (1994) 152–168.

Capra F., Das neue Denken. Aufbruch zum neuen Bewußtsein. Die Entstehung eines ganzheitlichen Weltbildes im Spannungsfeld zwischen Naturwissenschaft und Mystik, Bern 1987.

Capra F., Der kosmische Reigen. Das Tao der Physik dt. Physik und östliche Mystik – ein zeitgemäßes Weltbild, Bern ^{6}1983.

Capra F., Wendezeit. Bausteine für ein neues Weltbild, Bern ^{2}1983.

Capra F./ Steindl-Rast D., Wendezeit im Christentum. Perspektiven für eine aufgeklärte Theologie, Bern 1991.

Casper B., Zur Bedeutung und zum Gebrauch des Wortes Natur im abendländischen Denken, in: Böckle F. (Hg.), Der umstrittene Naturbegriff. Person – Natur – Sexualität in der kirchlichen Morallehre, Düsseldorf 1987 (= SKAB 124), 31–44.

Casper B., Zeiterfahrung und Glaubenserfahrung, in: Gauly H. u. a. (Hg.), Im Gespräch: der Mensch. Ein interdisziplinärer Dialog. Joseph Möller zum 65. Geb., Düsseldorf 1981, 29–42.

Cobb J. B./ Griffin D. R., Prozeß-Theologie. Eine einführende Darstellung, Göttingen 1979.

Constitutio pastoralis de Ecclesia in mundo huius temporis „Gaudium et spes“/ Pastorale Konstitution über die Kirche in der Welt von heute, in: $LThK^{2}$ 14 (1968) 241–592.

Coveney P./ Highfield R., Anti-Chaos. Der Pfeil der Zeit in der Selbstorganisation des Lebens, Reinbek 1992.

Craig W. L., ‚What place, then, for a creator?‘: Hawking on God and Creation, in: British Journal for the Philosophy of Science 41 (1990) 473–491.

Daecke S., Anthropozentrik oder Eigenwert der Natur?, in: Altner G., Ökologische Theologie. Perspektiven zur Orientierung, Stuttgart 1989, 277–299.

Daecke S. M., Gott der Vernunft, Gott der Natur und persönlicher Gott. Natürliche Theologie im Gespräch zwischen Naturphilosophie und Worttheologie, in: Bresch C./ Daecke S. M./ Riedlinger H. (Hg.), Kann man Gott aus der Natur erkennen? Evolution als Offenbarung, Freiburg / Br. 1990 (= QD 125), 135–154.

Daecke S. M. (Hg.), Naturwissenschaft und Religion. Ein interdisziplinäres Gespräch, Mannheim 1993.

Daecke S. M., Naturwissenschaft als sicherer Weg zu Gott? Die neue Begegnung von Wissenschaft und Religion, in: Daecke S. M. (Hg.), Naturwissenschaft und Religion. Ein interdisziplinäres Gespräch, Mannheim 1993, 207–229.

Darlapp A., Art. Zeit, Zeitlichkeit. V. Theologisch, in: LThK² 10 (1965) 1332–1334.

Davies P., Gott und die moderne Physik, München 1989 (= Goldmann TB 11476).

Davies P., Prinzip Chaos. Die neue Ordnung des Kosmos, München 1988.

Davies P. C. W./ Brown J. R. (Hg.), Der Geist im Atom. Eine Diskussion der Geheimnisse der Quantenphysik, Basel 1988.

Dehnen H., Empirische Grundlagen und experimentelle Prüfung der Relativitätstheorie, in: Audretsch J./ Mainzer K. (Hg.), Philosophie und Physik der Raum-Zeit, Mannheim ²1994, 182–220.

Dembowski H., Natürliche Theologie – Theologie der Natur, in: Altner G. (Hg.), Ökologische Theologie. Perspektiven zur Orientierung, Stuttgart 1989, 30–58.

Deppert W., Die Alleinherrschaft der physikalischen Zeit ist abzuschaffen, um Freiraum für neue naturwissenschaftliche Forschungen zu gewinnen, in: Baumgartner H. M. (Hg.), Das Rätsel der Zeit. Philosophische Analysen, Freiburg/ Br. 1993 (= Alber-Reihe Philosophie), 111–148.

Desert Island Discs. Ein Interview, in: Hawking S., Einsteins Traum. Expeditionen an die Grenzen der Raumzeit, Reinbek 1994, 159–179.

Dialektik im Gespräch. Interview mit Ilya Prigogine, in: Altner G. (Hg.), Die Welt als offenes System. Eine Kontroverse um das Werk von Ilya Prigogine, Frankfurt/ M. 1986 (= Fischer TB 4168), 172–187.

Diels H./ Kranz W., Die Fragmente der Vorsokratiker. 1., Berlin ¹⁰1961.

Diskussion zum Vortrag von Raphael Schulte (Zusammenfassung), in: Honnefelder L. (Hg.), Natur als Gegenstand der Wissenschaften, Freiburg/ Br. 1992 (= Grenzfragen 19), 228–236.

von Ditfurth H., Vorwort. Naturwissenschaft als Fortsetzung der Metaphysik mit anderen Mitteln, in: Davies P., Gott und die moderne Physik, München 1989 (= Goldmann TB 11476), 7–11.

Dolch H., Glaube und Wissen. Grundsätzliche Überlegungen, in: Dolch H., Grenzgänge zwischen Naturwissenschaft und Theologie. Gesammelte Aufsätze, Paderborn 1986, 73–88.

Dolch H., Grenzgänge zwischen Naturwissenschaft und Theologie. Gesammelte Aufsätze, Paderborn 1986.

Dürr H.-P. (Hg.), Physik und Transzendenz. Die großen Physiker unseres Jahrhunderts über ihre Begegnung mit dem Wunderbaren, Bern 1988.

Dürr H.-P., Über die Notwendigkeit in offenen Systemen zu denken – Der Teil und das Ganze, in: Altner G. (Hg.), Die Welt als offenes System. Eine Kontroverse um das Werk von Ilya Prigogine, Frankfurt/ M. 1986 (= Fischer TB 4168), 9–31.

Eckensperger W., Der Logos und die „Logizität“ der Natur. Ein fundamentaltheologischer Beitrag zur Frage nach der Natur im Horizont der Umweltkrise, in: ZKTh 113 (1991) 385–400.

Eigen M., Evolution und Zeitlichkeit, in: Link C. (Hg.), Die Erfahrung der Zeit. Gedenkschrift für Georg Picht, Stuttgart 1984, 215–237.

Elias N., Über die Zeit, Frankfurt/ M. 1984 (= Arbeiten zur Wissenssoziologie 2).

Falk W., Hawking irrt! Über das Problem der Zeit, Stuttgart 1991 (= Teinacher Gespräche 7).

Fetz R. L., Whitehead: Prozeßdenken und Substanzmetaphysik, Freiburg/ Br. 1981.

Fischer J., Kann die Theologie der naturwissenschaftlichen Vernunft die Welt als Schöpfung verständlich machen?, in: FZPhTh 41 (1994) 491–514.

Flasch K., Was ist Zeit? Augustinus von Hippo. Das XI. Buch der Confessiones. Historisch-philosophische Studie. Text – Übersetzung – Kommentar, Frankfurt/ M. 1993.

Forum für Philosophie Bad Homburg (Hg.), Zeiterfahrung und Personalität, Frankfurt/ M. 1992 (= stw 986).

Ganoczy A., Naturwissenschaft und Schöpfungstheologie: ein Spannungsverhältnis, in: LebZeug 49 (1994) 284–295.

Ganoczy A., Schöpfungslehre, Düsseldorf [2]1987 (= LeTh 10).

Ganoczy A., Suche nach Gott auf den Wegen der Natur. Theologie, Mystik, Naturwissenschaften – ein kritischer Versuch, Düsseldorf 1992.

Geo Wissen. Chaos und Kreativität, Hamburg 1990.

Glubrecht H., Die Zeit in der Physik und die erlebte Zeit, in: Meyer-Abich K. M. (Hg.), Physik, Philosophie und Politik. Fs. f. C. F. v. Weizsäcker zum 70. Geburtstag, München 1982, 343–358.

Götschl J., Die dynamische Einheit von Mensch und Natur, in: Mensch, Natur, Gesellschaft 9/ Sept.-Hft. (1992) 3–14.

Greshake G., Gott in allen Dingen finden. Schöpfung und Gotteserfahrung, Freiburg/ Br. 1986.

Guitton J./ Bogdanov G./ Bogdanov I. (Hg.), Gott und die Wissenschaft. Auf dem Weg zum Metarealismus, München 1993.

Haaf G., Wo das Apfelmännchen herrscht, in: Geo Wissen. Chaos und Kreativität, Hamburg 1990, 131–132.

Hager F. P./ Gregory T./ Maieru A./ Stabile G./ Kaulbach F., Art. Natur, in: HWP 6 (1984) 421–478.

Hawking S. W., Eine kurze Geschichte der Zeit. Die Suche nach der Urkraft des Universums, Reinbek 1989.

Hawking S., Ist alles vorherbestimmt?, in: Hawking S., Einsteins Traum. Expeditionen an die Grenzen der Raumzeit, Reinbek 1994, 127–140.

Hawking S., Schwarze Löcher und Baby-Universen, in: Hawking S., Einsteins Traum. Expeditionen an die Grenzen der Raumzeit, Reinbek 1994, 113–125.

Hawking S., Die Quantenmechanik Schwarzer Löcher, in: Hawking S., Einsteins Traum. Expeditionen an die Grenzen der Raumzeit, Reinbek 1994, 97–111.

Hawking S., Mein Standpunkt, in: Hawking S., Einsteins Traum. Expeditionen an die Grenzen der Raumzeit, Reinbek 1994, 55–62.

Hawking S., Einsteins Traum. Expeditionen an die Grenzen der Raumzeit, Reinbek 1994.

Hawking S., Einsteins Traum, in: Hawking S., Einsteins Traum. Expeditionen an die Grenzen der Raumzeit, Reinbek 1994, 63–79.

Hawking S., Der Ursprung des Universums, in: Hawking S., Einsteins Traum. Expeditionen an die Grenzen der Raumzeit, Reinbek 1994, 81–96.

Hawking S., Vorwort, in: Hawking S., Einsteins Traum. Expeditionen an die Grenzen der Raumzeit, Reinbek 1994, 7–9.

Heintel P., Zur Beschleunigung der Zeit, in: Panda-Magazin 1/93 (1993) 24f.

Heisenberg W., Das Naturbild der heutigen Physik, Hamburg 1970 (= rororo 8).

Heisenberg W., Physik und Philosophie, Frankfurt/ M. 1970 (= Weltperspektiven 2; Ullstein TB 249).

Heisenberg W., Wandlungen in den Grundlagen der Naturwissenschaft, Stuttgart ^{10}1973.

Hohlfeld R./ Inhetveen R./Kötter R./ Müller E., Der Wissenschaftler und die Natur – ein Dialog? Versuch einer kritischen Würdigung der Argumente Prigogines, in: Altner G. (Hg.), Die Welt als offenes System. Eine Kontroverse um das Werk von Ilya Prigogine, Frankfurt/ M. 1986 (= Fischer TB 4168), 32–47.

Honnefelder L. (Hg.), Natur als Gegenstand der Wissenschaften, Freiburg/ Br. 1992 (= Grenzfragen 19).

Honnefelder L., Natur-Verhältnisse. Natur als Gegenstand der Wissenschaften. Eine Einführung, in: Honnefelder L. (Hg.), Natur als Gegenstand der Wissenschaften, Freiburg/ Br. 1992 (= Grenzfragen 19), 9–26.

Hübner J., Schöpfung, Weltbild und Weltverantwortung, in: JBTh 5 (1990) 218–237.

Hülsewiesche R., Chaos – Reanimation eines uralten Begriffs, in: ABG 35 (1992) 274–280.

Janich P., Die Protophysik der Zeit. Konstruktive Begründung und Geschichte der Zeitmessung, Frankfurt/ M. 1980.

Janich P., Zweck und Methode der Physik aus philosophischer Sicht, Konstanz 1973 (= Konstanzer Universitätsreden 65).

Jantsch E., Die Selbstorganisation des Universums. Vom Urknall zum menschlichen Geist, München Neuaufl. 1992.

Jeremias J., Schöpfung in Poesie und Prosa des Alten Testaments. Gen 1–3 im Vergleich mit anderen Schöpfungstexten des Alten Testaments, in: JBTh 5 (1990) 11–36.

Johannes Paul II., Schmerzliches Mißverständnis im „Fall Galilei“ überwunden. Ansprache von Johannes Paul II. an die Päpstliche Akademie der Wissenschaften am 31.10.1992, in: L'Osservatore Romano. Dt. Ausg. 22/ Nr. 46/ Beil. XXXVIII (1992) 9f.

Johannes Paul II., Schreiben an George V. Coyne S. J., Direktor des Vatikanischen astronomischen Observatoriums, in: Schmitz-Moormann K. (Hg.), Schöpfung und Evolution. Neue Ansätze zum Dialog zwischen Naturwissenschaften und Theologie, Düsseldorf 1992 (= SKAB 145), 149–160.

Jorissen H., Die Welt als Schöpfung, in: JBTh 5 (1990) 205–218.

Kaku M./ Trainer J., Jenseits von Einstein. Die Suche nach der Theorie des Universums, Frankfurt/ M. 1993.

Kanitscheider B., Vom Anfang und Ende der Zeit, in: Sens E. (Hg.), Am Fluß des Heraklit. Neue kosmologische Perspektiven, Frankfurt/ M. 1993, 124–137.

Kanitscheider B., Von der mechanistischen Welt zum kreativen Universum. Zu einem neuen philosophischen Verständnis der Natur, Darmstadt 1993.

Klinger W., Die wissenschaftstheoretische Bedeutung der Analogiebildung, dargestellt am Beispiel der Transportphänomene der „Wärmeleitung“, „Elektrizitätsleitung“ und „Diffusion“, in: Liedtke M. (Hg.), Kulturethologie. Über die Grundlagen kultureller Entwicklungen. Dem Begründer der Kulturethologie Professor Otto Koenig (1914–1992), München 1994, 150–165.

Knapp M., Gott und die Natur. Ansatz und Grundlinien einer Theologie der Natur, unveröffentl. Vortragsmanuskript.

Koch G., Kausalität, Determinismus und Zufall in der wissenschaftlichen Naturbeschreibung, Berlin 1994 (= Erfahrung und Denken 75).

Koch T., Das göttliche Gesetz der Natur. Zur Geschichte des neuzeitlichen Naturverständnisses und zu einer gegenwärtigen theologischen Lehre von der Schöpfung, Zürich 1991 (= Theologische Studien 136).

Kolb A. (Hg.), Glaube – Wissen – Zukunft. Festakt und Symposion zum 400-Jahr-Jubiläum der Katholisch-Theologischen Fakultät der Karl-Franzens-Universität Graz im Jahre 1985, Graz 1987.

Kolb A., Glauben und Wissen, in: Kolb A. (Hg.), Glaube – Wissen – Zukunft. Festakt und Symposion zum 400-Jahr-Jubiläum der Katholisch-Theologischen Fakultät der Karl-Franzens-Universität Graz im Jahre 1985, Graz 1987, 185–200.

Kolb A., Mensch und Natur: zur philosophischen Dimension der Umweltprobleme, in: Ancona E./ Costantini M./ Rossi M./ Zaninotto G. (Hg.), The Role of the University in Environmental Culture, Abano Terme 1991, 131–142 (engl.: Kolb A., Man and Nature: on the Philosophical Dimension of Environmental Problems, in: Ancona E./ Costantini M./ Rossi M./ Zaninotto G. (Hg.), The Role of the University in Environmental Culture, Abano Terme 1991, 15–25).

Kolb A., Menschwerdung und Evolution. Entwurf einer geschichtsphilosophischen Christologie, Graz 1970.

Das Konzept der Autopoiesis. Ein Gespräch mit Humberto R. Maturana, in: Information Philosophie 21/ Hft. 4 (1993) 42–51.

Krewani W., Zum Zeitbegriff in der Philosophie von Emmanuel Levinas, in: Meyer W./ Orth E. W./ Boehm R./ Krewani W., Studien zum Zeitproblem in der Philosophie des 20. Jahrhunderts, Freiburg/ Br. 1982 (= Phänomenologische Forschungen 13), 107–127.

Krüger G., Religiöse und profane Welterfahrung, Frankfurt/ M. 1973 (= WuG gewi. Reihe 53/54).

Kühn R., Zeitekstase und ursprüngliche Zeit. Zum Problem der „lebendigen Gegenwart“, in: Existentia 3–4 (1993–94) 157–173.

Küppers B.-O., Wenn das Ganze mehr ist als die Summe seiner Teile, in: Geo Wissen. Chaos und Kreativität, Hamburg 1990, 28–31.

Kurdzialek M./ Dierse U./ Kuhlen R., Art. Chaos, in: HWP 1 (1971) 980–984.

Kurz P. K., Eines Menschen Zeit, in: StZ 119/ Hft. 1 (1994) 49–63.

Lepenies W., Historisierung der Natur und Entmoralisierung der Wissenschaften seit dem achtzehnten Jahrhundert, in: Markl H. (Hg.), Natur und Geschichte, München 1983 (= Schriften der Carl-Friedrich-von-Siemens-Stiftung 7), 263–288.

Lévinas E., Jenseits des Seins oder anders als Sein geschieht, Freiburg/ Br. 1992 (= Alber-Reihe Philosophie).

Lévinas E., Wenn Gott ins Denken einfällt. Diskurse über die Betroffenheit von Transzendenz, Freiburg/ Br. 1985.

Liedke G., Im Bauch des Fisches. Ökologische Theologie, Berlin 1979.

Link C. (Hg.), Die Erfahrung der Zeit. Gedenkschrift für Georg Picht, Stuttgart 1984.

Link C., Der Mensch als Geschöpf und als Schöpfer, in: Moltmann J. (Hg.), Versöhnung mit der Natur?, München 1986 (= Kaiser Traktate 92), 15–47.

Link C., Schöpfung, Gütersloh 1991 (= HST 7/ 1–2):
Bd. 1: Schöpfungstheologie in reformatorischer Tradition.
Bd. 2: Schöpfungstheologie angesichts der Herausforderungen des 20. Jahrhunderts.

Link C., Die Transparenz der Natur für das Geheimnis der Schöpfung, in: Altner G. (Hg.), Ökologische Theologie, Perspektiven zur Orientierung, Stuttgart 1989, 166–195.

Löw R., Die neuen Gottesbeweise, Augsburg 1994.

Lüscher E., Zusammenfassende Bemerkungen zur physikalischen Zeitdefinition, in: Die Zeit. Dauer und Augenblick, München ²1990 (= Veröffentlichungen der Carl-Friedrich-von-Siemens-Stiftung 2; SP 1024), 365–368.

Lukoschik B., Natur- und Weltbild der modernen Physik. Analysen zur Naturphilosophie Werner Heisenbergs, in: Mesotes 4 (1994) 251–266.

Mainzer K., Philosophie und Geschichte von Raum und Zeit, in: Audretsch J./ Mainzer K. (Hg.), Philosophie und Physik der Raum-Zeit, Mannheim ^{2}1994 (= Grundlagen der exakten Naturwissenschaften 7), 11–51.

Mainzer K., Quanten, Chaos und Selbstorganisation. Philosophische Aspekte des physikalischen Weltbildes, in: Mainzer K./ Schirmacher W. (Hg.), Quanten, Chaos und Dämonen. Erkenntnistheoretische Aspekte der modernen Physik, Mannheim 1994, 21–72.

Mainzer K., Zeit. Von der Urzeit zur Computerzeit, München 1995 (= Beck'sche Reihe; Wissen 2011).

Mandelbrot B. B., Vorwort. Fraktale und die Wiedergeburt der Experimentellen Mathematik, in: Peitgen H.-O./ Jürgens H./ Saupe D., Bausteine des Chaos. Fraktale, Berlin 1992, 1–19.

Markl H. (Hg.), Natur und Geschichte, München 1983 (= Schriften der Carl-Friedrich-von-Siemens-Stiftung 7).

May G., Schöpfung aus dem Nichts. Die Entstehung der Lehre von der creatio ex nihilo, Berlin 1978 (= AKG 48).

Mechsner F., Im Anfang war der Hyperzyklus, in: Geo Wissen. Chaos und Kreativität, Hamburg 1990, 72–86.

Meyer-Abich K. M. (Hg.), Physik, Philosophie und Politik. Fs. f. C. F. v. Weizsäcker zum 70. Geburtstag, München 1982.

Moltmann J., Gott in der Schöpfung. Ökologische Schöpfungslehre, München ^{3}1987.

Moltmann J., Menschenbild zwischen Evolution und Schöpfung, in: Altner G. (Hg.), Ökologische Theologie. Perspektiven zur Orientierung, Stuttgart 1989, 196–212.

Moltmann J., Schöpfung als offenes System, in: Moltmann J., Zukunft der Schöpfung. Gesammelte Aufsätze, München 1977, 123–139.

Moltmann J. (Hg.), Versöhnung mit der Natur?, München 1986 (= Kaiser Traktate 92).

Mortensen V., Theologie der Natur als natürliche Theologie, in: Bresch C./ Daecke S. M./ Riedlinger H. (Hg.), Kann man Gott aus der Natur erkennen? Evolution als Offenbarung, Freiburg/ Br. 1990 (= QD 125), 117– 134.

Müller A. M. K., Auf dem Wege zu einem gemeinsamen Horizont von Naturwissenschaft und Theologie, in: Müller A. M. K., Wende der Wahrnehmung. Erwägungen zur Grundlagenkrise in Physik, Medizin, Pädagogik und Theologie, München 1978, 157–206.

Müller A. M. K., Geschöpflichkeitsdefizite in Naturwissenschaft und Theologie, in: Müller A. M. K., Wende der Wahrnehmung. Erwägungen zur Grundlagenkrise in Physik, Medizin, Pädagogik und Theologie, München 1978, 207–267.

Müller A. M. K., Das unbekannte Land. Konflikt-Fall Natur, Stuttgart 1987 (= Radius-Bücher).

Müller A. M. K., Naturgesetz, Wirklichkeit, Zeitlichkeit, in: Müller A. M. K., Wende der Wahrnehmung. Erwägungen zur Grundlagenkrise in Physik, Medizin, Pädagogik und Theologie, München 1978, 100–156.

Müller A. M. K., Über philosophischen Umgang mit exakter Forschung und seine Notwendigkeit, in: Müller A. M. K./ Pannenberg W., Erwägungen zu einer Theologie der Natur, Gütersloh 1970, 7–31.

Müller A. M. K., Wende der Wahrnehmung. Erwägungen zur Grundlagenkrise in Physik, Medizin, Pädagogik und Theologie, München 1978.

Müller A. M. K., Die präparierte Zeit. Der Mensch in der Krise seiner eigenen Zielsetzungen, Stuttgart ^{2}1973.

Müller A. M. K./ Pannenberg W., Erwägungen zu einer Theologie der Natur, Gütersloh 1970.

Mutschler H.-D., Karl Rahner und die Naturwissenschaft, in: Mutschler H.-D. (Hg.), Gott neu buchstabieren. Zur Person und Theologie Karl Rahners, Würzburg 1994, 97–119.

Mutschler H.-D., Der Legionär auf der Festplatte. Frank J. Tiplers Hirngespinst einer „Physik der Unsterblichkeit", in: Frankfurter Allgemeine Zeitung Nr. 120 (1994) 10.

Mutschler H.-D., Mythos „Selbstorganisation", in: ThPh 67 (1992) 86–108.

Mutschler H.-D., Physik und Neothomismus. Das ontologische Grundproblem der modernen Physik, in: ThPh 68 (1993) 25–51.

Mutschler H.-D., Physik – Religion – New Age, Würzburg ^{2}1992.

Mutschler H.-D., Spekulative und empirische Physik. Aktualität und Grenzen der Naturphilosophie Schellings, Stuttgart 1990 (= MPhS N.F. 5).

Novotny H., Eigenzeit. Entstehung und Strukturierung eines Zeitgefühls, Frankfurt/ M. ^{3}1990.

Overhage P./ Rahner K., Das Problem der Hominisation. Über den biologischen Ursprung des Menschen, Freiburg/ Br. 1961 (= QD 12/13).

Pannenberg W., Gott regiert das Universum, in: Rheinischer Merkur Nr. 28 (1994) 25.

Pannenberg W., Kontingenz und Naturgesetz, in: Müller A. M. K./ Pannenberg W., Erwägungen zu einer Theologie der Natur, Gütersloh 1970, 33–80.

Pannenberg W., Schöpfungstheologie und moderne Naturwissenschaft, in: Deuser H./ Martin G. M./ Stock K./ Welker M. (Hg.), Gottes Zukunft. Zukunft der Welt. Fs. f. J. Moltmann zum 60. Geb., München 1986, 276–291.

Pannenberg W., Systematische Theologie. 2., Göttingen 1991.

Peitgen H.-O./ Jürgens H./ Saupe D., Bausteine des Chaos. Fraktale, Berlin 1992.

Picht G., Der Begriff der Natur und seine Geschichte, Stuttgart ^{2}1990 (= Georg Picht. Vorlesungen und Schriften).

Picht G., Die Idee des Fortschritts und das Problem der Zeit, in: Picht G., Hier und Jetzt. Philosophieren nach Auschwitz und Hiroshima. 1., Stuttgart 1980, 375–389.

Picht G., Unter dem Diktat der physikalischen Zeit, in: Picht G., Hier und Jetzt. Philosophieren nach Auschwitz und Hieroshima. 2., Stuttgart 1981, 377–383.

Picht G., Die Zeit und die Modalitäten, in: Picht G., Hier und Jetzt. Philosophieren nach Auschwitz und Hiroshima. 1., Stuttgart 1980, 362–374.

Pietschmann H., Naturwissenschaft und Glaube, in: Kolb A. (Hg.), Glaube – Wissen – Zukunft. Festakt und Symposion zum 400-Jahr-Jubiläum der Katholisch-Theologischen Fakultät der Karl-Franzens-Universität Graz im Jahre 1985, Graz 1987, 135–145.

Pöggeler O., Temporale Interpretation und hermeneutische Philosophie, in: Pöggeler O., Neue Wege mit Heidegger, Freiburg/ Br. 1992, 115–141.

Pöltner G., Der Anfang unseres Daseins. Überlegungen zu einer angemessenen Fragestellung, in: ZKTh 104 (1982) 310–321.

Pöltner G., Evolutionäre Vernunft. Eine Auseinandersetzung mit der Evolutionären Erkenntnistheorie, Stuttgart 1993 (= Urban TB 449).

Pöltner G., Werden als aktive Selbsttranszendenz. Überlegungen zu einem Schlüsselbegriff, in: PhJ 97 (1990) 297–321.

Pöltner G., Zum Gedanken der aktiven Selbsttranszendenz, in: Figl J./ Waldschütz E. (Hg.), Ganzheitliches Denken. Fs. f. A. K. Wucherer-Huldenfeld zum 60. Geb., Wien 1989, 103–117.

Pöltner G./ Vetter H. (Hg.), Naturwissenschaft und Glaube, Wien 1984.

Pöppel E., Erlebte Zeit und Zeit überhaupt, in: Die Zeit. Dauer und Augenblick, München ^{2}1990 (= Veröffentlichungen der Carl-Friedrich-von-Siemens-Stiftung 2; SP 1024), 369–382.

Pohl K., Geschichte der Natur und geschichtliche Erfahrung. Bemerkungen zu Ilya Prigogines Versuch eines neuen Dialogs zwischen Natur- und Geisteswissenschaften, in: Altner G. (Hg.), Die Welt als offenes System. Eine Kontroverse um das Werk von Ilya Prigogine, Frankfurt/ M. 1986 (= Fischer TB 4168), 104–123.

Prigogine I., Vom Sein zum Werden. Zeit und Komplexität in den Naturwissenschaften, München [3]1982.

Prigogine I., Die physikalisch-chemischen Wurzeln des Lebens, in: Meier H. (Hg.), Die Herausforderung der Evolutionsbiologie, München [2]1989, 19–52.

Prigogine I./ Stengers I., Dialog mit der Natur. Neue Wege des naturwissenschaftlichen Denkens, München [4]1983.

Prigogine I./ Stengers I., Das Paradox der Zeit. Zeit, Chaos und Quanten, München 1993.

Rahner K., Theologische Bemerkungen zum Zeitbegriff, in: Rahner K., Schriften zur Theologie. 9., Einsiedeln 1970, 302–322.

Rahner K., Die Hominisation als theologische Frage, in: Overhage P./ Rahner K., Das Problem der Hominisation. Über den biologischen Ursprung des Menschen, Freiburg/ Br. 1961 (= QD 12/13), 13–90.

Regelmann J.-P./ Schramm E., Schlägt Prigogine ein neues Kapitel in der Biologiegeschichte auf?, in: Altner G. (Hg.), Die Welt als offenes System. Eine Kontroverse um das Werk von Ilya Prigogine, Frankfurt/ M. 1986 (= Fischer TB 4168), 55–69.

Rudolph E., Komplementarität und Zeit. Philosophische Anmerkungen zur Genese eines modernen interdiziplinären Problems, in: Link C. (Hg.), Die Erfahrung der Zeit. Gedenkschrift für Georg Picht, Stuttgart 1984, 98–109.

Rudolph E., Metaphysik und Naturwissenschaft. Randbemerkungen zu Prigogines Philosophiekritik, in: Altner G. (Hg.), Die Welt als offenes System. Eine Kontroverse um das Werk von Ilya Prigogine, Frankfurt/ M. 1986 (= Fischer TB 4168), 95–103.

Ruelle D., Zufall und Chaos, Berlin 1992.

Schaeffler R., Art. Zeit, Zeitlichkeit. II. Philosophisch, in: $LThK^2$ 10 (1965) 1326–1329.

Scheffczyk L., Einführung in die Schöpfungslehre, Darmstadt [3]1987 (= Die Theologie).

Scherer G., Welt – Natur oder Schöpfung?, Darmstadt 1990.

Schmitz-Moormann K., Möglichkeiten und Perspektiven des Schöpfungsglaubens in einer evolutiven Welt, in: Schmitz-Moormann K. (Hg.), Schöpfung und Evolution. Neue Ansätze zum Dialog zwischen Naturwissenschaften und Theologie, Düsseldorf 1992 (= SKAB 145), 76–95.

Schoonenberg P., Bund und Schöpfung, Zürich 1970.

Schüz M., Die Einheit des Wirklichen. Carl Friedrich von Weizsäckers Denkweg, Pfullingen 1986.

Schulte R., Die Einzelsakramente als Ausgliederung des Wurzelsakramentes, in: MySal 4/2 (1973) 46–152.

Schulte R., Natur als (Auf-)Gabe. Natur in der Perspektive der Theologie, in: Honnefelder L. (Hg.), Natur als Gegenstand der Wissenschaften, Freiburg/ Br. 1992 (= Grenzfragen 19), 191–227.

Schulte R., Prozeßtheologie. Eine neue Denkform im Glaubensverständnis?, in: Scheffczyk L. (Hg.), Rationalität. Ihre Entwicklung und ihre Grenzen, Freiburg/ Br. 1989 (= Grenzfragen 16), 315–366.

Schulte R., „Schöpfung" und „Natur". Theologische Erwägungen zum Verständnis und zur akuten Frag-Würdigkeit des christlich-theologischen Gehaltes zweier Schlüsselbegriffe für Wissenschaft, Theologie und ökologisch-ethische Besinnung, in: Haering S. (Hg.), In Unum Congregati. Festgabe f. Augustinus Kard. Mayer OSB zur Vollendung des 80. Lebensjahres, Metten 1991, 361–387.

Schulte R., Schöpfungsglaube und naturwissenschaftliches Weltbild, in: Pöltner G./ Vetter H. (Hg.), Naturwissenschaft und Glaube, Wien 1984, 25–39.

Schulte R., Über Gottes Wirken in Welt und Geschichte, in: Baier W./ Horn S. O./ Pfnür V. u. a. (Hg.), Weisheit Gottes – Weisheit der Welt. Fs. f. Joseph Kard. Ratzinger zum 60. Geb. 1., St. Ottilien 1987, 137–156.
Schulte R., Wie ist Gottes Wirken in Welt und Geschichte theologisch zu verstehen?, in: Schneider T./ Ullrich L. (Hg.), Vorsehung und Handeln Gottes, Freiburg/ Br. 1988 (= QD 115), 116–167.
Schulte R., Gottes Wirken in Welt und Geschichte. Offene Fragen – Erwartungen an ihre Lösung, in: Waldenfels H. (Hg.), Theologie und ihre Grenzen. Fs. f. H. Dolch zum 70. Geb., Paderborn 1982, 161–176.
Schulte R., Zeit und Ewigkeit, in: CGG 22 (1982) 117–186.
Schulte R., Zeit als Glaubenserlebnis. Aspekte christlich-theologischer Einsicht, in: Baumgartner H. M. (Hg.), Zeitbegriffe und Zeiterfahrung, Freiburg/ Br. 1994 (= Grenzfragen 21), 217–269.
Schupp F., Schöpfung und Sünde. Von der Verheißung einer wahren und gerechten Welt, vom Versagen der Menschen und vom Widerstand gegen die Zerstörung, Düsseldorf 1990.
Specht R., Über Carl Friedrich von Weizsäckers Denkweg, in: AZP 15/ Hft. 3 (1990) 69–74.
Sprandel R., Die Geschichtlichkeit des Naturbegriffes: Kirche und Natur im Mittelalter, in: Markl H. (Hg.), Natur und Geschichte, München 1983 (= Schriften der Carl-Friedrich-von-Siemens-Stiftung 7), 237–261.
Steck O. H., Der Schöpfungsbericht der Priesterschrift. Studien zur literarkritischen und überlieferungsgeschichtlichen Problematik von Genesis 1,1 – 2,4a, Göttingen 1975.
Steck O. H., Zwanzig Thesen als alttestamentlicher Beitrag zum Thema: „Die jüdisch-christliche Lehre von der Schöpfung in Beziehung zu Wissenschaft und Technik", in: KuD 23 (1977) 277–299.
Stegmaier W., Experimentelle Kosmologie. Zu Whiteheads Versuch, Sein als Zeit zu Denken [sic!], in: Baumanns P. (Hg.), Realität und Begriff. Fs. f. Jakob Barion, Würzburg 1993, 319–343.
Stöckler M., Ereignistransformationen. Relativierungen des Zeitbegriffs in der Physik des 20. Jahrhunderts, in: Baumgartner H. M. (Hg.), Das Rätsel der Zeit. Philosophische Analysen, Freiburg/ Br. 1993 (= Alber-Reihe Philosophie), 149–177.
Stöckler M., Zeittheorien in der modernen Physik, in: Information Philosophie 22/ Hft. 4 (1994) 36–46.
Ströker E., Zeit erfahren – Zeit bestimmen. Temporale Strukturen in Natur und Geschichte, in: Baumgartner H. M. (Hg.), Das Rätsel der Zeit. Philosophische Analysen, Freiburg/ Br. 1993 (= Alber-Reihe Philosophie), 181–212.
Sturma D., Person und Zeit, in: Forum für Philosophie Bad Homburg (Hg.), Zeiterfahrung und Personalität, Frankfurt/ M. 1992 (= stw 986), 123–157.

Teilhard de Chardin P., Brief an Emmanuel Mounier, in: Teilhard de Chardin P., Wissenschaft und Christus, Olten 1970 (= Werke 9), 285–287.
Teilhard de Chardin P., Die Entstehung des Menschen, München 1982 (= dtv 1755).
Teilhard de Chardin P., Entwurf einer Dialektik des Geistes, in: Teilhard de Chardin P., Die lebendige Macht der Evolution, Olten 1967 (= Werke 7), 26–36.
Teilhard de Chardin P., Kann die bis zu Ende vorangetriebene Biologie uns dahin bringen, in das Transzendente zu emergieren?, in: Teilhard de Chardin P., Wissenschaft und Christus, Olten 1970 (= Werke 9), 275–276.
Teilhard de Chardin P., Katholizismus und Wissenschaft, in: Teilhard de Chardin P., Wissenschaft und Christus, Olten 1970 (= Werke 9), 244–249.
Teilhard de Chardin P., Der Mensch im Kosmos, München ^{4}1959.
Teilhard de Chardin P., Das menschliche Phänomen, in: Teilhard de Chardin P., Wissenschaft und Christus, Olten 1970 (= Werke 9), 123–136.

Teilhard de Chardin P., Über den religiösen Wert der Forschung, in: Teilhard de Chardin P., Wissenschaft und Christus, Olten 1970 (= Werke 9), 259–267.
Teilhard de Chardin P., Mein Universum, in: Teilhard de Chardin P., Wissenschaft und Christus, Olten 1970 (= Werke 9), 64–122.
Teilhard de Chardin P., Wissenschaft und Christus, Olten 1970 (= Werke 9).
Teilhard de Chardin P., Wissenschaft und Christus oder Analyse und Synthese. Bermerkungen darüber, in welcher Weise das wissenschaftliche Studium der Materie dazu dienen kann und muß, bis zum göttlichen Zentrum emporzusteigen, in: Teilhard de Chardin P., Wissenschaft und Christus, Olten 1970 (= Werke 9), 44–63.
Theunissen M., Ὁ αἰτῶν λαμβάνει. Der Gebetsglaube Jesu und die Zeitlichkeit des Christseins, in: Theunissen M., Negative Theologie der Zeit, Frankfurt/ M. ²1992 (= stw 938), 321–377.
Theunissen M., Die Einheit im Denken Georg Pichts. Zu seinem Buch „Hier und Jetzt", in: Link C. (Hg.), Die Erfahrung der Zeit. Gedenkschrift für Georg Picht, Stuttgart 1984, 356–368.
Thomas H./ Leiber T., Determinismus und Chaos in der Physik, in: Mainzer K./ Schirmacher W. (Hg.), Quanten, Chaos und Dämonen. Erkenntnistheoretische Aspekte der modernen Physik, Mannheim 1994, 147–207.
Thwaites B., Im Winde verwehen die Prognosen, in: Geo Wissen. Chaos und Kreativität, Hamburg 1990, 132–135.
Tiemann A., Analogie. Analyse einer grundlegenden Denkweise in der Physik, Thun 1993 (Reihe Physik 11).
Tipler F. J., Die Physik der Unsterblichkeit. Moderne Kosmologie, Gott und die Auferstehung der Toten, München 1994.
Track J., Überlegungen zum christlichen Gottesverständnis im Horizont des Dialogs von Theologie und Naturwissenschaft, in: Dietzfelbinger H./ Mohaupt L. (Hg.), Gott – Geist – Materie. Theologie und Naturwissenschaft im Gespräch, Hamburg 1980 (= Zur Sache 21), 87–124.
Trigo P., Schöpfung und Geschichte, Düsseldorf 1989 (= Bibliothek der Befreiung: Die Befreiung in der Geschichte).

Verstraeten G., Some Critical Remarks Concerning Prigogine's Conception of Temporal Irreversibility, in: Philosophy of Science 58 (1991) 639–654.
Vetter H., Wirklichkeit – Wandel eines Begriffs, in: Pöltner G./ Vetter H. (Hg.), Naturwissenschaft und Glaube, Wien 1984, 41–55.

„Was war vor dem großen Knall?", in: Der Spiegel 42/ Nr. 42 (1988) 246–270.
Wehowsky S., Die unvernünftige Gesellschaft, in: GeoWissen. Chaos und Kreativität, Hamburg 1990, 152–161.
Weissmahr B., Ontologie, Stuttgart 1985 (= Grundkurs Philosophie 3; Urban TB 347).
Weissmahr B., Philosophische Gotteslehre, Stuttgart 1983 (= Grundkurs Philosophie 5; Urban TB 349).
Weissmahr B., Gottes Wirken in der Welt. Ein Diskussionsbeitrag zur Frage der Evolution und des Wunders, Frankfurt/ M. 1973 (= FTS 15).
von Weizsäcker C. F., Bewußtseinswandel, München 1988.
von Weizsäcker C. F., Die Einheit der Natur, München 1971.
von Weizsäcker C. F., Der Garten des Menschlichen. Beiträge zur geschichtlichen Anthropologie, München ⁵1978.
von Weizsäcker C. F., Die Geschichte der Natur. Zwölf Vorlesungen, Göttingen ⁶1964 (¹1948).
von Weizsäcker C. F., Gottesfrage und Naturwissenschaften, in: von Weizsäcker C. F., Deutlichkeit, Beiträge zu politischen und religiösen Gegenwartsfragen, München ³1984 (= dtv 1687), 117–138.
von Weizsäcker C. F., Zeit und Wissen, München 1992.

von Weizsäcker E. U., Qualitatives Wachstum. Eine Skizze zur Auseinandersetzung mit Ilya Prigogine/ Isabelle Stengers: „Dialog mit der Natur“, in: Altner G. (Hg.), Die Welt als offenes System. Eine Kontroverse um das Werk von Ilya Prigogine, Frankfurt/ M. 1986 (= Fischer TB 4168), 48–54.

Wenzler L., Berührung durch Trennung. Die Zeitstruktur des religiösen Verhältnisses bei Emmanuel Lévinas, in: PhJ 100 (1993) 301–316.

Wenzler L., Nachwort. Zeit als Nähe des Abwesenden. Diachronie der Ethik und Diachronie der Sinnlichkeit nach Emmanuel Levinas, in: Levinas E., Die Zeit und der Andere, Hamburg ²1989, 67–92.

Westermann C., Schöpfung. Wie Naturwissenschaft fragt – was die Bibel antwortet, Freiburg/ Br. 1989 (= Herder TB 1630).

White M./ Gribbin J., Stephen Hawking. Die Biographie, Reinbek 1994.

Whitehead A. N., Prozeß und Realität. Entwurf einer Kosmologie, Frankfurt/ M. 1979.

„Wir alle wollen wissen, woher wir kommen“. SPIEGEL-Gespräch mit dem Astrophysiker Stephen Hawking über Gott und das Weltall, in: Der Spiegel 42/ Nr. 42 (1988) 265–270.

Wisser R., „Natur liebt es sich zu verbergen“ (Heraklit). Natur und Naturverständnis als philosophisches Problem, in: ZRGG 44 (1992) 51–69.

Wucherer-Huldenfeld A., Der Anfang des menschlichen Daseins. Eine religionsphilosophische Besinnung, in: WuW 28 (1973) 313–321.

Zucker F. J., Zeit - Systemtheorie - Anthropologie: Bemerkungen zu C. F. von Weizsäckers Naturphilosophie, in: Meyer-Abich K. M. (Hg.), Physik, Philosophie und Politik. Fs. f. C. F. v. Weizsäcker zum 70. Geburtstag, München 1982, 278–290.

Personenregister